즐겁게 충전되는 영어 자신감

Junior
LISTENING
TUTOR

기본

주니어 리스닝튜터 **기본**

지은이 NE능률 영어교육연구소
연구원 한정은, 조은영, 김은정, 박예지, 양빈나, 조유람
영문 교열 Peter Morton, MyAn Le, Lewis Hugh Hosie
표지 · 내지 디자인 디자인샐러드
표지 일러스트 Theo
내지 일러스트 박응식, 김동훈
맥편집 이정임

NE능률이
미래를
창조합니다.

건강한 배움의 고객가치를 제공하겠다는 꿈을 실현하기 위해
40년이 넘는 시간 동안 열심히 달려왔습니다.

앞으로도 끊임없는 연구와 노력을 통해
당연한 것을 멈추지 않고

고객, 기업, 직원 모두가 함께 성장하는 NE능률이 되겠습니다.

NE 능률

Action may not always bring happiness,
but there is no happiness without action.

Benjamin Disraeli

Part 1

Sound Focus

본격적인 주제별 듣기 학습에 앞서, 발음 학습 코너를 제공합니다. 영어 발음의 중요 원칙들을 설명하고, 간단한 문제를 통해 발음의 원리를 익힐 수 있도록 구성하였습니다.

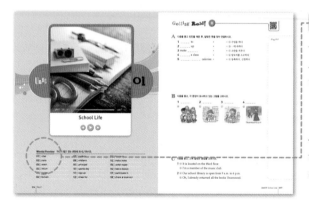

Words Preview

본격적인 학습 전 단계로, 주제와 관련된 핵심 표현들을 한곳에 모아 제시하였습니다. 어떤 어휘와 표현을 알고 모르는지 확인하여 앞으로의 학습을 준비합시다.

Getting Ready

주제와 관련된 핵심 표현들로 만든 간단한 듣기 문제들을 제시하였습니다. 문제를 풀어보며 표현을 익히고, 동시에 듣기 적응력도 키워 봅시다.

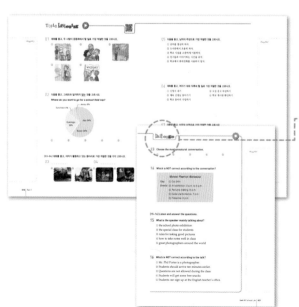

Topic Listening

단원의 주제와 관련된 다양한 문제를 수록하였습니다. 재미있는 내용의 대화와 담화를 들으며 문제를 풀면 어느새 듣기 능력이 향상되고, 듣기능력평가에 대한 준비가 됩니다.

Challenge

영어 지시문으로 구성된 4개의 문항이 출제됩니다. 조금 더 어려운 문제를 통해 듣기 실력을 한층 더 업그레이드해 봅시다.

Dictation

대화와 담화를 다시 한 번 들으며 받아쓰기를 해 볼 수 있도록 내용 전문을 수록하였습니다. 빈칸을 채우며 정확하고 자세하게 듣는 능력을 높여 봅시다. 정답에 대한 단서는 회색으로, 함정은 연두색으로 표시되어 있으며, 문제를 푸는 방법을 알려주는 문제팁이 제공됩니다.

| Smart Learning |

QR코드를 스캔하면 해당 코너의 MP3 파일을 바로 들을 수 있습니다. 첫 번째 QR코드를 스캔하면 전체 문제가 미국식 발음으로 제공되고, 두 번째 QR코드를 스캔하면 1~4번 문제가 영국식 발음으로 제공됩니다.

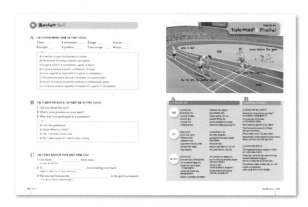

Review Test

각 단원에서 배운 중요한 어휘와 표현들을 다양한 문제를 통해 다시 한 번 익혀보세요.

주제별 표현 정리 Topic Words & Phrases

해당 주제에 대해서 알아두면 듣기 실력 향상에 도움이 되는 어휘, 표현, 문장을 한데 모았습니다. 단원을 마무리하며 암기해 봅시다.

Part 2

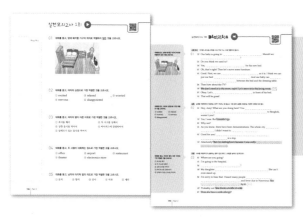

실전모의고사 & Dictation

시·도 교육청 주관 영어듣기능력평가와 같이 20문항으로 구성된 모의고사 3회분이 제공됩니다. 시험을 보는 기분으로 문제를 풀어 봅시다. 또한, Dictation에서는 다양한 듣기 평가 유형에 대처할 수 있는 유형팁을 제공합니다.

Contents

Part 1

Part 2

Scheduler

듣기는 매일 꾸준한 학습이 중요합니다! 아래 계획표를 참고하여 나만의 계획표를 작성해 봅시다.

	월	화	수	목	금
1주	Unit 00	Unit 00	Unit 01 문제 풀이	Unit 01 Dictation 학습	Unit 01 주제별 표현 암기
2주	Unit 02 문제 풀이	Unit 02 Dictation 학습	Unit 02 주제별 표현 암기	Unit 03 문제 풀이	Unit 03 Dictation 학습
3주	Unit 03 주제별 표현 암기	Unit 04 문제 풀이	Unit 04 Dictation 학습	Unit 04 주제별 표현 암기	Unit 05 문제 풀이
4주	Unit 05 Dictation 학습	Unit 05 주제별 표현 암기	Unit 06 문제 풀이	Unit 06 Dictation 학습	Unit 06 주제별 표현 암기
5주	Unit 07 문제 풀이	Unit 07 Dictation 학습	Unit 07 주제별 표현 암기	Unit 08 문제 풀이	Unit 08 Dictation 학습
6주	Unit 08 주제별 표현 암기	Unit 09 문제 풀이	Unit 09 Dictation 학습	Unit 09 주제별 표현 암기	Unit 10 문제 풀이
7주	Unit 10 Dictation 학습	Unit 10 주제별 표현 암기	Unit 11 문제 풀이	Unit 11 Dictation 학습	Unit 11 주제별 표현 암기
8주	Unit 12 문제 풀이	Unit 12 Dictation 학습	Unit 12 주제별 표현 암기	실전모의고사 1회 문제 풀이	실전모의고사 1회 Dictation
9주	실전모의고사 2회 문제 풀이	실전모의고사 2회 Dictation	실전모의고사 3회 문제 풀이	실전모의고사 3회 Dictation	

나만의 학습 Plan

하루 학습 시간
오전/오후
__시 __분 ~ __시 __분

시작일 __월 __일

	월	화	수	목	금
1주					
2주					
3주					
4주					
5주					
6주					
7주					
8주					
9주					

PART 1

Unfortunately, there seems to be far more opportunity out there than ability....
We should remember that good fortune often happens when opportunity meets with preparation.

— Thomas A. Edison

Sound Focus

나의 영어 듣기 실력 점검하기

1 다음을 듣고, 각 표현을 받아쓰시오.

1)

2)

3)

4)

5)

2 다음을 듣고, 각 문장을 받아쓰시오.

1)

2)

3)

4)

5)

위 테스트를 통해, 나의 영어 듣기 실력은 어느 정도인지 아래 표에 표시해 봅시다.

하	중하	중	중상	상

이제, 나의 실력을 알았으니 Point 1~7을 잘 들으며 학습해 봐요!

Point 1 | 약음절로 시작하는 단어

영어 단어에서 강세가 없는 약음절은 매우 약하게 발음됩니다. 이렇게 약음절로 시작하는 단어의 첫 음절은 앞 단어와 이어 발음되거나, 거의 들리지 않거나, 실제로 생략되기도 하므로 이에 익숙해져야 합니다.

> **about**   ex**pect**
>
> in**stead**   o'**clock**
>
> ---
>
> • I'd like to open an **a**ccount.
> • Do you have an **a**ppointment?

1 다음을 듣고, 들려 주는 단어를 고르시오.

1) round / around

2) tend / attend

3) way / away

4) live / alive

5) fact / affect

6) mount / amount

7) dress / address

8) head / ahead

2 대화를 듣고, 빈칸에 알맞은 말을 쓰시오.

1) A: Please _____ my _____.
   B: Okay, I will.

2) A: Would you like some coffee?
   B: No, I'd like _____ _____.

3) A: Why don't we take a walk?
   B: Great. Let's _____ _____ the river.

4) A: I heard Kevin cheated on the _____.
   B: He should _____ _____ of himself.

5) A: How can I get to the supermarket?
   B: _____ the road and it'll be _____ _____ the bank.

6) A: You look tired.
   B: Yesterday, I was _____ _____ by my loud neighbors.

7) A: Do you have the time?
   B: It's _____ _____.

Point 2 | dark [l]

[l]이 love나 glad와 같이 모음 앞에 오면 깨끗하고 명확하게 발음됩니다. 그러나 oil처럼 [l]이 단어 끝에 오거나 milk처럼 다른 자음 앞에 오면, 우리말의 [어, 오, 우]에 가깝게 애매하고 흐릿하게 발음되므로, 듣거나 발음할 때 주의해야 합니다.

> feel   pool
>
> film   help
>
> ---
> • I'd like to send some mail.
> • Please call me back when you're at home.

1 다음을 듣고, 들려 주는 단어를 고르시오.

1) false / force

2) fall / fault

3) hear / heel

4) poor / pool

5) deal / deer

6) wood / wool

7) fewer / fuel

8) tower / towel

2 다음을 듣고, 해당하는 단어를 고르시오.

1) We are (four / full).

2) I like this (film / fin).

3) I don't (fear / feel) anything.

4) There is a (pie / pile) on the desk.

5) An oil (spill / spit) pollutes the sea.

3 대화를 듣고, 빈칸에 알맞은 말을 쓰시오.

1) A: I'm looking for pants.
   B: How about these? They're on _____.

2) A: How can I _____ you?
   B: I'd like to get a(n) _____ refund.

3) A: I'm afraid I _____ _____ the exam.
   B: Don't be nervous. You'll do well.

Point 3 | 탈락: 똑같은 발음의 자음이 겹칠 때

앞 단어의 끝 자음과 뒤따라오는 단어의 첫 자음의 소리가 같을 때, 앞의 자음은 탈락되고 뒤의 자음만 한 번 발음됩니다.

> bad dream   bus stop
>
> hot tea
>
> ···
>
> • Have a good day!
> • There are dark clouds in the sky.

1 다음을 듣고, 빈칸에 알맞은 말을 쓰시오.

1) black _____

2) _____ drink

3) gas _____

4) _____ player

2 대화를 듣고, 빈칸에 알맞은 말을 쓰시오.

1) A : How far is the museum?

B : It's _____ _____ from here.

2) A : I didn't pass the exam.

B : You can try again _____ _____.

3) A : _____ _____ do you _____ _____ leave?

B : I think I should leave before noon.

4) A : Where can I park my car?

B : You can park it _____ _____ the building.

5) A : When would be the _____ _____ for you?

B : Any time is okay.

6) A : How are your classes at your new school?

B : I'm very satisfied _____ _____.

7) A : I'm taking an airplane for the _____ _____.

B : Me too.

8) A : I hope my team will win the game _____ _____.

B : I hope so, too.

Point 4 | 동화: [t], [d] + 반모음 [j]

'Would you like something to drink?'에서 'Would you'는 [우드 유] 보다는 [우쮸]에 가깝게 발음됩니다. 이처럼 자음 [t], [d]가 뒤에 반모음 [j]를 만나면 [tʃ], [dʒ]로 발음됩니다.

- Hold **y**our hands together.
- I'll le**t y**ou know as soon as possible.

1 다음을 듣고, 밑줄 친 부분의 발음이 나머지 넷과 다른 것을 고르시오.

① What made <u>you</u> so angry?

② They always talk about <u>you</u>.

③ I want <u>you</u> to be more honest.

④ Do you mind if I put <u>you</u> on hold?

⑤ I'm really sorry if my words hurt <u>you</u>.

2 다음을 듣고, 밑줄 친 부분을 위 동화 현상에 따라 읽은 것을 고르시오.

1) <u>Did you</u> enjoy your meal?

   a.   b.

2) I'll tell you if I <u>need your</u> help.

   a.   b.

3) <u>Could you</u> fasten your seat belt?

   a.   b.

4) I'll <u>get you</u> some snacks if you want.

   a.   b.

5) Do you know why Mia is angry <u>at you</u>?

   a.   b.

6) <u>Don't you</u> remember when we first met?

   a.   b.

7) As I <u>told you</u> before, I can't attend the meeting.

   a.   b.

Point 5 | 연음

앞 단어의 끝 자음과 뒤따라오는 단어의 첫 모음이 연결되어 발음되는 것을 연음 현상이라고 합니다. 이는 영어에서 흔하게 일어나는 현상이므로, 반복해서 들어 자연스럽게 익히고 익숙해져야 합니다.

> give up   sold out
>
> take away   have a cold
>
> -----
>
> • I'd like to make a reservation.
> • Look at the monkeys hanging on the tree.

1 다음을 듣고, 빈칸에 알맞은 말을 쓰시오.

1) I've _____ _____ _____ _____ you.

2) What time do you usually _____ _____?

3) My office is _____ _____ from my house.

4) I cannot _____ _____ _____ that noise anymore.

5) I _____ _____ _____ _____ to exercise every morning.

2 대화를 듣고, 연음하여 발음된 부분을 모두 표시하시오.

A : You keep sneezing.

B : I have a bad cold.

A : That's too bad. You'd better take a sick day.

B : Yes and I'll go see a doctor after school.

A : That's good. Did you make an appointment?

B : Yes, I already did. But I feel very cold now.

A : Why don't you put on your coat?

B : Okay. I should wear it right away.

Point 6 | 강세 원칙: 내용어와 기능어

- **My teacher** is **tall** and **thin**.
- The **flight** will be **delayed** for **an hour**.
- **What** are you going to **do this weekend**?

영어 문장을 들을 때 정확하고 또렷하게 들리는 말이 있는 반면, 흐릿하고 빠르게 지나가버려서 알아듣기 힘든 말이 있습니다. 내용어와 기능어의 발음의 세기가 다르기 때문입니다. 영어에는 명사, 동사, 형용사, 부사, 수량어 등 중요한 의미를 전달하는 내용어와 대명사, 관사, 전치사, 접속사, 조동사, be동사 등 문법적 기능을 하는 기능어가 있습니다. 일반적으로 내용어는 강하게, 기능어는 약하게 발음됩니다.

1 대화를 듣고, 강하게 발음된 부분이 <u>아닌</u> 것을 고르시오.

A : May I help you?

B : Yes, ① I'd like to reserve a ② <u>room</u> for ③ <u>three</u> nights.

A : I'm sorry, but we do ④ <u>not</u> have any rooms that you can ⑤ <u>stay</u> in.

B : Okay, I see.

2 다음을 읽고 내용어에 밑줄을 친 후, 들으며 확인하시오.

1) A : What will the weather be like this weekend?

   B : It'll be cold and cloudy.

2) A : Look at the girl sitting on the bench.

   B : Do you mean the girl who is reading a book?

3) A : What time does the movie start?

   B : It starts at seven thirty. We have thirty minutes left.

4) A : Where are you going?

   B : I'm going to the stadium. I have a big game there.

영국식 영어와 우리가 익숙한 미국식 영어는 발음에 차이가 있습니다.

party	미국 [파ㄹ티]	water	미국 [워러ㄹ]
	영국 [파티]		영국 [와타]
past	미국 [패스트]	not	미국 [낫]
	영국 [파스트]		영국 [노트]

- [r]: 미국식 영어에서는 [r]을 거의 빼놓지 않고 발음합니다. 반면, 영국식 영어에서는 뒤에 모음이 오는 경우에만 발음하고, 뒤에 자음이 오거나 단어 끝에서는 발음하지 않습니다.
- [t]: 미국식 영어에서 강모음과 약모음 사이에 오는 [t]는 발음이 약화되어 [r]처럼 발음합니다. 영국식 영어에서는 [t]를 정확하게 발음합니다.
- [a]: 미국식 영어에서는 [애]에 가깝게 발음하지만, 영국식 영어에서는 [아]에 가깝게 발음합니다.
- [o]: 미국식 영어에서는 [아]에 가깝게, 영국식 영어에서는 [아, 어]에 가깝게 발음합니다.

1 다음을 듣고, 밑줄 친 단어가 미국식 발음이면 '미' 영국식 발음이면 '영'을 쓰시오.

1) What's the <u>matter</u> with you? _____

2) How many <u>stops</u> do I have to go? _____

3) You should wait for another <u>chance</u>. _____

4) The <u>waiter</u> poured some water into my glass. _____

2 다음을 듣고, 빈칸에 알맞은 말을 쓰시오.

1) I'm taking a(n) _____ _____ .

2) The movie touched _____ _____ .

3) Go straight two _____ . You _____ miss it.

4) I _____ him to take _____ to _____ this problem.

Unit 01

UNIT : 00 ———————— UNIT : 02

School Life

|◀ ▶ ▶|

Words Preview 자신이 알고 있는 표현에 표시(✓)하시오.

01 ☐ chat	07 ☐ perform	13 ☐ focus on
02 ☐ pass	08 ☐ midterm	14 ☐ make noise
03 ☐ exam	09 ☐ principal	15 ☐ under repair
04 ☐ return	10 ☐ sports day	16 ☐ take a lesson
05 ☐ locate	11 ☐ sign up	17 ☐ participate in
06 ☐ lecture	12 ☐ cheer for	18 ☐ check a book out

A 다음을 듣고 빈칸을 채운 후, 알맞은 뜻을 찾아 연결하시오.

1 _____ to   •   • ⓐ 수업을 하다

2 _____ up   •   • ⓑ …에 속하다

3 make _____   •   • ⓒ 소란을 피우다

4 _____ a class   •   • ⓓ 칼로리를 소모하다

5 _____ _____ calories   •   • ⓔ 등록하다, 신청하다

B 다음을 듣고, 각 문장이 묘사하고 있는 그림을 고르시오.

1 _____   2 _____   3 _____   4 _____

ⓐ   ⓑ   ⓒ   ⓓ

C 다음을 듣고, 그에 알맞은 응답을 고르시오.

1 ⓐ It is located on the third floor.

   ⓑ I'm a member of the music club.

2 ⓐ Our school library is open from 9 a.m. to 6 p.m.

   ⓑ Oh, I already returned all the books I borrowed.

Topic Listening

memo

01 대화를 듣고, 두 사람이 운동회에서 할 일로 가장 적절한 것을 고르시오.

①  ②  ③

④  ⑤

02 다음을 듣고, 그래프와 일치하지 <u>않는</u> 것을 고르시오.

Where do you want to go for a school field trip?

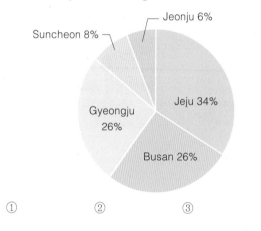

①   ②   ③   ④   ⑤

[03~04] 대화를 듣고, 여자가 활동하고 있는 동아리로 가장 적절한 것을 각각 고르시오.

03 _____   04 _____

ⓐ  ⓑ  ⓒ  ⓓ

05 다음을 듣고, 남자의 주장으로 가장 적절한 것을 고르시오.

① 공부를 열심히 하자.
② 도서관에서 조용히 하자.
③ 학교 시설을 소중하게 이용하자.
④ 친구들과 이야기하는 시간을 갖자.
⑤ 학교에서 휴대전화를 사용하지 말자.

memo

06 대화를 듣고, 여자가 대화 직후에 할 일로 가장 적절한 것을 고르시오.

① 신청서 내기   ② 모집 공고 작성하기
③ 체육 선생님 찾아가기   ④ 학교 게시판 확인하기
⑤ 학교 동아리 가입하기

07 대화를 듣고, 남자의 심정으로 가장 적절한 것을 고르시오.

① bored   ② lonely   ③ happy
④ depressed   ⑤ surprised

08 다음을 듣고, 그 내용과 일치하도록 빈칸에 적절한 말을 쓰시오.

	Location	**Hours**
Library	first floor	from 7 a.m. to **1)** _____
Computer lab	**2)** _____ floor	available starting March 20th
Gym	outside the school building	**3)** _____ a day

memo

09 대화를 듣고, 여자가 이번 일요일에 할 일로 가장 적절한 것을 고르시오.

① 콘서트에 간다.　　　　　　② TV 쇼에 나간다.

③ 연극을 보러 간다.　　　　　④ 연극부 오디션을 본다.

⑤ 집에서 연기 연습을 한다.

10 대화를 듣고, 여자가 소풍에 가져갈 물건이 <u>아닌</u> 것을 고르시오.

① 도시락　　　　② 물　　　　③ 카메라

④ 재킷　　　　　⑤ 스카프

11 대화를 듣고, 남자가 책을 빌리지 <u>못하는</u> 이유를 고르시오.

① 사서가 부재중이라서　　　　② 찾고 있는 책이 없어서

③ 다른 책이 연체되어 있어서　④ 도서 대출 한도를 초과해서

⑤ 학생증을 가지고 오지 않아서

12 다음을 듣고, 동아리에 대한 내용과 일치하지 <u>않는</u> 것을 고르시오.

Join the Scuba-diving Club!

- Meetings:　① every Saturday
- You can:　② take a scuba-diving lesson
　　　　　　③ use the school's diving equipment
　　　　　　④ go scuba diving in the summer
- How to join:　⑤ visit the diving club's room

13 **Choose the most unnatural conversation.**

①   ②   ③   ④   ⑤

14 **Which is NOT correct according to the conversation?**

School Festival Schedule

Day:	① Oct 24th
Events:	② Art exhibition: 3 p.m. to 5 p.m.
	③ Perfume making: 6 p.m.
	④ Guitar performance: 7 p.m.
	⑤ Fireworks: 8 p.m.

[15~16] Listen and answer the questions.

15 **What is the speaker mainly talking about?**

① the school photo exhibition
② the special class for students
③ rules for taking good pictures
④ how to take notes well in class
⑤ great photographers around the world

16 **Which is NOT correct according to the talk?**

① Mr. Phil Porter is a photographer.
② Students should arrive ten minutes earlier.
③ Questions are not allowed during the class.
④ Students will get some free snacks.
⑤ Students can sign up at the English teacher's office.

Dictation

미국식 발음 영국식 발음

대화를 듣고, 두 사람이 운동회에서 할 일로 가장 적절한 것을 고르시오.

01

W: Our school sports day is next week. I hope our class _____ _____ _____.

M: Me too. How should we _____ _____?

W: How about making a new class fight song?

M: _____ _____ _____. We can choose a popular song and _____ _____ _____.

W: Yes, we can. And what else can we do?

M: What about _____ [단서]? Everybody will like it.

W: Excellent! Let's ask Allison. She _____ _____.

듣기 전, 선택지의 그림 내용을 먼저 파악하자.

다음을 듣고, 그래프와 일치하지 <u>않는</u> 것을 고르시오.

① ② ③ ④ ⑤

02

W: ① Busan is _____ _____ Gyeongju.

② Jeju is the most popular place of all.

③ Gyeongju is _____ _____ _____ Suncheon.

④ Suncheon is more popular than Busan.

⑤ Jeonju is _____ _____ _____.

듣기 전, 그래프의 내용을 먼저 확인하자!

대화를 듣고, 여자가 활동하고 있는 동아리로 가장 적절한 것을 각각 고르시오.

03 _____

04 _____

03

M: What are you doing?

W: I'm tuning my guitar. My club will be _____ _____ _____ _____ tomorrow.

M: Interesting! _____ _____?

W: "Over the Rainbow." It has _____ _____ _____.

M: Yes. I know that song. So, you are _____ _____?

W: Yes. Also I'll sing some parts of the song. _____ _____ _____ and watch?

M: Sure. _____ _____ _____.

기타를 연주하고 노래를 부르는 동아리는?

022 | Part 1

04 M : You _____ _____ these days, Camila.

W : Yes, I actually _____ _____ _____ after I joined a club.

M : Which club are you in?

W : I'm in the dance club. We _____ _____ _____ at our club.

M : That's nice. _____ _____ _____ _____ _____?

W : We practice dancing for _____ _____ _____ _____.

M : Wow. I'm sure you _____ _____ a lot of calories.

다음을 듣고, 남자의 주장으로 가장 적절한 것을 고르시오.
① 공부를 열심히 하자.
② 도서관에서 조용히 하자.
③ 학교 시설을 소중하게 이용하자.
④ 친구들과 이야기하는 시간을 갖자.
⑤ 학교에서 휴대전화를 사용하지 말자.

05 M : Many students are using the library _____ _____ _____ _____ _____. The library should be quiet so that students can _____ _____ _____ _____. But some students talk loudly, _____ _____ and even _____ _____ _____ _____. The library is not the place for _____ _____ _____. If they want to make noise or _____ _____ _____, they should go someplace else. They must know that many other students _____ _____ _____ _____ to study and read books. 〈함정〉

quiet, loud, noise, chat 등으로 유추해 보자.

대화를 듣고, 여자가 대화 직후에 할 일로 가장 적절한 것을 고르시오.
① 신청서 내기
② 모집 공고 작성하기
③ 체육 선생님 찾아가기
④ 학교 게시판 확인하기
⑤ 학교 동아리 가입하기

06 M : Khloe, did you see the bulletin board?

W : Bulletin board? No. Was there _____ _____?

M : Yes. The school tennis club is _____ _____ _____ _____. Didn't you say you wanted to join that club?

W : Yes! Wow. How can I join?

M : I think _____ _____ _____ to the P.E. teacher. But I don't remember whether it was Mr. Smith or Mr. Harris.

W : Well, I'll _____ _____ the bulletin board to _____ _____ now.

M : Okay. I'll go with you.

여자가 하는 말을 끝까지 정확히 듣자.

대화를 듣고, 남자의 심정으로 가장 적절한 것을 고르시오.
① bored   ② lonely
③ happy   ④ depressed
⑤ surprised

07 M : You _____, Wendy.

W : Yes, I am. The weather is fantastic and our _____ _____ _____! Why don't we _____ _____ _____ _____?

M : Well.... Actually, I _____ _____.

W : Why not? Is something the matter?

M : I think I _____.

W : What? I can't believe that! You studied really hard this time.

M : Yes, I did. But I didn't _____ _____. I think I was _____ _____.

W : You shouldn't worry about it. You don't _____ _____ _____ _____!

M : No, but I certainly _____ _____.

열심히 공부했지만 시험을 망쳤다면 어떤 기분일까?

다음을 듣고, 그 내용과 일치하도록 빈칸에 적절한 말을 쓰시오.

	Location	Hours
Library	first floor	from 7 a.m. to 1) _____
Computer lab	2) _____ floor	available starting March 20th
Gym	outside the school building	3) _____ a day

08 W : Welcome to York Junior High School. Today, I'm going to tell you about our school facilities. _____ _____ _____ _____, there is a library. You can _____ _____ and study there _____ _____ _____ _____ _____ _____. We also have a computer lab. It is located on the third floor. But it's _____ _____ now, and it will _____ _____ _____. The gym is outside the school building, _____ _____ _____ _____. It is open 24 hours, so you can always use the tennis courts or swimming pool.

선택지의 library, computer lab, gym이 언급되는 부분을 주의 깊게 듣자.

대화를 듣고, 여자가 이번 일요일에 할 일로 가장 적절한 것을 고르시오.
① 콘서트에 간다.
② TV 쇼에 나간다.
③ 연극을 보러 간다.
④ 연극부 오디션을 본다.
⑤ 집에서 연기 연습을 한다.

09 M : Hey, Emma. Can you _____ with me _____ _____?

W : I'm afraid I can't. I _____ _____ _____ on Sunday.

M : An audition? Are you going to be _____ _____?

W : No, I'm not. I'm going to have an audition _____ _____ _____. You know I've always wanted to _____ _____ _____.

M : So, you have to _____ _____ _____ to join the club?

W : That's right. So I practice acting every day.

M : _____ _____. Good luck to you!

여자가 남자의 제안을 거절한 이유는 무엇인가?

10 W : The school trip is tomorrow. I'm _____ _____!

M : Yes. I've always wanted to _____ _____ _____ _____ _____.

W : Who hasn't? By the way, what do we have to bring?

M : The teacher said we need _____ _____ _____ and _____ _____ _____ _____ _____.

W : Okay. I heard it'll _____ _____, so I'll bring ice water. Oh, _____ _____ _____ _____?

M : I'm going to _____ _____. I bought a new one last week. You can use it.

W : Then, _____ _____ _____ _____.

M : Ah, one more thing. It'll _____ _____ _____ _____ _____, so bring a light jacket.

W : Okay, I will. And I will bring my scarf to _____ _____ _____ too!

선택지의 각 물건이 언급될 때 주의하여 듣자.

대화를 듣고, 여자가 소풍에 가져갈 물건이 **아닌** 것을 고르시오.
① 도시락   ② 물
③ 카메라   ④ 재킷
⑤ 스카프

11 M : Hello. I'd like to _____ _____ _____ _____.

W : Sure. Please _____ _____ _____ _____ _____.

M : Here you are.

W : Thank you. Hmm… I'm sorry, but you _____ _____ _____ right now. You have a late book.

M : What? I'm sure I don't have any books. Could you please _____ _____ _____ again?

W : Okay. (pause) According to this, you haven't returned *Exploring Space*.

M : Oh! My friend _____ _____ _____ last week. I thought he had returned it.

W : Well, it looks like he forgot. Please _____ _____ _____ after you talk to him.

M : I will. _____ _____ _____ _____.

대화를 듣고, 남자가 책을 빌리지 **못하는** 이유를 고르시오.
① 사서가 부재중이라서
② 찾고 있는 책이 없어서
③ 다른 책이 연체되어 있어서
④ 도서 대출 한도를 초과해서
⑤ 학생증을 가지고 오지 않아서

▶ **Dictation**

다음을 듣고, 동아리에 대한 내용과 일치하지 않는 것을 고르시오.

Join the Scuba-diving Club!

- Meetings: ① every Saturday
- You can: ② take a scuba-diving lesson
  ③ use the school's diving equipment
  ④ go scuba diving in the summer
- How to join: ⑤ visit the diving club's room

12 M : Hello, everyone! The scuba-diving club is looking for new members. We practice diving _____ _____ at the school diving pool. You don't have any diving experience? Don't worry. _____ _____ _____, a pro diver _____ _____ _____ _____. Also, the school has _____ _____ that you can use! _____ _____, we go scuba diving in the sea. It's _____ _____ _____ _____ _____ _____ and other sea life. Any student who is interested in scuba diving can join. If you'd like to join, _____ _____ _____ _____ to divingclub@school.com. Thank you.

Choose the most unnatural conversation.

① ② ③ ④ ⑤

13 ① W : Are you a member of any school clubs?

M : I _____ _____ the photography club.

② W : _____ _____ does your club meet?

M : My club is performing a drama.

③ W : Do you know why Jane _____ _____ yesterday?

M : She _____ _____ and _____ _____ _____.

④ W : How many books can I _____ _____ ?

M : You can borrow three books _____ _____ _____.

⑤ W : Did you _____ _____ _____ _____ ?

M : Yes. I got an A!

'How often...?'은 '얼마나 자주…?'의 의미로 빈도를 묻는 표현이다.

14

M : My school festival is _____ _____ _____. Can you come?

W : Yes. Will you _____ _____ _____ _____?

M : My art club will _____ _____ _____ _____. It starts at 3 p.m. and ends at 5 p.m.

W : Then I'll _____ _____ _____ _____ What about Jason? I heard he is in the guitar club.

M : Yes. His club will have a guitar performance at 7:30 p.m.

W : Oh, that _____ _____. Let's go there together.

M : Okay. And the science club is _____ _____ _____ _____. It's a perfume-making class. It _____ _____ _____ _____.

W : Sounds interesting! We can go there _____ _____ _____.

M : Okay. Oh, and I heard _____ _____ _____ at 8 p.m.

선택지의 내용과 들은 것을 비교하자.

Which is NOT correct according to the conversation?

School Festival Schedule
Day: ① Oct 24th
Events: ② Art exhibition: 3 p.m. to 5 p.m.
        ③ Perfume making: 6 p.m.
        ④ Guitar performance: 7 p.m.
        ⑤ Fireworks: 8 p.m.

15~16

M : Good morning, students, I am Principal Easton. Do you like _____ _____? Then listen carefully. A famous photographer, Mr. Phil Porter, will come to our school to give a special class _____ _____ _____. He'll teach you _____ _____ _____ _____. It'll begin at 4 o'clock and _____ _____ _____ at the Greenwood Building. Please arrive ten minutes _____ _____ _____ _____. You can freely ask questions whenever you want. Bring some pictures that you took. Mr. Porter will _____ _____ _____ on your pictures. A free snack and juice will be given as well. If you want to _____ _____ _____, please _____ _____ at the office of Ms. Hall, the English teacher.

15 What is the speaker mainly talking about?
① the school photo exhibition
② the special class for students
③ rules for taking good pictures
④ how to take notes well in class
⑤ great photographers around the world

16 Which is NOT correct according to the talk?
① Mr. Phil Porter is a photographer.
② Students should arrive ten minutes earlier.
③ Questions are not allowed during the class.
④ Students will get some free snacks.
⑤ Students can sign up at the English teacher's office.

Review Test

A 다음 각 단어에 해당하는 의미를 〈보기〉에서 고르시오.

1 last _____   **2** tune _____   **3** attend _____   **4** locate _____

5 return _____   **6** lecture _____   **7** repair _____

┤ 보기 ├
ⓐ to put something in a particular place

ⓑ work of fixing something broken or damaged

ⓒ to continue happening for a certain period of time

ⓓ to send or put something back to where it came from

ⓔ to be at an event or activity such as a class or meeting

ⓕ to set a musical instrument so that it makes the correct sound

ⓖ an educational talk given to a group of people, on a particular subject

---

B 다음 대화문에서, 각 빈칸에 들어갈 말로 가장 적절한 것을 고르시오.

M : Elizabeth, you look healthy these days.

W : Do I? Well, I actually exercise a lot at my club.

M : **1** _____

W : I am a member of the school badminton club.

M : Badminton club? That's nice. **2** _____

W : We play badminton for an hour every Tuesday and Thursday.

M : You must burn off a lot of calories.

┤ 보기 ├
ⓐ Which club do you belong to?

ⓑ How often does your club meet?

ⓒ Can you teach me how to play badminton?

ⓓ You can use the badminton court 24 hours a day.

C 다음 우리말과 일치하도록 빈칸에 알맞은 표현을 쓰시오.

1 You should go out if you want to _____ _____ _____.
(전화를 하고 싶다면 밖으로 나가야 해.)

2 If you want to take a cooking class, you can _____ _____ in my office.
(요리 수업이 듣고 싶다면, 제 사무실에서 등록할 수 있어요.)

3 My photography club will _____ _____ _____ at the school festival.
(우리 사진 동아리는 학교 축제에서 전시회를 열 거야.)

Topic words & Phrases

school festival

have an exhibition

look for new members

join a club

have an audition

cheer for the team

perform a play

A

학교 생활에 대한 표현

행사

midterm 중간고사
final exam 기말고사
field trip 현장 학습
sports day 운동회
school festival 학교 축제

entrance ceremony 입학식
graduation ceremony 졸업식
perform a play 연극을 하다
have an exhibition 전시회를 열다

생활·시설

semester 학기
scholarship 장학금
curriculum 교육과정
student ID 학생증
gym 체육관
computer lab 컴퓨터실
school cafeteria 학교 식당
counseling center 학교 상담실
homeroom teacher 담임선생님
after school 방과 후에
take notes 필기하다
take a class 수업을 듣다
drop a class 수강을 취소하다

join a club 동아리에 가입하다
look for new members
새 회원을 모집하다
have an audition 오디션을 보다
cheer for the team 팀을 응원하다
pass[fail] a test
시험에 합격[낙제]하다
study[work] hard 열심히 공부하다
check a book out 책을 대출하다
study in the library
도서관에서 공부하다
be absent from school
학교에 결석하다

B

학교 생활에 대해 이야기하기

〈학교 생활에 대해 묻고 답하기〉

Are you a member of any school clubs?
너는 학교 동아리 회원이니?

Yes. I belong to the school newspaper club. 응. 나는 학교 신문 동아리에 속해 있어.

Where is the Nurse's Office?
양호실은 어디에 있니?

It is located on the fifth floor.
그건 5층에 위치해 있어.

What kind of facilities does your school have? 너희 학교에는 어떤 시설들이 있니?

Our school has a swimming pool, a tennis court, and a theater.
우리 학교는 수영장, 테니스장, 그리고 극장이 있어.

〈학교 생활에 대해 말하기〉

I failed my English test, so I have to take a make-up test.
나 영어 시험에 낙제해서 재시험을 봐야 해.

I learn how to play tennis in an after-school class.
나는 방과 후 수업에서 테니스를 배워.

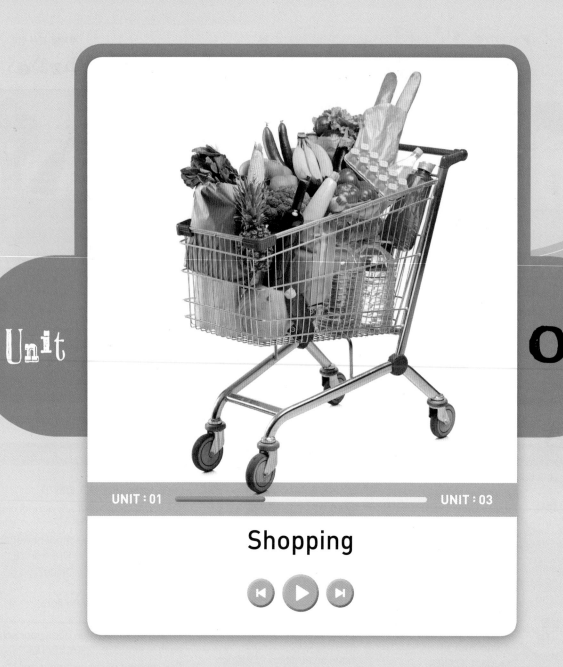

Unit 02

UNIT : 01 ━━━━━━━━ UNIT : 03

Shopping

⏮ ▶ ⏭

Words Preview 자신이 알고 있는 표현에 표시(✓)하시오.

01☐ sell	07☐ deliver	13☐ on sale
02☐ weigh	08☐ compare	14☐ fill out
03☐ delay	09☐ customer	15☐ make a list
04☐ refund	10☐ warranty	16☐ be sold out
05☐ policy	11☐ purchase	17☐ out of stock
06☐ receipt	12☐ reasonable	18☐ change one's mind

A 다음을 듣고 빈칸을 채운 후, 알맞은 뜻을 찾아 연결하시오.

1 get a(n) _____ • • ⓐ 늦어도

2 be _____ _____ • • ⓑ 환불을 받다

3 be _____ _____ • • ⓒ …와 다르다

4 _____ _____ a form • • ⓓ …와 비슷하다

5 _____ _____ _____ • • ⓔ 서식을 작성하다

B 다음을 듣고, 각 문장이 묘사하고 있는 그림을 고르시오.

1 _____   2 _____   3 _____   4 _____

ⓐ    ⓑ   ⓒ   ⓓ

C 다음을 듣고, 그에 알맞은 응답을 고르시오.

1 ⓐ Yes. Did you bring the receipt?

  ⓑ Sure. Which size do you need?

2 ⓐ Sorry, the bag is out of stock now.

  ⓑ Oh, is there something wrong with it?

Topic Listening

memo

01 대화를 듣고, 여자가 입어 볼 티셔츠로 가장 적절한 것을 고르시오.

①

②

③

④

⑤

02 다음을 듣고, 남자가 차고 세일에서 팔 물건이 <u>아닌</u> 것을 고르시오.

①

②

③

④

⑤

03 대화를 듣고, 여자가 요청하는 것으로 가장 적절한 것을 고르시오.

① 교환   ② 수선   ③ 환불
④ 주문   ⑤ 상품 예약

04 대화를 듣고, 남자가 지불할 금액을 고르시오.

① $600   ② $800   ③ $1000
④ $1200   ⑤ $1500

[05~06] 다음을 듣고, 각 도시에서 사면 좋은 제품으로 가장 적절한 것을 고르시오.

05 Grasse: _____   06 Copenhagen: _____

ⓐ  ⓑ  ⓒ  ⓓ

07 대화를 듣고, 여자가 대화 직후에 할 일로 가장 적절한 것을 고르시오.

① 돈을 지불한다.   ② 경품 행사에 참여한다.

③ 회원 가입서를 작성한다.   ④ 가방에 상품을 담는다.

⑤ 더 살 물건이 없는지 둘러본다.

08 다음을 듣고, 그 내용과 일치하지 <u>않는</u> 것을 고르시오.

Winter Clothes Clearance Sale
at Glory's Department Store

① December 28th ~ 30th

② All items are 70% ~ 90% off.

③ Credit cards are not accepted.

④ A refund is available within 14 days.

⑤ Items should be returned with a receipt.

09 대화를 듣고, 남자가 온라인 쇼핑을 하는 데 시간이 오래 걸리는 이유로 가장 적절한 것을 고르시오.

① 취향이 까다로워서 　　　　② 인터넷이 너무 느려서
③ 가격 비교를 해야 해서 　　　④ 제품 사용 후기를 확인해야 해서
⑤ 맞는 치수의 제품을 찾기 어려워서

10 대화를 듣고, 여자가 남자에게 전화한 목적으로 가장 적절한 것을 고르시오.

① 카메라를 주문하려고 　　　　② 카메라에 대해 문의하려고
③ 다른 카메라가 배송되어서 　　④ 카메라 색상을 변경하려고
⑤ 주문한 카메라가 도착하지 않아서

11 대화를 듣고, 남자의 심정으로 가장 적절한 것을 고르시오.

① angry　　　　② worried　　　　③ jealous
④ nervous　　　⑤ disappointed

12 대화를 듣고, 여자의 조언으로 언급되지 <u>않은</u> 것을 고르시오.

① 필요한 물건들의 목록 작성하기
② 신용카드 사용 않기
③ 가격 비교하기
④ 마음에 드는 물건이 있더라도 바로 구매하지 않기
⑤ 저렴하다는 이유로 구매하지 않기

13 **Why did the woman visit the store according to the conversation?**

　① to repair the vacuum cleaner

　② to purchase a vacuum cleaner

　③ to refund the vacuum cleaner

　④ to recommend the vacuum cleaner

　⑤ to exchange the vacuum cleaner for a new one

14 **Which floor do you need to visit to buy vegetables according to the talk?**

　① B1　　　　　② F2　　　　　③ F3

　④ F4　　　　　⑤ F5

[15~16] Listen and answer the questions.

15 **What is the speaker mainly talking about?**

　① her experience with social shopping

　② her job at a social shopping company

　③ the reason she doesn't like social shopping

　④ tips on choosing good social shopping sites

　⑤ how to buy products on social shopping websites

16 **How much cheaper was the dress when purchased through social shopping?**

　① 20%　　　　② 30%　　　　③ 40%

　④ 50%　　　　⑤ 60%

Dictation

대화를 듣고, 여자가 입어 볼 티셔츠로 가장 적절한 것을 고르시오.

01

M : Can I help you find something?

W : _____ _____ .

[함정] M : How about this blue one? It _____ nowadays.

W : It's pretty, but I don't like _____ . Do you have one with a V-neck? [단서]

M : I'm sorry, but that color _____ _____ _____ right now. How about _____ _____ _____ ? We have V-necks in those colors.

W : Hmm…. Can I _____ _____ ?

M : Sure. You can try it on in the dressing room over there.

W : Thank you.

여자는 어떤 모양과 색의 옷을 언급했는가?

다음을 듣고, 남자가 차고 세일에서 팔 물건이 아닌 것을 고르시오.

02

M : My family is going to _____ _____ _____ _____ tomorrow. So today we looked through our old stuff and _____ _____ _____ _____ . At first, I wanted to sell some teacups, but I didn't do that because my mom wanted to keep them. We also found some clothes that are _____ _____ _____ _____ now but still _____ _____ . There were many books, too. They were _____ _____ , but my family's most likely not going to read them. We also decided to sell a dresser and my old bike. They _____ _____ _____ _____ , so I cleaned them. Everything for the garage sale _____ _____ now. I hope our things will _____ _____ _____ _____ .

선택지의 사진을 먼저 보고 어떤 단어가 언급될지 예상해 보자.

대화를 듣고, 여자가 요청하는 것으로 가장 적절한 것을 고르시오.

① 교환　　② 수선
③ 환불　　④ 주문
⑤ 상품 예약

03

M : Hello. Can I help you?

W : Yes. I bought a bag here yesterday, but _____ _____ .

M : What seems to be the problem?

W : As you can see, the zipper isn't working. Also, there's a small stain _____ _____ _____ _____ the bag.

M : Oh, I'm very sorry. Do you want to _____ _____ _____ _____ _____ _____ _____ ?

W : No, I don't think this bag is made very well. Can I _____ _____ _____ _____ _____ ?

M : Okay. Did you _____ _____ _____ ? I'll need to see it.

W : Yes. _____ _____ _____ _____ .

04 M : Excuse me. Can you _____ _____ _____ _____ _____ ?

W : Sure. It's a brand-new model. It _____ _____ _____ _____ _____ .

M : That's very light! How much is it?

W : It's _____ .

M : Wow, _____ _____ . I'd like to see a cheaper one.

W : How about this one? It was _____ , but _____ _____ _____ now. So you can _____ _____ _____ _____ _____ .

M : So it's _____ ? That seems like _____ _____ _____ _____ . I'll take it.

W : _____ _____ _____ _____ _____ _____ . If you want, we can _____ _____ .

M : That would be better. Thanks.

다양한 금액이 언급되므로 혼동하지 말자.

대화를 듣고, 남자가 지불할 금액을 고르시오.
① $600   ② $800
③ $1000   ④ $1200
⑤ $1500

05~06

W : Shopping is one of _____ _____ _____ _____ . So find out what each city is famous for. Buenos Aires in Argentina is _____ _____ _____ _____ high-quality leather goods. You can buy _____ _____ _____ _____ there. And if you want to _____ _____ _____ , Grasse in France might interest you. Finally, if _____ _____ _____ _____ _____ , you should go to Copenhagen, Denmark. There are many different products there _____ _____ _____ _____ .

도시명이 먼저 언급되는 것은 아니므로, 필요한 도시가 나올 때만 집중하는 것은 위험하다.

다음을 듣고, 각 도시에서 사면 좋은 제품으로 가장 적절한 것을 고르시오.

05 Grasse: _____

06 Copenhagen: _____

ⓐ   ⓑ
ⓒ   ⓓ

▶ Dictation

대화를 듣고, 여자가 대화 직후에 할 일로 가장 적절한 것을 고르시오.

① 돈을 지불한다.
② 경품 행사에 참여한다.
③ 회원 가입서를 작성한다.
④ 가방에 상품을 담는다.
⑤ 더 살 물건이 없는지 둘러본다.

07 M : It's _____.
W : Here you are.
M : Thanks. Do you have a membership card?
W : No, I don't. _____ _____ _____ _____ ?
M : There is _____ _____ _____. Would you like to
_____ _____? With a membership card, you can save 5%
_____ _____ _____ _____ _____. And
you can use the money you save _____ _____ _____.
W : Sounds great!
M : We also have a membership day _____ _____ _____
_____ _____ _____ _____. Our members get a
30% discount on all products.
W : Those are _____ _____. I'll take one.
M : Good. And we give this _____ _____ _____ to new
members. Please _____ _____ _____ _____.

남자는 무엇에 대해 설명하고 있는가?

다음을 듣고, 그 내용과 일치하지 <u>않는</u>
것을 고르시오.

**Winter Clothes Clearance Sale
at Glory's Department Store**

① December 28th ~ 30th
② All items are 70% ~ 90% off.
③ Credit cards are not accepted.
④ A refund is available within 14 days.
⑤ Items should be returned with a receipt.

08 M : Ladies and gentleman, can I have your attention please? Thank you for
visiting Glory's Department Store. _____ _____
_____ _____, there will be _____ _____
_____ _____ _____. This is a great chance to get nice
winter coats, jackets, sweaters, and scarves _____ _____
_____ _____! Everything is on sale for _____ _____
_____ _____ the original price. We _____ _____
_____ _____, so all sales are _____ _____. You
can return items _____ _____ _____ _____
_____ _____. Don't miss this big opportunity!

038 | Part 1

09   W: Are you still surfing the Internet? _____ _____ _____ _____!

M: I need to buy shoes, but _____ _____ _____ _____ _____ to choose the right ones.

W: _____ _____ _____ _____ _____ _____ _____?

M: It's not that simple. There are lots of products! And _____ _____ _____, even if it is the same shoe. I have to _____ _____.

W: Have you tried this website? It shows _____ _____ _____ _____ _____ _____, so you can find what you want more easily.

M: That's great! It will _____ _____ _____ _____ _____ _____.

대화를 듣고, 남자가 온라인 쇼핑을 하는 데 시간이 오래 걸리는 이유로 가장 적절한 것을 고르시오.
① 취향이 까다로워서
② 인터넷이 너무 느려서
③ 가격 비교를 해야 해서
④ 제품 사용 후기를 확인해야 해서
⑤ 맞는 치수의 제품을 찾기 어려워서

10   *(telephone rings)*

M: Thanks for calling the DICA Online Market. What can I help you with?

W: I _____ _____ _____ _____ from your shop a week ago. But, _____ _____ _____ _____ _____ _____ _____.

M: Could you tell me the order number?

W: It's A10496.

M: Oh, you _____ _____ _____ _____. We are very sorry. There have been so many orders that _____ _____ _____ _____ _____. However, if you _____ _____ _____ to black or blue, you can get it today.

W: No, I really want to have the white one.

M: Okay. We'll try to send it _____ _____ _____ _____ _____ _____. We are sorry for the inconvenience.

not delivered, delayed 등에서 상황을 유추할 수 있다.

대화를 듣고, 여자가 남자에게 전화한 목적으로 가장 적절한 것을 고르시오.
① 카메라를 주문하려고
② 카메라에 대해 문의하려고
③ 다른 카메라가 배송되어서
④ 카메라 색상을 변경하려고
⑤ 주문한 카메라가 도착하지 않아서

대화를 듣고, 남자의 심정으로 가장 적절한 것을 고르시오.
① angry   ② worried
③ jealous   ④ nervous
⑤ disappointed

11 M: Excuse me. _____ _____ _____ _____ _____ _____ on these pants.

W: Is there something wrong with them?

M: No, they're fine. I just _____ _____ _____.

W: In that case, we can't give you a refund.

M: _____ _____? I bought them just two days ago. _____ _____ _____ _____.

W: That's our policy. Didn't you see the "No Refunds" sign when you bought them? Sale items _____ _____ _____ _____ _____.

M: That _____ _____ _____. Customers have a right to return the product _____ _____ _____.

W: I'm sorry, but we can't give you your money back.

M: That's not right. I'm going to _____ _____ _____ _____ _____.

상황을 머릿속으로 그려보자.

대화를 듣고, 여자의 조언으로 언급되지 않은 것을 고르시오.
① 필요한 물건들의 목록 작성하기
② 신용카드 사용 않기
③ 가격 비교하기
④ 마음에 드는 물건이 있더라도 바로 구매하지 않기
⑤ 저렴하다는 이유로 구매하지 않기

12 W: After _____ _____ _____, have you ever regretted buying something that you really didn't need? If you have, here are some _____ _____ _____ _____. First, try to make a shopping list. Before going to the shops, make a list of things you need to buy. It will help to _____ _____ _____ _____ _____ _____. Second, compare prices at many stores. Even if you find the thing you want, _____ _____ _____ _____ _____. While you walk around, you could find a shop that sells the product _____ _____ _____ _____. Finally, don't be tempted by sales. You should not buy something you don't need just because _____ _____ _____.

Why did the woman visit the store according to the conversation?
① to repair the vacuum cleaner
② to purchase a vacuum cleaner
③ to refund the vacuum cleaner
④ to recommend the vacuum cleaner
⑤ to exchange the vacuum cleaner for a new one

13 M: How can I help you?

W: _____ _____ _____ last Friday, but _____ _____ _____.

M: Oh, I'm sorry. We can repair it _____ _____ _____ because this product _____ _____ _____ _____.

W: No, thanks. I'd like to _____ _____ _____.

M: Okay. (pause) Oh, sorry, but _____ _____ _____ _____ right now. Can you come again tomorrow?

W: I _____ _____ _____ tomorrow. Can I have it delivered to my house?

M : Sure. Please _____ _____ _____ _____ and phone number.

제시된 상황에서 할 수 있는 여러 행동 중 여자가 요구하는 것을 잘 집어내야 한다.

14 M : Hello, everyone. Welcome to Harry's Department Store. _____ _____ _____ _____ _____, we'll be having special sales in some departments. In the _____ _____ department _____ _____ _____ _____, necklaces and bracelets are _____ _____. Also, men's backpacks are on sale in the menswear department. There are _____ _____ _____, so _____ _____ and don't miss your chance. The grocery department _____ _____ will have a big sale, too. You can get _____ _____ _____ _____. We hope you enjoy shopping at our store. Thank you.

각 층에서 어떤 상품을 판매하고 있는지 메모하면서 듣자.

Which floor do you need to visit to buy vegetables according to the talk?
① B1   ② F2   ③ F3
④ F4   ⑤ F5

15~16

W : Recently, I _____ _____ _____ _____ _____ _____. Then my friend Sally _____ _____ _____. I visited some social shopping websites and everything was much cheaper! The idea of social shopping _____ _____ _____ _____ _____. When a group of people buy a certain product together, the price goes down. It means that the more people buy a product together, _____ _____ _____ _____ _____. I looked at some websites and found a nice dress. It was _____. But I was worried that it might be _____ _____ _____. So I checked the refund policy. I also _____ _____ _____ _____. Finally, I bought it. Today I got my pretty dress. My _____ was successful!

16 단서가 한 번만 언급되므로 놓치면 답을 고를 수 없으니 집중하자.

15 What is the speaker mainly talking about?
① her experience with social shopping
② her job at a social shopping company
③ the reason she doesn't like social shopping
④ tips on choosing good social shopping sites
⑤ how to buy products on social shopping websites

16 How much cheaper was the dress when purchased through social shopping?
① 20%   ② 30%   ③ 40%
④ 50%   ⑤ 60%

A 다음 각 단어에 해당하는 의미를 〈보기〉에서 고르시오.

1 vary _____   **2** policy _____   **3** delay _____   **4** exchange _____

5 receipt _____   **6** impulsively _____   **7** membership _____   **8** reasonable _____

┤ 보기 ├
ⓐ not too expensive
ⓑ to replace something with a different thing
ⓒ without thinking about something carefully
ⓓ to make something or someone late or slow
ⓔ the state in which a person belongs to a group
ⓕ to differ in size, amount, degree or nature from something else
ⓖ a set of rules that is used as a basis for making decisions in business
ⓗ a piece of paper showing that you paid money for the goods you bought

B 다음 각 질문에 대한 응답으로 가장 적절한 것을 〈보기〉에서 고르시오.

1 Can I try on this T-shirt?

2 Could you show me that camera?

3 Would you like to sign up for a membership card?

┤ 보기 ├
ⓐ Does it cost anything?
ⓑ Of course. It's a brand-new model.
ⓒ Sure. The dressing room is over there.
ⓓ Sorry, you can't get a refund without a receipt.

C 다음 우리말과 일치하도록 빈칸에 알맞은 표현을 쓰시오.

1 I need them by October 13th _____ _____ _____ .
(늦어도 10월 13일까지는 그것들이 필요합니다.)

2 The camera you ordered is _____ _____ _____ now.
(고객님이 주문하신 카메라는 현재 재고가 없습니다.)

3 Your order will be delivered _____ _____ extra _____ .
(고객님의 주문품은 추가 수수료 없이 배송될 것입니다.)

on sale

20% off

30% off

Brand New

out of stock

receipt

get a refund

customer

A 쇼핑에 대한 표현

쇼핑

tax 세금
receipt 영수증
save 적립하다
vary 다양하다
lower (가격을) 내리다
repair 수리하다
customer 고객
benefit 혜택
warranty 보증서
high-quality 고품질의
brand-new 완전 새것인, 신품의
online store 온라인 매장
return policy 환불 정책
impulse buying 충동 구매
try on 입어[신어] 보다
be for sale 팔려고 내 놓은
sold out (상품 등이) 다 팔린
on sale 할인 중인
clearance sale 재고 정리 세일
get[give] a discount
할인을 받다[해주다]

at half price 반값에
at no charge 무료로, 수수료 없이
compare prices 가격을 비교하다
return a product 상품을 반품하다
bring the receipt
영수증을 가져오다
exchange A for B
A를 B로 교환하다
get[give] a refund
환불을 받다[해주다]
get one's money back
돈을 돌려받다
take[accept] credit cards
신용카드를 받다
be addicted to shopping
쇼핑에 중독되다
get[have] something repaired
무언가를 수리하다
be in stock 재고가 있다
be out of stock 재고가 없다

B 쇼핑에 대해 묻고 답하기

Are you being helped? 도움을 받고 계시나요?

No. Could you help me find a jacket?
아니요. 재킷 찾는 것을 도와주실 수 있나요?

What size do you wear?
어느 사이즈를 입으시나요?

I think a size medium will fit me.
M사이즈가 제게 맞을 거예요.

How much are they in total? 전부 얼마예요?

The original price is $500, but you can get
a 30% discount.
원래 가격은 500달러지만 30% 할인을 받을 수 있어요.

I'd like to exchange this MP3 player.
이 MP3 플레이어를 교환하고 싶어요.

Is there something wrong with this product?
이 제품에 뭔가 이상이 있나요?

I'd like to have it delivered to my house.
그것을 저희 집으로 배송 받고 싶어요.

Okay. Write down your home address and
phone number.
네. 자택 주소와 전화번호를 적어주세요.

UNIT : 02 ▬▬▬▬▬▬▬▬▬▬▬▬▬▬ UNIT : 04

Animals

Words Preview 자신이 알고 있는 표현에 표시(✓)하시오.

01☐ bite	07☐ hunt	13☐ aquarium
02☐ cage	08☐ adopt	14☐ environment
03☐ bark	09☐ sense	15☐ natural event
04☐ feed	10☐ owner	16☐ look after
05☐ wild	11☐ survive	17☐ get out of
06☐ train	12☐ feather	18☐ give birth to

A 다음을 듣고 빈칸을 채운 후, 알맞은 뜻을 찾아 연결하시오.

1 be _____   •   • ⓐ 미리
2 in _____   •   • ⓑ 태어나다
3 _____ after   •   • ⓒ …을 돌보다
4 be _____ _____   •   • ⓓ …에서 나오다
5 get _____ _____   •   • ⓔ …으로 유명하다

B 다음을 듣고, 각 문장이 묘사하고 있는 그림을 고르시오.

1 _____   2 _____   3 _____   4 _____

ⓐ    ⓑ    ⓒ    ⓓ

C 다음을 듣고, 그에 알맞은 응답을 고르시오.

1 ⓐ You can feed it small insects.
   ⓑ You can clean it using a wet cloth.

2 ⓐ My dog is fully grown now.
   ⓑ He has sharp claws, but he is gentle.

memo

[01~02] 다음을 듣고, 설명하고 있는 동물로 가장 적절한 것을 각각 고르시오.

01 _____   02 _____

 ⓐ   ⓑ    ⓒ   ⓓ

03 대화를 듣고, 남자가 햄스터를 찾은 장소로 가장 적절한 곳을 고르시오.

① 우리 안   ② 침대 밑   ③ 소파 밑
④ 냉장고 뒤   ⑤ 텔레비전 뒤

04 대화를 듣고, 애완견의 문제 행동으로 언급되지 <u>않은</u> 것을 고르시오.

①    ②    ③

④    ⑤

05 대화를 듣고, 여자가 사려는 애완동물에 대한 내용과 일치하지 <u>않는</u> 것을 고르시오.

① 주황색이다.

② 태어난 지 세 달이 지났다.

③ 최대 1m까지 자란다.

④ 낮에는 자고 밤에 활동한다.

⑤ 일주일에 새끼 쥐 한 마리를 먹는다.

06 대화를 듣고, 두 사람의 관계로 가장 적절한 것을 고르시오.

① 관객 – 조련사   ② 리포터 – 사육사

③ 동물 주인 – 수의사   ④ 동물원 안내원 – 관람객

⑤ 애완동물 가게 주인 – 고객

07 다음을 듣고, 여자의 주장으로 가장 적절한 것을 고르시오.

① 개를 자주 산책시켜야 한다.

② 애완동물을 키우는 것은 아이들에게 좋다.

③ 개와 외출할 경우 개를 풀어놓으면 안 된다.

④ 애완동물을 가족 구성원으로 생각해야 한다.

⑤ 공공장소에의 애완동물 출입이 금지되어야 한다.

08 대화를 듣고, 남자의 조언을 모두 고르시오.

① 고양이를 못 본 척할 것   ② 고양이에게 간식을 줄 것

③ 고양이를 자주 쓰다듬어줄 것   ④ 고양이의 이름을 자주 불러줄 것

⑤ 고양이 장난감을 이용해 놀아줄 것

memo

09 다음을 듣고, 광고의 내용과 일치하지 <u>않는</u> 것을 고르시오.

Grand Hotel

① Hotel for pets only

② Activities at playground, pool, and gym

③ Best trainers and doctors for pets

④ Video chatting with pets

⑤ $30 a day

10 대화를 듣고, 여자의 애완동물이 아픈 이유로 가장 적절한 것을 고르시오.

① 귀를 닦지 않아서

② 물을 주지 않아서

③ 너무 추운 곳에 두어서

④ 잘못된 방법으로 씻겨서

⑤ 먹이를 너무 많이 주어서

[11~12] 대화를 듣고, 돌고래 쇼에 대한 두 사람의 의견을 〈보기〉에서 각각 고르시오.

11 Man: _____   12 Woman: _____

┤ 보기 ├

ⓐ 사람들이 동물에 더 많은 관심을 갖게 한다.

ⓑ 돌고래들은 훈련 때문에 스트레스를 받을 것이다.

ⓒ 수족관에 적응한 돌고래는 바다에서 살기 어렵다.

ⓓ 돌고래들은 조련사들의 따뜻한 보살핌을 받을 수 있다.

Challenge

13 **Which is NOT correct about the experience center according to the talk?**

New Experience Center
① Animals: fish, underwater creatures
② Opening Day: April 17th
③ Opening Event: water tank with small yellow fish
④ Early booking: 10% off
⑤ More Information: call 2980-1234

14 **Why did the woman call the man?**

① to get a puppy for her grandmother

② to talk about her grandfather's death

③ to teach him how to take care of a dog

④ to ask if she could leave her dog at his house

⑤ to ask when she could go to see new puppies

[15~16] Listen and answer the questions.

15 **What are the speakers mainly talking about?**

① different beliefs about animal behavior

② animals' ability to sense natural events

③ earthquakes that destroyed ancient Greece

④ ways to protect wild animals from earthquakes

⑤ methods of predicting tsunamis before they occur

16 **How did dogs act before a big earthquake in Japan?**

① They ran away.   ② They slept less.

③ They barked a lot.   ④ They bit people a lot.

⑤ They fought each other often.

Dictation

다음을 듣고, 설명하고 있는 동물로 가장 적절한 것을 각각 고르시오.

01 _____

02 _____

ⓐ (giraffe)   ⓑ (dolphin)

ⓒ (penguin)   ⓓ (cheetah)

---

01 W: This is one of _____ in the world. It lives around the sea. It has a short neck, a white belly, and a mostly black

〔단서〕 back. Even though it has wings, _____. But it is _____. It eats fish, squid, and other small sea animals. Most of its kind live in the Antarctic. The _____ all over its body help it _____ _____. Some people say it looks like it's wearing a tuxedo.

선택지의 사진을 먼저 보고 내용과 비교하며 듣자.

02 M: This animal has an orange-colored body _____. It has long, slim, and strong legs and its body is _____. It is generally considered _____ in the world. It is said that it can _____ over 100 km _____. Its long tail helps it _____ when it runs. It _____ like giraffe, deer, or horses. It _____.

대화를 듣고, 남자가 햄스터를 찾은 장소로 가장 적절한 곳을 고르시오.

① 우리 안   ② 침대 밑
③ 소파 밑   ④ 냉장고 뒤
⑤ 텔레비전 뒤

03 M: Mom, have you seen my hamster?

W: Isn't he _____ ?

M: No. I saw him when I _____, but he isn't there now.

W: I guess he _____. Let's find him together.

M: Hamsters like _____, I'll check under the sofa and beds. 〔함정〕

W: Good. I'll check _____.

M: Okay. (pause) Mom, he isn't here.

W: _____. Why don't you look behind the refrigerator, too?

M: Oh, yes! There he is!

04 W: Parker, you _____ _____. What's wrong?

M: My mom wants to send our dog to _____ _____ _____ _____ _____.

W: Really? Why?

M: He _____ _____ _____ _____ _____ _____ _____. Also, he sometimes _____ _____.

W: Oh, that's serious.

M: That's not all. When we _____ _____ _____ _____, he doesn't listen to us and _____ _____ _____ _____.

W: I can understand why your mom wants to _____ _____ _____.

M: But I love my dog. Sometimes he even _____ _____. I'm really worried about him. I don't know _____ _____ _____ _____.

W: Hmm…. Why don't you take him to a dog trainer? They can help you.

M: That's a great idea! I'll try that.

각 그림의 상황을 먼저 파악한 후 듣자.

대화를 듣고, 애완견의 문제 행동으로 언급되지 <u>않은</u> 것을 고르시오.

① ②
③ ④
⑤

05 W: Hello, I'm _____ _____ _____. Can you _____ _____ _____?

M: Sure. How about this snake? It's a milk snake, which is _____ _____ _____ _____ _____.

W: Oh, it's a lovely orange. Is it a baby?

M: Yes, it _____ _____ _____ _____ _____. When it is _____ _____, it will be about 150 centimeters long.

W: But _____ _____ _____ _____? Is it sick?

M: No. It _____ _____ _____ _____ and moves around at night.

W: I see. What should I feed it?

M: You can _____ _____ _____ _____ _____ a week.

W: Okay. I'll take it.

대화를 듣고, 여자가 사려는 애완동물에 대한 내용과 일치하지 <u>않는</u> 것을 고르시오.
① 주황색이다.
② 태어난 지 세 달이 지났다.
③ 최대 1m까지 자란다.
④ 낮에는 자고 밤에 활동한다.
⑤ 일주일에 새끼 쥐 한 마리를 먹는다.

대화를 듣고, 두 사람의 관계로 가장 적절한 것을 고르시오.
① 관객 – 조련사
② 리포터 – 사육사
③ 동물 주인 – 수의사
④ 동물원 안내원 – 관람객
⑤ 애완동물 가게 주인 – 고객

06 W: Hi, I'm Britney Keaton from *Animal Farm*. I'm at the city zoo to meet a man who _____. Good morning, Mr. Bates.

M: Welcome, Britney. Here are the special babies. They are _____ _____ _____ now.

W: Oh, they look so cute! But aren't these baby lions dangerous?

M: They have sharp teeth, but they're _____ _____. I feel like they are my kids.

W: _____?

M: I feed them and exercise them _____. I also check their health regularly.

W: I see. I hope they _____. Thank you for talking with us today.

M: My pleasure.

대화의 상황을 먼저 파악하자.

다음을 듣고, 여자의 주장으로 가장 적절한 것을 고르시오.
① 개를 자주 산책시켜야 한다.
② 애완동물을 키우는 것은 아이들에게 좋다.
③ 개와 외출할 경우 개를 풀어놓으면 안 된다.
④ 애완동물을 가족 구성원으로 생각해야 한다.
⑤ 공공장소에의 애완동물 출입이 금지되어야 한다.

07 W: The dog is _____ _____. People consider their dogs to be _____ _____. I also love dogs. But dog owners should remember that not everyone likes them. Some people just _____ _____ even in public places like a park! When dogs _____, they just go wherever they want. People might _____ _____! The more serious problem is that dogs sometimes _____! Owners shouldn't let their dogs run free outside.

자신의 생각을 보태 듣지말고, 여자의 의견이 무엇인지 들어야 한다.

대화를 듣고, 남자의 조언을 모두 고르시오.
① 고양이를 못 본 척할 것
② 고양이에게 간식을 줄 것
③ 고양이를 자주 쓰다듬어줄 것
④ 고양이의 이름을 자주 불러줄 것
⑤ 고양이 장난감을 이용해 놀아줄 것

08 W: Ethan, you have a cat, right?

M: Yes, I've had a cat _____ _____ now. Why?

W: I just _____, but she keeps _____ _____ _____.

M: So do you want to know _____ with your cat?

W: Yes. Can you _____?

M: It's not very hard. First, you need to call her name often _____ _____.

W: Call her name often… okay. What else?

M: Most cats like toys. If you _____ _____ _____ _____ using a toy, she'll enjoy it.

W: That sounds great. I'll _____ _____ _____ _____ _____ _____. Thank you.

'Can you give me some tips?'는 조언을 요청하는 표현이다.

09 M: _____ _____ _____ because you can't _____ _____ _____ _____ _____ on vacation? If so, visit Grand Hotel. This is a place only for pets. We provide your pets with the best service. They can _____ _____ _____ _____ _____ or pool, or go to the gym to exercise. Also, we have the best trainers and animal doctors. And we'll _____ _____ _____ of your pets by email every day. So, you don't have to _____ _____ _____ _____ _____. And don't be surprised! It's just $30 a day for all of this. When you're _____ _____ _____, leave your pets with us. You _____ _____ _____.

선택지를 먼저 읽어본 후 들으면서 비교하며 듣자.

다음을 듣고, 광고의 내용과 일치하지 않는 것을 고르시오.

> **Grand Hotel**
> ① Hotel for pets only
> ② Activities at playground, pool, and gym
> ③ Best trainers and doctors for pets
> ④ Video chatting with pets
> ⑤ $30 a day

10 M: _____ _____ _____ _____? Is your pet sick?

W: Yes. My rabbit isn't eating at all, and she _____ _____ _____ either.

M: When did this begin?

W: Well, I _____ _____ _____. I guess it started then. She _____ _____ _____ _____ _____.

M: How did you wash her?

W: I used the shower. Could that be the problem?

M: Yes. Sometimes rabbits _____ _____ if water gets into their ears.

W: Oh, I didn't know that. Then how should I wash her?

M: Clean her dirty fur _____ _____ _____ _____. Or you can _____ _____ _____ _____.

W: All right.

M: She _____ _____ _____ _____. Give her this medicine _____ _____ _____.

W: Okay. Thank you.

토끼가 아프기 전 여자가 한 행동은 무엇인가?

대화를 듣고, 여자의 애완동물이 아픈 이유로 가장 적절한 것을 고르시오.
① 귀를 닦지 않아서
② 물을 주지 않아서
③ 너무 추운 곳에 두어서
④ 잘못된 방법으로 씻겨서
⑤ 먹이를 너무 많이 주어서

대화를 듣고, 돌고래 쇼에 대한 두 사람의 의견을 〈보기〉에서 각각 고르시오.

11 Man: _____

12 Woman: _____

┤ 보기 ├
ⓐ 사람들이 동물에 더 많은 관심을 갖게 한다.
ⓑ 돌고래들은 훈련 때문에 스트레스를 받을 것이다.
ⓒ 수족관에 적응한 돌고래는 바다에서 살기 어렵다.
ⓓ 돌고래들은 조련사들의 따뜻한 보살핌을 받을 수 있다.

11~12

W: Dolphin shows are _____ _____ _____ these days.

M: Yes. Actually, I don't understand why some people argue that _____ _____ _____ _____ _____. I think they're okay. They _____ _____.

W: Well, I _____ _____ _____ _____. I believe we should stop the shows.

M: Really?

W: Yes. People are using dolphins _____ _____ _____. Do you know how hard the dolphins must train for the show? It must _____.

M: The training _____ _____ _____ _____. But the aquarium gives them the best environment _____ _____. Also, the trainers love the dolphins and _____.

W: Well, even if that's true, I think dolphins _____.

남자와 여자의 의견을 잘 구분하여 듣자.

Which is NOT correct about the experience center according to the talk?

New Experience Center
① Animals: fish, underwater creatures
② Opening Day: April 17th
③ Opening Event: water tank with small yellow fish
④ Early booking: 10% off
⑤ More Information: call 2980-1234

13 W: Hello, everyone. Our city is opening a new experience center! Your children can _____ _____ _____ _____ _____ and other animals living under the water. We'll _____ _____ _____ _____. And on the opening day, we'll give you a pretty yellow fish doll. If you _____ _____ _____ _____ _____, you can get a 10% discount. This will be a great chance _____ _____ _____. For more information, please call 2980-1234. Thank you.

표를 먼저 읽고 들어야 할 사항을 확인한 후 듣자.

14 *(telephone rings)*

M : Hello, Eddie _____.

W : Hi, Eddie. This is Reese.

M : Hi, Reese. What's up?

W : I heard that your dog _____ _____ _____ three puppies. Can you _____ _____ _____ _____ _____?

M : Well, don't you have a dog already? Why do you _____ _____?

W : I'd like to give it to my grandmother. Since my grandfather died, she's been _____ _____ _____.

M : Well, I'm sorry to hear that. But does she know _____ _____ _____? I'm just worried.

W : Oh, don't worry. She had dogs before. It would _____ _____ _____ _____ _____ _____ to have a pet.

M : All right. I'll _____ _____ _____ _____ _____.

W : Thank you. _____ _____ she will take good care of it.

Why did the woman call the man?

① to get a puppy for her grandmother
② to talk about her grandfather's death
③ to teach him how to take care of a dog
④ to ask if she could leave her dog at his house
⑤ to ask when she could go to see new puppies

15~16

M : Amy, do you believe that animals can _____ _____ _____?

W : Well, my grandmother says frogs _____ _____ if it's going to rain. But I'm not sure. Why are you asking this _____ _____ _____ _____?

M : I read in a newspaper that when a tsunami hit Sri Lanka, animals in a national park _____ _____ _____. They ran away _____ _____ _____ _____. They knew it was coming!

W : Really? That's interesting!

M : _____ _____ _____, too. The ancient Greeks recorded that _____ _____ _____ _____ days before an earthquake hit.

W : Wow! Then do you think animals can really tell _____ _____ _____ _____?

M : It sounds strange, but I think it's possible. Actually, a study in Japan showed that dogs _____ _____ _____ _____ _____ before a big earthquake.

15 남자의 첫 번째 말에서 주제에 대한 단서를 얻을 수 있으며, 제시되는 예시들과 종합하여 정답을 유추하자.

16 Japan이 언급되는 부분을 주의 깊게 듣자.

15 **What are the speakers mainly talking about?**

① different beliefs about animal behavior
② animals' ability to sense natural events
③ earthquakes that destroyed ancient Greece
④ ways to protect wild animals from earthquakes
⑤ methods of predicting tsunamis before they occur

16 **How did dogs act before a big earthquake in Japan?**

① They ran away.
② They slept less.
③ They barked a lot.
④ They bit people a lot.
⑤ They fought each other often.

A 다음 각 단어에 해당하는 의미를 〈보기〉에서 고르시오.

1 cage _____   **2** refuse _____   **3** survive _____   **4** gentle _____

5 destroy _____   **6** comfort _____   **7** sense _____   **8** maintain _____

┤ 보기 ├

ⓐ to make something stay the same

ⓑ not violent, showing a kind and calm behavior

ⓒ to remain alive after being in a difficult situation

ⓓ to be aware of something through a natural ability

ⓔ a container designed to keep pets or other animals

ⓕ to damage something so that it can't be used any longer

ⓖ a feeling of being relaxed and less worried about something

ⓗ to say or show that someone is not willing to do something that someone else asked

B 다음 각 질문에 대한 응답으로 가장 적절한 것을 〈보기〉에서 고르시오.

1 Do you have any pets?

2 How can I wash my rabbit?

3 Why do you want to take your dog to a trainer?

┤ 보기 ├

ⓐ You can let it clean itself.

ⓑ Yes. I've had two dogs for 7 years.

ⓒ It barks too much even late at night.

ⓓ I take him for a walk for an hour every day.

C 다음 우리말과 일치하도록 빈칸에 알맞은 표현을 쓰시오.

1 My cat keeps _____ _____ _____ me.
(내 고양이는 내게서 계속 도망간다.)

2 My snake _____ during the day and _____ _____ at night.
(내 뱀은 낮에는 자고 밤에 움직인다.)

3 When a French Bulldog is _____ _____, it will be about 30 cm long.
(프렌치 불독은 완전히 자라면 길이가 30cm 정도 될 것이다.)

Topic words & Phrases

play with a dog

take a dog to a vet

vet

Sit!

trainer

train a dog

feed a dog

pet a dog belly

trim a dog's fur

wash a dog

walk a dog

A

동물에 대한 표현

동물 신체·행동

paw (동물의 발톱이 달린) 발
claw 발톱
belly 배
beak 부리
fur (포유 동물의) 털
feather 깃털
horn 뿔
tail 꼬리
comb (수탉 머리의) 볏

growl 으르렁거리다
bark 짖다
bite 물다
hop (개구리·새 등) 깡충 뛰다
brood (새가 알을) 품다
hibernate 동면하다
prey on …을 잡아먹다
build a nest 둥지를 짓다
give birth to …을 낳다

애완동물 기르기

cage 우리
trainer 조련사
vet[veterinarian] 수의사
pet groomer 애완동물 미용사
pet a dog 개를 쓰다듬다
adopt a dog 개를 입양하다
play with a dog 개와 놀아주다
train a dog 개를 훈련시키다

feed a dog 개에게 먹이를 주다
walk a dog 개를 산책시키다
wash a dog 개를 씻기다
let a dog loose 개를 풀어주다
trim a dog's fur 개의 털을 깎다
take care of a dog 개를 돌보다
take a dog to a vet
개를 수의사에게 데려가다

B

애완동물에 대해 이야기하기

〈애완동물에 대해 묻고 답하기〉

What do you feed your pet?
너는 네 애완동물에게 무엇을 먹이니?

I feed him cabbage and apples.
나는 그 애에게 양배추와 사과를 먹여.

What does your pet look like?
네 애완동물은 어떻게 생겼니?

It has a spotted body and a long tail.
그건 점박이 몸과 긴 꼬리를 가졌어.

〈애완동물에 대해 말하기〉

My dog gave birth to four puppies.
우리 개가 강아지 네 마리를 낳았다.

I check my pets' health regularly.
나는 내 애완동물들의 건강을 정기적으로 점검한다.

I washed my dog after taking him for a walk. 나는 내 개를 산책시킨 후에 씻겼다.

My dog isn't eating at all.
내 개는 전혀 먹지를 않아요.

Raising a cat is comforting to me.
고양이를 기르는 것은 내게 위안이 된다.

UNIT : 03 ▬▬▬▬▬▬▬▬▬▬▬▬▬▬▬▬▬▬ UNIT : 05

Transportation

Unit **04**

Words Preview 자신이 알고 있는 표현에 표시(✓)하시오.

01☐ fare	07☐ passenger	13☐ in time
02☐ stop	08☐ inconvenience	14☐ get off
03☐ delay	09☐ rush hour	15☐ take a bus
04☐ arrive	10☐ express train	16☐ on schedule
05☐ depart	11☐ Lost and Found	17☐ ride one's bicycle
06☐ vehicle	12☐ on foot	18☐ be scheduled *to do*

A 다음을 듣고 빈칸을 채운 후, 알맞은 뜻을 찾아 연결하시오.

mem0

1 go _____ •   • ⓐ 직진하다
2 _____ the street •   • ⓑ …의 앞에
3 _____ a bus •   • ⓒ 길 건너편에
4 arrive _____ _____ •   • ⓓ 버스에서 내리다
5 _____ _____ _____ •   • ⓔ 제시간에 도착하다

B 다음을 듣고, 아래 표와 일치하면 T, 일치하지 않으면 F에 표시(✓)하시오.

Train Information			
	Departure	**Arrival**	**Fare**
Seoul → Busan	06:00 a.m.	08:50 a.m.	58,000 won
Seoul → Gwangju	07:00 a.m.	09:20 a.m.	42,000 won
Seoul → Daegu	06:00 a.m.	08:00 a.m.	42,500 won

　　　T　　　F
1 □ ｜ □
2 □ ｜ □
3 □ ｜ □

C 다음을 듣고, 그에 알맞은 응답을 고르시오.

1 ⓐ I usually walk to go there.
　ⓑ Sure. Go straight this way for about six minutes.

2 ⓐ It's scheduled to arrive at 2:30 p.m.
　ⓑ It's not far from here. It just takes five minutes on foot.

 메모 memo

[01~02] 대화를 듣고, 남자가 이용할 교통수단으로 가장 적절한 것을 각각 고르시오.

01 _____ 02 _____

ⓐ  ⓑ  ⓒ  ⓓ

03 다음을 듣고, 무엇에 대한 방송인지 가장 적절한 것을 고르시오.

① 미아 보호 안내 ② 지역별 기상 예보
③ 도로 공사 일정 안내 ④ 열차 출발 지연 안내
⑤ 역내 편의 시설 안내

04 대화를 듣고, 지도에서 여자가 가려고 하는 장소로 가장 적절한 곳을 고르시오.

05 대화를 듣고, 자전거 등교의 장점으로 언급된 것이 <u>아닌</u> 것을 고르시오.

① 등교 시간이 단축된다.　　　　② 건강에 좋다.

③ 교통비가 들지 않는다.　　　　④ 길이 막힐 염려가 없다.

⑤ 버스를 기다릴 필요가 없다.

memo

06 대화를 듣고, 그 내용과 일치하도록 빈칸에 알맞은 말을 쓰시오.

> **Memo**
>
> To Gyeongbokgung
>
> **1)** _____ minutes on foot → get to Chungmuro Station → take line number **2)** _____ and go
>
> **3)** _____ stops → it takes about 11 minutes

07 대화를 듣고, 여자의 심정으로 가장 적절한 것을 고르시오.

① excited　　　　② angry　　　　③ curious

④ nervous　　　　⑤ ashamed

08 다음을 듣고, 설명하고 있는 교통수단으로 가장 적절한 것을 고르시오.

① 　② 　③

④ 　⑤

memo

09 대화를 듣고, 남자가 여자에게 전화한 목적으로 가장 적절한 것을 고르시오.

① 길을 물으려고　　　　　　　② 집에 초대하려고
③ 도서관에 함께 가려고　　　　④ 서점 주소를 확인하려고
⑤ 잡지 이름을 확인하려고

10 대화를 듣고, 여자가 대화 직후에 할 일로 가장 적절한 것을 고르시오.

① 분실물 센터에 찾아간다.　　　② 새로운 재킷을 구입한다.
③ 습득한 분실물을 신고한다.　　④ 서비스에 대한 불만을 제기한다.
⑤ 세탁소에 맡겨둔 옷을 찾으러 간다.

11 대화를 듣고, 남자가 탈 열차의 출발 시각을 고르시오.

① 3:00　　　　　　② 3:10　　　　　　③ 3:50
④ 4:00　　　　　　⑤ 4:30

12 대화를 듣고, 여자가 이용할 버스 번호를 고르시오.

① M1　　　　　　② M2　　　　　　③ M3
④ M4　　　　　　⑤ M5

13 **Which place will the man visit?**

14 **Which is NOT correct according to the conversation?**

① The man will take the 273 bus.

② The man should get off the bus after nine stops.

③ The woman told the man to take a bus or a taxi.

④ Insa-dong is not close enough for the man to go there on foot.

⑤ The man can catch the bus to Insa-dong from where he is standing.

[15~16] Listen and answer the questions.

15 **What is the speaker mainly talking about?**

① the fastest way to travel in London

② the history of London's transportation

③ different kinds of transportation in London

④ the high cost of public transportation in London

⑤ the advantages of using public transportation in London

16 **Which is NOT correct about the subway in London according to the talk?**

① It opened in the 1800s.　　② It is also called the Tube.

③ It costs £2.30 for a single fare.　④ There are 11 lines in the system.

⑤ It is the world's oldest subway system.

대화를 듣고, 남자가 이용할 교통수단으로 가장 적절한 것을 각각 고르시오.

01 _____

02 _____

ⓐ ⓑ
ⓒ ⓓ

01 M : Excuse me. _____ _____ _____ _____ _____
York University?

W : You can take a bus or the subway.

함정 ▷ M : If I take a bus, _____ _____ _____ _____ _____ ?

W : About 20 minutes. But if you take the subway, _____ _____
_____ _____ _____ _____.

M : That's better. Where is the subway station? ⟨단서⟩

W : It's _____ _____ _____ _____ _____.

02 W : Where are you going _____ _____ _____ _____ ?

M : I'm going to the bank. You know, it _____ _____ _____ _____.

W : Oh, it's 3:40 now. _____ _____ _____ _____.

M : Right. I don't know _____ _____ _____
_____ _____ _____. Should I take a taxi?

W : There are too many cars. How about using my bicycle? _____
_____ _____ _____ to get there.

M : Are you sure? Thanks.

다음을 듣고, 무엇에 대한 방송인지 가장 적절한 것을 고르시오.
① 미아 보호 안내
② 지역별 기상 예보
③ 도로 공사 일정 안내
④ 열차 출발 지연 안내
⑤ 역내 편의 시설 안내

03 M : May I have your attention, please? _____ _____ _____
_____ _____, there will be _____ _____ _____
_____ of this afternoon's two trains. The train going to Indianapolis
_____ _____ _____ 2 p.m., but it will _____
_____ _____ _____ instead. Also, the train for Chicago
was scheduled to _____ _____ _____; however, it will
_____ _____ _____ _____. All other trains should
be arriving and departing on schedule. We _____ _____
_____ _____ this may cause. Thank you for your understanding.

delays, instead, late, inconvenience 등으로 정답을 유추할 수 있다.

대화를 듣고, 지도에서 여자가 가려고 하는 장소로 가장 적절한 곳을 고르시오.

04 W : Excuse me. Could you tell me _____ _____ _____
_____ _____ ?

M : It is located on Pine Street.

W : Pine Street? _____ _____ _____ _____ _____ ?

M : No, you can _____ _____ _____ _____. First, go
straight for two blocks and _____ _____ _____ _____
_____ _____ of Ash Street and Pine Street.

W: Okay, _____ _____ _____ _____ _____ and
turn right on Pine Street?

M: Right. Then go straight for one block. You will _____
_____ .

W: I see. Thank you for your help.

지도에 표시하면서 듣자.

05 M: Nora, _____ _____ _____ _____ ?

W: I live near my school, so I usually walk. How about you?

M: I _____ _____ _____ _____ _____ , but it was
always crowded. So now I _____ _____ _____ .

W: Really? _____ _____ _____ ?

M: It takes about 15 minutes from my house to my school. It takes less time

_____ _____ _____ _____ .

W: Cool. But don't you get tired?

M: A little bit. But it's good for my health.

W: Yes, _____ _____ _____ is good exercise.

M: Also, I don't need to _____ _____ _____ .
Moreover, I don't have to _____ _____ _____ _____ .

W: You're right.

대화를 듣고, 자전거 등교의 장점으로 언급된 것이 아닌 것을 고르시오.
① 등교 시간이 단축된다.
② 건강에 좋다.
③ 교통비가 들지 않는다.
④ 길이 막힐 염려가 없다.
⑤ 버스를 기다릴 필요가 없다.

06 M: Excuse me. Could you tell me the way to Gyeongbokgung?

W: Sure. You can get there by subway.

M: Where is _____ _____ _____ _____ ?

W: Go straight this way _____ , and you'll come
to Chungmuro Station.

M: Chungmuro Station? Okay.

W: You should _____ . Be careful
_____ .

M: Okay, I see. How long does it take to get there by subway?

W: You'll only _____ . It only takes _____
_____ _____ .

M: Okay. Thank you very much for your help.

W: You're welcome.

본인이 메모를 작성하듯이 듣자.

대화를 듣고, 그 내용과 일치하도록 빈칸에 알맞은 말을 쓰시오.

Memo
To Gyeongbokgung
1) _____ minutes on foot → get to
Chungmuro Station → take line number
2) _____ and go 3) _____
stops → it takes about 11 minutes

대화를 듣고, 여자의 심정으로 가장 적절한 것을 고르시오.
① excited　　② angry
③ curious　　④ nervous
⑤ ashamed

07　W: Excuse me, sir. _____?

　　M: Sorry, ma'am. _____ _____ _____ right now.

　　W: I have to be at the Corona Building by nine. Is it possible?

　　M: Well, _____ _____ _____, so I guess it will take _____ _____ _____ _____.

　　W: Oh, no! I _____. I may be late.

　　M: Why don't you get out of the taxi and take the subway? I think that'd be better.

　　W: Really? Where is the subway station?

　　M: _____ _____ _____ _____ _____ is on your right. If you take the subway, you might get there before 9 o'clock.

　　W: Okay, _____ _____ _____ _____ _____. Thanks.

면접에 늦을 것 같다면 어떤 기분이겠는가?

다음을 듣고, 설명하고 있는 교통수단으로 가장 적절한 것을 고르시오.
① ② ③ ④ ⑤

08　W: This kind of vehicle is _____ _____ _____ _____ _____ in Vietnam. It has three wheels— _____ _____ _____ _____ and _____ _____ _____ _____. It can carry a driver and one or two passengers. The passenger seat is in the front. The driver sits in the back and uses pedals _____ _____, just like a bicycle, so it's not very fast. If it rains, the driver _____ _____ _____ from the rain by putting up a roof.

각 단서를 종합해야 정답을 찾을 수 있다.

대화를 듣고, 남자가 여자에게 전화한 목적으로 가장 적절한 것을 고르시오.
① 길을 물으려고
② 집에 초대하려고
③ 도서관에 함께 가려고
④ 서점 주소를 확인하려고
⑤ 잡지 이름을 확인하려고

09　(cell phone rings)

　　W: Hey, Daniel, _____ _____?

　　M: I'm going to Eva's Bookstore, but I _____ _____ _____.

　　W: Where are you now? Didn't you hear that _____ _____ _____ _____ _____?

　　M: Oh, I didn't know that. I'm in front of the old store.

　　W: It's not far from there. _____ _____ _____ Wing Street for two blocks and _____ _____.

　　M: Thank you so much, Ann! Without your help, I would have just gone home.

　　W: My pleasure! Anyway, _____ _____ _____ _____ _____?

M : I'm going to buy _____ _____ _____ of *The Wrong Way* magazine.

W : I wanted to read it too. Could you _____ _____ _____ _____ later?

M : Sure!

10 (*telephone rings*)

M : This is the Lost and Found Department. How may I help you?

W : Hello. _____ _____ _____ _____ _____ _____ _____ _____ this morning. It was line four. Could you _____ _____ _____ _____ _____ _____ _____?

M : All right. When and where did you get off the subway?

W : I got off at Myeongdong Station _____ _____ _____ _____.

M : Okay. Could you explain _____ _____ _____ _____ _____?

W : It is black and has a pocket on each side.

M : And there is a star pattern _____ _____ _____ _____, right?

W : Yes, _____ _____ _____ _____ _____ _____!

M : Okay. We will keep your jacket so you can _____ _____ _____ _____ anytime.

W : Okay. Thank you so much. I'm on my way now.

여자가 어디에, 왜 전화했는가?

대화를 듣고, 여자가 대화 직후에 할 일로 가장 적절한 것을 고르시오.

① 분실물 센터에 찾아간다.
② 새로운 재킷을 구입한다.
③ 습득한 분실물을 신고한다.
④ 서비스에 대한 불만을 제기한다.
⑤ 세탁소에 맡겨둔 옷을 찾으러 간다.

11 M : Excuse me. _____ _____ _____ _____ _____ _____ for the train to Venice.

W : Okay. What time do you want to leave?

M : Is there a train around 3 p.m.?

W : There's a train _____ _____ _____ _____. But it isn't available because there are _____ _____ _____.

M : Really? Then when is the next train?

W : The next train _____ _____ _____. Or you can _____ _____ _____ _____.

M : An express train? _____ _____ _____ _____ _____?

W : Yes. It takes about 30 minutes less. You can save time, but it costs more.

M : _____ _____ _____ _____. I'll take the express.

어떤 기차가 몇 시에 출발하는지 메모하며 듣자.

대화를 듣고, 남자가 탈 열차의 출발 시각을 고르시오.

① 3:00   ② 3:10
③ 3:50   ④ 4:00
⑤ 4:30

대화를 듣고, 여자가 이용할 버스 번호를
고르시오.
① M1 ② M2 ③ M3
④ M4 ⑤ M5

12 *(telephone rings)*

M : Metropolitan Museum. _____ _____ _____ _____
_____?

W: Hello. I'm going to visit the museum. I'd like to know how to get there

_____ _____ _____.

M : Okay. You can use _____ _____ _____ _____

_____ _____.

W: Could you tell me _____ _____ _____ _____

_____?

M : There are lots of buses that come here, including the M1 and the M2.

_____ _____ _____ _____ _____ _____ _____?

W: I'll be going there from the Cloisters.

M : From the Cloisters? Then take the M4 bus. It goes directly to 82nd Street and
Fifth Avenue.

W: Okay. _____ _____ _____ _____.

여러 버스가 언급되므로 섣불리 정답을 고르면 안 된다.

Which place will the man visit?

13 *(telephone rings)*

W: This is the Opera House. What can I do for you?

M : Hi. I _____ _____ _____ _____ _____

_____, but I don't know how to get there.

W: _____ _____ _____ _____ _____ _____

_____. If you take a bus, _____ _____ _____

_____ at the City Hall bus stop. After that, _____ _____

_____ City Hotel. Then _____ _____ _____

_____ one block. Behind City Hall, you can find our building.

M : Okay. _____ _____ _____ _____?

W: If you take the subway, you should get off at City Hall station. Then

_____ _____ _____ _____ _____. The Opera

House is right next to it. You can't _____ _____.

M : I see. Thank you.

지도에 출발지가 표시되어 있지 않으므로 길 설명 시 기준이 되는 위치를 먼저 확인한다.

14 M : Excuse me. Do you know where Insa-dong is?

W : Yes. But _____ _____ _____ _____ _____
_____. You should take a bus or the subway.

M : _____ _____ _____ _____ _____ _____
_____ by bus? It's difficult for me to take the subway.

W : Sure. You take _____ _____ _____ at this bus stop.

M : Okay. Then, _____ _____ _____ _____ _____
_____ _____ ?

W : Look at this bus map. You should get off at Jongno 2-ga _____
_____ _____. Do you understand?

M : Sure! _____ _____ _____ _____ _____ _____ .

듣기 전 영문 선택지를 빠르게 읽어 대략적인 내용을 파악하자.

Which is NOT correct according to the conversation?

① The man will take the 273 bus.

② The man should get off the bus after nine stops.

③ The woman told the man to take a bus or a taxi.

④ Insa-dong is not close enough for the man to go there on foot.

⑤ The man can catch the bus to Insa-dong from where he is standing.

15~16

M : When you visit London, you should _____ _____ _____
_____ _____. Mainly, there are three ways. First, there is the
subway. People living in London call it the Underground or the Tube.
_____ _____ _____ _____ _____ in the
world, having opened _____ _____. There are _____
_____ _____ that link most places in London. You can also take
a double-decker bus. They are red _____ _____ that have
become a common symbol of London. They _____ _____
_____ _____ _____. Finally, black cabs are another well-
known way to get around London. They _____ _____
_____ safety and good service. But the fare _____ _____
_____. The minimum fare is about three pounds. If you go one mile, it
usually _____ _____ _____ _____ _____ _____ .

15 **What is the speaker mainly talking about?**

① the fastest way to travel in London

② the history of London's transportation

③ different kinds of transportation in London

④ the high cost of public transportation in London

⑤ the advantages of using public transportation in London

16 **Which is NOT correct about the subway in London according to the talk?**

① It opened in the 1800s.

② It is also called the Tube.

③ It costs £2.30 for a single fare.

④ There are 11 lines in the system.

⑤ It is the world's oldest subway system.

A 다음 각 단어에 해당하는 의미를 〈보기〉에서 고르시오.

1 fare _____   **2** stop _____   **3** delay _____   **4** link _____

5 hurry _____   **6** story _____   **7** vehicle _____   **8** express _____

┤ 보기 ├

ⓐ a level of a building

ⓑ fast and having few or no stops

ⓒ to connect two or more things together

ⓓ to do something more quickly than usual

ⓔ the money paid by passengers for use of transportation

ⓕ a thing used for carrying people or goods, especially on land

ⓖ a situation in which something happens later than it is planned

ⓗ a place where a bus or a train pauses for passengers to get off and on

B 〈보기〉의 문장을 알맞은 순서대로 배치하여, 다음 대화문을 완성하시오.

W: Excuse me. Could you tell me the way to ABC Department Store?

M: **1** _____

W: **2** _____

M: **3** _____

W: **4** _____

┤ 보기 ├

ⓐ Then, you will find it on your right.

ⓑ Go for two blocks and turn left? Okay.

ⓒ That's simple. Thank you for your help.

ⓓ Sure. First, just go straight for two blocks and then turn left.

C 다음 우리말과 일치하도록 빈칸에 알맞은 표현을 쓰시오.

1 It will take only ten minutes _____ _____ .
(걸어서 10분밖에 안 걸릴 거예요.)

2 The train for Seattle will depart at 2 p.m. _____ _____ .
(시애틀행 기차는 예정대로 오후 2시에 출발할 거예요.)

3 The traffic is heavy. Why don't we _____ _____ the bus and take the subway? (차가 너무 막혀. 우리 버스에서 내려서 지하철을 타지 않을래?)

Topic wordS & PhraSes

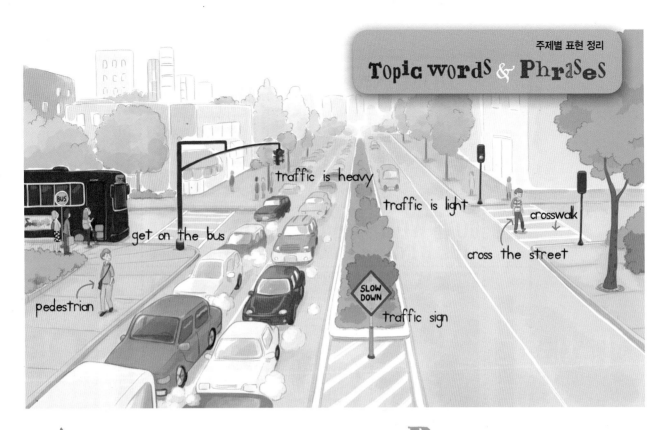

traffic is heavy

traffic is light

crosswalk

get on the bus

cross the street

pedestrian

SLOW DOWN

traffic sign

A

교통과 위치에 대한 표현

교통

stop 정류장	heavy traffic 극심한 교통량
ride 타다	light traffic 약간의 교통량
park 주차하다	route map 노선도
delay 지연, 연기(하다)	traffic light 신호등
drive 운전하다	Lost and Found 분실물 보관소
arrival 도착	in time 제시간에
station 역	on foot 도보로
express 급행의	on schedule 예정대로
transfer 환승하다	line up 줄을 서다
fare/fee 요금, 운임	get off[on] 내리다[타다]
departure 출발	slow down 속도를 늦추다
crosswalk 횡단보도	be in a hurry 서두르다
pedestrian 보행자	cross the street 길을 건너다
passenger 승객	fasten one's seatbelt
traffic jam 교통 정체	안전띠를 매다
rush hour 혼잡 시간, 러시 아워	

위치

behind …의 뒤에	between A and B
next to …의 옆에	A와 B 사이에
in front of …의 앞에	the other way 반대편으로
opposite/across from	
…의 건너편[맞은편]에	

B

교통에 대해 이야기하기

〈길 찾기에 대해 묻고 답하기〉

Excuse me. I'm lost. What street is this?
실례합니다. 길을 잃었어요. 이곳은 몇 번 가죠?

You're on Willington Street.
당신은 Willington 가에 있어요.

Can you tell me how to get to the bookstore?
서점에 가는 방법을 알려 주실래요?

Go straight for one block and turn left.
한 블록 쭉 가서 왼쪽으로 도세요.

〈교통에 대해 말하기〉

Hurry up or we'll miss the train!
서둘러, 그렇지 않으면 우린 기차를 놓칠 거야!

Could you let me get off at this bus stop, please? 이번 정류장에서 저 좀 내리게 해 주시겠어요?

Traffic is heavy. It's better to take the subway instead of the bus.
교통량이 극심해. 버스보다 지하철을 타는 것이 낫겠어.

Subway fare will be increased starting next January.
다음 1월부터 지하철 요금이 인상될 것입니다.

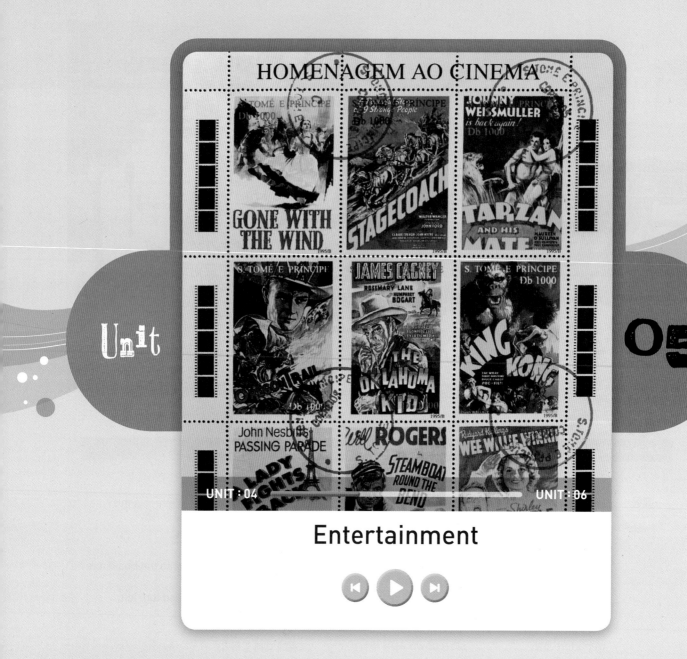

Unit

05

Entertainment

Words Preview 자신이 알고 있는 표현에 표시(✓)하시오.

01 ☐ line

02 ☐ film

03 ☐ cast

04 ☐ extra

05 ☐ scene

06 ☐ genre

07 ☐ review

08 ☐ realistic

09 ☐ feature

10 ☐ release

11 ☐ costume

12 ☐ main character

13 ☐ be set in

14 ☐ win an award

15 ☐ book a ticket

16 ☐ write a script

17 ☐ be worth *doing*

18 ☐ take one's eyes off

Getting Ready II

A 다음을 듣고 빈칸을 채운 후, 알맞은 뜻을 찾아 연결하시오.

1 _____ it •   • ⓐ 상을 받다
2 be _____ in •   • ⓑ 시간에 맞추다
3 win a(n) _____ •   • ⓒ …에서 눈을 떼다
4 _____ proper etiquette •   • ⓓ …을 배경으로 하다
5 _____ one's eyes _____ •   • ⓔ 올바른 에티켓을 따르다

memo

B 다음을 듣고, 그 내용이 영화와 일치하면 T, 일치하지 않으면 F에 표시(✓)하시오.

Genre: Action
Director: Neil Harris
Cast: Colin Johnson, Matthew Jackson,
    Tom Egerton
Time: 90 min.

Queen's Agent

  T   F
1 ☐ | ☐
2 ☐ | ☐
3 ☐ | ☐

C 다음을 듣고, 그에 알맞은 응답을 고르시오.

1 ⓐ It was a big disappointment.
  ⓑ I usually prefer horror movies.

2 ⓐ Jessica Smith acts really well in that movie.
  ⓑ The cast includes Amanda Watson and Chris Hardy.

memo

[01~02] 다음을 듣고, 설명하고 있는 영화 포스터로 가장 적절한 것을 각각 고르시오.

01 _____   02 _____

03 대화를 듣고, 여자의 직업으로 가장 적절한 것을 고르시오.

① 배우　　　　　② 감독　　　　　③ 기자

④ 각본가　　　　⑤ 시상식 진행자

04 대화를 듣고, 두 사람이 볼 영화로 가장 적절한 것을 고르시오.

Zebra Attack	Neighbor from Space	Secret Business
① 10:00 - 12:00	② 3:00 - 4:20	③ 9:30 - 11:00
④ 2:30 - 4:30		⑤ 1:00 - 2:30

05 다음을 듣고, 그래프와 일치하지 <u>않는</u> 것을 고르시오.

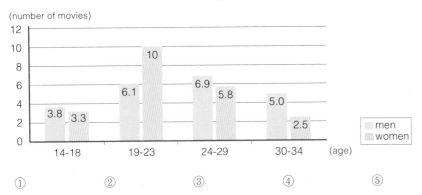

The Number of Movies that People Watch a Year

(number of movies)

① 14-18 3.8 3.3
② 19-23 6.1 10
③ 24-29 6.9 5.8
④ 30-34 5.0 2.5
(age)
⑤

men
women

06 대화를 듣고, 3D 영화에 대해 남자가 말한 내용과 일치하면 T, 일치하지 <u>않으면</u> F를 쓰시오.

1) 3D 영화를 여러 번 본 적이 있다.　　　　　　——————

2) 3D 영화 관람 중 어지러움을 느꼈다.　　　　　——————

3) 3D 영화는 가격이 비싸지만, 그만한 가치가 있다고 생각한다.　——————

07 다음을 듣고, 영화에 대해 언급되지 <u>않은</u> 것을 고르시오.

① 개봉일　　　　　② 감독　　　　　③ 출연 배우

④ 관람등급　　　　⑤ 등장인물

08 대화를 듣고, 여자가 영화에 집중하지 <u>못한</u> 이유를 고르시오.

① 옆 사람이 떠들어서　　　　② 좌석이 너무 불편해서

③ 앞사람이 화면을 가려서　　④ 뒷사람이 좌석을 발로 차서

⑤ 옆 사람이 휴대전화를 사용해서

09 다음을 듣고, 무엇에 대한 내용인지 가장 적절한 것을 고르시오.

① 영화 개봉 안내
② 영화 촬영 장소 섭외
③ 영화의 수상 소식 공지
④ 단역 배우 오디션 공지
⑤ 영화 촬영에 대한 양해 요청

10 대화를 듣고, 영화에 대한 남자의 긍정적 평가를 짝지은 것으로 가장 적절한 것을 고르시오.

① Story ······ Music
② Actress ······ Music
③ Actress ······ Story
④ Story ······ Computer Graphics
⑤ Music ······ Computer Graphics

11 대화를 듣고, 여자가 변경한 예매 내역과 일치하는 것에 표시(O)하시오.

Movie Ticket
• Date: 1) Sep 16th / Sep 19th
• Movie: 2) *Crows* / *Hijack* / *Dark Cities*
• Time: 3) 6 p.m. / 6:30 p.m. / 7 p.m.

12 대화를 듣고, 두 사람이 볼 영화의 상영 시각을 고르시오.

① 2:00 ② 2:15 ③ 2:30
④ 3:00 ⑤ 3:30

mem0

13 **Choose the most unnatural conversation.**

①   ②   ③   ④   ⑤

14 **What is the purpose of the talk?**

① to announce box office rankings

② to give information about new movies

③ to explain different kinds of movie genres

④ to talk about changes in a movie schedule

⑤ to ask Internet users to write movie reviews

[15~16] Listen and answer the questions.

15 **What is the speaker mainly talking about?**

① how to make a horror movie

② how to survive in horror movies

③ best horror movies in movie history

④ different monsters in horror movies

⑤ reasons people watch horror movies

16 **Which is NOT mentioned as a rule to follow?**

① Don't go outside when there's a frightening noise.

② Never try to check if a monster is really dead.

③ Don't forget to check the backseat of your car.

④ Never run upstairs to escape from a monster.

⑤ Don't walk around by yourself at night.

Dictation

다음을 듣고, 설명하고 있는 영화 포스터로 가장 적절한 것을 각각 고르시오.

01 _____

02 _____

01 W: This is a new _____ _____ 〔단서〕 about a young woman who becomes the queen of a kingdom. She calls herself the mother of dragons, and she _____ _____ _____ _____ with her dragons. The dragons _____ _____ and the battle scenes are _____ _____! Also, the costumes of the queen's knights are 〔함정〕 amazing. I usually prefer romance movies, but I really _____ _____ _____. I'm pretty sure it _____ _____ _____!

듣기 전, 포스터를 먼저 보고 어떤 영화인지 생각해 보자.

02 M: I'd like to _____ _____ _____ _____ _____ _____. It's about a private detective and _____ who _____ _____ together. The main character, Christian Holmes, is _____ _____, and he solves every mystery. _____ _____ _____, you can try to _____ _____ _____ _____ along with them. This movie is set in London in the 1880s, so you can see _____ _____ at that time. I _____ _____ you watch this movie. You won't regret watching it.

대화를 듣고, 여자의 직업으로 가장 적절한 것을 고르시오.
① 배우　② 감독　③ 기자
④ 각본가　⑤ 시상식 진행자

03 M: And _____ _____ _____ _____ …. (pause) Congratulations! It's Naomi Parker from *About Toby*!

W: Wow. Thank you. Thank you, everyone. Well, it took me two years _____ _____ _____ _____ _____. It wasn't easy but I really enjoyed it. I'd like to thank the director, John, for _____ _____ _____ _____ _____ _____. I know I wrote a lot of lines; _____ _____ _____ _____ _____ _____ who memorized them perfectly. I'm especially thankful to Freddie Sangster. You became the perfect Toby, the main character. Okay, enjoy the night everyone! Thank you!

여자가 하는 일과 감사를 드리는 사람들을 구분하자.

대화를 듣고, 두 사람이 볼 영화로 가장 적절한 것을 고르시오.

① 10:00 - 12:00　② 3:00 - 4:20　③ 9:30 - 11:00
④ 2:30 - 4:30　⑤ 1:00 - 2:30

04 M: Hey, Jessica. Why don't we go to a movie this Saturday?

W: Sure. Let's _____ _____ _____ _____ _____. What do you want to see?

M: I have a violin lesson in the morning. Any movie after 12 o'clock will be fine.

W: Okay, then how about *Neighbor from Space*? It _____ _____ _____.

M : Ah, _____ _____ _____ _____. What about this animated movie? The zebra looks cute.

W : No, I don't want to watch it. It's _____ _____.

M : Hmm. Then we _____ _____ _____ _____ _____. Let's buy the tickets.

각 영화를 제안할 때 반응을 주의 깊게 듣자.

05 M : ① Men between 14 and 18 watch more movies than _____ _____ _____ _____ _____ _____ _____.

② Women in the _____ _____ _____ age group watch more movies _____ _____ _____ _____ _____.

③ Women between 24 and 29 watch _____ _____ _____ _____.

④ Men between 24 and 29 watch 6.9 movies a year.

⑤ Men between 30 and 34 watch _____ _____ _____ _____ _____ women of the same age group.

'배수사 + as many 명사 + as'는 '…보다 (몇) 배로 더 많은 ~'의 의미이다.

다음을 듣고, 그래프와 일치하지 <u>않는</u> 것을 고르시오.

The Number of Movies that People Watch a Year

① ② ③ ④ ⑤

06 W : What did you do yesterday?

M : I _____ _____ _____ _____ _____ and watched a 3D movie _____ _____ _____ _____.

W : Oh, did you? How was it?

M : It was exciting. I felt like I could _____ _____ and touch it.

W : Yeah. It's like being _____ _____ _____ _____.

M : But I _____ _____ wearing the 3D glasses. I had to _____ _____ _____ often because I _____ _____.

W : Yeah, _____ _____ _____ _____, too. I heard some people feel dizzy while watching 3D movies.

M : In addition, the ticket was _____ _____.

W : You know, it costs lots of money to make 3D movies.

M : _____ _____. But still, I don't know if it's _____ _____ _____ _____.

선택지의 내용을 들은 즉시 답을 표시하며 풀어 나가자.

대화를 듣고, 3D 영화에 대해 남자가 말한 내용과 일치하면 T, 일치하지 않으면 F를 쓰시오.

1) 3D 영화를 여러 번 본 적이 있다. _____

2) 3D 영화 관람 중 어지러움을 느꼈다. _____

3) 3D 영화는 가격이 비싸지만, 그만한 가치가 있다고 생각한다. _____

다음을 듣고, 영화에 대해 언급되지 <u>않은</u> 것을 고르시오.
① 개봉일　　② 감독
③ 출연 배우　④ 관람등급
⑤ 등장인물

07 W: A new superhero movie _____ _____ _____ _____ April 26th! It is *The Avengers*, _____ _____ Joss Whedon. _____ _____ _____ Robert Downey Jr., Scarlett Johansson, and Chris Hemsworth. The movie features many great superheroes, _____ _____ Iron Man, the Hulk, Thor, Captain America, and Black Widow. They work together _____ _____ _____ _____ _____ _____. The film _____ _____ _____ _____ _____ _____. You won't be able to _____ _____ _____ _____ the screen for a single second! Sound interesting? Then don't _____ _____ _____ _____!

대화를 듣고, 여자가 영화에 집중하지 <u>못</u>한 이유를 고르시오.
① 옆 사람이 떠들어서
② 좌석이 너무 불편해서
③ 앞사람이 화면을 가려서
④ 뒷사람이 좌석을 발로 차서
⑤ 옆 사람이 휴대전화를 사용해서

08 M: It was a great movie, wasn't it?

W: _____ _____ _____ _____. Well, actually, I couldn't _____ _____ _____ _____.

M: Really? What was the problem?

W: The man next to me _____ _____ _____ _____ a lot.

M: Oh, dear. Was he talking loudly?

W: No. He kept _____ _____ _____ _____.

M: I really hate that. Why didn't you tell him to stop?

W: I didn't want to bother the people around us. I can't understand why some people don't _____ _____ _____.

M: _____ _____ _____. The other day, the woman who _____ _____ _____ _____ kept kicking my seat — through the whole movie!

W: That _____ _____ _____ _____. I think people should follow proper etiquette in movie theaters.

무엇이 문제였는지 묻는 남자의 질문에 대한 여자의 대답을 잘 듣자.

다음을 듣고, 무엇에 대한 내용인지 가장 적절한 것을 고르시오.
① 영화 개봉 안내
② 영화 촬영 장소 섭외
③ 영화의 수상 소식 공지
④ 단역 배우 오디션 공지
⑤ 영화 촬영에 대한 양해 요청

09 W: Good morning, ladies and gentlemen. From October 21st, we'll be _____ _____ _____ _____ called *The Piano* at Pine Street. We need two extras. _____ _____ _____ _____ _____ _____ for the waitress and taxi driver roles. Each of them will have two lines and _____ _____ _____ _____ _____, Anthony Smith. To get this role, you must _____ _____ _____ _____. It will be at City Center _____ _____ _____. As you may already know, the movie's director won two Academy Awards with his last movie. This will be a great chance to _____ _____ _____ _____ _____ _____. If you're _____ _____ _____ _____ _____, please apply. Thank you.

정보가 많아 헷갈리기 쉬우므로 주의 깊게 듣자.

10   M : I _____ _____ _____ *Under the Water*

         yesterday.

     W : Oh, I want to see that movie. Everybody says Stella Farmiga _____

         _____ in it. Some people say _____ _____ _____ an

         Academy Award.

     M : Well, I don't think so. She was just okay. _____

         _____ is its story. I think the writer is a genius. Just watch

         it. Then you'll _____ _____ _____ _____.

     W : Okay, I will.

     M : But the computer graphics _____ _____. Some of the scenes

         _____ _____.

     W : Really? _____ _____ _____ _____? I heard a famous

         music director _____ _____ _____.

     M : Ah, _____ _____ the music was so good. I actually bought the

         soundtrack.

각 영화 요소에 대한 남녀의 말을 구분하며 듣자.

대화를 듣고, 영화에 대한 남자의 긍정적 평가를 짝지은 것으로 가장 적절한 것을 고르시오.

① Story ······ Music
② Actress ······ Music
③ Actress ······ Story
④ Story ······ Computer Graphics
⑤ Music ······ Computer Graphics

11   *(telephone rings)*

     M : Empire Cinema. How may I help you?

     W : Hello. I _____ _____ _____ _____, but I want to

         change them.

     M : Can you tell me your name and _____ _____ _____

         _____?

     W : Norma Bates. I booked two tickets for *Crows* on September 16th.

     M : Okay. _____ _____ _____ _____ _____

         _____ _____?

     W : I want to see the same movie at 6 p.m. on September 19th.

     M : Please wait. *(pause)* Sorry, but there are _____ _____ _____.

     W : Then which movie is _____ _____ _____ _____?

     M : Let me see.... You can buy tickets for *Hijack* at 6:30 p.m. or *Dark Cities* at 7 p.m.

     W : Okay, I'll _____ _____ _____ for the 6:30 show.

대화를 듣고, 여자가 변경한 예매 내역과 일치하는 것에 표시(O)하시오.

대화를 듣고, 두 사람이 볼 영화의 상영
시각을 고르시오.

① 2:00   ② 2:15   ③ 2:30
④ 3:00   ⑤ 3:30

12 (telephone rings)

M : Hello?

W : Cameron, this is Alexa. Where are you?

M : Oh, Alexa. I'm sorry. I'm _____ _____ _____.

W : I've been waiting in front of the theater _____ _____ _____.
    Why are you so late?

M : There was _____ _____ _____, so I got off the bus and I'm

    _____ _____ _____.

W : It's two o'clock. We only have 15 minutes _____ _____

    _____ _____.

M : 15 minutes? I think _____ _____ _____ _____.

W : Are you sure? Or should I _____ _____ _____

    _____? That's the next movie.

M : Hmm... that _____ _____ _____. Please change the tickets.
    I'll buy you coffee.

W : Okay. See you soon.

섣불리 답을 선택하지 말고 마지막까지 집중해서 듣자.

Choose the most unnatural conversation.

①   ②   ③   ④   ⑤

13 ① M : _____ _____ _____ _____ do you like most?

    W : I like romantic comedies most.

  ② M : Who is your favorite actor?

    W : _____ _____ _____ _____ _____ Brad
    Pitt.

  ③ M : What do you think about this movie?

    W : It has great _____ _____.

  ④ M : What time is the next movie?

    W : The movie _____ _____ _____ _____

    _____ _____.

  ⑤ M : When will the movie be released?

    W : It'll be released _____ _____ _____.

14 M : Welcome to *Cine World*. We bring you _____ _____! The first movie is *Off the Record*. This movie is about a journalist _____ _____ _____ _____. The story is _____ _____. The main actor, Bradley Williams proved that he is one of the greatest actors again. It _____ _____ _____ _____ _____ _____ from Internet users. The second one is *Mr. Nobody 2*. After the previous movie's big success, many people had been looking forward to the next movie _____ _____ _____. Unfortunately, *Mr. Nobody 2* was _____ _____ _____. It got just three stars out of ten.

What is the purpose of the talk?
① to announce box office rankings
② to give information about new movies
③ to explain different kinds of movie genres
④ to talk about changes in a movie schedule
⑤ to ask Internet users to write movie reviews

15~16

W : "No, don't do that!" Have you ever shouted this while watching a horror movie? Characters in horror movies often _____ _____ _____, causing them to die. What about you? _____ _____ _____ _____ _____ in a horror movie, do you think you could survive? Here are some tips on _____ _____. One: If you _____ _____ _____ outside, never go out there. _____ _____! Two: If you kill a monster, _____ _____ _____. Never go back to see if it's really dead! Three: Always _____ _____ _____ of your car! Killers usually hide there. Four: Never go down to the basement when _____ _____ _____ _____ _____. And last, don't walk around alone at night! Stay in a group. _____ _____ _____ and you will stay alive!

16 선택지를 먼저 읽고 어떤 규칙이 언급될지 예상해 보자.

15 **What is the speaker mainly talking about?**
① how to make a horror movie
② how to survive in horror movies
③ best horror movies in movie history
④ different monsters in horror movies
⑤ reasons people watch horror movies

16 **Which is NOT mentioned as a rule to follow?**
① Don't go outside when there's a frightening noise.
② Never try to check if a monster is really dead.
③ Don't forget to check the backseat of your car.
④ Never run upstairs to escape from a monster.
⑤ Don't walk around by yourself at night.

A 다음 각 단어에 해당하는 의미를 〈보기〉에서 고르시오.

1 role _____   **2** prefer _____   **3** memorize _____   **4** previous _____

5 private _____   **6** feature _____   **7** assistant _____   **8** recommend _____

┤ 보기 ├
- ⓐ happening or existing before something
- ⓑ a character that an actor plays in a film or play
- ⓒ someone who helps another person do some work
- ⓓ to like or want something more than something else
- ⓔ belonging to an individual or a company; not public
- ⓕ to learn something in order to remember it perfectly
- ⓖ to have someone as a main character or important part
- ⓗ to say that someone or something is good and worth choosing

B 다음 대화문에서, 빈칸에 들어갈 말로 가장 적절한 것을 〈보기〉에서 고르시오.

M : How was the movie *My Blacklist*? Some say its story is really good.

W : Hmm…. Its story was just okay. _____.

M : Maybe he'll win an Academy Award.

W : I hope so. Watch the movie. Then you'll know what I mean.

M : Okay, I will.

┤ 보기 ├
- ⓐ I'm a big fan of Julian Marsh.
- ⓑ What makes the movie great is Julian Marsh's acting.

C 다음 우리말과 일치하도록 빈칸에 알맞은 표현을 쓰시오.

1 The film _____ _____ 117 minutes.

(그 영화는 117분간 상영된다.)

2 *Les Miserables* _____ _____ _____ France in the mid-1800s.

('레미제라블'은 1800년대 중반 프랑스를 배경으로 한다.)

3 While watching a 3D movie, I felt like I could _____ _____ and touch it.

(3D 영화를 보면서 나는 손을 뻗어서 그것을 만질 수 있을 것 같았다.)

film a movie

read the script

learn one's lines

direct a movie

the cast

DIRECTOR

shoot a scene

script

A

영화에 대한 표현

영화 제작

cast 출연진	sound effect 음향 효과
plot (영화 등의) 구성, 줄거리	read the script 대사를 하다
script 대본	film a movie 영화를 촬영하다
star (in) (…에서) 주연을 맡다	direct a movie 영화를 감독하다
director 감독	shoot a scene 장면을 촬영하다
screenwriter 시나리오 작가	edit a film 영화를 편집하다
feature 주연시키다	
main actor 주연 배우	
main character 주인공	
stuntman[woman] 대역, 스턴트맨[우먼]	

영화 관람

genre 장르	animated movie 애니메이션 영화
horror 공포	film festival 영화제
action 액션	run for …동안 상영되다
romance 로맨스	be released 개봉되다
comedy 코미디	recommend a movie 영화를 추천하다
thriller 스릴러	write a movie review 영화평을 쓰다
science fiction 공상 과학 영화	
screen (영화의) 화면, 스크린	

B

영화에 대해 이야기하기

〈영화에 대해 묻고 답하기〉

When will the movie be released? 그 영화는 언제 개봉되니?

It will be released next week. 다음주에 개봉될 거야.

What kind of movies do you dislike?
어떤 종류의 영화를 싫어하니?

I don't like violent horror movies. 나는 잔인한 공포 영화를 싫어해.

Who is the main actor in the movie?
그 영화에서 주연 배우는 누구니?

It stars Jim Carrey. Jim Carrey가 주연을 맡았어.

〈영화에 대해 말하기〉

Luis Smith acts so well in his latest film.
Luis Smith는 그의 최신 영화에서 매우 연기를 잘한다.

The critics wrote good reviews about that movie.
비평가들은 그 영화에 대해 좋은 평을 썼다.

The festival is one of the biggest film festivals in the world. 그 축제는 세계에서 가장 큰 영화제 중 하나야.

Ben-Hur won 11 Academy Awards.
'Ben-Hur'는 11개의 아카데미 상을 수상했어.

Titanic was nominated for the most number of Academy Awards, 14 awards. 'Titanic'은 아카데미 시상식에서 가장 많은 부문에서 후보에 올랐는데, 14개 부문이야.

I'd like to visit Venice and participate in the film festival.
베니스에 가서 영화제에 참가하고 싶어.

Unit

06

UNIT : 05 ──────────── UNIT : 07

Food

Words Preview 자신이 알고 있는 표현에 표시(✓)하시오.

01☐ raw	07☐ recipe	13☐ seasonal food
02☐ add	08☐ contain	14☐ a piece of bread
03☐ chef	09☐ consume	15☐ eat out
04☐ spice	10☐ uncooked	16☐ take an order
05☐ taste	11☐ ingredient	17☐ be good for
06☐ local	12☐ recommend	18☐ bake cookies

Getting Ready

A 다음을 듣고 빈칸을 채운 후, 알맞은 뜻을 찾아 연결하시오.

1 be _____ with • • ⓐ … 한 장

2 make a(n) _____ • • ⓑ 주문하다

3 _____ of • • ⓒ …이 다 떨어지다

4 be _____ _____ • • ⓓ …과 함께 제공되다

5 be _____ _____ _____ • • ⓔ …으로 잘 알려져 있다

memo

B 대화를 듣고, 각 상황에 가장 어울리는 그림을 고르시오.

1 _____　　2 _____　　3 _____

ⓐ　ⓑ　ⓒ

C 다음을 듣고, 그에 알맞은 응답을 고르시오.

1 ⓐ It's very delicious.

　ⓑ You can get it for $3.

2 ⓐ Why not? Let's go there.

　ⓑ I recommend going there. The food is really tasty.

01 대화를 듣고, 두 사람이 좋아하는 음식으로 언급되지 <u>않은</u> 것을 고르시오.

① 피자　　　　　② 냉면　　　　　③ 비빔밥

④ 스파게티　　　　⑤ 불고기 백반

[02~03] 대화를 듣고, 각 사람이 주문한 메뉴로 가장 적절한 것을 모두 고르시오.

02 ＿＿＿＿＿＿　　　　　　03 ＿＿＿＿＿＿

MENU

ⓐ Tuna Sandwich $4　　　　ⓔ Apple Pie $1.50

ⓑ Chicken Sandwich $4.50　　ⓕ Potato Chips $2

ⓒ Bacon Sandwich $4　　　　ⓖ Coke $1.50

ⓓ Egg Salad Sandwich $3　　ⓗ Orange Juice $1

Welcome to our Sandwich House!

04 대화를 듣고, 김밥에 들어갈 재료가 <u>아닌</u> 것을 고르시오.

① 　　② 　　③

④ 　　⑤

05 대화를 듣고, 여자의 마지막 말에 대한 남자의 응답으로 가장 적절한 것을 고르시오.

① I really like steak.
② Well-done, please.
③ I want to take it out.
④ This steak is too tough.
⑤ I'd like to have the steak.

memo

06 대화를 듣고, 식당에 대한 여자의 의견으로 알맞은 것에 표시(✓)하시오.

	Good	Bad
1) Food		
2) Price		
3) Service		

07 다음을 듣고, 남자의 심정으로 가장 적절한 것을 고르시오.

① happy
② bored
③ satisfied
④ hopeful
⑤ embarrassed

08 다음을 듣고, 설명하고 있는 음식으로 가장 적절한 것을 고르시오.

①
②
③
④
⑤

09 다음을 듣고, 무엇에 대한 내용인지 가장 적절한 것을 고르시오.

① 음식과 어울리는 주류 ② 영국에서 시작된 차 문화
③ 나라마다 다른 음식 문화 ④ 프랑스산 여러 종류의 와인
⑤ 아시아와 유럽의 비슷한 음식 문화

10 대화를 듣고, 여자가 대화 직후에 할 일로 가장 적절한 것을 고르시오.

① 외식하러 나간다. ② 미역국을 새로 요리한다.
③ 미역국에 소금을 넣는다. ④ 미역국에 물을 더 넣는다.
⑤ 인터넷에서 요리법을 검색한다.

11 대화를 듣고, 남자가 지불할 금액을 고르시오.

① 4,500원 ② 5,000원 ③ 5,500원
④ 6,000원 ⑤ 6,500원

12 다음을 듣고, 개구리 다리에 대한 내용과 일치하지 <u>않는</u> 것을 고르시오.

① 과거에 즐겨먹던 음식이다.
② 세계적으로 연간 10억 마리의 개구리가 소비된다.
③ 닭고기와 맛이 비슷하다.
④ 단백질과 비타민이 풍부하다.
⑤ 주로 아시아 국가에서뿐만 아니라 다양한 나라에서도 즐겨 먹는다.

13 **Choose the food that the man did NOT have on Sunday.**

①

②

③

④

⑤

14 **Why is the man NOT happy with the food the woman suggested?**

① because it is oily

② because it is raw

③ because it is too spicy

④ because it smells strong

⑤ because it is not a popular food

[15~16] Listen and answer the questions.

15 **What is the speaker mainly talking about?**

① why people eat fast food

② how to cook healthy food

③ what the slow food movement is

④ why people have to eat more slowly

⑤ the advantage of buying local, seasonal food

16 **Which is NOT suggested by the slow food movement according to the talk?**

① cook slowly

② avoid eating out

③ enjoy the taste of the food

④ have seasonal food

⑤ buy local food

Dictation

대화를 듣고, 두 사람이 좋아하는 음식으로 언급되지 않은 것을 고르시오.

① 피자   ② 냉면   ③ 비빔밥
④ 스파게티 ⑤ 불고기 백반

01
M : Julia, _____ _____ ?

W : Well, I like Italian food like spaghetti or pizza. How about you?

M : Italian food is good. However, I _____ _____ _____
_____ _____ _____ .

W : What do you like most among the many Korean dishes?

M : My favorite food is *bibimbap*. *Bibimbap* _____ _____
_____, but it's really delicious.

W : Anything else?

M : *Bulgogi* with rice is also very tasty. _____ _____ _____
_____ _____ ?

W : Unfortunately not. But, I want to try it.

M : _____ _____ _____ _____ *bulgogi* for lunch today?

W : That sounds great. Let's go!

대화를 듣고, 각 사람이 주문한 메뉴로 가장 적절한 것을 모두 고르시오.

02 _____

03 _____

MENU

ⓐ Tuna Sandwich $4   ⓔ Apple Pie $1.50
ⓑ Chicken Sandwich $4.50 ⓕ Potato Chips $2
ⓒ Bacon Sandwich $4   ⓖ Coke $1.50
ⓓ Egg Salad Sandwich $3   ⓗ Orange Juice $1

Welcome to our Sandwich House!

02
W : Can I _____ _____ _____ ?

M : Yes, I'd like an egg salad sandwich and a Coke. [함정]

W : We _____ _____ _____ _____ today. [단서] If you order a
tuna sandwich, you get a Coke _____ _____ _____ .

M : Really? That's good. Then I'll have a tuna sandwich.

W : _____ _____ ?

M : That's it.

03
M : Are you _____ _____ _____ ?

W : Yes, I'd like a bacon sandwich and an orange juice.

M : Sorry, but _____ _____ _____ _____ _____
now.

W : That's unfortunate! Then I'll have _____ _____ _____
_____ .

M : Okay. That's all?

W : Yes. _____ _____ _____ . How much is the total?

04 M : Mom, I'm so hungry. Can you make some gimbap for me?

W : Sure, no problem. What do you want to _____ _____ _____?

M : _____ _____ _____ _____, pickled radish, and umm.... What else do we have now?

W : Spinach, eggs, and cucumber. Do you want _____ _____?

M : No, _____ spinach, please. You're putting cucumber in it, so I don't need _____ _____ _____.

W : But spinach _____ _____ _____ _____ _____.

M : I know. But I really don't want it.

W : Okay.

언급되는 재료를 잘 듣고, 각각에 대한 남자의 반응을 놓치지 말자.

대화를 듣고, 김밥에 들어갈 재료가 아닌 것을 고르시오.

① ②

③ ④

⑤

05 W : Can I take your order, sir?

M : Yes, please. _____ _____ _____ _____ the soup and steak.

W : Okay. We have _____ _____ _____ _____ _____.

M : I'll have the potato soup, please.

W : _____ _____ _____ _____? Our specials today are sirloin steak and rib-eye steak.

M : _____ _____ _____. Umm.... I'll have the sirloin steak.

W : Good choice. I'm sure you won't regret it. _____ _____ _____ _____ your steak?

M : _____

'How would you like your steak?'는 원하는 스테이크의 굽기 정도를 묻는 표현이다.

대화를 듣고, 여자의 마지막 말에 대한 남자의 응답으로 가장 적절한 것을 고르시오.

① I really like steak.
② Well-done, please.
③ I want to take it out.
④ This steak is too tough.
⑤ I'd like to have the steak.

06 W : _____ _____ _____ _____ the new French restaurant?

M : No, not yet. I'd like to go there sometime.

W : I _____ _____ _____ _____. It's really bad.

M : Why?

W : First of all, the food wasn't good at all. They told us that a great French chef makes the food, but _____ _____ _____ _____ _____.

M : How were the prices?

W : They were okay. Actually, they _____ _____ _____ _____. But the staff _____ _____ _____. I asked for a glass of water, but they didn't bring it until I asked _____ _____ _____.

M : That sounds awful!

들어야 할 내용은 음식, 가격, 서비스에 대한 것이다.

대화를 듣고, 식당에 대한 여자의 의견으로 알맞은 것에 표시(✓)하시오.

	Good	Bad
1] Food		
2] Price		
3] Service		

▶ Dictation

다음을 듣고, 남자의 심정으로 가장 적절한 것을 고르시오.
① happy   ② bored
③ satisfied   ④ hopeful
⑤ embarrassed

07 M : Yesterday was Valentine's Day. I wanted to have dinner with my girlfriend, Ashley. So I called a nice restaurant and _____ _____ _____. After we watched a movie together, I _____ _____ _____ _____ _____. Everything was perfect until I told the restaurant manager my name. He checked _____ _____ _____. _____ _____ _____ _____, he said there was no reservation _____ _____ _____ _____. I asked him to check it again, but I _____ _____ _____ _____ _____. We had to wait for an hour to get a table. I didn't know _____ _____ _____ _____ _____ to Ashley.

예약한 레스토랑에 예약이 되지 않았다면 어떤 기분이겠는가?

다음을 듣고, 설명하고 있는 음식으로 가장 적절한 것을 고르시오.

08 W : It is _____ _____ _____ _____ _____ of Mexican food. It is very simple but tasty. It _____ _____ _____ a tortilla and a variety of fillings. A tortilla is _____ _____ _____ _____ made of corn or wheat. It is fried and then folded _____ _____ _____. People commonly use beef or chicken as filling. Vegetables like lettuce, onions, and tomatoes _____ _____ _____ _____ _____, too. Cheese and salsa _____ _____ _____ _____ _____.

재료와 모양을 설명하는 표현을 잘 들어야 한다.

다음을 듣고, 무엇에 대한 내용인지 가장 적절한 것을 고르시오.
① 음식과 어울리는 주류
② 영국에서 시작된 차 문화
③ 나라마다 다른 음식 문화
④ 프랑스산 여러 종류의 와인
⑤ 아시아와 유럽의 비슷한 음식 문화

09 M : Every country _____ _____ _____ _____ _____. In France, wine _____ _____ _____ almost every meal. The French drink white wine with fish and red wine with meat. Britain _____ _____ _____ _____ _____. The British usually _____ _____ _____ _____ between lunch and dinner. Germans drink _____ _____ _____ _____ people from other countries, and they eat lots of potatoes. China _____ _____ _____ _____ a variety of foods. The Chinese usually cook their food _____ _____ _____.

가장 먼저 언급된 주제문을 못들었다면, 여러 나라에 대한 예시가 나온다는 점에 주목하자.

10 M : What are you doing, Jessica? Are you _____ _____?

W : Yes, Dad. _____ _____ _____ _____ seaweed soup

for Mom. You know, _____ _____ _____ today.

M : I didn't know that _____ _____ _____ seaweed soup.

W : I _____ _____ _____ on the Internet. It isn't that difficult.

Why don't you try it and see _____ _____ _____?

M : Sure. (*pause*) Oh, _____! I think you put too

much salt in it.

W : Really? Then _____ _____ _____? Would it

be better to _____?

M : No. Just _____ _____ _____. It's salty, but it tastes okay.

W : All right. I hope _____ _____ _____ _____.

seaweed soup, salty, too much salt 등으로 상황 파악부터 하자.

대화를 듣고, 여자가 대화 직후에 할 일
로 가장 적절한 것을 고르시오.

① 외식하러 나간다.
② 미역국을 새로 요리한다.
③ 미역국에 소금을 넣는다.
④ 미역국에 물을 더 넣는다.
⑤ 인터넷에서 요리법을 검색한다.

11 W : _____ _____ _____ _____ _____?

M : A chicken sandwich and a Coke, please.

W : How about a chicken sandwich combo meal? French fries are also included.

M : Oh, _____ _____ _____ _____ _____

_____?

W : _____ _____. If you have a chicken sandwich and a Coke, it'll be

4,500 won.

M : Then I'll take the combo. Oh, wait! Can I have _____ _____

_____ instead of Coke? I want lemonade.

W : You can, but you _____ _____

_____ _____. Would that be okay?

M : That's fine.

W : Okay. Is that _____ _____ _____ _____?

M : I'll have it here.

선택한 메뉴의 금액과 추가로 내야 할 돈을 합쳐 계산한다.

대화를 듣고, 남자가 지불할 금액을 고르
시오.

① 4,500원   ② 5,000원
③ 5,500원   ④ 6,000원
⑤ 6,500원

12

다음을 듣고, 개구리 다리에 대한 내용과 일치하지 않는 것을 고르시오.

① 과거에 즐겨먹던 음식이다.
② 세계적으로 연간 10억 마리의 개구리가 소비된다.
③ 닭고기와 맛이 비슷하다.
④ 단백질과 비타민이 풍부하다.
⑤ 주로 아시아 국가에서뿐만 아니라 다양한 나라에서도 즐겨 먹는다.

M : _____ _____ _____ _____ frog legs? You might think that this food is _____ _____. But frog legs _____ _____ _____ _____. For example, people in France, Indonesia, Thailand, China, and _____ _____ _____ _____ the United States eat frog legs. Actually, _____ _____ are consumed each year worldwide. So why do so many people eat frog legs? Above all, they taste good. They _____ _____ _____ _____ chicken. Also, frog legs contain a lot of protein and vitamins, so they _____ _____ _____ _____ _____ _____.

여러 정보가 언급되므로 선택지와 비교하며 답을 골라야 한다.

Choose the food that the man did NOT have on Sunday.

①   ②
③   ④
⑤

13

W : Shawn, good morning! Did you have a good weekend?
M : Yes, I _____ _____ _____ _____ _____ on Sunday.
W : Really? I'm a little bit surprised!
M : Actually, I _____ _____ _____ _____ to a restaurant to eat a steak. But my favorite restaurant _____ _____. So I _____ _____ _____ to cook one _____ _____!
W : Wasn't it difficult?
M : Not really. I also _____ _____ _____ and potatoes for the side dish.
W : _____ _____ _____ _____ _____ _____?
M : It was very delicious. Also, the wine I drank really _____ _____ _____.
W : Great!
M : Thanks! I will try to _____ _____ next time.

이미 요리를 한 것과 다음에 요리 할 음식을 구분해야 한다.

14 W: _____ _____ _____ _____ _____ _____
for dinner?

M: How about Japanese food? I'd like to have sushi.

W: Actually, _____ _____ _____ _____ _____ .

M: Why not? Sushi is _____ _____ _____
_____ _____ in the world.

W: Yes, but I don't want to _____ _____ _____ .

M: Oh, you don't like _____ _____ ? I see. Then _____
_____ _____ _____ ?

W: If it's okay, I'd like to have Vietnamese noodle soup.

M: I think your taste is _____ _____ _____ _____ . I
don't like Vietnamese noodle soup.

W: Really? Why not?

M: The smell of the spices is _____ _____ _____ _____ .
Hmm…. _____ _____ _____ to a Korean restaurant?

W: I think _____ _____ _____ _____ . Let's go!

남녀의 말을 잘 구분해서 듣자.

Why is the man NOT happy
with the food the woman
suggested?
① because it is oily
② because it is raw
③ because it is too spicy
④ because it smells strong
⑤ because it is not a popular
food

15~16

W: Today, everyone _____ _____ _____ _____
_____ . Because of this, many people eat fast food. It's _____
_____ _____ _____ _____ . However, fast food can
cause many health problems. That's why the slow food movement was started
_____ _____ _____ _____ . The people in this
movement believe we should _____ _____ _____ _____
_____ . This will help us _____ _____ _____
_____ of food. Also, they _____ _____ _____ _____
_____ . They make sure the food we eat is made with healthy ingredients.
So it _____ _____ _____ _____ high-quality products.
They also ask people to _____ _____ _____ and eat
seasonal food. By doing this, we can enjoy food _____ _____
_____ _____ .

15 주제어가 처음 언급되는 곳을 찾아보자.

15 hat is the speaker mainly
talking about?
① why people eat fast food
② how to cook healthy food
③ what the slow food
movement is
④ why people have to eat more
slowly
⑤ the advantage of buying
local, seasonal food

16 Which is NOT suggested
by the slow food
movement according to
the talk?
① cook slowly
② avoid eating out
③ enjoy the taste of the food
④ have seasonal food
⑤ buy local food

A 다음 각 단어에 해당하는 의미를 〈보기〉에서 고르시오.

1 fry _____　　　**2** order _____　　　**3** spice _____　　　**4** recommend _____

5 recipe _____　　　**6** consume _____　　　**7** include _____　　　**8** tough _____

┤ 보기 ├
ⓐ to eat or drink something
ⓑ to cook something in hot oil
ⓒ very difficult to cut or chew
ⓓ to ask for something to be made for someone
ⓔ a list of ingredients and directions for making a dish
ⓕ to make someone or something a part of something else
ⓖ to suggest that someone or something is good and desirable
ⓗ usually powder or seeds that are used in cooking to add flavor

B 다음 각 질문에 대한 응답으로 가장 적절한 것을 〈보기〉에서 고르시오.

1 What would you like to drink?
2 Could you check the reservation list again?
3 Have you been to the new Indian restaurant?

┤ 보기 ├
ⓐ How much is the total?
ⓑ I'd like to have a lemonade.
ⓒ Yes. The beef curry there was very popular and delicious.
ⓓ Sorry, there is no reservation under your name.

C 다음 우리말과 일치하도록 빈칸에 알맞은 표현을 쓰시오.

1 I _____ sweet desserts _____ sour ones.
(난 신 디저트보다 달콤한 디저트를 선호해.)

2 Mexico _____ _____ _____ _____ its tacos.
(멕시코는 타코로 잘 알려져 있다.)

3 I'm sorry, but currently we _____ _____ _____ ingredients.
(죄송하지만 현재 재료가 다 떨어졌습니다.)

pour wine

eat out

take an order

give a receipt

A

음식에 대한 표현

맛	spicy 매운 salty 짠 sour 신	bitter 쓴 sweet 달콤한 bland 싱거운
음식· 외식	meal 식사, 끼니 pork 돼지고기 beef 소고기 cuisine 요리(법) recipe 조리법, 요리법 crispy 바삭한 tough (고기가) 질긴 tender 부드러운 juicy 즙이 많은, 촉촉한 chewy 쫄깃쫄깃한 frozen 냉동된 appetizer 에피타이저, 전채	dessert 디저트, 후식 a glass of water 물 한 잔 a piece of bread 빵 한 조각 a slice of cheese 치즈 한 장 for free 무료로 be out of …이 다 떨어지다 pour wine 와인을 따르다 smell good 냄새가 좋다 get a table 자리를 잡다 take out 가져가다, 포장해가다 be served with …와 함께 제공되다
요리	fry 튀기다 stir 젓다 boil 끓이다 roast 굽다 drain 물을 빼내다	season 간을 하다 preheat 예열하다 chop 썰다, 자르다 steam (음식을) 찌다 bake cookies 과자를 굽다

B

음식에 대해 이야기하기

〈음식에 대해 묻고 답하기〉

What is your favorite Korean food?
네가 가장 좋아하는 한국 음식은 무엇이니?

I like *bulgogi* most. 난 불고기를 가장 좋아해.

Are you ready to order? 주문하시겠습니까?

Yes, I'd like a piece of cake and an orange juice.
네, 케이크 한 조각과 오렌지 주스 주세요.

Do you know how to cook this food?
이 음식을 어떻게 요리하는지 알고 있니?

Yes. I found a recipe in this magazine.
응. 이 잡지에서 요리법을 찾았어.

Why don't we eat out today?
오늘 우리 외식하지 않을래?

Fine! Let's go to the new French restaurant.
좋아! 새로 생긴 프랑스 식당에 가보자.

〈요리법에 대해 말하기〉

Drain pasta and put it in the bowl.
파스타면의 물기를 빼고 그릇에 담으세요.

Season with salt and add some lemon juice.
소금으로 간을 하고 레몬즙을 첨가하세요.

Unit

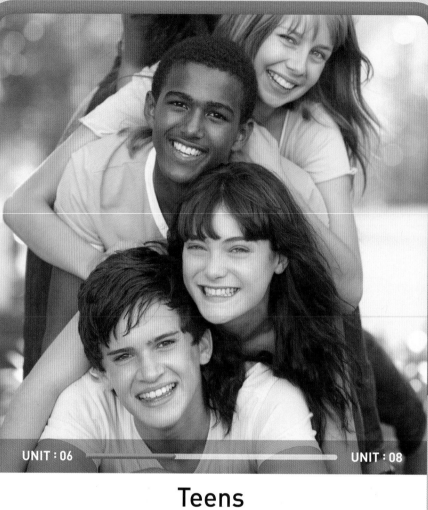

UNIT : 06 ━━━━━━━━━━━━━━━━━━ UNIT : 08

Teens

Words Preview 자신이 알고 있는 표현에 표시(✓)하시오.

01☐ career	07☐ first impression	13☐ feel stressed out
02☐ imitate	08☐ out of fashion	14☐ get a good grade
03☐ appearance	09☐ pay off	15☐ have influence on
04☐ relationship	10☐ set a goal	16☐ do volunteer work
05☐ responsibility	11☐ break up with	17☐ talk behind one's back
06☐ role model	12☐ follow a trend	18☐ keep (something) in mind

A 다음을 듣고 빈칸을 채운 후, 알맞은 뜻을 찾아 연결하시오.

1 _____ _____ • • ⓐ 성과를 올리다

2 be _____ _____ • • ⓑ …에 싫증이 나다

3 have _____ _____ • • ⓒ …의 험담을 하다

4 _____ _____ one's back • • ⓓ …에 영향을 끼치다

5 _____ _____ _____ with • • ⓔ …와 사랑에 빠지다

B 다음을 듣고, 각 문장에 가장 어울리는 그림을 고르시오.

1 _____ 2 _____ 3 _____ 4 _____

ⓐ   ⓑ   ⓒ   ⓓ

C 다음을 듣고, 그에 알맞은 응답을 고르시오.

1 ⓐ My old ones are out of fashion.

ⓑ I go shopping when I have free time.

2 ⓐ Teenagers have different things to worry about.

ⓑ Yes. I am worried about my relationship with my friends.

Topic Listening

memo

01 대화를 듣고, 여자가 이번 주 일요일에 할 일로 가장 적절한 고르시오.

① 공부를 한다.　　　　　　　② 여행을 간다.

③ 가족 사진을 찍는다.　　　　④ 가족과 소풍을 간다.

⑤ 미술 전시회에 간다.

02 대화를 듣고, 남자가 컴퓨터 게임에 사용한 금액을 고르시오.

① 8,000원　　　② 10,000원　　　③ 12,000원

④ 16,000원　　　⑤ 20,000원

03 다음을 듣고, 그래프와 일치하지 <u>않는</u> 것을 고르시오.

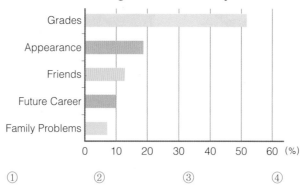

Things Students Worry about

① 　　② 　　③ 　　④ 　　⑤

04 다음을 듣고, 무엇에 대한 내용인지 가장 적절한 것을 고르시오.

① 스타가 되기 위한 노력　　　　② 인기 있는 십 대 스타들

③ 십 대들의 외모 콤플렉스　　　④ 십 대들의 독서량 부족 문제

⑤ 십 대에게 미치는 스타의 영향력

05 대화를 듣고, 두 사람이 청소년 축제에서 함께 할 활동으로 가장 적절한 것을 고르시오.

①

②

③

④

⑤

mem()

06 대화를 듣고, 남자가 새 가방을 사고 싶어 하는 이유로 가장 적절한 것을 고르시오.

① 가방이 낡아서
② 가방이 너무 작아서
③ 가방을 잃어 버려서
④ 친구에게 선물하려고
⑤ 유행을 따르기 위해서

[07~08] 대화를 듣고, 어른이 되는 것에 대한 두 사람의 의견으로 적절한 것을 〈보기〉에서 각각 고르시오.

07 Woman: _____

08 Man: _____

┤ 보기 ├

ⓐ 자유롭게 살 수 있다.
ⓑ 바쁜 생활을 한다.
ⓒ 더 많은 책임을 갖는다.
ⓓ 돈을 벌어서 마음대로 쓸 수 있다.

09 대화를 듣고, 여자의 조언으로 가장 적절한 것을 고르시오.

① 방과 후 숙제를 먼저 끝내라.
② 공부 시간을 줄이고 휴식을 취해라.
③ 성적의 변화에 크게 연연하지 마라.
④ 공부 계획을 세우고 그 계획을 따라라.
⑤ 스트레스를 해소하기 위한 취미를 가져라.

10 다음을 듣고, 그 내용과 일치하면 T, 일치하지 않으면 F를 쓰시오.

1) 빨간 옷은 활동적이라는 인상을 준다. _____
2) 녹색 옷은 즐겁고 행복해 보이게 한다. _____
3) 정직한 인상을 주고 싶다면 파란색을 선택하면 된다. _____

11 대화를 듣고, 남자가 여자에게 부탁한 것으로 가장 적절한 것을 고르시오.

① 점심을 같이 먹을 것   ② 연극 공연에 함께 가 줄 것
③ 같은 동아리에 가입해 줄 것   ④ 자신을 Zoe에게 소개해 줄 것
⑤ 연극 공연에 Zoe를 데리고 올 것

12 다음을 듣고, 무엇에 대한 내용인지 가장 적절한 것을 고르시오.

① 건강한 신체를 유지하는 비결
② 십 대의 성장에 필수적인 영양소
③ 십 대에게 적합한 다이어트 방법
④ 청소년기에 일어나는 신체적인 변화
⑤ 같은 키의 청소년의 몸무게가 다른 이유

13 **Choose the most unnatural conversation.**

①   ②   ③   ④   ⑤

14 **Which is NOT correct according to the talk?**

Blue Sea Summer Camp

• **Date:** ① August 16th to August 18th
• **Place:** ② Jeju Island
• **For Whom:** ③ Middle school and high school students
• **Programs:** Water sports (④ scuba diving, kayaking)
                   Mud games
• **Phone number:** ⑤ 3112-7569

[15~16] Listen and answer the questions.

15 **What are the speakers mainly talking about?**

① benefits of homeschooling
② popular jobs for teenagers
③ becoming a star at an early age
④ the importance of attending school
⑤ the difficulty of making true friends

16 **What does the woman feel bad about?**

① getting bad grades in school
② losing her fans and their love
③ not having many school friends
④ not having enough time alone to think
⑤ being tired because of her busy schedule

대화를 듣고, 여자가 이번 주 일요일에
할 일로 가장 적절한 고르시오.

① 공부를 한다.
② 여행을 간다.
③ 가족 사진을 찍는다.
④ 가족과 소풍을 간다.
⑤ 미술 전시회에 간다.

01　M : Mila, I'm _____ this Sunday. 〔함정〕
　　　_____ go with me?
　　W : I'm sorry, but I can't. I'm _____
　　　with my family. 〔단서〕
　　M : Wow, you really spend a lot of time with your family. Didn't you say you
　　　_____ last weekend?
　　W : Yeah. But I want to spend more time with my family _____ _____
　　　_____ _____ _____ _____ . I'll be busy studying in
　　　high school.
　　M : You're such a nice daughter. Have a great time with your family.

남자의 제안에 대한 여자의 대답을 주의 깊게 듣자.

대화를 듣고, 남자가 컴퓨터 게임에 사용
한 금액을 고르시오.

① 8,000원　　　② 10,000원
③ 12,000원　　④ 16,000원
⑤ 20,000원

02　M : _____ _____ _____ _____ _____ for the
　　　weekend, Mom? I want to _____ _____ _____ _____ .
　　W : I gave you some money _____ _____ _____ . And it wasn't
　　　a small amount.
　　M : I know, but I _____
　　　with that money.
　　W : _____ _____ _____ _____ _____ ?
　　M : It was 12,000 won.
　　W : I gave you _____ . Where's the rest of it?
　　M : Well.... I _____ _____ _____ _____ _____ _____ .
　　W : In that case, I'm not giving you any more money this week.

다음을 듣고, 그래프와 일치하지 <u>않는</u> 것
을 고르시오.

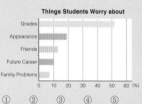

① ② ③ ④ ⑤

03　M : ① Over 50% of the students are _____ _____ _____
　　　_____ .
　　　② _____ _____ _____ of students worry about their
　　　appearance.
　　　③ _____ _____ 20% of the students are worried about _____
　　　_____ _____ _____ .
　　　④ More students worry about _____ _____ _____ than
　　　family problems.
　　　⑤ _____ _____ _____ _____ _____ worry
　　　about their family problems.

듣기 전에 그래프의 항목과 수치를 빠르게 살펴보자.

04 W: You look worried. _____ _____ _____ _____ _____?

M: My younger sister Lily is _____ _____ an idol boy group.

W: Is she?

M: She watches their videos all day. Also, she _____ _____ _____ _____ to buy gifts for them. TV stars have _____ _____ _____ _____ _____ _____ like her.

W: Well, I believe there are some good points. One boy group member _____ _____ _____ _____ on his SNS, and many of his fans _____ _____ _____.

M: Well, that's true. However, teenagers follow stars' hairstyle and _____ _____ _____. That's _____ _____.

W: Still, some teenage fans do volunteer work with their stars. I think _____ _____ _____.

남자는 여동생의 어떤 행동 때문에 고민인가?

다음을 듣고, 무엇에 대한 내용인지 가장 적절한 것을 고르시오.
① 스타가 되기 위한 노력
② 인기 있는 십 대 스타들
③ 십 대들의 외모 컴플렉스
④ 십 대들의 독서량 부족 문제
⑤ 십 대에게 미치는 스타의 영향력

05 M: The Teen Festival will _____ _____ at Hills Center this weekend.

W: Yes. It should be fun. There are _____ _____ _____ _____.

M: Are you going to _____ _____ _____?

W: I'm _____ the dance contest. You know, I'm a member of the dance club at school.

M: You've _____ _____! Your efforts will _____ _____.

W: Thanks. _____ _____ _____?

M: I love balloon art, so I'll learn that. And I'll get face painting also.

W: Face painting? I want that, too!

M: Great. Why don't we _____ _____ _____ after the dance contest?

W: Okay. I'm really _____ _____ _____ _____ _____.

그림을 미리 보고 어떤 표현이 언급될지 예상해 보자.

대화를 듣고, 두 사람이 청소년 축제에서 함께 할 활동으로 가장 적절한 것을 고르시오.
① ②
③ ④
⑤

대화를 듣고, 남자가 새 가방을 사고 싶어 하는 이유로 가장 적절한 것을 고르시오.

① 가방이 낡아서
② 가방이 너무 작아서
③ 가방을 잃어 버려서
④ 친구에게 선물하려고
⑤ 유행을 따르기 위해서

06 W: Okay, we _____ _____ _____ _____ _____. Let's go home now.

M: Mom, wait! Could you please _____ _____ _____ _____ _____ ?

W: A new backpack? Andrew, you bought a new one _____ _____.

M: Yes, but it's _____ _____ _____ _____.

W: _____ _____ _____. It's fine.

M: Mom, there is a brand of backpack that is _____ _____ _____. Most of my friends have that one.

W: But I don't think you have to follow that trend.

M: Please! If I don't have that one, _____ _____ _____ _____ _____.

W: _____ _____. I won't buy you one. Let's go home.

out of fashion은 '유행이 지난'의 의미이다.

대화를 듣고, 어른이 되는 것에 대한 두 사람의 의견으로 적절한 것을 〈보기〉에서 각각 고르시오.

07 Woman: _____

08 Man: _____

┌ 보기 ┐
ⓐ 자유롭게 살 수 있다.
ⓑ 바쁜 생활을 한다.
ⓒ 더 많은 책임을 갖는다.
ⓓ 돈을 벌어서 마음대로 쓸 수 있다.

07~08

W: Parker, I wish I _____ _____ _____ _____ right now.

M: What do you mean, Aria?

W: I'm _____ _____ _____. Adults don't have to study and take tests. They _____ _____ _____ _____.

M: But _____ _____ _____ means _____ _____. I don't think they have a free life.

W: I know what you mean. But they _____ _____ and can spend it however they want. Also, they can _____ _____ _____ their friends until late at night.

M: Actually, most adults don't have _____ _____ _____ _____ _____ we do. My older brother is an office worker. He is _____ _____ _____ _____.

W: Still, working and making money seems better than studying for tests.

남자의 의견과 여자의 의견을 구분하여 들어야 한다.

대화를 듣고, 여자의 조언으로 가장 적절한 것을 고르시오.

① 방과 후 숙제를 먼저 끝내라.
② 공부 시간을 줄이고 휴식을 취해라.
③ 성적의 변화에 크게 연연하지 마라.
④ 공부 계획을 세우고 그 계획을 따라라.
⑤ 스트레스를 해소하기 위한 취미를 가져라.

09 (telephone rings)

W: Hello. This is Dr. Morgan's Hotline for Teens.

M: Hello. I'm _____ _____ _____ _____. Can you help me?

W: Sure, what's your problem?

M: I'm very busy, so I _____ _____ _____ all the time.

W: _____ _____ you so busy?

M : I go to several academies after school. And _____ _____
_____ _____, I have to do homework _____ _____
_____ _____.

W : I see the problem. You don't _____ _____ _____ _____
_____. How about _____ _____ _____ _____
_____ and getting some rest?

M : No, I need to _____ _____ _____.

W : I understand that. But for your age, _____ _____ _____ is
really important. You'll _____ _____ _____ _____
better and your grades _____ _____ _____.

문제 상황을 파악한 뒤, 여자의 조언을 잘 듣고 답을 고른다. 자신의 상식으로 오답을 고르지 않도록 하자.

10 W : Do you _____ _____ _____ _____ _____ _____?
When making friends, _____ _____ are very important. And you
can _____ _____ _____ _____ _____ _____. A new
study shows that people's first impressions are partly formed by colors. For
example, if you wear red when you meet people _____ _____
_____ _____, they will think _____ _____
_____. Yellow clothes show that you are fun and happy. Green clothes
make you _____ _____ and well-prepared. And _____
_____ _____ _____, people will think you are _____
_____. Keep this in mind when choosing _____
_____ _____ _____.

여러 정보가 언급되므로 간단히 메모하면서 듣자.

다음을 듣고, 그 내용과 일치하면 T, 일치하지 않으면 F를 쓰시오.

1) 빨간 옷은 활동적이라는 인상을 준다. _____

2) 녹색 옷은 즐겁고 행복해 보이게 한다. _____

3) 정직한 인상을 주고 싶다면 파란색을 선택하면 된다. _____

11 M : Layla, do you know Zoe?

W : Yes. We are in the same school club. _____ _____ _____
_____?

M : I think I'm _____ _____ _____ _____. But I'm
_____ _____ that I've never talked to her.

W : Really? I didn't know that.

M : Well, it's true. So I need your help. I'd like to _____ _____
_____ _____ _____ with her.

W : I see. _____ _____ _____ _____ _____?

M : I think it would be good if you _____ _____ _____
_____ _____ _____ _____.

W : Okay. Let's meet in the cafeteria at lunchtime tomorrow. I'll bring Zoe.

M : Thanks, Layla. I'll _____ _____ _____.

대화를 듣고, 남자가 여자에게 부탁한 것으로 가장 적절한 것을 고르시오.
① 점심을 같이 먹을 것
② 연극 공연에 함께 가 줄 것
③ 같은 동아리에 가입해 줄 것
④ 자신을 Zoe에게 소개해 줄 것
⑤ 연극 공연에 Zoe를 데리고 올 것

다음을 듣고, 무엇에 대한 내용인지 가장
적절한 것을 고르시오.

① 건강한 신체를 유지하는 비결
② 십 대의 성장에 필수적인 영양소
③ 십 대에게 적합한 다이어트 방법
④ 청소년기에 일어나는 신체적인 변화
⑤ 같은 키의 청소년의 몸무게가 다른
  이유

12 M : Welcome to the *Dr. Green Show*. Today's question _____ _____ a
15-year-old girl _____ Claire. She asked _____ _____
_____ _____ _____ for her height. It _____
_____ _____ _____ _____, but the answer is not
simple. In fact, it is different for every teenager. _____ _____
_____ _____, the amounts of muscle, fat, and bone in our body
change a lot. Every teenager _____ _____ _____
_____. Also, muscle and bone weigh more than fat. Therefore, a teen
can naturally _____ than his or
her friends _____.

소녀의 질문은 무엇인가?

**Choose the most unnatural
conversation.**

13 ① M : I don't know what I want to be _____ _____ _____.
    W : Think about _____ _____ _____ _____
    _____.
   ② M : Why did you _____ _____ _____ _____ Jessica?
    W : I _____ _____ _____ _____ her.
   ③ M : I got good grades on my test.
    W : I'm _____ _____ _____ _____!
   ④ M : Why are you angry at Janet?
    W : I heard she _____ _____ _____ _____.
   ⑤ M : You look sad. What's wrong?
    W : I _____ _____ _____ _____ _____.

14 W: The Global Teen Center introduces the Blue Sea Summer Camp! This camp will _____ _____ _____ _____ _____ _____ _____ on Jeju Island. Any middle school students _____ _____ _____ ! The camp for high school students _____ _____ _____ _____ _____ _____. This will be a great chance to _____ _____ _____ . You can scuba dive and go kayaking in the sea. You can also _____ _____ in the mud. Don't you want to _____ _____ _____ and have a great time with them? _____ _____ _____ , visit our website, www.gtc.ne.kr, or call _____ - _____ .

내용을 듣기 전에, 선택지를 먼저 읽어보자.

Which is NOT correct according to the talk?

Blue Sea Summer Camp
· **Date:** ① August 16th to August 18th
· **Place:** ② Jeju Island
· **For Whom:** ③ Middle school and high school students
· **Programs:** Water sports (④ scuba diving, kayaking) Mud games
· **Phone number:** ⑤ 3112-7569

15~16

M: Miss Turner, your new song is _____ _____ _____ . How do you feel?

W: I'm very _____ _____ _____ .

M: You're just a 14-year-old _____ _____ _____ now. How's your school life?

W: To be honest, I can't attend school these days _____ _____ _____ _____ _____ .

M: So you are not _____ _____ _____ ?

W: Well, I _____ _____ at home. But unfortunately, that means I _____ _____ _____ _____ _____ at school.

M: I understand. But you have a lot of fans.

W: Yes. I _____ _____ _____ _____ _____ .

M: Many teenagers say you're _____ _____ _____ . Please give them some advice.

W: Set a goal and _____ _____ _____ _____ _____ . Then your dreams will come true.

16 unfortunately라는 표현을 들었는가?

15 **What are the speakers mainly talking about?**
① benefits of homeschooling
② popular jobs for teenagers
③ becoming a star at an early age
④ the importance of attending school
⑤ the difficulty of making true friends

16 **What does the woman feel bad about?**
① getting bad grades in school
② losing her fans and their love
③ not having many school friends
④ not having enough time alone to think
⑤ being tired because of her busy schedule

Unit 07 Teens | 111

A 다음 각 단어에 해당하는 의미를 〈보기〉에서 고르시오.

1 imitate _____ **2** appreciate _____ **3** impression _____

4 influence _____ **5** appearance _____ **6** responsibility _____

┤ 보기 ├

ⓐ to copy someone's behavior or look

ⓑ to feel thankful for someone or something

ⓒ the way that someone or something looks

ⓓ the power to affect someone or something

ⓔ an opinion that a person has about how someone seems

ⓕ a duty or task that someone is required or expected to do

B 다음 대화문에서, 빈칸에 들어갈 말로 가장 적절한 것을 〈보기〉에서 각각 고르시오.

M : You look angry. Is something wrong?

W: **1** _____

M : Why did you fight with him?

W: **2** _____

┤ 보기 ├

ⓐ I had a fight with Tyler.

ⓑ I hate people who talk behind someone's back.

ⓒ Because Jessica told me he talked about me behind my back.

C 다음 우리말과 일치하도록 빈칸에 알맞은 표현을 쓰시오.

1 This type of hat is _____ _____ _____ already.
(이런 종류의 모자는 이미 유행이 지났다.)

2 TV stars _____ a strong _____ _____ teenagers.
(TV 스타들은 십 대들에게 큰 영향을 끼친다.)

3 There are a few things that you need to _____ _____ _____.
(여러분들이 명심하셔야 할 몇 가지 것들이 있습니다.)

worry about his appearance

take a selfie

hang out with a friend

imitate star's looks

be crazy about an idol band

A

십 대 청소년에 대한 표현

생활

juvenile 청소년의
adolescent 청소년
confident 자신감 있는
insecure 자신이 없는
depressed 우울한
envy 부러워하다
be jealous of …을 질투하다
be tired of …에 싫증이 나다
take a selfie 자기 자신의 사진을 찍다
attend school 학교를 다니다
break up with …와 헤어지다
follow a trend 유행을 따르다
get along well with …와 잘 지내다
form a friendship 우정을 쌓다
hang out with …와 시간을 보내다
imitate TV stars' looks
TV 스타의 외양을 흉내 내다
be crazy about an idol band 아이돌 밴드에 열광하다
worry about one's appearance 외모에 대해 고민하다

진로

career 진로
potential 잠재력
build self-esteem 자존감을 쌓다
have an aptitude for …에 대한 적성이 있다

influence 영향; 영향을 주다
set a goal 목표를 세우다

B

십 대 청소년에 대해 이야기하기

〈십 대 청소년에 대해 대화하기〉

What do you do after school? 방과 후에 뭐하니?
I go to an art academy. 나는 미술 학원에 가.
Who do you want to be like? 너는 누구처럼 되고 싶니?
Yuna Kim is my role model. 김연아가 내 롤모델이야.
Why do you want to be a grown-up soon?
넌 왜 빨리 어른이 되고 싶니?

Because adults can make money and spend it
however they want.
왜냐하면 어른들은 돈을 벌어서 원하는 대로 쓸 수 있기 때문이야.

You went too far. 네가 지나쳤어.

I'd like to apologize, but don't know what to say.
사과하고 싶지만 무슨 말을 해야 할지 모르겠어.

I'm really worried about my grades.
나 정말 내 성적이 너무 걱정스러워.

You can ask for advice from your teachers, parents,
or friends. 넌 선생님이나 부모님, 친구들한테 조언을 구할 수 있어.

〈십 대 청소년에 대해 말하기〉

I believe teenagers have infinite potential.
십 대들에게는 무한한 잠재력이 있다고 믿어.

Teenagers are stressed out with their busy lives.
십 대 들은 바쁜 생활로 스트레스를 받아.

Don't compare yourself to others. You are fine the
way you are. 네 자신을 타인과 비교하지마. 너는 네 그대로 좋아.

Unit 08

UNIT : 07 ━━━━━━━━━━━━━━━━━━━━ UNIT : 09

Sports

Words Preview 자신이 알고 있는 표현에 표시(✓)하시오.

01☐ beat	07☐ victory	13☐ cut calories
02☐ retire	08☐ pitcher	14☐ win a prize
03☐ score	09☐ physical	15☐ win a medal
04☐ injure	10☐ challenge	16☐ come in last
05☐ bounce	11☐ opponent	17☐ make a record
06☐ athlete	12☐ cheer for	18☐ complete the race

A 다음을 듣고 빈칸을 채운 후, 알맞은 뜻을 찾아 연결하시오.

1 _____ for   •   •ⓐ 메달을 따다

2 _____ a medal   •   •ⓑ 홈런을 치다

3 _____ the race   •   •ⓒ 경주를 완주하다

4 _____ a home run   •   •ⓓ 지출 예상 경비를 넘는

5 _____ one's budget •   •ⓔ …을 열광적으로 지지하다

B 다음을 듣고, 각 문장이 묘사하고 있는 그림을 고르시오.

1 _____   2 _____   3 _____   4 _____

ⓐ   ⓑ   ⓒ   ⓓ

C 다음을 듣고, 그에 알맞은 응답을 고르시오.

1 ⓐ Yes, I do. I am a big fan of the sport!

  ⓑ Yes, I spend lots of time with my friends on weekends.

2 ⓐ Sorry. We don't give any discounts.

  ⓑ Yes. There are two classes in the evening.

01 대화를 듣고, 두 사람이 좋아하는 스포츠로 알맞게 짝지어진 것을 고르시오.

여자		남자		여자		남자
① 배구	……	야구		② 배구	……	축구
③ 축구	……	수영		④ 테니스	……	축구
⑤ 테니스	……	야구				

[02~03] 다음을 듣고, 설명하고 있는 스포츠로 가장 적절한 것을 각각 고르시오.

02 _____   03 _____

 ⓐ    ⓑ    ⓒ    ⓓ

04 대화를 듣고, 두 사람이 대화 직후에 할 일로 가장 적절한 것을 고르시오.

① 운동화를 사러 간다.

② 마라톤 연습을 한다.

③ 마라톤 경기를 보러 간다.

④ 마라톤 참가 신청을 한다.

⑤ 마라톤 참가 방법에 대해 알아본다.

05 대화를 듣고, 두 사람이 관람할 경기에 대한 내용과 일치하는 것에 표시(O)하시오.

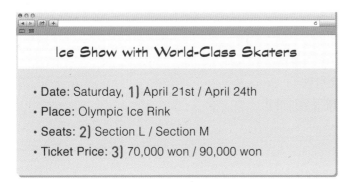

06 다음을 듣고, Christa Luding을 설명하는 말로 가장 적절한 것을 고르시오.

① 장애를 이겨낸 운동선수
② 사이클링을 최초로 시작한 운동선수
③ 최다 올림픽 신기록을 세운 운동선수
④ 서로 다른 종목에서 메달을 딴 운동선수
⑤ 스피드 스케이팅 선수에서 사이클링 감독이 된 운동선수

07 대화를 듣고, 남자가 스키를 좋아하지 <u>않는</u> 이유를 고르시오.

① 추위를 많이 타서   ② 다친 적이 있어서
③ 타는 법을 몰라서   ④ 비용이 많이 들어서
⑤ 높은 곳을 무서워해서

08 대화를 듣고, 여자의 마지막 말에 담긴 의도로 가장 적절한 것을 고르시오.

① 감사   ② 거절   ③ 위로
④ 조롱   ⑤ 충고

09 대화를 듣고, 남자가 여자에게 전화한 목적으로 가장 적절한 것을 고르시오.

① 위치를 확인하려고
② 수강 신청을 하려고
③ 수업에 대해 문의하려고
④ 운영 시간을 확인하려고
⑤ 할인 카드에 대해 문의하려고

10 대화를 듣고, 여자의 심정 변화로 가장 적절한 것을 고르시오.

① worried → upset   ② curious → bored
③ bored → relaxed   ④ happy → satisfied
⑤ depressed → hopeful

11 대화를 듣고, 두 사람이 만날 요일을 고르시오.

① 월요일   ② 화요일   ③ 수요일
④ 토요일   ⑤ 일요일

12 다음을 듣고, Tour de France에 대한 내용과 일치하지 <u>않는</u> 것을 고르시오.

① 매년 7월 프랑스에서 열린다.
② 경주는 21단계로 이루어져 있다.
③ 험난한 산악 구간을 포함한다.
④ 많은 선수들이 중도에 경주를 포기한다.
⑤ 경주는 파리에 있는 샹젤리제에서 끝이 난다.

13 **Choose the best response for the man.**

① It's my pleasure.

② Sure. Here you are.

③ Yes. I did my best today.

④ No. I don't want to go there.

⑤ Yes. I'll take a training course to become a coach.

14 **What is the final score of the game?**

① 5 : 1   ② 8 : 1   ③ 8 : 5

④ 9 : 0   ⑤ 9 : 1

[15~16] Listen and answer the questions.

15 **What is the speaker mainly talking about?**

① the origin of futsal

② the characteristics of futsal

③ great moments in futsal's history

④ the reason why futsal is so popular

⑤ the way to train young players by playing futsal

16 **What is NOT a difference between football and futsal according to the talk?**

① the way to win the game

② the places where each game is played

③ the number of players

④ the amount of time each game is played

⑤ the size of the ball

Dictation

대화를 듣고, 두 사람이 좋아하는 스포츠로 알맞게 짝지어진 것을 고르시오.

여자	남자
① 배구	…… 야구
② 배구	…… 축구
③ 축구	…… 수영
④ 테니스	…… 축구
⑤ 테니스	…… 야구

01 W : I'm _____ _____ _____ today.

M : Again? Didn't you go to a game _____ _____ ?

W : Yes. I go to a game _____ _____ . I really like volleyball.

M : Wow, _____ _____ _____ ! 단서

W : Yeah, it's exciting _____ _____ _____ _____ the ball.
What about you? What kind of sports do you like?

M : _____ _____ _____ _____ . I like playing
it as well as watching it. I often play with my friends.

W : That's great. _____ _____ _____ ?

M : I'm _____ _____ .

여자와 남자가 각각 어떤 스포츠를 좋아하는지 구분하며 듣자.

다음을 듣고, 설명하고 있는 스포츠로 가장 적절한 것을 각각 고르시오.

02 _____

03 _____

02 W : This is an indoor sport that you _____ _____ _____
_____ _____ . And you need to wear special shoes. You pick up
the ball and _____ _____ _____ a wooden lane. You have
to _____ _____ _____ _____ at the end of the lane. If
you knock down _____ _____ _____ , it's called a strike.

ball, roll, lane, pin, strike로 정답을 유추하자.

03 M : This is a racquet sport that is _____ _____ _____ .
Usually two or four players _____ _____
_____ . When playing this, players need _____ _____
_____ _____ _____ over a net into the
opponent's court. The racquet _____ _____ _____
_____ , and the ball _____ _____ _____ .

라켓과 공의 특징을 주의하여 듣자.

대화를 듣고, 두 사람이 대화 직후에 할 일로 가장 적절한 것을 고르시오.

① 운동화를 사러 간다.
② 마라톤 연습을 한다.
③ 마라톤 경기를 보러 간다.
④ 마라톤 참가 신청을 한다.
⑤ 마라톤 참가 방법에 대해 알아본다.

04 M : There's going to be a marathon. _____
_____ ?

W : A marathon? That's too hard! _____
_____ _____ .

M : Don't worry. We _____ _____ _____ _____
_____ _____ . There are 5-km, 10-km, and half-marathon races, too.

W : Really? Maybe I can _____ _____ _____
_____ . How can we join?

M : We can apply on the website any time _____ _____ _____.

W : I see. _____ _____ _____ _____ _____?

M : On Sunday, _____ _____. How about practicing together? If we 〈함정〉 are in the top 50, we can _____ _____ _____.

W : Great! Let's _____ _____ _____ _____ _____ right now.

M : Okay.

마지막에 여자가 무엇을 제안했는가?

대화를 듣고, 두 사람이 관람할 경기에 대한 내용과 일치하는 것에 표시(O)하시오.

05 M : _____ _____ _____ _____ _____ _____ _____?

W : You mean _____ _____? I don't have any plans yet.

M : Will you go to an ice show with me that evening? Many world-class skaters will perform in it.

W : Oh, I'd love to go! _____ _____ _____ _____ _____?

M : It will be held at the Olympic Ice Rink.

W : Good. _____ _____ _____ _____.

M : Sure. Where do you want to sit? How about Section L? It _____ _____ _____ and that's _____ _____ _____ _____.

W : Oh, that is _____ _____ _____. I think Section M will be fine.

M : Let me see…. _____ _____ _____ _____ _____ in that section.

W : _____ _____ _____ _____.

제시된 표를 먼저 보고, 들어야 할 정보를 미리 파악하자.

Ice Show with World-Class Skaters
- Date: Saturday, 1] April 21st / April 24th
- Place: Olympic Ice Rink
- Seats: 2] Section L / Section M
- Ticket Price: 3] 70,000 won / 90,000 won

다음을 듣고, Christa Luding을 설명하는 말로 가장 적절한 것을 고르시오.
① 장애를 이겨낸 운동선수
② 사이클링을 최초로 시작한 운동선수
③ 최다 올림픽 신기록을 세운 운동선수
④ 서로 다른 종목에서 메달을 딴 운동선수
⑤ 스피드 스케이팅 선수에서 사이클링 감독이 된 운동선수

06 W : Lots of athletes _____ _____ _____ _____ _____ _____ in the Olympics. Unfortunately, the honor is for just a few. But there are some super athletes who _____ _____ _____ more than one sport. One of them is Christa Luding _____ _____. She was originally a speed skater, but _____ _____ _____ _____. She thought the two sports had similar training methods. _____ _____, she _____ _____ _____ _____ in speed skating. And four years later in Seoul, she became _____ _____ _____ _____ _____. She _____ _____ _____ _____ as a skater after that.

대화를 듣고, 남자가 스키를 좋아하지 않는 이유를 고르시오.
① 추위를 많이 타서
② 다친 적이 있어서
③ 타는 법을 몰라서
④ 비용이 많이 들어서
⑤ 높은 곳을 무서워해서

07 W: _____ _____ _____ _____! I'm happy because the ski resorts are starting to open.

M: Do you like skiing?

W: I love it. _____ _____ _____ _____ _____. Do you want to join me?

M: Umm, _____ _____. I don't like skiing.

W: _____ _____? You don't like the cold?

M: No. Actually, _____ _____ _____ _____. I had an accident when I was young. I was run into by another skier and injured.

W: Oh, that's awful.

M: I was _____ _____ _____ _____. You should _____ _____ when you ski.

직접적으로 이유가 언급되므로 놓치지 말자.

대화를 듣고, 여자의 마지막 말에 담긴 의도로 가장 적절한 것을 고르시오.
① 감사   ② 거절   ③ 위로
④ 조롱   ⑤ 충고

08 W: Minsu, how was the golf tournament? Did you _____ _____?

M: Well, Mom.... My friend Tom _____ _____ _____ _____, but I got the booby prize.

W: The booby prize? What is that prize for?

M: It's for the person who got the worst scores.

W: What? You mean you _____ _____ _____?

M: Unfortunately, yes. I scored 15 over par.

W: Oh, no! But why do they give a prize for that?

M: It's _____ _____ _____ _____. Also, it is _____ _____ _____ _____.

W: I see. _____ _____ _____ _____. You can _____ _____ _____ _____.

남자가 어떤 기분일지 상상해 보자.

대화를 듣고, 남자가 여자에게 전화한 목적으로 가장 적절한 것을 고르시오.
① 위치를 확인하려고
② 수강 신청을 하려고
③ 수업에 대해 문의하려고
④ 운영 시간을 확인하려고
⑤ 할인 카드에 대해 문의하려고

09 (telephone rings)

W: Thank you for calling Gold Sports Center. How can I help you?

M: I'd like to _____ _____ _____. Do you have any classes _____ _____ _____?

W: Sure. There are two classes in the evening. One is for beginners on Mondays and the other is _____ _____ _____ _____ _____.

M: I'd like to take the class for beginners. I can't swim at all.

W: Okay. You can take the class _____ _____ _____ _____ _____ _____.

M : Fine. How much is the class?

W : _____ _____ _____ _____. But if you live in this city, you can _____ _____ _____ _____.

M : Great. I live here. Thank you for the information.

W : My pleasure. I hope to see you soon.

남자의 질문을 잘 듣자.

대화를 듣고, 여자의 심정 변화로 가장 적절한 것을 고르시오.
① worried → upset
② curious → bored
③ bored → relaxed
④ happy → satisfied
⑤ depressed → hopeful

10 M : Katy, you eat too little. _____ _____?

W : I think I _____ _____ _____ these days. I'm not happy.

M : If so, why don't you _____ _____ _____ _____?

W : Can you recommend anything for me?

M : Hmm, _____ _____ _____?

W : Why badminton?

M : It's _____ _____ _____, and it's good exercise. You can _____ _____ _____ _____.

W : Really? That sounds better than _____ _____ _____.

M : Yeah. You need to lose weight in a healthy way. Also, it _____ _____ _____ _____ to start.

W : It sounds like a good sport for me. I'll try it. Thanks.

누군가의 조언으로 더 나은 해결책을 찾았을 때 기분은 어떨까?

대화를 듣고, 두 사람이 만날 요일을 고르시오.
① 월요일   ② 화요일   ③ 수요일
④ 토요일   ⑤ 일요일

11 (telephone rings)

W : Hello?

M : Julie, this is Mike.

W : Oh, Mike. _____ _____?

M : Do you remember we were going to _____ _____ _____ _____ _____? Well, I'm sorry, but I can't go.

W : Why not?

M : Actually, I _____ _____ _____ playing basketball yesterday.

W : Did you go to the hospital?

M : Yes. I have to go to the hospital _____ _____ _____ _____ _____. So on Saturday, I think I should just _____ _____ _____ and get some rest.

W : I'm sorry to hear that. I hope _____ _____ _____ soon. _____ at school.

M : Okay, thanks for understanding.

남자가 왜 전화 했는지 잘 생각해 보자.

다음을 듣고, Tour de France에 대한 내용과 일치하지 않는 것을 고르시오.

① 매년 7월 프랑스에서 열린다.
② 경주는 21단계로 이루어져 있다.
③ 험난한 산악 구간을 포함한다.
④ 많은 선수들이 중도에 경주를 포기한다.
⑤ 경주는 파리에 있는 샹젤리제에서 끝이 난다.

12 M : The Tour de France is _____ _____ _____ _____
_____ _____ . It is held in France every July. _____
_____ _____ from around the world join the race to _____
_____ _____ _____ _____ _____ . There are 21
stages in the race. In total, riders have to _____ _____
_____ _____ ! The road is very rough because it often _____
_____ _____ _____ . The hot summer sun also makes it
difficult. But _____ _____ _____ _____ ; most of
them _____ _____ _____ . It finishes at the Champs-Elysees
in Paris. Lots of people _____ _____ _____ _____
_____ _____ who successfully finishes the challenge.

선택지와 차례대로 비교하면서 듣자.

Choose the best response for the man.

① It's my pleasure.
② Sure. Here you are.
③ Yes. I did my best today.
④ No. I don't want to go there.
⑤ Yes. I'll take a training course to become a coach.

13 W : Hello, everyone. I'm Helen Foster from ABC Sports. Today _____
_____ _____ John Park, the boxer.

M : Hello. _____ _____ _____ _____ _____ today.

W : John, congratulations _____ _____ _____ _____ ! It
was very exciting.

M : Thank you. I think I won because _____ _____ _____
_____ _____ .

W : This victory seems special for you. This is _____ _____
_____ _____ _____ _____ _____ .

M : Yes. I've been training hard for quite a long time.

W : But I heard _____ _____ _____ . Is that right?

M : That's true.

W : Do you _____ _____ _____ _____ ?

M : _____ _____ _____ _____

14 W: I can't believe our team _____ _____ _____ _____!

M: It was the worst baseball game _____ _____ _____. We lost _____ _____ _____ _____.

W: Our pitchers were terrible. The other team _____ _____ _____ _____!

M: That's how they ended up with nine runs! I think our pitchers didn't throw the ball fast enough.

W: Pitching _____ _____ _____ _____. All of our players played really badly today.

M: At least our team _____ _____ _____. That made me feel a bit better.

W: But _____ _____ _____ is still a shocking score. I can't believe _____ _____ _____ _____ so easily!

M: Yeah. It was _____ _____ _____ _____ _____ to come to see today's game.

여러 숫자 정보가 언급되므로 구분하여 듣자.

What is the final score of the game?

① 5 : 1   ② 8 : 1   ③ 8 : 5
④ 9 : 0   ⑤ 9 : 1

15~16

W: Have you heard of "futsal"? It's a ball game that is popular in Europe and South America. It _____ _____ _____ so the basic rules _____ _____ _____. It's played between two teams, and the team _____ _____ _____ _____ wins. But there are some differences, too. First of all, futsal _____ _____ _____ _____. Second, the number of players is different. _____ _____ _____ _____ _____ on a football team, but futsal teams have only five players each, including the goalkeeper. Third, the game is shorter — just _____ _____ _____ _____ with two 20-minute halves. Finally, the ball is smaller and _____ _____ _____ _____ _____ _____. Futsal is often used to train young players because it's a good way _____ _____ _____ _____ _____.

15 일부분만을 듣고 답을 고르면 안 된다.

15 **What is the speaker mainly talking about?**

① the origin of futsal
② the characteristics of futsal
③ great moments in futsal's history
④ the reason why futsal is so popular
⑤ the way to train young players by playing futsal

16 **What is NOT a difference between football and futsal according to the talk?**

① the way to win the game
② the places where each game is played
③ the number of players
④ the amount of time each game is played
⑤ the size of the ball

A 다음 각 단어에 해당하는 의미를 〈보기〉에서 고르시오.

1 beat _____   **2** retirement _____   **3** stage _____   **4** score _____

5 budget _____   **6** position _____   **7** encourage _____   **8** train _____

┤ 보기 ├

ⓐ a section or part of a journey or course

ⓑ the amount of money a person can spend

ⓒ to get a point in a competition, game, or sport

ⓓ to give someone support, confidence, or hope

ⓔ to win against an opponent in a game or competition

ⓕ the particular place and job of a player on a sports team

ⓖ the act of ending someone's working or professional career

ⓗ to practice a sport regularly to prepare for a game or competition

B 다음 각 질문에 대한 응답으로 가장 적절한 것을 〈보기〉에서 고르시오.

1 Did you finish the race?

2 What's your position on your team?

3 Why don't we participate in a marathon?

┤ 보기 ├

ⓐ I am the goalkeeper.

ⓑ Great! When is it held?

ⓒ Yes. I hit three home runs!

ⓓ No. I was injured so I had to stop running.

C 다음 우리말과 일치하도록 빈칸에 알맞은 표현을 쓰시오.

1 Our team _____ _____ three runs.
(우리 팀은 3점 차로 졌다.)

2 To _____ _____ _____, he is training very hard.
(메달을 따기 위해서 그는 아주 열심히 훈련하고 있다.)

3 She was sad because she _____ _____ _____ in the golf tournament.
(그녀는 골프 토너먼트에서 꼴찌를 해서 슬펐다.)

cheer for one's team

come in last

field

stretch before the game

cross the finish line

be run into by another player

track

A 스포츠에 대한 표현

종류

rowing 조정
shooting 사격
cycling 사이클링
boxing 복싱
hockey 하키
volleyball 배구

triathlon 철인 삼종경기
gymnastics 체조
water skiing 수상 스키
weight lifting 역도
figure skating 피겨스케이팅
table tennis[ping pong] 탁구

경기

field 경기장
track 트랙, 경주로
offense 공격수
defense 수비수
opponent (게임 등) 상대방
penalty 벌칙, 페널티
train 훈련하다

competition 시합
fair play 페어플레이
gold[silver/bronze] medal
금[은/동]메달
tie score 동점
yellow card 옐로카드, 경고 카드
red card 레드카드, 퇴장 카드

묘사하기

pitch 던지다
join the race 경주에 참가하다
win a medal 메달을 따다
cheer for one's team
…의 팀을 응원하다
cross the finish line
결승선을 통과하다
score a point[goal] 득점하다

hit a home run 홈런을 치다
be run into by another player
다른 선수와 부딪히다
come in last
마지막으로 들어오다, 꼴찌를 하다
stretch before the game
시합 전에 스트레칭을 하다

B 스포츠에 대해 이야기하기

〈스포츠에 대해 묻고 답하기〉

What kind of sports do you like?
넌 어떤 종류의 스포츠를 좋아하니?

I'm a big fan of hockey.
난 하키의 열광적인 팬이야.

How was the game? 경기는 어땠어?

The final score was six to three.
최종 점수는 6대 3이었어.

Which team won? 무슨 팀이 이겼어?

Manchester United beat the other team.
맨체스터 유나이티드 팀이 다른 팀을 이겼어.

〈스포츠에 대해 말하기〉

The baseball season begins in April.
야구 시즌은 4월에 시작된다.

There are currently ten teams in the Korean Baseball League.
한국 야구 리그에는 현재 열 개의 팀이 있다.

The referee made a bad call, so one coach complained.
심판이 오심을 하여 한 코치가 항의했다.

09

UNIT : 08

UNIT : 10

Lifestyle

Words Preview 자신이 알고 있는 표현에 표시(✓)하시오.

01☐ urban	07☐ environment	13☐ stay in shape
02☐ fancy	08☐ energetic	14☐ on one's own
03☐ mood	09☐ early bird	15☐ take a day off
04☐ benefit	10☐ night owl	16☐ leave a company
05☐ sensation	11☐ average length of life	17☐ cope with stress
06☐ vegetarian	12☐ skip a meal	18☐ be satisfied with

A 다음을 듣고 빈칸을 채운 후, 알맞은 뜻을 찾아 연결하시오.

1 be _____ _____ •   • ⓐ 안타를 치다

2 be _____ _____ •   • ⓑ …에 만족하다

3 get _____ _____ •   • ⓒ …에 달려 있다

4 get _____ _____ •   • ⓓ 건강을 유지하다

5 stay _____ _____ •   • ⓔ …에 익숙해지다

B 다음을 듣고, 각 문장에 가장 어울리는 그림을 고르시오.

1 _____   2 _____   3 _____   4 _____

ⓐ    ⓑ    ⓒ    ⓓ

C 다음을 듣고, 그에 알맞은 응답을 고르시오.

1 ⓐ Because I don't want to be bothered by others.

ⓑ Companies make products for single-person use.

2 ⓐ It's because of my diet. I am a vegetarian.

ⓑ Some vegetarians include fish in their diet.

Topic Listening

01 대화를 듣고, 남자가 외모를 꾸미는 것에 대한 여자의 태도로 가장 적절한 것을 고르시오.

① 비판적인   ② 긍정적인   ③ 무관심한

④ 걱정스러운   ⑤ 의심스러운

memo

[02~03] 대화를 듣고, 외식에 대한 두 사람의 의견으로 적절한 것을 〈보기〉에서 각각 고르시오.

02 Man: _____   03 Woman: _____

┤ 보기 ├

ⓐ 돈이 많이 든다.   ⓑ 시간을 절약할 수 있다.

ⓒ 다양한 음식을 먹을 수 있다.   ⓓ 위생적이지 않을 수 있다.

04 다음을 듣고, 그래프와 일치하지 <u>않는</u> 것을 고르시오.

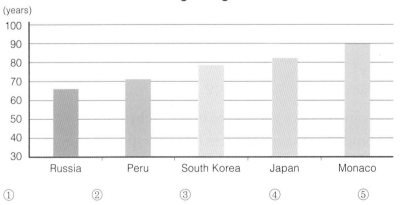

The Average Length of Life

05 대화를 듣고, 남자가 잠을 잘 자지 <u>못하는</u> 이유를 고르시오.

① 잠버릇이 나빠서
② 늦게까지 TV를 보느라
③ 룸메이트와 생활 방식이 달라서
④ 룸메이트를 늦게까지 기다리느라
⑤ 새 룸메이트를 구하는 것이 걱정되어서

06 대화를 듣고, 대화가 이루어지고 있는 상황으로 가장 적절한 것을 고르시오.

①
②
③

④
⑤

07 대화를 듣고, 여자가 카드 회사를 방문한 목적으로 가장 적절한 것을 고르시오.

① 면접을 보려고
② 신용카드를 해지하려고
③ 청구 요금을 확인하려고
④ 신용카드 분실신고를 하려고
⑤ 새로운 신용카드를 만들려고

08 다음을 듣고, 무엇에 대한 방송인지 가장 적절한 것을 고르시오.

① 유아기 독서의 중요성
② 특별한 거실 인테리어 방법
③ 새집증후군의 원인과 해결책
④ 어린이의 과도한 TV 시청의 문제점
⑤ TV 시청으로 인한 가족 대화 단절 문제

09 대화를 듣고, 남자가 도시 생활을 선호하는 이유를 모두 고르시오.

① 교통이 편리해서   ② 놀 거리가 많아서

③ 환경이 깨끗해서   ④ 직업을 구하기 쉬워서

⑤ 편의 시설이 다양해서

10 대화를 듣고, 농장에 대한 내용과 일치하지 않는 것을 고르시오.

Urban Garden

Take this opportunity to have your own garden!

① **Application:** City Hall website
② **Cost per block:** 30,000 won
③ **Period:** April to November
④ **Gardening tools:** available for free
⑤ **Popular plants:** potatoes and corn

11 대화를 듣고, 여자에 대한 내용과 일치하지 않는 것을 고르시오.

① 최근 직장을 그만두었다.   ② 프리랜서로 일하고 있다.

③ 야근이 스트레스였다.   ④ 현재 춤을 배우고 있다.

⑤ 토요일에 일을 해야 한다.

12 다음을 듣고, 감각 추구자들이 즐기는 활동으로 언급되지 않은 것을 고르시오.

① listening to rock music   ② going to parties

③ watching horror movies   ④ going rock climbing

⑤ swimming in the sea

13 **Choose the most unnatural conversation.**

①   ②   ③   ④   ⑤

14 **What type of vegetarian is the woman?**

Types of Vegetarians

① People who eat vegetables only
② People who eat vegetables and milk
③ People who eat vegetables and eggs
④ People who eat vegetables, milk, and eggs
⑤ People who eat vegetables, milk, eggs, and fish

[15~16] Listen and answer the questions.

15 **What is the speaker mainly talking about?**

① good cafés to visit alone
② the difficulty of making friends
③ changes in ideas about being alone
④ how to build strong social relationships
⑤ effective ways to make use of your time

16 **Which is NOT correct about the trend according to the talk?**

① People no longer worry about being alone.
② University students tend to spend time with friends.
③ People think doing things alone is good for time management.
④ Restaurants try to offer more single tables.
⑤ More products for single-person use are being developed.

Dictation

대화를 듣고, 남자가 외모를 꾸미는 것에 대한 여자의 태도로 가장 적절한 것을 고르시오.

① 비판적인   ② 긍정적인
③ 무관심한   ④ 걱정스러운
⑤ 의심스러운

01 M : I went to a department store yesterday. There were _____ _____ _____ _____ _____ for men.

W : I guess men _____ _____ _____ _____ _____ these days.

M : Yes. And I think it's a little strange. 〔함정〕

W : Why? Men can _____ _____ _____ _____ _____ _____ ,
〔단서〕 too. Cosmetics and fancy clothes aren't _____ _____ _____ .

M : Perhaps cosmetics companies are trying to _____ _____ _____ _____ . After all, they can _____ _____ _____ that way.

W : Maybe, but I think it's good. Wanting to be good-looking is natural for everybody. It can _____ _____ _____ _____ _____ , too.

남녀의 태도가 다르므로 문제에서 요구하는 여자의 태도에 집중해야 한다.

대화를 듣고, 외식에 대한 두 사람의 의견으로 적절한 것을 〈보기〉에서 각각 고르시오.

02 Man : _____

03 Woman : _____

┌ 보기 ┐
ⓐ 돈이 많이 든다.
ⓑ 시간을 절약할 수 있다.
ⓒ 다양한 음식을 먹을 수 있다.
ⓓ 위생적이지 않을 수 있다.
└──────────┘

02~03

M : It's lunchtime. Let's _____ _____ and _____ _____ .

W : Thanks, but I usually _____ _____ _____ . Why don't you _____ _____ next time?

M : Oh, thanks. But I _____ _____ _____ . I like to have different food every day.

W : Doesn't it cost a lot? You can _____ _____ _____ _____ _____ .

M : But it's too hard to make and pack a lunch every day.

W : Do you know there's _____ _____ _____ _____ in most restaurant food? It's not good for you. Also, _____ _____ _____ whether restaurant food is _____ _____ _____ .

M : I haven't _____ _____ _____ eating out. So I don't think it's that bad. _____ _____ _____ _____ , anyway.

〈보기〉를 먼저 읽고, 언급되는 것을 표시하며 듣자.

04 W: ① _____ _____ _____ , people in Russia live the shortest.

② People in Peru _____ _____ _____ _____ _____ _____ people in Monaco.

③ South Koreans generally _____ _____ _____ Japanese.

④ Japanese live more than 80 years _____ _____ .

⑤ _____ _____ _____ _____ _____ in Monaco is about 90 years.

다음을 듣고, 그래프와 일치하지 않는 것을 고르시오.

The Average Length of Life

① ② ③ ④ ⑤

05 W: Max, you _____ _____ _____ .

M: I _____ _____ _____ these days because of my roommate.

W: Why? Does he _____ _____ _____ _____ _____ ?

M: No. We just have different lifestyles. I'm _____ _____ , and he's _____ _____ _____ . When I go to bed, he comes home and starts watching TV or playing computer games.

W: I see. Did you _____ _____ _____ _____ ?

M: Of course I did. But we couldn't _____ _____ _____ . You know, it's _____ _____ _____ _____ _____ .

W: You're right. You should _____ _____ _____ _____ _____ .

early bird, night owl이라는 표현을 들었는가?

대화를 듣고, 남자가 잠을 잘 자지 못하는 이유를 고르시오.

① 잠버릇이 나빠서
② 늦게까지 TV를 보느라
③ 룸메이트와 생활 방식이 달라서
④ 룸메이트를 늦게까지 기다리느라
⑤ 새 룸메이트를 구하는 것이 걱정되어서

06 M: Hey, you _____ _____ _____ ! Don't you like baseball?

W: Yes, I do. But I _____ _____ at home. The seats here are _____ _____ .

M: Yes, but it's more exciting to watch the game _____ _____ _____ _____ . Also, _____ _____ _____ with other fans is fun.

W: But it's hot, and I'm tired.

M: Just wait. If you see your favorite player _____ _____ _____ , _____ _____ you'll enjoy it more. I will go and _____ _____ _____ _____ for you.

The seats here, up close in the stadium 등을 놓치면 정답을 유추하기 어렵다.

대화를 듣고, 대화가 이루어지고 있는 상황으로 가장 적절한 것을 고르시오.

 ①
 ②
 ③
 ④
 ⑤

대화를 듣고, 여자가 카드 회사를 방문한 목적으로 가장 적절한 것을 고르시오.
① 면접을 보려고
② 신용카드를 해지하려고
③ 청구 요금을 확인하려고
④ 신용카드 분실신고를 하려고
⑤ 새로운 신용카드를 만들려고

07 M : Welcome to Credit Express Card. How can I help you?

W : I _____. And I'd like to _____.

M : Well, did you _____?

W : Yes, I did.

M : Okay. _____ _____ _____? Do you eat out and watch movies often?

W : I drive. And.... Wait. _____ _____ _____ _____ _____ _____?

M : We have various credit cards _____ _____ _____ _____ _____. Each card has different benefits. This card _____ _____ _____ _____ at gas stations.

W : Wow, that's great.

방문의 이유는 주로 대화의 앞부분에 언급되므로 처음부터 주의 깊게 들어야 한다.

다음을 듣고, 무엇에 대한 방송인지 가장 적절한 것을 고르시오.
① 유아기 독서의 중요성
② 특별한 거실 인테리어 방법
③ 새집증후군의 원인과 해결책
④ 어린이의 과도한 TV 시청의 문제점
⑤ TV 시청으로 인한 가족 대화 단절 문제

08 M : Do you want to _____ _____ _____ _____ _____? Today, we'll introduce you to Mrs. Moor's special living room. Her family _____ _____ _____ _____ a few months ago. She wanted _____ _____ _____ _____ _____, so she put bookshelves in the living room _____. At first, her children _____ _____ _____ _____. But after some time, they _____ _____ _____ and began to read more books. Also, the family _____ _____ _____ _____ instead of watching TV. Do you _____ _____ _____ _____ _____ _____? How about changing your living room like Mrs. Moor did?

대화를 듣고, 남자가 도시 생활을 선호하는 이유를 모두 고르시오.
① 교통이 편리해서
② 놀 거리가 많아서
③ 환경이 깨끗해서
④ 직업을 구하기 쉬워서
⑤ 편의 시설이 다양해서

09 W : _____ _____ _____ _____ _____, living in a big city or in the country?

M : Well, I prefer _____. There are _____, like going shopping or _____ _____ _____.

W : That _____ _____.

M : Also, in the country, it's _____ _____ _____. But cities have good public transportation.

W : You're right. But living in the country isn't bad, either.

M : _____ _____ _____ _____ in the country?

W: It's more peaceful and has a cleaner environment, so you can _____

_____ _____ _____.

남자의 의견과 여자의 의견을 구분하여 듣자.

10 M: Honey, _____ _____ _____ _____ the Urban Garden
   Program? There's _____ _____ _____ on the City Hall
   website.
W: That's a good idea. _____ _____ _____ _____
   _____ _____ _____?
M: It's just 30,000 won _____ _____. We can use the land
   _____ _____ _____ _____.
W: That's _____ _____.
M: Yes. They'll also _____ _____ _____ _____ for free.
W: Sounds great. _____ _____ _____ _____ can we plant?
M: Well, it seems like tomatoes and potatoes are _____ _____
   _____. But _____ _____ _____ _____.
W: If it's possible, I'd like to plant corn. It's my favorite.
M: Good. Then I'll _____ _____ _____.

Urban Garden Program에 대한 정보를 제공하는 남자의 말을 주의 깊게 듣자.

대화를 듣고, 농장에 대한 내용과 일치하
지 않는 것을 고르시오.

Urban Garden

Take this opportunity to have your own garden!
① Application: City Hall website
② Cost per block: 30,000 won
③ Period: April to November
④ Gardening tools: available for free
⑤ Popular plants: potatoes and corn

11 W: Jinho, do you _____ _____ _____ this weekend? Let's
   _____ _____ _____!
M: Aren't you going to go to work? You usually _____ _____
   _____.
W: Recently, I _____ _____ _____ and work as a freelancer now.
M: Really? Why?
W: I often _____ _____ _____ _____. It was very
   stressful.
M: _____ _____. But what about your salary? You said _____
   _____.
W: Well, I don't _____ _____ _____ _____ now, but I'm
   happier.
M: So are you satisfied with your work now?
W: Yes. I even take a dance class _____ _____ _____ _____.
   I have more time _____ _____.

대화를 듣고, 여자에 대한 내용과 일치하
지 않는 것을 고르시오.
① 최근 직장을 그만두었다.
② 프리랜서로 일하고 있다.
③ 야근이 스트레스였다.
④ 현재 춤을 배우고 있다.
⑤ 토요일에 일을 해야 한다.

다음을 듣고, 감각 추구자들이 즐기는 활동으로 언급되지 않은 것을 고르시오.

① listening to rock music
② going to parties
③ watching horror movies
④ going rock climbing
⑤ swimming in the sea

12 M : _____ _____ _____ _____ _____ _____
_____ like climbing buildings? If you think they're cool and
_____ _____ _____ _____, you might be a
"sensation seeker." These people _____ _____ _____
_____ _____. So they try anything that gives them that kind of
feeling. For example, many _____ _____ _____ _____
_____. The loud music makes them _____ _____
_____. So, they _____ _____ _____ _____ _____
_____ with loud music. Also, they like to watch horror movies. They
like feeling scared _____ _____ _____. But most of all,
they enjoy _____ _____ _____. When they play extreme
sports, the danger gives them _____ _____ _____
_____ _____. That's why some people like rock climbing or sky
diving.

감각 추구자들에 대한 여러 정보가 언급되므로 메모하며 주의 깊게 듣자.

Choose the most unnatural conversation.

①   ②   ③   ④   ⑤

13 ① W : Do you _____ _____ _____ _____ _____?
   M : Yes. I never _____ _____.
② W : How do you usually _____ _____ _____?
   M : Stress causes headaches.
③ W : What are your _____ _____?
   M : I usually eat vegetable-based meals.
④ W : Do you try to _____ _____ _____ _____
   _____ _____ _____ every day?
   M : Yes. I always go to sleep _____ _____.
⑤ W : Why are you _____ _____ _____ _____
   tomorrow?
   M : I'm _____ _____ with my family.

'cope with...'는 '...에 대처하다'라는 의미이다.

14　M : Tonight we have a special guest. Welcome to the show, Nora.

W : Hello, Mr. Reiss. _____ _____ _____ _____ _____ .

M : Many people wonder how you can have such wonderful skin and _____
_____ _____ _____ _____ . What's your secret?

W : I think it's my eating habits. _____ _____ _____ .

M : Oh. Do you _____ _____ _____ ?

W : No, there are many kinds of vegetarians. _____ _____ _____ _____ , but I still _____ _____ _____ _____ _____ _____ .

M : How about fish?

W : When I became a vegetarian, I _____ _____ _____ _____ _____ _____ . But I don't eat fish anymore.

M : How do you feel? Don't you feel tired _____ _____ _____ ?

W : Well, some say _____ _____ _____ _____ _____ _____ _____ , but I'm healthier than ever before. So I'd recommend a vegetarian diet to others.

남자의 각 질문에 대한 여자의 대답을 잘 듣자.

What type of vegetarian is the woman?

Types of Vegetarians
① People who eat vegetables only
② People who eat vegetables and milk
③ People who eat vegetables and eggs
④ People who eat vegetables, milk, and eggs
⑤ People who eat vegetables, milk, eggs, and fish

15~16

W : Just a few years ago, people _____ _____ _____ or eating out _____ _____ . They worried about _____ _____ _____ _____ _____ _____ .
However, things have been changing. People _____ _____ _____ _____ _____ . Many university students take classes or study in the library alone. They even go shopping or _____ _____ _____ . People think doing things alone helps them _____ _____ _____ _____ . It's also good because they can _____ _____ _____ _____ . They don't need to _____ _____ _____ _____ .
Because of this, stores and companies are _____ _____ _____ _____ . Cafés and restaurants _____ _____ _____ _____ , so people eating alone can _____ _____ _____ . Also, more electronic products for single-person use are now being developed.

16 선택지를 미리 읽은 후, 언급되는 즉시 표시하며 듣자.

15 What is the speaker mainly talking about?

① good cafés to visit alone
② the difficulty of making friends
③ changes in ideas about being alone
④ how to build strong social relationships
⑤ effective ways to make use of your time

16 Which is NOT correct about the trend according to the talk?

① People no longer worry about being alone.
② University students tend to spend time with friends.
③ People think doing things alone is good for time management.
④ Restaurants try to offer more single tables.
⑤ More products for single-person use are being developed.

A 다음 각 단어에 해당하는 의미를 〈보기〉에서 고르시오.

1 urban _____   **2** period _____   **3** mind _____   **4** manage _____

5 habit _____   **6** benefit _____   **7** wonder _____   **8** confident _____

┤ 보기 ├

ⓐ being related to a city or town

ⓑ believing in one's own abilities

ⓒ a behavior that someone does regularly

ⓓ to have control over the use of something

ⓔ to feel worried or be annoyed by something

ⓕ a length of time during which an event is held

ⓖ to be curious or have interest about something

ⓗ an advantage or profit given to people in a situation

B 다음 각 질문에 대한 응답으로 가장 적절한 것을 고르시오.

1 How can I join the gardening project?

ⓐ Many people join the weekend farm.

ⓑ There is an application form on the website.

2 Do you feel uncomfortable eating out by yourself?

ⓐ No, I don't mind being alone.

ⓑ Many restaurants are offering more single tables.

C 다음 우리말과 일치하도록 빈칸에 알맞은 표현을 쓰시오.

1 I _____ _____ _____ my new job.

(나는 내 새 직장에 만족한다.)

2 I jog every morning to _____ _____ _____.

(나는 건강을 유지하기 위해 매일 아침 조깅을 한다.)

3 Healthy food can help you to _____ _____ _____.

(건강한 음식은 스트레스에 대처하는 데 도움이 된다.)

Topic words & Phrases

campsite

night owl

recreational vehicle

enjoy extreme sports

vegetarian

workaholic

enjoy leisure

stay in shape

value health

A

생활 방식

rural 시골의, 지방의
urban 도시의
organic 유기농의
balance 균형
prefer …을 선호하다
meditation 명상
workaholic 일 중독자
early bird
일찍 자고 일찍 일어나는 사람
night owl
올빼미 같은 사람
(밤에 주로 활동하는 사람)
slow food
패스트푸드를 지양하고 건강한 식품을
먹는 습관
DIY(do-it-yourself)
소비자가 직접 제작·수리 등을 하는 것

eating habit 식습관
vegetarian 채식주의자
eco-friendly 친환경적인
recreational vehicle 레저 차량
work out 운동하다
value health 건강을 중시하다
stay in shape 건강을 유지하다
enjoy extreme sports
익스트림 스포츠를 즐기다
keep regular hours
규칙적인 생활을 하다
cope with stress
스트레스에 대처하다
keep a balance between
work and leisure
일과 여가에 균형을 맞추다

B

〈생활 방식에 대해 묻고 답하기〉

What are your eating habits?
너의 식습관은 어떠니?

I avoid fast food and eat organic food.
나는 패스트푸드는 피하고 유기농 음식을 먹어.

〈생활 방식에 대해 말하기〉

I value health above everything else.
나는 다른 어떤 것보다 건강을 중시해.

I usually have brunch on the weekends.
나는 주말에는 보통 브런치를 먹어.

I think my family is more important than
my work.
나는 일보다는 가족이 더 중요하다고 생각해.

It's difficult to change your lifestyle.
생활 방식을 바꾸는 건 어려워.

I don't eat meat because I'm a vegetarian.
난 채식주의자이기 때문에 고기를 먹지 않아.

I prefer being alone. I don't want to be
bothered by others.
난 혼자 있는 게 좋아. 다른 사람들에게 신경 쓰고 싶지 않
거든.

UNIT : 09   UNIT : 11

Superstitions

Words Preview 자신이 알고 있는 표현에 표시(✓)하시오.

01 ☐ stare	07 ☐ coincidence	13 ☐ shoot a bullet
02 ☐ success	08 ☐ superstitious	14 ☐ predict the future
03 ☐ fortune	09 ☐ star sign	15 ☐ have a nightmare
04 ☐ symbol	10 ☐ blood type	16 ☐ bring good luck
05 ☐ unlucky	11 ☐ bend over	17 ☐ take a deep breath
06 ☐ personality	12 ☐ make up with	18 ☐ put oneself in someone's shoes

Getting Ready II

A 다음을 듣고 빈칸을 채운 후, 알맞은 뜻을 찾아 연결하시오.

1 pass _____ • • ⓐ 지나가다

2 _____ into the air • • ⓑ …와 화해하다

3 make _____ _____ • • ⓒ 심호흡을 하다

4 _____ a deep _____ • • ⓓ 허공을 응시하다

5 _____ oneself in someone's • • ⓔ 누군가의 입장에서 생각해보다

   _____

B 대화를 듣고, 각 상황에 가장 어울리는 그림을 고르시오.

1 _____   **2** _____   **3** _____

ⓐ   ⓑ   ⓒ

Year 2000

C 다음을 듣고, 그에 알맞은 응답을 고르시오.

1 ⓐ There is a piece of paper in the cookie.

   ⓑ It says, "Something good will happen soon."

2 ⓐ Sure. I remember your birthday.

   ⓑ Yes. I was born in June, so it's pearl.

m e m ()

01 대화를 듣고, 오늘의 운세에 따르면 여자에게 행운을 가져다 주는 물건으로 가장 적절한 것을 고르시오.

① 신문   ② 안경   ③ 거울

④ 팔찌   ⑤ 붉은색 옷

02 대화를 듣고, 남자가 의미를 궁금해하는 로커의 손동작으로 가장 적절한 것을 고르시오.

①    ②    ③

④    ⑤

[03~04] 대화를 듣고, 각 나라에서 금기시하는 것으로 가장 적절한 것을 모두 고르시오.

03 China: _____   04 America: _____

ⓐ   ⓑ   ⓒ   ⓓ

05 대화를 듣고, 여자의 마지막 말에 담긴 의도로 가장 적절한 것을 고르시오.

① 동의　　　　　② 흥미　　　　　③ 칭찬
④ 반박　　　　　⑤ 부탁

06 대화를 듣고, 남자가 살 탄생석으로 가장 적절한 것을 고르시오.

①

Emerald

②

Pearl

③

Ruby

④

Diamond

⑤

Sapphire

07 대화를 듣고, 여자가 뽑은 카드의 내용이 <u>아닌</u> 것을 고르시오.

① 성공을 즐길 수 있을 것이다.　　② 새로운 일이 시작될 것이다.
③ 많은 사랑을 받을 것이다.　　　④ 연예인을 만나게 될 것이다.
⑤ 건강이 좋을 것이다.

08 대화를 듣고, 남자가 바닷가에 가지 <u>않는</u> 이유를 고르시오.

① 너무 더워서　　　　　② 물을 싫어해서
③ 수영을 못해서　　　　④ 등산을 하기로 해서
⑤ 점술가의 말을 따라서

[09~10] 다음을 듣고, 각 커플에 대한 조언으로 가장 적절한 것을 〈보기〉에서 고르시오.

09 _____   10 _____

┤ 보기 ├

ⓐ 상대방의 입장에서 생각해 볼 것
ⓑ 공통의 관심사를 가지도록 노력할 것
ⓒ 상대의 친구들과 좋은 관계를 유지할 것
ⓓ 상대에게 혼자만의 시간을 갖게 해 줄 것

11 대화를 듣고, 여자의 심정으로 가장 적절한 것을 고르시오.

① scared   ② pleasant   ③ thankful
④ depressed   ⑤ disappointed

12 다음을 듣고, Wade Boggs에 대한 내용과 일치하지 <u>않는</u> 것을 고르시오.

① 80여 개의 미신을 믿었다.
② 저녁 경기가 있으면 일정 시간에 집을 나섰다.
③ 경기장에 갈 때 항상 같은 길을 이용했다.
④ 연습할 때 150개의 땅볼을 잡았다.
⑤ 경기 전에는 닭고기를 절대 먹지 않았다.

Challenge

13 **Which is NOT correct about the man's fortune according to the conversation?**

① He should not go out late.

② His lucky direction is north.

③ Wearing blue jeans will bring him good luck.

④ He should wear a silver ring for luck.

⑤ He has chances to meet his dream girl.

14 **What does the fortune cookie encourage the woman to do?**

① start exercising

② make a study plan

③ save money for the future

④ eat less food to lose weight

⑤ make up with the woman's friend

[15~16] Listen and answer the questions.

15 **What is the speaker mainly talking about?**

① the discovery of four-leaf clovers

② how to find four-leaf clovers well

③ French people's love for four-leaf clovers

④ Napoleon's hobby of collecting four-leaf clovers

⑤ the origin of four-leaf clovers as a symbol of luck

16 **Why did four-leaf clovers become a symbol of luck?**

① because Napoleon found them by chance

② because Napoleon survived thanks to them

③ because Napoleon thought they looked strange

④ because Napoleon believed they could save lives

⑤ because Napoleon collected many of them for luck

memo

Dictation ⏮

대화를 듣고, 오늘의 운세에 따르면 여자에게 행운을 가져다 주는 물건으로 가장 적절한 것을 고르시오.

① 신문　② 안경　③ 거울
④ 팔찌　⑤ 붉은색 옷

01 M: _____ _____ in the newspaper. _____
　　　_____ _____ _____ _____?

　　W: Sure! Please read mine.

　　M: Okay. _____ _____ _____ _____?

　　W: I was born _____ _____, the "Year of the Tiger."

　　M: Let me see…. If you _____ today, it might _____. 〈단서〉

　　W: Oh, what a coincidence! I'm wearing a red sweater now! What else?

　　M: You should _____ _____ _____ _____ _____,
　　　like a watch or a bracelet. 〈함정〉

　　W: Okay. I will _____ _____ _____ _____.

여러 물건들이 언급되므로 주의해서 듣자.

대화를 듣고, 남자가 의미를 궁금해하는 로커의 손동작으로 가장 적절한 것을 고르시오.

① 　②
③ 　④
⑤

02 M: Do you know why the rocker _____ _____ _____ _____ like that?

　　W: What do you mean?

　　M: See, the rocker is holding his _____, _____ _____, and
　　　_____ _____ _____ at the same time.

　　W: Oh, that is the "I Love You" sign. Actually, it's _____ _____
　　　_____ the letters for _____, _____, _____
　　　_____ in sign language. They're _____ _____ _____
　　　_____ _____.

　　M: Wow, that's cool. Do you know special meanings for any other hand gestures?

　　W: The "_____" _____ _____
　　　_____ stands for victory.

설명하는 동작을 머릿속에 그리며 듣자.

대화를 듣고, 각 나라에서 금기시하는 것으로 가장 적절한 것을 모두 고르시오.

03 China: _____

04 America: _____

ⓐ 　ⓑ
ⓒ 　ⓓ

03~04

　　M: What are you doing? _____ _____ your name in red!

　　W: What's wrong with that?

　　M: In Korea, _____ _____ _____ _____ _____
　　　_____ _____. So we avoid writing names in red.

　　W: Really? But _____ _____ _____ _____ _____
　　　in China?

　　M: Yes, I've heard that, too. But you know what? The Chinese _____
　　　_____ _____ _____ _____ _____.

　　W: Why not?

M : It's because _____ _____ "_____" _____ _____
"_____" in Chinese.

W : I didn't know that. Then we need to _____ _____ _____
_____ _____ to Chinese friends.

M : That's right. So, how about your country?

W : In America, if _____ _____ _____ _____ _____,
it is believed that bad luck will come. _____ _____ _____
_____ _____, too.

문제에서 요구하는 China와 America가 언급될 때를 놓치지 말고, 메모하며 듣자.

대화를 듣고, 여자의 마지막 말에 담긴 의도로 가장 적절한 것을 고르시오.
① 동의   ② 흥미   ③ 칭찬
④ 반박   ⑤ 부탁

05 M : Kelly, look at this website. We can _____ by
our blood type. What's your blood type?

W : My blood type is B.

M : Oh, _____ _____ _____ _____ _____ _____.

W : Hmm…. How about you?

M : My blood type is O. _____ _____ _____ _____
_____ _____ _____. I think I am.

W : What about type A? My younger brother has type A.

M : People of type A _____ _____ _____ _____.

W : Are they? My brother is not like that _____ _____.

M : Really? People who have type A around me seem calm and shy.

W : Actually, I don't believe it. There're _____
_____ around the world. And there're _____ _____
_____ _____?

대화를 듣고, 남자가 살 탄생석으로 가장 적절한 것을 고르시오.
① Emerald
② Pearl
③ Ruby
④ Diamond
⑤ Sapphire

06 W : Dad, did you buy mom a birthday gift?

M : Not yet. I _____ _____ _____ _____ _____.

W : How about pearl earrings? She likes pearls.

M : I thought about that. But I'd like to get _____ _____ _____.

W : Well, what about _____ _____ _____?

M : Birthstone? What's that?

W : _____ _____ _____ _____ _____.
If people have a birthstone, _____ _____
_____ _____. I was born in May, so my birthstone is emerald.

M : That's good! _____ _____ _____ _____?

W : Sure. She _____, so it's ruby.

남자는 누구의 탄생석을 사려고 하는가?

07 M : _____ _____ _____ _____. And think about one thing

you really want to know. Now _____ _____ _____

_____ _____ _____ me.

W : Okay. I chose these.

M : _____ _____ _____ _____ _____ first. You

chose the "World" card.

W : What does it mean?

M : It's a good card. You will _____ _____ _____ and new

things will begin.

W : Wow! I'm relieved because I _____ _____ _____ _____

soon. How about the right one?

M : It's the "Star" card. It says that you will _____ _____

_____ _____ and your health will be good. You are very lucky.

W : That's great! I hope _____ _____ _____ _____.

선택지를 먼저 읽고, 체크하면서 듣자.

08 W : Bill, _____ _____ _____ _____ _____

_____ this weekend?

M : Not really. What's up?

W : _____ _____ _____ _____ _____. So Jessica and I _____

_____ _____ _____ at the beach. Will you join us?

M : At the beach? I'm sorry, Kelly, but I can't.

W : Why? You don't like swimming?

M : Actually, _____ _____ _____ _____ _____ last

week. She is very famous for _____ _____ _____, and she

_____ _____ _____ _____ _____ _____

_____.

W : Okay. Then how about going mountain climbing?

M : Oh, I can't. The fortuneteller also said I should _____ _____

_____ _____.

W : Boy, you shouldn't _____ _____ _____ _____

_____ _____.

대화를 듣고, 여자가 뽑은 카드의 내용이 아닌 것을 고르시오.

① 성공을 즐길 수 있을 것이다.
② 새로운 일이 시작될 것이다.
③ 많은 사랑을 받을 것이다.
④ 연예인을 만나게 될 것이다.
⑤ 건강이 좋을 것이다.

대화를 듣고, 남자가 바닷가에 가지 않는 이유를 고르시오.

① 너무 더워서
② 물을 싫어해서
③ 수영을 못해서
④ 등산을 하기로 해서
⑤ 점술가의 말을 따라서

다음을 듣고, 각 커플에 대한 조언으로 가장 적절한 것을 〈보기〉에서 고르시오.

09 _____

10 _____

┤보기├
ⓐ 상대방의 입장에서 생각해 볼 것
ⓑ 공통의 관심사를 가지도록 노력할 것
ⓒ 상대의 친구들과 좋은 관계를 유지할 것
ⓓ 상대에게 혼자만의 시간을 갖게 해 줄 것

09 W: Your star sign is Leo, the lion. And your partner's sign is Taurus, the bull. You both _____ _____ _____ _____ and going to parties. But there is one problem. You both _____ _____ _____ _____, and you _____ _____ _____ _____ _____. So when you have different opinions, _____ _____ _____ _____. Remember to listen to your partner and try to _____.

put oneself in someone's shoes의 뜻을 알고 있는가?

10 M: Your sign is Gemini, the twins. And your partner's sign is Scorpio, the scorpion. You two _____ _____ _____ _____ _____ _____, because you _____ _____ _____. Geminis usually like to talk, but Scorpios _____ _____ _____ _____ and _____ _____. So, Gemini, give your Scorpio partner _____ _____ _____ _____ _____. Your partner will _____ _____ _____ _____ _____.

대화를 듣고, 여자의 심정으로 가장 적절한 것을 고르시오.

① scared   ② pleasant
③ thankful   ④ depressed
⑤ disappointed

11 M: _____ _____ _____. I have to go home now.

W: Okay. See you tomorrow _____ _____.

M: Yes. _____ _____ _____ _____, your cat is _____ _____ _____ _____, and it keeps meowing.

W: She sometimes does that.

M: Don't you know cats can see ghosts? Your cat may be _____ _____ _____!

W: You're kidding me. Do you believe that?

M: Sure. One of my friends _____ _____ _____ _____ _____. But after she got a cat, she _____ _____ _____.

W: Do you mean that ghosts might be in my house right now?

M: Probably.

W: Oh, Ted, don't talk about ghosts anymore. _____ _____ _____ until my parents come back home.

여자는 왜 더 이상 이야기하지 말라고 하는가?

다음을 듣고, Wade Boggs에 대한 내용
과 일치하지 <u>않는</u> 것을 고르시오.

① 80여 개의 미신을 믿었다.
② 저녁 경기가 있으면 일정 시간에 집
을 나섰다.
③ 경기장에 갈 때 항상 같은 길을 이용
했다.
④ 연습할 때 150개의 땅볼을 잡았다.
⑤ 경기 전에는 닭고기를 절대 먹지 않
았다.

12 W: _____ _____ _____ _____. Wade Boggs, an ex-Major
League Baseball player, is very superstitious. He is well known for _____
_____ _____ _____. When he had a game in the evening,
he always _____ _____ _____ _____ _____ _____.
And he _____ _____ _____ _____ when going to the
stadium and going back home. He didn't take other routes even when
_____ _____ _____ _____ _____ _____
_____. When he practiced at the stadium, he _____ _____
_____ _____ _____. And that's not everything. He
_____ before every
game. This made people call him "Chicken Man."

**Which is NOT correct about
the man's fortune according
to the conversation?**

① He should not go out late.
② His lucky direction is north.
③ Wearing blue jeans will bring
him good luck.
④ He should wear a silver ring
for luck.
⑤ He has chances to meet his
dream girl.

13 M: Sohee, what are you doing?
W: I'm _____ _____ _____ _____. Here's _____
_____ _____ _____. According to my fortune, I should
_____, or else I could be
_____.
M: Oh, you should be careful.
W: What's your Chinese zodiac sign? I can tell you your fortune.
M: My sign is the Rat.
W: Your _____ _____ _____ _____. And blue jeans will
bring you good luck.
M: That sounds interesting. _____ _____ _____ _____
_____?
W: Don't forget _____ _____ _____ _____ _____,
too. Finally, you will have some chances _____ _____
_____ _____ _____.

남녀 각각에 해당하는 정보를 구분하며 듣자.

**What does the fortune cookie
encourage the woman to do?**

① start exercising
② make a study plan
③ save money for the future
④ eat less food to lose weight
⑤ make up with the woman's
friend

14 M: The food is really wonderful. _____ _____
_____ _____ _____, Nora.
W: You're welcome. Oh, the waiter _____ _____ _____
_____ _____!
M: What are these?
W: _____ _____ _____. Choose one and open it. There is
_____ _____ _____ _____ _____.

M : There is!

W : It _____ _____ _____ _____ or tells us what's going
to happen.

M : Really? Mine says, "_____ _____ _____ _____
_____ _____." Maybe I'll make up with Justin, then. I _____
_____ _____ _____ _____ . How about
yours?

W : Hmm.... It says "_____ _____ _____ _____ ."

M : What do you think it means?

W : Well, I think _____
now. Actually, I planned _____ , but I
_____ _____ _____ _____ .

15~16

M : Today, many people try to _____ _____ _____ _____
_____ _____ because they believe four-leaf clovers will
_____ _____ _____ _____ . So how did this little
plant _____
_____ ? There are many stories, but one of the most famous stories
explaining it is about Napoleon, _____ _____ _____
_____ . It is said that someone _____ _____ _____
Napoleon during a battle one day. The man _____ _____
_____ _____ _____ . But at that moment,
Napoleon saw _____ _____ _____ _____ —a four-
leaf clover—in the grass. _____
to look at it, the bullet _____ _____ . Thanks to the four-leaf
clover, Napoleon _____ _____ ! So he _____ _____
_____ _____ _____ . As this story became known, people
started to believe that four-leaf clovers bring good luck.

15 **What is the speaker
mainly talking about?**
① the discovery of four-leaf
clovers
② how to find four-leaf clovers
well
③ French people's love for
four-leaf clovers
④ Napoleon's hobby of
collecting four-leaf clovers
⑤ the origin of four-leaf clovers
as a symbol of luck

16 **Why did four-leaf clovers
become a symbol of luck?**
① because Napoleon found
them by chance
② because Napoleon survived
thanks to them
③ because Napoleon thought
they looked strange
④ because Napoleon believed
they could save lives
⑤ because Napoleon collected
many of them for luck

Review Test

A 다음 각 단어에 해당하는 의미를 〈보기〉에서 고르시오.

1 collect _____   **2** fortune _____   **3** considerate _____

4 personality _____   **5** superstition _____   **6** coincidence _____

─┤ 보기 ├─

ⓐ careful or thoughtful towards other people

ⓑ to get similar things and bring them together as a hobby

ⓒ a belief that certain actions or objects are lucky or unlucky

ⓓ the good and bad things that will happen to someone in the future

ⓔ the special characteristics of a person that make him behave in a particular way

ⓕ a situation in which events happen at the same time in a way that is not planned or expected

B 다음 각 질문에 대한 응답으로 가장 적절한 것을 〈보기〉에서 고르시오.

1 What is my fortune for today?

2 What are you looking for in the grass?

3 Are there any superstitions in your country?

─┤ 보기 ├─

ⓐ Your lucky direction is west.

ⓑ I'm looking for a four-leaf clover.

ⓒ My lucky charm is this necklace.

ⓓ Yes. In America, a black cat is a sign of bad luck.

C 다음 우리말과 일치하도록 빈칸에 알맞은 표현을 쓰시오.

1 I'm sure that my birthstone will _____ _____ _____.
(난 내 탄생석이 행운을 가져올 거라고 확신해.)

2 Before picking up the cards, take _____ _____ _____.
(카드를 뽑기 전에 심호흡을 하세요.)

3 Please _____ _____ in others' _____. They might have different ideas from you.
(다른 사람의 입장이 되어봐. 그들은 너와 다른 생각을 가지고 있을지도 몰라.)

horseshoe

broken mirror

Friday the 13th

FRI 13

walk under a ladder

black cat passing by

step on a crack

A

미신에 대한 표현

미신

superstition 미신
jinx 징크스
belief 믿음
warn 경고
taboo 금기
origin 기원
symbol 상징
fortune 운세
fortune teller 점쟁이
fate[destiny] 운명
blind 맹목적인
negative 부정적인
positive 긍정적인
nightmare 악몽
birthstone 탄생석
horoscope
별점(별자리로 보는 운세)

star sign 별자리
lucky charm 행운의 부적
broken mirror 깨진 거울
fortune cookies 포춘 쿠키
beginner's luck 초심자의 행운
a sign of bad luck 불운의 징후
Chinese zodiac sign 띠
step on a crack 금을 밟다
walk under a ladder
사다리 아래를 지나가다
bring good[bad] luck
행[불]운을 가져오다
knock on wood 행운을 빌다
predict the future 미래를 예언하다
see a fortuneteller 점을 보다
throw coins in a fountain
분수에 동전을 던지다
keep (something) away
…을 쫓아내다

B

미신에 대해 이야기하기

〈미신에 대해 묻고 답하기〉

What's your Chinese zodiac sign? 넌 무슨 띠니?
It's the Ox. 소띠야.
Here's the fortune for this month. What's your star sign? 여기 이 달의 운세가 있어. 너의 별자리는 무엇이니?
It's Leo. 사자자리야.
What is my fortune for today? 오늘 내 운세는 어때?
It says that your lucky direction is east.
네 행운의 방향은 동쪽이라고 써 있어.

〈미신에 대해 말하기〉

It's Friday the 13th today. 오늘은 13일의 금요일이야.
Oops, a black cat is passing by me!
이런, 검은 고양이가 내 곁을 지나가네!
The English think that a rabbit's foot brings good luck. 영국 사람들은 토끼 발이 행운을 가져온다고 믿어.
In Korea, the number 4 is believed to bring bad luck.
한국에서, 숫자 4는 불운을 가져온다고 믿어져.
If you have dreamed about a pig, it means lots of money is on its way to you.
만약 돼지 꿈을 꿨다면, 그건 많은 돈이 너에게 온다는 의미야.

Unit 11

UNIT : 10 UNIT : 12

IT

Words Preview   자신이 알고 있는 표현에 표시(✓)하시오.

01☐ post
02☐ text
03☐ delete
04☐ upload
05☐ function
06☐ connect

07☐ recharge
08☐ password
09☐ netiquette
10☐ application
11☐ brand new
12☐ electronic device

13☐ personal information
14☐ attach a file
15☐ spread a rumor
16☐ write a comment
17☐ reboot the computer
18☐ release a new product

Getting Ready II

A 다음을 듣고 빈칸을 채운 후, 알맞은 뜻을 찾아 연결하시오.

1 _____ a file • • ⓐ 싸움을 걸다

2 _____ a rumor • • ⓑ 댓글을 쓰다

3 _____ _____ to • • ⓒ …에 중독되다

4 pick _____ _____ • • ⓓ 루머를 퍼뜨리다

5 write _____ _____ • • ⓔ 파일을 첨부하다

B 다음을 듣고, 각 문장에 가장 어울리는 그림을 고르시오.

1 _____ 2 _____ 3 _____ 4 _____

C 다음을 듣고, 그에 알맞은 응답을 고르시오.

1 ⓐ You should change your password regularly.

　ⓑ Your personal information has been exposed.

2 ⓐ I can run apps with my voice.

　ⓑ I like to use the restaurants app.

Topic Listening

[01~02] 대화를 듣고, 남자가 지금 하고 있는 일로 가장 적절한 것을 〈보기〉에서 각각 고르시오.

01 _____   02 _____

┌ 보기 ┐
ⓐ playing games   ⓑ reading an e-book
ⓒ posting on a blog   ⓓ booking a hotel online

03 대화를 듣고, 두 사람이 즐겨 쓰는 애플리케이션을 짝지은 것으로 가장 적절한 것을 고르시오.

	여자		남자
①	채팅	……	길 찾기
②	채팅	……	맛집 정보
③	사진 꾸미기	……	길 찾기
④	여행 정보	……	맛집 정보
⑤	사진 꾸미기	……	여행 정보

04 대화를 듣고, 남자가 사고 싶어 하는 키보드로 가장 적절한 것을 고르시오.

①    ②    ③

④    ⑤

05 대화를 듣고, 무엇에 대해 이야기하고 있는지 가장 적절한 것을 고르시오.

① 개인 정보 유출의 폐해　　　　② 인터넷을 통한 신종 범죄

③ 새로 출시된 보안 프로그램　　④ 개인 정보를 보호하는 방법

⑤ 공용 컴퓨터 사용 시 주의점

06 대화를 듣고, 여자가 남자에게 전화한 목적으로 가장 적절한 것을 고르시오.

① 컴퓨터를 구입하려고

② 컴퓨터 수리를 요청하려고

③ 컴퓨터 수업 수강신청을 하려고

④ 컴퓨터 숙제에 대해 물어보려고

⑤ 컴퓨터 프로그램의 설치 방법을 문의하려고

07 대화를 듣고, 남자의 시계에 대한 내용과 일치하지 <u>않는</u> 것을 고르시오.

① 심장박동을 체크해 준다.　　　② 시계줄을 바꿀 수 있다.

③ 스마트폰과 연결할 수 있다.　　④ 방수 기능이 있다.

⑤ 충전하는 데 시간이 얼마 걸리지 않는다.

08 다음을 듣고, 그래프와 일치하지 <u>않는</u> 것을 고르시오.

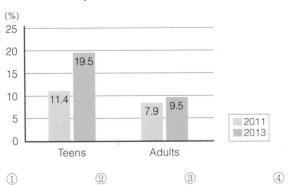

Smartphone Addiction

①　　　　②　　　　③　　　　④　　　　⑤

memo

09 다음을 듣고, 여자의 직업으로 가장 적절한 것을 고르시오.

① 프로게이머
② 웹 디자이너
③ 게임 기획자
④ 컴퓨터 프로그래머
⑤ 인터넷 뉴스 기자

10 대화를 듣고, 남자가 사용하고 있는 기기로 가장 적절한 것을 고르시오.

①

②

③

④

⑤

11 대화를 듣고, 여자가 생각하는 남자의 문제점으로 가장 적절한 것을 고르시오.

① 스마트폰에 중독되었다.
② 휴대전화를 자주 잃어버린다.
③ 전자 기기를 너무 자주 바꾼다.
④ 최신 전자 기기의 사용법을 잘 모른다.
⑤ 애플리케이션 구입에 과도한 돈을 쓴다.

12 다음을 듣고, 스티브 잡스에 대한 내용과 일치하면 T, 일치하지 않으면 F를 쓰시오.

1) 스티브 워즈니악과 함께 애플I을 만들었다. _____

2) 마케팅이나 광고보다는 혁신적인 제품 개발에 집중했다. _____

3) 암으로 사망했다. _____

13 **What kind of posts are on the man's blog?**

① reviews of new movies

② effective ways to study

③ pictures of popular tourist spots

④ recipes for food to make at home

⑤ recommendations about restaurants

14 **Why was the man NOT able to send an email to Camila?**

① His computer was down.

② Camila's computer had a virus.

③ He had the wrong email address.

④ The email website had a problem.

⑤ Camila didn't have enough space in her mailbox.

[15~16] Listen and answer the questions.

15 **What is the speaker mainly talking about?**

① the benefits of digital life

② the meaning of netiquette

③ the problem of bad manners online

④ the reason for writing bad comments

⑤ the importance of being polite to each other

16 **Why do some netizens act badly on the Internet?**

① because they are rude people

② because they want to cause trouble

③ because nobody knows who they are

④ because they want other people's attention

⑤ because the Internet is another part of our lives

Dictation

미국식 발음 영국식 발음

대화를 듣고, 남자가 지금 하고 있는 일로 가장 적절한 것을 〈보기〉에서 각각 고르시오.

01 _____

02 _____

| 보기 |
ⓐ playing games
ⓑ reading an e-book
ⓒ posting on a blog
ⓓ booking a hotel online

01 W: Are you playing games with your tablet? _____ _____ _____. 〈함정〉

M: No. Actually, I'm reading an e-book. 〈단서〉

W: Oh, I see. Are they _____ _____ _____ _____?

M: I think so. For one thing, they're _____ _____ _____.

W: That's good.

M: Also, I can carry _____ _____ _____ _____ _____. I have about 30 e-books on my tablet.

무엇을 하고 있는지 묻는 여자의 질문에 대한 남자의 응답을 잘 듣자.

02 W: _____ _____ _____ _____ with your computer?

M: I'm _____ _____ _____ _____. I took them during my trip to Japan last week.

W: Wow, this picture looks nice.

M: I took this at the hotel _____ _____ _____.

W: Can I _____ _____ _____ and look at more of your pictures?

M: Sure. Here is the address. I update it almost every day.

W: Thanks! I'll _____ _____ _____.

대화를 듣고, 두 사람이 즐겨 쓰는 애플리케이션을 짝지은 것으로 가장 적절한 것을 고르시오.

여자	남자
① 채팅 ‧‧‧‧‧‧	길 찾기
② 채팅 ‧‧‧‧‧‧	맛집 정보
③ 사진 꾸미기 ‧‧‧‧‧‧	길 찾기
④ 여행 정보 ‧‧‧‧‧‧	맛집 정보
⑤ 사진 꾸미기 ‧‧‧‧‧‧	여행 정보

03 M: _____ _____ do you like to use?

W: I like the messenger app. I can use it _____ _____ _____ _____ _____ any time.

M: Yeah, that's a great app. It lets you send messages and pictures for free.

W: Right. _____ _____ _____?

M: I use the restaurants app often. It shows me pictures of food, prices, and _____ _____ _____ _____.

W: It would _____ _____ _____ _____.

M: Right. You can find good restaurants that local people go to.

W: I should _____ _____ _____ _____.

두 가지 정보를 들어야 하므로 메모하자.

대화를 듣고, 남자가 사고 싶어 하는 키보드로 가장 적절한 것을 고르시오.

04 W: _____ _____ _____ _____ _____ the one-handed keyboard?

M: Is that a keyboard that you _____ _____ with only one hand?

W: Exactly. We can _____ _____ _____ _____ to do other things.

M : But we'd have to learn _____ _____ _____ _____ again.

W : Yeah, _____ _____. Then what kind of keyboard do you want to buy?

M : I'd like to buy a keyboard that can _____ _____ _____ like a carpet.

W : That would be _____ _____ _____ _____ _____! What is that keyboard made of?

M : It's made of a kind of rubber. So it's okay if you _____ _____ _____ _____ _____ _____.

W : Great!

남자와 여자가 각각 어떤 키보드를 언급하는지 구분하며 듣자.

05 W : Eddy, why do you _____ _____ _____ _____?

M : I think _____ _____ _____ _____ _____. Recently, I've been getting lots of spam email.

W : That's too bad. It _____ _____ _____ _____ _____.

M : I want to _____ _____ _____ _____. Could you _____ _____ _____ _____ _____? You know a lot about computers.

W : Well, change your passwords regularly. That's the easiest and best way.

M : I see. Anything else?

W : Public computers may not be very safe. So when you have to use them, _____ _____ _____ _____ _____ _____ _____.

문제 상황은 대화를 시작하기 위한 수단일 뿐이므로 헷갈리지 말자.

대화를 듣고, 무엇에 대해 이야기하고 있는지 가장 적절한 것을 고르시오.
① 개인 정보 유출의 폐해
② 인터넷을 통한 신종 범죄
③ 새로 출시된 보안 프로그램
④ 개인 정보를 보호하는 방법
⑤ 공용 컴퓨터 사용 시 주의점

06 (telephone rings)

M : Dr. PC's Office. How can I help you?

W : Hello. I _____ _____ _____ _____ _____ _____.

M : Okay. What's wrong with it exactly?

W : It isn't working at all. A blue screen _____ _____ and it's not going away.

M : Have you _____ _____ _____?

W : I tried, but it just showed the same screen. Can you _____ _____ _____ _____?

M : All right, I'll come and check it out. When do you want me to visit?

W : _____ _____ _____ _____. I need it to do my homework. How about 3 p.m. today?

M : _____ _____. Can you tell me your address?

대화를 듣고, 여자가 남자에게 전화한 목적으로 가장 적절한 것을 고르시오.
① 컴퓨터를 구입하려고
② 컴퓨터 수리를 요청하려고
③ 컴퓨터 수업 수강신청을 하려고
④ 컴퓨터 숙제에 대해 물어보려고
⑤ 컴퓨터 프로그램의 설치 방법을 문의하려고

대화를 듣고, 남자의 시계에 대한 내용과 일치하지 <u>않는</u> 것을 고르시오.

① 심장박동을 체크해 준다.
② 시계줄을 바꿀 수 있다.
③ 스마트폰과 연결할 수 있다.
④ 방수 기능이 있다.
⑤ 충전하는 데 시간이 얼마 걸리지 않는다.

07 W: Jake, you _____!
M: Thanks. Actually, it's _____ _____ _____ _____. This is a smartwatch!
W: Smartwatch? What is that?
M: It _____ _____ _____ _____ _____, and how fast my heart beats. I can change the watch strap also!
W: Wow. That's amazing!
M: That's not all. I can _____ _____ _____ and see what the watch records _____ _____ _____.
W: Sounds great. _____ _____ _____?
M: Of course! I can take a shower _____ _____ _____. The only bad thing is that it _____ _____ _____ _____.

'it + takes + 시간 + to do'는 '…하는 데 얼마의 시간이 걸리다'의 의미이다.

다음을 듣고, 그래프와 일치하지 <u>않는</u> 것을 고르시오.

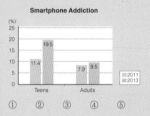

Smartphone Addiction

① ② ③ ④ ⑤

08 M: ① More teens _____ _____ _____ smartphones in 2013 than in 2011.
② _____ _____, the percentage of smartphone-addicted teens _____ _____ _____ that of adults.
③ In 2013, almost 20% of teens were addicted to smartphones.
④ _____ _____ _____ _____ _____ _____ were addicted to smartphones in 2013 than in 2011.
⑤ _____ _____ _____ _____ were addicted to smartphones _____ _____ _____.

그래프의 수치를 미리 확인하고 내용을 듣자.

다음을 듣고, 여자의 직업으로 가장 적절한 것을 고르시오.

① 프로게이머
② 웹 디자이너
③ 게임 기획자
④ 컴퓨터 프로그래머
⑤ 인터넷 뉴스 기자

09 W: _____, my job would be a dream job. _____ _____ _____ _____ is make new games. I _____ for new games and _____ with those ideas. First, I _____ _____ _____ _____ of the game. Then I think about the details such as how many levels there will be and _____ _____ _____ will be used. To do this, I play other games so that I can _____ _____. Also, I study the basics of computer programming. I'm happy that I can _____ _____ _____ _____ what I really like.

game이라는 단어가 반복된다고 성급하게 프로게이머를 답으로 선택하지 않는다.

10 W: _____ _____ _____ _____ . Did the photograph come
    out well?

    M : Here, look. I think _____ _____ _____ _____ . I should
    _____ _____ to my Facebook page.

    W: All right. _____ _____ _____ _____ _____
    _____ .

    M : Actually, I'm uploading it right now. Wait. *(pause)* It's done.

    W: _____ _____ _____ _____ _____ ?

    M : This is a smart camera. Like a smartphone or tablet, you can use Wi-Fi with it.

    W: I see. So you can _____ _____ on the Internet _____
    _____ _____ _____ _____ . That's
    convenient!

    M : Yes. Also, it can take _____ _____ _____ than my phone.

    W: _____ _____ !

    바로 사진을 업로드 한다는 말만 듣고 오답을 선택하지 않도록 주의하자.

대화를 듣고, 남자가 사용하고 있는 기기로 가장 적절한 것을 고르시오.

①   ②
③   ④
⑤

11 M : Look. Isn't my new cell phone nice? I _____ _____ _____ .

    W: A new phone again? You just got a new phone _____ _____
    _____ , didn't you?

    M : I did. But this one is _____ _____ . It has some new functions. I
    can _____ _____ _____ _____ _____ !

    W: Yeah. It sounds great. But don't you think you _____ _____
    _____ _____ _____ too often?

    M : Well, when there is _____ _____ , I _____ _____ and
    want to try it. I'm _____ _____ _____ .

    W: What about money? Those devices _____ _____ _____ .
    You can't buy something new every time _____ _____
    _____ _____ .

    M : Actually, I sell my old devices to pay for the new ones.

    남자는 어제 무엇을 샀는가?

대화를 듣고, 여자가 생각하는 남자의 문제점으로 가장 적절한 것을 고르시오.
① 스마트폰에 중독되었다.
② 휴대전화를 자주 잃어버린다.
③ 전자 기기를 너무 자주 바꾼다.
④ 최신 전자 기기의 사용법을 잘 모른다.
⑤ 애플리케이션 구입에 과도한 돈을 쓴다.

다음을 듣고, 스티브 잡스에 대한 내용과 일치하면 T, 일치하지 않으면 F를 쓰시오.

1) 스티브 워즈니악과 함께 애플I을 만들었다. _____

2) 마케팅이나 광고보다는 혁신적인 제품 개발에 집중했다. _____

3) 암으로 사망했다. _____

12 M: Steve Jobs _____ _____ _____ _____ _____ _____ _____. He grew up in a neighborhood where many Silicon Valley engineers lived. He _____ _____ _____ and IT from them _____ _____ _____ _____. _____ _____, Jobs founded Apple with Steve Wozniak. Their first product was the Apple I. After that, Apple _____ _____ _____ _____, such as the Apple II and Macintosh. They were totally new and _____ _____ _____. Also, Jobs _____ _____ _____. As a result, Apple's products became popular all over the world. Jobs died of cancer _____ _____. People will always remember him as _____ _____ _____ _____ _____ _____.

선택지를 먼저 읽고, 어떤 내용이 언급될 때 주의 깊게 들어야 하는지 미리 생각하자.

What kind of posts are on the man's blog?

① reviews of new movies
② effective ways to study
③ pictures of popular tourist spots
④ recipes for food to make at home
⑤ recommendations about restaurants

13 W: Liam, what do you do in your free time?

M: I _____ _____ _____.

W: Really? _____ _____ _____ _____ _____ _____?

M: It's about cooking. I _____ _____. Most of them are easy and simple. You can _____ _____ _____ _____.

W: That's great. You are a good cook. _____ _____ _____ _____ _____ on it?

M: I update it _____ _____ _____ _____ _____. And I read comments and _____ _____ every day.

W: Doesn't it _____ _____ _____ _____ _____?

M: Not very much. I spend about an hour a day blogging.

14 M : I have to _____ _____ _____ to Camila, but it _____ _____ _____ . I really don't know why!

W : What's wrong? Did you _____ _____ _____ ?

M : Yes. I'm sending her some pictures we took on the picnic.

W : Hmm…. _____ _____ _____ you have the right email address?

M : Yes. I double-checked it with Camila. It's camila2020@nemail.co.kr.

W : Why don't you try again after a while? Sometimes _____ _____ _____ .

M : Well, I just sent an email to Tom and _____ _____ _____ .

W : Hmm…. I don't know _____ _____ _____ .

M : Oh, now I know. _____ _____ . She said _____ _____ _____ _____ . She just deleted some old emails.

W : Ah, the pictures were _____ _____ _____ _____ _____ .

여러 정보가 언급되므로, 진짜 이유를 골라내야 한다.

Why was the man NOT able to send an email to Camila?

① His computer was down.
② Camila's computer had a virus.
③ He had the wrong email address.
④ The email website had a problem.
⑤ Camila didn't have enough space in her mailbox.

15~16

W : The Internet has _____ _____ _____ _____ _____ _____ , but it has caused some problems, too. One of the biggest problems is some netizens _____ _____ _____ . People can _____ _____ _____ _____ online. So they behave rudely on the Internet _____ _____ _____ _____ _____ _____ . These people are very disrespectful and say bad things to others. They also _____ _____ _____ and _____ _____ . They also try to pick fights with other netizens. They enjoy it because it _____ _____ _____ _____ . This behavior can seriously _____ _____ _____ _____ . Today, the Internet is _____ _____ _____ _____ _____ . Having netiquette is very important.

16 본인의 상식으로 답을 고르지 않는다.

15 **What is the speaker mainly talking about?**
① the benefits of digital life
② the meaning of netiquette
③ the problem of bad manners online
④ the reason for writing bad comments
⑤ the importance of being polite to each other

16 **Why do some netizens act badly on the Internet?**
① because they are rude people
② because they want to cause trouble
③ because nobody knows who they are
④ because they want other people's attention
⑤ because the Internet is another part of our lives

A   다음 각 단어에 해당하는 의미를 〈보기〉에서 고르시오.

1 local _____   **2** upload _____   **3** release _____   **4** expose _____

5 reboot _____   **6** attach _____   **7** function _____   **8** waterproof _____

┤ 보기 ├
ⓐ to add a computer file to an email
ⓑ to make something public or visible
ⓒ designed to keep water from going through
ⓓ to move a file or program from one device to another
ⓔ to make a product available to customers or the public
ⓕ from a particular area such as a country or neighborhood
ⓖ the special purpose or activity for which something is used
ⓗ to turn a computer or system off and back on again to solve a problem

B   다음 대화문에서 각 빈칸에 들어갈 말로 가장 적절한 것을 고르시오.

W : Jake, what are you doing in your free time?

M : **1** _____

W : Oh, I didn't know you have a blog. What's it about?

M : It's about fashion. I upload pictures of celebrities who dressed nice.

W : That's great. How often do you post on it?

M : **2** _____

┤ 보기 ├
ⓐ I keep a blog.
ⓑ I update it at least once a week.
ⓒ I can upload pictures as soon as I take them.

C   다음 우리말과 일치하도록 빈칸에 알맞은 표현을 쓰시오.

1 Some netizens enjoy _____ online.
(일부 네티즌들은 온라인상에서 소문들을 퍼뜨리는 것을 즐긴다.)

2 Many teenagers _____ _____ _____ smartphones.
(많은 십 대들이 스마트폰에 중독되어 있다.)

3 Don't _____ _____ _____ after using a public computer.
(공용 컴퓨터를 사용한 후에 로그아웃하는 것을 잊지마.)

release new products

early adopter

electronic devices

type with a keyboard

break down

waterproof

surf the Internet

addicted to a smartphone

text

charge a battery

주제별 표현 정리
Topic words & Phrases

A

IT에 대한 표현

IT 기기

digital 디지털의
analog 아날로그의
wireless 무선의
function 기능
application 애플리케이션
brand new 완전히 새것인

waterproof 방수의
compatible 호환이 되는
electronic device 전자 기기
release a new product
새로운 제품을 출시하다

사용

install 설치하다
anonymity 익명성
early adopter 얼리 어답터
attach a file 파일을 첨부하다
break down 고장 나다
keep a blog 블로그를 하다
run a program
프로그램을 실행하다
send a message / text
메시지를 보내다
write a comment 댓글을 쓰다
charge a battery 배터리를 충전하다

get spam email 스팸 메일을 받다
type with a keyboard
키보드로 입력하다
reboot the computer
컴퓨터를 다시 시작시키다
be addicted to a smartphone
스마트폰에 중독되다
have one's smartphone fixed
스마트폰을 고치다
a blue screen pops up
파란 화면이 뜨다
change passwords regularly
정기적으로 비밀번호를 변경하다

B

IT에 대해 이야기하기

〈IT 기기 사용에 대해 묻고 답하기〉

What's wrong with your computer?
네 컴퓨터에 무슨 문제가 있니?

I can't move my mouse or type with my keyboard.
마우스를 움직이거나 키보드로 입력할 수가 없어.

Why couldn't you send an email to Jessica?
Jessica에게 왜 이메일을 보내지 못했니?

She didn't have enough space in her mailbox.
그녀의 메일함에 저장 공간이 충분하지 않았어.

〈IT에 대해 말하기〉

South Korea has the fastest Internet speed in the whole world.
한국의 인터넷 속도가 세계에서 제일 빠르다.

Your computer can sometimes get a virus when you download files from the Internet.
인터넷에서 파일을 다운로드할 때, 때때로 컴퓨터는 바이러스에 걸릴 수 있다.

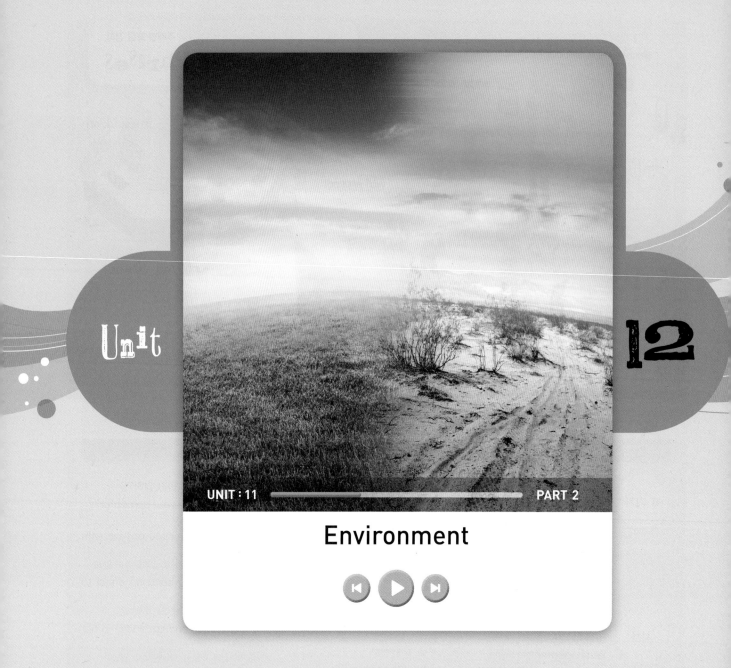

UNIT : 11   PART 2

Environment

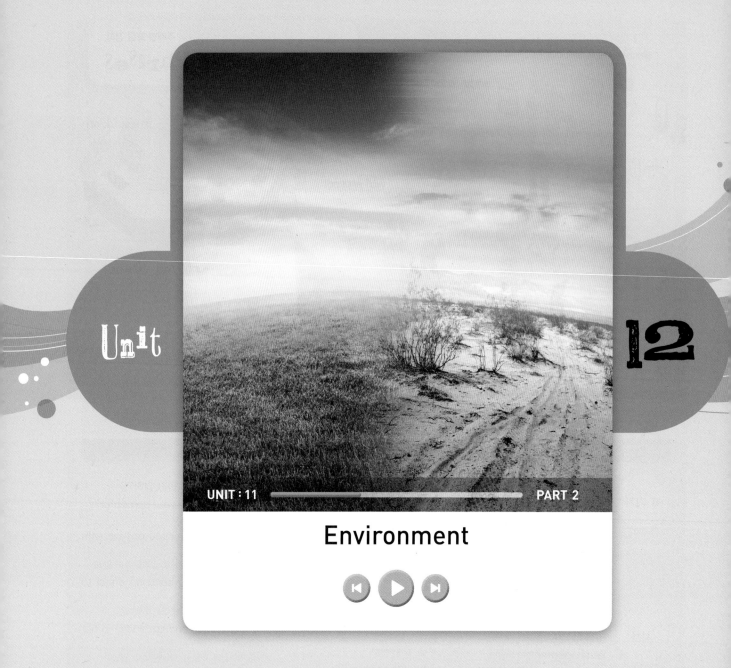

Words Preview 자신이 알고 있는 표현에 표시(✓)하시오.

01☐ absorb	07☐ oil spill	13☐ come up with
02☐ recycle	08☐ water shortage	14☐ cut down trees
03☐ unplug	09☐ disposable product	15☐ turn off the tap
04☐ pollution	10☐ deal with	16☐ raise awareness
05☐ chemical	11☐ throw away	17☐ separate trash
06☐ conserve	12☐ break down	18☐ release harmful exhaust

A 다음을 듣고 빈칸을 채운 후, 알맞은 뜻을 찾아 연결하시오.

1 _____ on • • ⓐ 나무를 베다

2 _____ CO$_2$ • • ⓑ …을 먹고 살다

3 _____ the air • • ⓒ 공기를 오염시키다

4 _____ _____ with • • ⓓ 이산화탄소를 흡수하다

5 _____ _____ trees • • ⓔ …을 떠올리다, 생각해 내다

mem0

B 다음을 듣고, 각 문장이 묘사하고 있는 그림을 고르시오.

1 _____ 2 _____ 3 _____ 4 _____

ⓐ ⓑ ⓒ  ⓓ

C 다음을 듣고, 그에 알맞은 응답을 고르시오.

1 ⓐ Put it into the bin for plastic.

ⓑ You should reduce the usage of this bottle.

2 ⓐ We can use coffee mugs instead of paper cups.

ⓑ Yes. The environmental pollution is getting serious.

Topic Listening

01 대화를 듣고, 남자의 충고로 가장 적절한 것을 고르시오.

① 절전형 전자 제품을 사용해라.
② 전자 제품을 자주 교체하지 마라.
③ 전자 제품을 자주 껐다 켜지 마라.
④ 전자 제품을 장시간 사용하지 마라.
⑤ 전자 제품 사용 후 플러그를 뽑아라.

[02~03] 대화를 듣고, 여자가 분리수거함에 넣을 물건을 〈보기〉에서 각각 고르시오.

02 _____ 03 _____

┌ 보기 ┐
ⓐ 종이   ⓑ 비닐봉지   ⓒ 음료수병   ⓓ 과자 봉지

04 대화를 듣고, 무엇에 대해 이야기하고 있는지 가장 적절한 것을 고르시오.

① 잘못된 환경 정책   ② 빗나가는 기상 예보
③ 환경 보호를 위한 생활 습관   ④ 계절에 따른 옷차림의 변화
⑤ 환경 오염으로 인한 기후 변화

05 대화를 듣고, 남자의 마지막 말의 의도로 가장 적절한 것을 고르시오.

① 칭찬   ② 제안   ③ 감사
④ 비난   ⑤ 위로

06 대화를 듣고, 두 사람이 대화 직후에 할 일로 가장 적절한 것을 고르시오.

① 친구와 옷을 교환한다. ② 옷을 수선하여 입는다.

③ 옷을 의류 수거함에 넣는다. ④ 옷을 자선 단체에 기부한다.

⑤ 옷을 벼룩시장에 내 놓는다.

07 대화를 듣고, 여자의 보고서 표지로 가장 적절한 것을 고르시오.

① The Cause of Climate Change

② The Effects of Oil Spills

③ The Danger of Deserts

④ The Problem of Yellow Dust

⑤ The Seriousness of Sea Pollution

08 다음을 듣고, 그 내용과 일치하지 <u>않는</u> 부분을 그래프에서 고르시오.

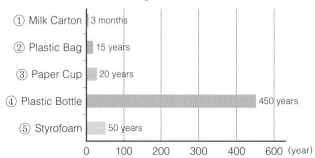

Time Things Take to Break Down

① Milk Carton 3 months
② Plastic Bag 15 years
③ Paper Cup 20 years
④ Plastic Bottle 450 years
⑤ Styrofoam 50 years

0   100   200   300   400   600 (year)

09 다음을 듣고, 남자의 태도로 가장 적절한 것을 고르시오.

① critical   ② positive   ③ satisfied

④ indifferent   ⑤ understanding

10 대화를 듣고, 여자가 본 다큐멘터리와 관련된 그림으로 가장 적절한 것을 고르시오.

①

②

③

④

⑤

11 다음을 듣고, 하이브리드 자동차에서 휘발유 엔진이 사용될 때는 G, 전기 모터가 사용될 때는 E를 쓰시오.

1) 시동을 걸고 출발할 때   _____

2) 속력을 높여서 달릴 때   _____

3) 신호에 걸려 정차할 때   _____

12 대화를 듣고, Bus Roots에 대한 내용과 일치하지 <u>않는</u> 것을 고르시오.

① 디자인 대회에서 수상하였다.

② 새로운 녹지 공간으로 활용될 수 있다.

③ 뉴욕의 버스에 가장 먼저 도입되었다.

④ 이산화탄소를 흡수하는 효과가 있을 수 있다.

⑤ 심미적인 가치도 있을 것이다.

13 **Which is NOT mentioned as a way to help the environment?**

① using our own bags instead of plastic bags

② recycling reusable products

③ using mugs instead of paper cups

④ using handkerchiefs instead of paper towels

⑤ using washing bowls

14 **Which is NOT correct about Earth Hour according to the conversation?**

Join the Earth Hour Campaign!

Beginning: ① First started in Australia

Date: ② The last Saturday in March

Time: ③ 8:30 p.m. ~ 9:30 p.m.

What: ④ Raise money online

※ *Join people from* ⑤ *7,000 cities in 162 countries.*

[15~16] Listen and answer the questions.

15 **What is the speaker mainly talking about?**

① the importance of water   ② several tips to save water

③ the results of water pollution   ④ the cause of water shortages

⑤ clean water systems needed in Africa

16 **Which is NOT mentioned as a way to conserve water?**

① Put a brick in your toilet tank.

② Turn off the tap completely.

③ Use a plastic bottle when you drink water.

④ Use a cup when you brush your teeth.

⑤ Turn off the shower while you soap your body.

Dictation

대화를 듣고, 남자의 충고로 가장 적절한 것을 고르시오.

① 절전형 전자 제품을 사용해라.
② 전자 제품을 자주 교체하지 마라.
③ 전자 제품을 자주 껐다 켜지 마라.
④ 전자 제품을 장시간 사용하지 마라.
⑤ 전자 제품 사용 후 플러그를 뽑아라.

01 M : Stella, have you finished drying your hair? Your hairdryer _____ _____ _____ _____ .

W : Oh, I forgot again. I'm sorry, Dad.

M : That's not all. You also _____ _____ _____ _____ and the TV plugged in.

W : But _____ _____ _____ _____ again in just a few hours.

M : _____ _____ _____ for a few hours, you can save a lot of

단서 ▷ energy. Try to _____ _____ _____ _____ .

W : All right. _____ _____ _____ _____ next time.

still plugged in, 'left ... plugged in', unplug 등의 표현이 반복되고 있음에 주의하자.

대화를 듣고, 여자가 분리수거함에 넣을 물건을 〈보기〉에서 각각 고르시오.

02 _____

03 _____

┌ 보기 ┐
ⓐ 종이   ⓑ 비닐봉지
ⓒ 음료수병   ⓓ 과자 봉지

02 M : Jane, _____ _____ _____ my homework. Could you put these things _____ _____ _____ _____ ?

W : Sure. Let me see…. The beverage bottle and _____ _____   함정
_____ _____ ? Will you just _____ _____ _____ ?

M : Yes. I don't need it anymore.

W : I think _____ _____ _____ . You've only used one side of the paper so far. Why don't you _____ _____ _____ _____ , too?

M : Okay, I will. Then, just _____ _____ _____ _____ _____ _____ .

W : All right, I will put just the bottle _____ _____ _____ .

여자는 남자의 부탁에 무엇이라고 말했는가?

03 M : What are you doing?

W : _____ _____ _____ _____ .

M : That's good. But why are you putting snack bags _____ _____ _____ _____ _____ ?

W : Aren't they recycled with plastic?

M : Well, they _____ _____ _____ _____ _____ , but not anymore. Do you _____ _____ _____ _____ ? These snack bags should be recycled with vinyl.

W : I see. I almost _____ _____ _____ !

04 M : It's hot! _____ _____ _____ _____ _____.

W : I agree with you. I remember I had to wear a jacket in April last year. But this year I don't need one.

M : It doesn't seem like we had spring. It's _____ _____ _____ _____ _____ _____.

W : Yes. Only a month ago it snowed, and now it's very hot.

M : I think _____ _____ _____ _____ _____ _____ _____ _____.

W : You could be right. We need to realize _____ _____ _____ _____ _____ and do something to take better care of the Earth.

대화에서 4월이 더운 이유는 무엇인가?

대화를 듣고, 무엇에 대해 이야기하고 있는지 가장 적절한 것을 고르시오.
① 잘못된 환경 정책
② 빗나가는 기상 예보
③ 환경 보호를 위한 생활 습관
④ 계절에 따른 옷차림의 변화
⑤ 환경 오염으로 인한 기후 변화

05 W : _____ _____ _____ _____ _____ now. I'm so full.

M : What? You haven't even eaten _____ _____ _____ _____. Are you sick?

W : No, I'm just _____ _____ _____.

M : Then why did you _____ _____ _____ _____? You're wasting it. Don't you know that _____ _____ _____ _____ _____ are thrown away every year?

W : Millions of tons? That's a lot.

M : Yes. It costs a lot of money _____ _____ _____ _____.

W : Then what should I do?

M : You can ask the waiter to _____ _____ _____.

여자의 'Then what should I do?'는 무슨 뜻으로 한 말인가?

대화를 듣고, 남자의 마지막 말의 의도로 가장 적절한 것을 고르시오.
① 칭찬   ② 제안   ③ 감사
④ 비난   ⑤ 위로

06 M : Why are you _____ _____ _____ _____? They _____ _____.

W : I don't wear them anymore. I bought them last year, and they _____ _____ _____ _____ now.

M : What? You only wear _____ _____ _____ _____ _____?

W : You know, _____ _____ _____ and I want to keep up with them.

M : But _____ _____ _____ _____ by creating a lot of waste.

W : I never thought about that. Then what can I do with these clothes?

M : _____ _____ _____ _____ near our house. Let's put these clothes you don't need in it. Then they will _____ _____ _____ _____ and some people who need the clothes will get them.

W : That's a good idea. Let's go.

대화를 듣고, 두 사람이 대화 직후에 할 일로 가장 적절한 것을 고르시오.
① 친구와 옷을 교환한다.
② 옷을 수선하여 입는다.
③ 옷을 의류 수거함에 넣는다.
④ 옷을 자선 단체에 기부한다.
⑤ 옷을 벼룩시장에 내 놓는다.

대화를 듣고, 여자의 보고서 표지로 가장 적절한 것을 고르시오.

① The Cause of Climate Change
② The Effects of Oil Spills
③ The Danger of Deserts
④ The Problem of Yellow Dust
⑤ The Seriousness of Sea Pollution

07 W: _____ _____ _____ _____ _____
_____ for your science homework?

M : You mean for _____ _____ _____ _____ ?
Yes, I'm going to write about _____ _____ _____
_____ . Lots of sea life is dying because of it.

W: Yes. I've seen _____ _____ _____ recently.
They _____ _____ _____ _____ _____ to the sea.

M : That's right. What's your topic?

W: I decided to research yellow dust. As Chinese industry develops, _____
_____ _____ in China and becoming a serious problem.

M : That's a good topic. It _____ _____ _____ of our city
_____ _____ _____ here from China.

W: That's right. It's terrible.

남녀 각각에 해당하는 정보를 구분하며 듣자.

다음을 듣고, 그 내용과 일치하지 <u>않는</u> 부분을 그래프에서 고르시오.

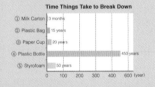

Time Things Take to Break Down
① Milk Carton | 3 months
② Plastic Bag | 15 years
③ Paper Cup | 20 years
④ Plastic Bottle | 450 years
⑤ Styrofoam | 50 years
0 100 200 300 400 600 (year)

08 W: Milk cartons, _____ _____ , _____ _____ , styrofoam
plates, straws…. We frequently use these products once and then _____
_____ _____ . We call them _____ _____ . When these
products _____ _____ , it takes a long time for them to _____
_____ . For example, _____ _____ _____ _____
_____ to break down. Plastic bags don't break down for 15 years. And
_____ _____ _____ _____ for paper cups and
wooden chopsticks and _____ _____ _____ _____
_____ to break down. Styrofoam _____ _____ _____
_____ to break down. It takes 500 years! Therefore, we should
_____ _____ _____ of these disposable products to keep
the Earth clean.

그래프를 먼저 보고, 어떤 물건이 언급될지 파악한 후 들어야 한다.

다음을 듣고, 남자의 태도로 가장 적절한 것을 고르시오.

① critical
② positive
③ satisfied
④ indifferent
⑤ understanding

09 M : Last weekend, my family _____ _____ _____ _____ .
But when we arrived, we found people building a golf course! They
_____ _____ _____ _____ all the trees in the area. This could
_____ _____ _____ _____ _____ _____ _____
and even die. They also used _____ _____ _____
_____ _____ for the course. This is very harmful to
the soil. Furthermore, the chemicals can _____ _____ _____
_____ and pollute it, too. Even though golf courses _____

_____, they are like deserts. Plants and animals _____

_____ _____ there. I think we _____ _____

_____ _____ _____ to limit this kind of development.

cause animals to lose their homes, harmful, pollute, rarely survive, limit 등의 표현을 통해 화자의 태도를 유추하자.

10 W: Did you _____ _____ _____ on TV last night?

M: No. What was it about?

W: It was about _____ _____ _____ _____. I was
surprised by _____ _____ _____ there.

M: What's going on?

W: _____ _____ _____ _____ _____ because of
global warming. And as Antarctica changes, _____ _____
_____ _____.

M: Oh, that's terrible.

W: And penguins are also dying because they _____ _____
_____ _____.

M: I heard that the same thing is happening to _____ _____
_____ _____.

W: What a tragedy!

몇몇 단어만 듣고 본인의 상식으로 답을 고르지 않도록 주의한다.

대화를 듣고, 여자가 본 다큐멘터리와 관련된 그림으로 가장 적절한 것을 고르시오.

① ② ③ ④ ⑤

11 W: These days, it's _____ _____ _____ _____ _____
on the streets. They have become more and more popular since they were
_____ _____ _____ _____. Hybrid cars have two
power sources, a gasoline engine and an electric motor. The gasoline engine is
very powerful, but it needs _____ _____ _____ and
_____ _____ _____. On the other hand, the electric motor
_____ _____ _____, but it _____ _____
_____. So hybrid cars use both. When they start, they only use the
electric motor. As they _____ _____, they use both gasoline and
electricity. When they _____ _____ _____ _____,
they use only the electric motor. In this way, hybrid cars use less fuel and
release less harmful exhaust.

들어야 할 정보가 무엇인지 미리 확인하자.

다음을 듣고, 하이브리드 자동차에서 휘발유 엔진이 사용될 때는 G, 전기 모터가 사용될 때는 E를 쓰시오.

1) 시동을 걸고 출발할 때 _____
2) 속력을 높여서 달릴 때 _____
3) 신호에 걸려 정차할 때 _____

▶ **Dictation**

대화를 듣고, Bus Roots에 대한 내용과 일치하지 않는 것을 고르시오.

① 디자인 대회에서 수상하였다.
② 새로운 녹지 공간으로 활용될 수 있다.
③ 뉴욕의 버스에 가장 먼저 도입되었다.
④ 이산화탄소를 흡수하는 효과가 있을 수 있다.
⑤ 심미적인 가치도 있을 것이다.

12
W : Look at this picture! This bus has ＿＿＿＿＿ ＿＿＿＿＿ ＿＿＿＿＿ ＿＿＿＿＿.

M : A garden on the roof of a bus? What do you mean?

W : It's an eco-bus. They put some soil ＿＿＿＿＿ ＿＿＿＿＿ ＿＿＿＿＿ ＿＿＿＿＿ ＿＿＿＿＿ ＿＿＿＿＿ and ＿＿＿＿＿ there.

M : That's brilliant! ＿＿＿＿＿ ＿＿＿＿＿ ＿＿＿＿＿ ＿＿＿＿＿ ＿＿＿＿＿?

W : A designer made this project called "Bus Roots" and ＿＿＿＿＿ ＿＿＿＿＿ ＿＿＿＿＿ ＿＿＿＿＿ ＿＿＿＿＿ in a design competition.

M : I see. I guess it could ＿＿＿＿＿ ＿＿＿＿＿ ＿＿＿＿＿ ＿＿＿＿＿ in cities.

W : Yes. For example, in New York, there are ＿＿＿＿＿ ＿＿＿＿＿ ＿＿＿＿＿. Imagine if they grew a garden on the roof of every bus!

M : That would be great! I think it could also ＿＿＿＿＿ ＿＿＿＿＿.

W : Moreover, it will also ＿＿＿＿＿ ＿＿＿＿＿ ＿＿＿＿＿ ＿＿＿＿＿ ＿＿＿＿＿. I hope to see this kind of bus soon.

생소한 내용의 대화이므로 선택지를 미리 읽은 후 주의 깊게 들으면서 언급된 내용을 체크하자.

Which is NOT mentioned as a way to help the environment?
① using our own bags instead of plastic bags
② recycling reusable products
③ using mugs instead of paper cups
④ using handkerchiefs instead of paper towels
⑤ using washing bowls

13
M : Environmental problems ＿＿＿＿＿ ＿＿＿＿＿ ＿＿＿＿＿. What can we do to help the environment?

W : I think that making small changes in our daily lives can help. For example, when we go to a market, ＿＿＿＿＿ ＿＿＿＿＿ ＿＿＿＿＿ ＿＿＿＿＿ ＿＿＿＿＿ ＿＿＿＿＿, we can bring our own bags. And when we drink water or coffee, we can use a mug ＿＿＿＿＿ ＿＿＿＿＿ ＿＿＿＿＿ ＿＿＿＿＿ ＿＿＿＿＿.

M : Also, after washing our hands, we can ＿＿＿＿＿ ＿＿＿＿＿ ＿＿＿＿＿ ＿＿＿＿＿ ＿＿＿＿＿ by bringing our own handkerchiefs.

W : That's a good idea! Oh, one more thing! When we wash dishes, we can ＿＿＿＿＿ ＿＿＿＿＿ ＿＿＿＿＿. If we use those, we can ＿＿＿＿＿ ＿＿＿＿＿ ＿＿＿＿＿ ＿＿＿＿＿.

M : You're right.

언급되지 않은 것을 묻고 있으므로, 들으면서 언급되는 것은 선택지에 바로 표시하자.

14 W: Oh, it's 8:30 p.m. Do you mind if I _____ _____ _____
       _____?

    M: Now? Why? _____ _____ _____ _____ _____?

    W: No. Today is the last Saturday in March. Earth Hour takes place from 8:30 to
       9:30 p.m.

    M: Earth Hour?

    W: Yeah, it's _____ _____ _____ _____. It began in
       Australia. People in _____ _____ _____ _____
       _____ _____ participate by turning off their lights _____
       _____ _____.

    M: That's interesting. What is _____ _____ _____ _____
       _____?

    W: Well, it was started to _____ _____ _____ environmental
       problems.

    M: I see. Well, I'm happy to take part.

**Which is NOT correct about
Earth Hour according to the
conversation?**

Join the Earth Hour Campaign!

Beginning: ① First started in Australia
Date: ② The last Saturday in March
Time: ③ 8:30 p.m. ~ 9:30 p.m.
What: ④ Raise money online
※ *Join people from ⑤ 7,000 cities in 162 countries.*

15~16

    M: We often hear that _____ _____ are one of the most critical
       environmental problems. But we _____ _____ _____
       because water is available whenever we need it. For some people in the
       world, though, it is _____ _____ _____ _____
       _____ _____. Some are even dying because they don't have
       _____ _____ _____ _____. So we should _____
       _____. There are a few ways to do this. First, put a brick or plastic bottle
       in your toilet tank. This can _____ _____ _____
       _____ _____ _____ _____. Second, turn off the tap
       completely. A single dripping tap can _____ _____ of water a
       day. Third, use a cup _____ _____ _____ _____
       _____. Finally, turn off the shower when you're using soap to clean
       your body. Then _____ _____ _____ _____
       _____ _____. A four-minute shower uses about 20 to 40 gallons of
       water.

    16 들은 것을 선택지에서 지워나가며 답을 고르자.

15 **What is the speaker
   mainly talking about?**
   ① the importance of water
   ② several tips to save water
   ③ the results of water pollution
   ④ the cause of water shortages
   ⑤ clean water systems needed
      in Africa

16 **Which is NOT mentioned
   as a way to conserve
   water?**
   ① Put a brick in your toilet tank.
   ② Turn off the tap completely.
   ③ Use a plastic bottle when you
      drink water.
   ④ Use a cup when you brush
      your teeth.
   ⑤ Turn off the shower while
      you soap your body.

A 다음 각 단어에 해당하는 의미를 〈보기〉에서 고르시오.

1 spill _____   **2** desert _____   **3** awareness _____   **4** tragedy _____

5 recycle _____   **6** conserve _____   **7** absorb _____   **8** disposable _____

| 보기 |

ⓐ to take in gas or heat, etc.

ⓑ having knowledge of a situation or a fact

ⓒ a dry land with few plants and little water

ⓓ a bad situation that causes people to suffer

ⓔ to process something so that it can be reused

ⓕ an accident in which liquid falls out of its container

ⓖ made to be thrown away after use one or a few times

ⓗ to use something carefully in order to prevent loss or waste

B 다음 각 질문에 대한 응답으로 가장 적절한 것을 〈보기〉에서 고르시오.

1 Did you unplug the hairdryer after using it?

2 Which recycling bin should I put these snack bags in?

3 What do you think is a serious environmental problem?

| 보기 |

ⓐ It should be recycled with vinyl.

ⓑ Oh, I forgot again. I'll unplug it now.

ⓒ Aluminum takes a long time to break down.

ⓓ I think yellow dust is one of the most serious problems nowadays.

C 다음 우리말과 일치하도록 빈칸에 알맞은 표현을 쓰시오.

1 Cars _____ the air because they _____ harmful exhaust.

(자동차는 유해한 배기가스를 배출하기 때문에 공기를 오염시킨다.)

2 We should stop _____ _____ trees and plant them instead.

(우리는 나무들을 베는 것을 멈추고 대신 심어야 한다.)

3 Greenpeace carries out many campaigns to _____ people's _____ _____ environmental pollution.

(그린피스는 환경 오염에 대한 사람들의 인식을 높이기 위해 많은 캠페인을 시행한다.)

Topic words & Phrases
주제별 표현 정리

A

환경 오염에 대한 표현

환경 오염

smog 스모그
desertification 사막화
yellow dust 황사
air pollution 공기 오염
soil pollution 토양 오염
sea pollution 해양 오염
water pollution 수질 오염
global warming 지구 온난화
waste disposal 쓰레기 처리
greenhouse gas 온실가스

oil spill 기름 유출
disposable product
일회용품
pollute 오염시키다
break down 분해하다
cut down trees
나무를 베다
release harmful gas
해로운 가스를 배출하다

환경 보호

reduce 줄이다
unplug 플러그를 뽑다
recycle 재활용하다
conserve
보존하다; 아끼다, 아껴 쓰다
recycling bin 분리수거함
plant trees 나무를 심다
use less fuel 적은 연료를 쓰다
use a mug 머그컵을 사용하다
separate trash
쓰레기를 분리수거하다
turn off the lights 전등을 끄다

turn off the tap
수도꼭지를 잠그다
use public transportation
대중교통을 이용하다
use both sides of the paper
종이의 양면을 사용하다
raise awareness 인식을 높이다
take a shorter shower
샤워를 짧게 하다
absorb CO_2
이산화탄소를 흡수하다
release[emit] oxygen
산소를 배출하다

B

환경에 대해 이야기하기

〈환경에 대해 묻고 답하기〉

What causes sea pollution?
무엇이 해양 오염을 초래하니?

I think oil spills cause a lot of damage to the sea.
기름 유출이 바다에 큰 피해를 끼친다고 생각해.

Why is building a golf course a problem?
왜 골프장을 만드는 게 문제야?

It destroys the land and causes animals to lose their homes. 그건 땅을 파괴하고 동물들이 보금자리를 잃게 해.

Which recycling bin should I put this bottle in?
어떤 분리수거함에 이 병을 넣어야 해?

It's made of glass. 그것은 유리로 만들어져 있어.

What can I do to conserve the environment?
내가 환경을 보존하기 위해 뭘 할 수 있을까?

You should reduce the use of disposable products. 일회용품 사용을 줄여야 해.

〈환경에 대해 말하기〉

We should plant more trees as they absorb CO_2.
나무들이 이산화탄소를 흡수하니 우리는 더 많은 나무를 심어야 해.

Many animals are losing their homes due to environmental pollution.
환경 오염으로 인해 많은 동물들이 서식지를 잃어가고 있어.

The truly creative person is one who can think crazy; such a person knows full well that many of his great ideas will prove to be worthless. The creative person is flexible; he is able to change as the situation changes, to break habits, to face indecision and changes in conditions without undue stress. He is not threatened by the unexpected as rigid, inflexible people are. — *Frank Goble*

실전모의고사 활용법

파트 1에서 주제별로 재미있게 듣기 공부를 하셨나요? 이제는 실전모의고사를 풀어봄으로써 시·도 교육청 공동 주관 영어듣기능력평가가 어떻게 출제되는지 체험하고, 실제처럼 연습할 시간입니다! 파트 2에는 총 3회의 실전모의고사가 수록되어 있으니, 이를 통해 여러분의 듣기 실력을 한층 업그레이드할 수 있어요.

1. 실제 시험 상황처럼 스피커를 사용하여 음성을 들으세요. 이어폰이 조금 더 명확하게 들릴 수 있으니, 이어폰만으로 연습한다면 실제 시험을 칠 때 당황할 수 있어요.

2. 총 20문항을 한번에 들으며 문제를 풀어요. 듣기평가가 시행되는 20분은 높은 집중력을 요구하므로, 평소에도 그 시간 동안 집중해서 듣는 연습을 해야 해요.

3. 문제를 푼 후에는 Dictation으로 넘어가 하나하나 자세히, 정확하게 한 번 더 들어요. 빈칸을 채우려 집중해서 듣다 보면 어느 부분을 놓쳐서 정답을 고르지 못했는지 알게 될 거예요. 또, 잘 들리지 않는 표현과 영국식 발음도 확인할 수 있어요.

4. 또, Dictation에 문제 유형에 따른 다양하고 유용한 학습팁을 수록해 놓았으니, 참고하도록 해요.

5. 듣기는 반복 청취가 중요하답니다. 평소에 집중해서 끝까지 듣는 연습을 하고, 듣는 연습을 많이 하세요. 어느새 듣기 실력이 향상되어 있을 거예요.

01 대화를 듣고, 방에 배치할 가구의 위치로 적절하지 <u>않은</u> 것을 고르시오.

02 대화를 듣고, 여자의 심정으로 가장 적절한 것을 고르시오.

① excited   ② relaxed   ③ worried
④ nervous   ⑤ disappointed

03 대화를 듣고, 여자의 딸이 아픈 이유로 가장 적절한 것을 고르시오.

① 과식을 해서   ② 차 사고를 당해서
③ 상한 음식을 먹어서   ④ 바이러스에 감염되어서
⑤ 알레르기 있는 음식을 먹어서

04 대화를 듣고, 두 사람이 대화하는 장소로 가장 적절한 곳을 고르시오.

① office   ② airport   ③ restaurant
④ theater   ⑤ electronics store

05 대화를 듣고, 남자의 마지막 말의 의도로 가장 적절한 것을 고르시오.

① 문의   ② 항의   ③ 감사   ④ 사과   ⑤ 제안

06 대화를 듣고, 남자가 지불할 금액을 고르시오.

① $64   ② $72   ③ $90   ④ $95   ⑤ $100

memo

07 대화를 듣고, 여자가 대화 직후에 할 일로 가장 적절한 것을 고르시오.

① 옷 쇼핑   ② 날씨 검색   ③ 옷장 정리
④ 실내 환기   ⑤ 쓰레기 분리수거

08 대화를 듣고, 두 사람이 대화 직후에 갈 장소로 가장 적절한 곳을 고르시오.

① 빅 벤   ② 왕궁   ③ 런던 아이
④ 역사 박물관   ⑤ 자동차 정비소

09 다음을 듣고, 무엇에 대한 내용인지 가장 적절한 것을 고르시오.

① 점심 메뉴 안내   ② 단체 야구 관람 안내
③ 팀 우승 소식 전달   ④ 야구 경기 일정 변경 공지
⑤ 통학 버스 탑승 시각 변경 안내

10 대화를 듣고, 현재 시각을 고르시오.

① 5:40   ② 5:48   ③ 6:40   ④ 6:48   ⑤ 7:00

11 대화를 듣고, 여자가 남자에게 전화한 목적으로 가장 적절한 것을 고르시오.

① 파티에 초대하려고   ② 식당을 예약하려고
③ 요리법을 물어보려고   ④ 파티 음식을 주문하려고
⑤ 식당 주소를 물어보려고

m e m o

12 다음을 듣고, 안내 내용과 일치하지 <u>않는</u> 것을 고르시오.

① 현재 파도가 매우 높다.　　　　② 기상 악화로 보트 투어가 취소된다.

③ 보증금을 전액 환불받을 수 있다.　④ 무료로 다른 보트 투어에 참여할 수 있다.

⑤ 비상 시에 가이드의 지시를 따라야 한다.

13 대화를 듣고, 두 사람의 관계로 가장 적절한 것을 고르시오.

① 의사 – 환자　　　　　　　② 택시 운전사 – 승객

③ 교사 – 학생　　　　　　　④ 구조 대원 – 사고자

⑤ 119 접수원 – 신고자

14 대화를 듣고, 여자가 남자에게 요청한 일로 가장 적절한 것을 고르시오.

① 선물 포장하기　　　　　　② 이삿짐 나르기

③ 주소 알려 주기　　　　　　④ 도착 시간 알려 주기

⑤ 변경된 주소로 배달하기

15 대화를 듣고, 두 사람의 대화가 <u>어색한</u> 것을 고르시오.

①　　　　　②　　　　　③　　　　　④　　　　　⑤

16 대화를 듣고, 남자의 상황을 가장 잘 표현한 속담을 고르시오.

① 소 잃고 외양간 고친다.　　　② 하나를 듣고 열을 안다.

③ 뜻이 있는 곳에 길이 있다.　　④ 돌다리도 두들겨 보고 건너라.

⑤ 고통이 없으면 얻는 것도 없다.

17 다음을 듣고, 주말 날씨로 가장 적절한 것을 고르시오.

① ② ③ ④ ⑤

m e m o

[18~19] 대화를 듣고, 여자의 마지막 말에 대한 남자의 응답으로 가장 적절한 것을 고르시오.

18 Man: _____

① Leave me alone, please.

② Sure. I'll be finished soon.

③ I'm so sorry for being late.

④ No problem. I can do it very well.

⑤ I think you'd better wait by yourself.

19 Man: _____

① I hope you'll be okay.

② You'll be able to find your wallet.

③ Don't worry. I can drive you there.

④ You should not park your car on the road.

⑤ Do you remember where you put your cell phone?

20 다음 상황 설명을 듣고, Robert가 친구들에게 할 말로 가장 적절한 것을 고르시오.

Robert: _____

① I hope Sarah gets well soon.

② Let's play another game with Sarah.

③ You'd better not see Sarah any longer.

④ I think a friend in need is a friend indeed.

⑤ I'm sure Sarah has a reason for not coming here.

그림 묘사 위치를 나타내는 표현을 미리 익혀 두고, 이에 집중하여 듣는다.

대화를 듣고, 방에 배치할 가구의 위치로
적절하지 <u>않은</u> 것을 고르시오.

01 W: Our baby is going to _____ _____ _____. Should we
       _____ _____ _____?

    M: Do you think we need to?

    W: Yes, _____ _____ _____ for his new bed.

    M: Oh, that's right! Then let's move some furniture.

    W: Good. First, we can _____ _____ _____ as it is. I think we can
       put our bed _____ _____ _____. And our baby can _____
       _____ _____ _____ between the bed and the dressing table.

    M: Then how about the TV?

    W: We don't need it in the room, right? Let's move it to the living room. { 단서 }

    M: Okay. Let's _____ _____ _____ in front of his bed.

    W: That will be great!

심정 심정을 직접적으로 언급하는 경우가 있으니 잘 듣는다. 또한 같은 심정을 표현하는 다양한 어휘를 익혀 둔다.

대화를 듣고, 여자의 심정으로 가장 적절
한 것을 고르시오.
① excited   ② relaxed
③ worried   ④ nervous
⑤ disappointed

02 M: Hey, Amy! What are you doing here? You _____ _____
       _____ _____ _____ _____ _____ to Bangkok,
       weren't you?

    W: Yes, I was. But I couldn't go.

    M: Why not?

    W: As you know, there have been demonstrations. The whole city _____
       _____. I didn't want to _____ _____ _____.

    M: Good for you! _____ _____ _____
       _____ _____ in a trip.

    W: Absolutely! But I'm feeling down because I was really _____
       _____ _____.

이유 이유를 직접적으로 설명하는 경우가 많으므로 그 부분을 놓치지 않도록 한다.

대화를 듣고, 여자의 딸이 아픈 이유로
가장 적절한 것을 고르시오.
① 과식을 해서
② 차 사고를 당해서
③ 상한 음식을 먹어서
④ 바이러스에 감염되어서
⑤ 알레르기 있는 음식을 먹어서

03 M: Where are you going?

    W: I'm going to the hospital.

    M: _____ _____ _____?

    W: My daughter _____ _____ _____ _____. She can't
       even stand up.

    M: I'm sorry to hear that. I heard many people _____
       _____ _____ _____ and fever due to Norovirus. She
       _____ _____ _____ by it. { 함정 }

    W: Probably not. She drank a bottle of milk.

    M: Does she have a milk allergy?

W : Not at all. The milk _____. I left it out on the table. I should have _____ _____ _____.

M : _____ _____ _____ _____ on yourself. It was a mistake. And she'll be okay.

W : Thank you for saying that.

M : I'll _____ _____ _____ _____. Get in my car.

장소 공항, 은행, 식당 등 특정 장소에서 자주 쓰이는 표현을 미리 익혀 둔다.

04

W : I'd like to check in.

🇬🇧 M : Can I _____ _____ _____, please?

W : Here you are.

M : Wait a moment, please. *(pause)* Here is your ticket.

W : Oh, something is wrong. I _____ for a business seat.

M : I see. Let me check it again. *(pause)* I'm afraid _____ _____ _____ _____. I'll check if there is a business seat available.

W : I only want a business seat.

M : Okay, please _____ _____ _____ _____. *(pause)* Thanks for waiting. All the business seats _____ _____. Would you like to be _____ instead?

W : That'd be great.

M : Here is your ticket. I _____ _____ _____ _____ _____. Have a nice journey.

대화를 듣고, 두 사람이 대화하는 장소로 가장 적절한 곳을 고르시오.
① office   ② airport
③ restaurant   ④ theater
⑤ electronics store

의도 어디에서 무슨 일이 벌어지고 있는지 알아야 한다.

05 *(telephone rings)*

W : Hello, front desk. How can I help you?

M : I'm in Room 1102. I _____. I didn't get them yet.

W : Oh, I'm very sorry about that.

M : This is not the first time _____ _____ _____ _____. I even had to go downstairs earlier to ask for towels.

W : _____ _____ _____ _____. I'll bring towels to you right away.

M : There should be enough towels in every room. _____ _____ _____ _____ will I have to ask you for towels?

대화를 듣고, 남자의 마지막 말의 의도로 가장 적절한 것을 고르시오.
① 문의   ② 항의   ③ 감사
④ 사과   ⑤ 제안

대화를 듣고, 남자가 지불할 금액을 고르시오.

① $64   ② $72   ③ $90

④ $95   ⑤ $100

금액 보통 계산을 하여 정답을 찾아야 하므로 언급되는 숫자 정보를 메모한다.

06 W: Hello, what can I do for you?

M: _____ for *Jekyll and Hyde*.

W: _____ _____ _____ _____ _____? You can buy tickets for S seats and R seats now.

M: How much are they?

W: S seats are _____ and R seats are _____ .

M: I'll take the R seats. I heard I can _____ _____ if I've already seen the musical before.

W: Right, could you _____ _____ ?

M: One moment. Here it is.

W: Good. You can _____ , but for _____ .

M: Okay, good.

대화를 듣고, 여자가 대화 직후에 할 일로 가장 적절한 것을 고르시오.

① 옷 쇼핑   ② 날씨 검색

③ 옷장 정리   ④ 실내 환기

⑤ 쓰레기 분리수거

할 일 제안을 나타내는 내용에 집중하여 듣는다.

07 W: Spring is coming!

M: Right, I'm happy that we have _____ _____ _____ .

W: Let's go shopping! I think I should _____ for the spring.

M: Umm....

W: What do you think about a skirt _____ _____ ?

M: You have a lot of clothes.

W: Well, I don't think so.

M: Don't you? Your closet _____ _____ _____ . You'd better check them first. You'll find you have more clothes than you think. And there are clothes you've _____ _____ _____ .

W: Okay, I'll look through them.

특정 정보 문제에서 요구하는 특정 정보가 대화 도중에 바뀌는 경우가 있으므로 대화 끝까지 집중한다.

08 W: London is a wonderful city for sure.

M: I think so, too.

W: That was _____ _____ _____!

M: Definitely! It took about three hours to _____ _____.

W: Oh, really? It was so interesting that I wasn't _____ _____ _____ _____ _____.

M: Right. Let's hurry. Our _____ _____ is Big Ben. I'm excited to see _____ _____ _____ _____.

W: Me, too. But can we _____ _____ _____? How about seeing the London Eye first?

M: But _____ _____ _____ from the tall Ferris wheel will be amazing! Let's go there at night _____ _____ _____ _____.

W: Okay, good!

대화를 듣고, 두 사람이 대화 직후에 갈 장소로 가장 적절한 곳을 고르시오.
① 빅 벤   ② 왕궁
③ 런던 아이   ④ 역사 박물관
⑤ 자동차 정비소

주제 · 화제 안내 방송의 경우에는 주요 전달 내용을 직접적으로 언급하므로 이를 잘 듣는다.

09 W: Good morning, everyone! May I _____ _____ _____ please? I have good news. Our baseball team _____ _____ _____ _____ today! We are planning to go to the stadium and _____ _____ _____. All students may go to the stadium at 1:30. That means you _____ _____ _____ _____ today. Please follow your homeroom teacher and come to the playground after lunch. Then you can _____ _____ _____ _____.

다음을 듣고, 무엇에 대한 내용인지 가장 적절한 것을 고르시오.
① 점심 메뉴 안내
② 단체 야구 관람 안내
③ 팀 우승 소식 전달
④ 야구 경기 일정 변경 공지
⑤ 통학 버스 탑승 시각 변경 안내

시각 시각 관련 정보를 메모하며 듣고, 정확하게 계산한다.

10 M: Hello, do you have a reservation?

W: No.

M: _____ _____ _____ _____ _____ now. Would you like to be put on the waiting list? How many do you have?

W: We're six. How long is the wait?

M: We should have a table available _____ _____ _____.

W: Will you _____ _____ _____ _____ when our table is ready? I want to look around the mall _____ _____ _____.

M: I'm sorry, but we don't call people to tell them about their table. You can leave here, but you should _____ _____ _____.

W: Okay. What time should I be back?

M: Please _____ _____ _____ _____. You'll be seated then.

대화를 듣고, 현재 시각을 고르시오.
① 5:40   ② 5:48   ③ 6:40
④ 6:48   ⑤ 7:00

대화를 듣고, 여자가 남자에게 전화한 목적으로 가장 적절한 것을 고르시오.

① 파티에 초대하려고
② 식당을 예약하려고
③ 요리법을 물어보려고
④ 파티 음식을 주문하려고
⑤ 식당 주소를 물어보려고

전화 목적 전화 초반에 목적을 언급하는 경우가 많으므로 처음부터 집중하여 듣는다.

11 (telephone rings)

M: Hello, this is Happy Cuisine.

W: Hello, I'm _____ _____ _____ about something.

M: Okay. How may I help you?

W: I'm _____ at home next weekend. I wonder if you could _____ _____ _____ _____.

M: Sure, we offer catering service. _____ _____ _____ _____ _____ _____ _____?

W: We'll have twenty.

M: Okay. What kind of menu do you _____ _____ _____?

W: Well, nothing yet.

M: Then I recommend you _____ _____ _____ on our homepage first. Our website is www.happycuisine.com. We _____ _____ _____ _____ _____ _____ _____.

W: Good. I'll visit the homepage and I'll call you later.

M: Okay, thanks.

다음을 듣고, 안내 내용과 일치하지 않는 것을 고르시오.

① 현재 파도가 매우 높다.
② 기상 악화로 보트 투어가 취소된다.
③ 보증금을 전액 환불받을 수 있다.
④ 무료로 다른 보트 투어에 참여할 수 있다.
⑤ 비상 시에 가이드의 지시를 따라야 한다.

내용 일치 세부 사항을 모두 들어야 하므로 선택지를 먼저 읽고 비교하며 듣는 것이 좋다.

12 M: All passengers, attention please. Please listen carefully, as I have some important information to give you. Currently _____ _____ _____ _____ _____. We tried to keep going, but we've decided that we shouldn't. So we're going _____ _____ _____ _____. I'm sorry for _____ _____ _____. Because of the cancelation, _____ _____ _____ will be refunded, or you can _____ _____ _____ _____ _____ for free. Now, as we are going back, the boat will _____ _____ because of the waves. Please _____ _____ and remain in your seats. Lastly, make sure you _____ _____ _____ _____ _____. In case of an emergency, you should _____ _____ _____ _____. Thank you for listening.

관계 대화의 전체적인 내용과 상황 파악이 가장 중요하다.

13 (telephone rings)

W: Hello.

M: Hello. A man is lying on the street. He doesn't _____ _____
_____ _____. Please come here right now.

W: I see. _____ _____ _____. Where are you?

M: In front of Hankook Middle School, on 1st Avenue.

W: Okay, could you _____ _____ _____ _____ about
his condition?

M: He _____ _____ _____ _____. He might
_____ _____ _____ _____ _____.

W: Okay, have you ever _____ _____ _____?

M: No, I don't know how to.

W: A rescue team will get there soon. _____ _____ _____
_____ until then and _____ _____ _____.

M: Okay, I will.

대화를 듣고, 두 사람의 관계로 가장 적절한 것을 고르시오.

① 의사 – 환자
② 택시 운전사 – 승객
③ 교사 – 학생
④ 구조 대원 – 사고자
⑤ 119 접수원 – 신고자

요청한 일 대화의 상황을 잘 파악하며 듣고, 요청을 나타내는 표현에 유의하여 듣는다.

14 (telephone rings)

M: Hello, this is Quick Delivery. Is this Ms. Walter?

W: Yes, this is she.

M: I _____ _____ _____ _____ for you. I'm in front of
your house. _____ _____ _____ now? No one is
_____ _____ _____.

W: What? I'm in my house now.

M: Really? I'd like to _____ _____ _____ again. It is 129th
Street, isn't it?

W: Oh, no. I moved to 140th Street. Could you deliver the package _____
_____ _____?

M: Okay, but it _____ _____ _____ _____ _____
before I get there.

W: No problem. Thank you!

대화를 듣고, 여자가 남자에게 요청한 일로 가장 적절한 것을 고르시오.

① 선물 포장하기
② 이삿짐 나르기
③ 주소 알려 주기
④ 도착 시간 알려 주기
⑤ 변경된 주소로 배달하기

대화를 듣고, 두 사람의 대화가 어색한
것을 고르시오.

① ② ③ ④ ⑤

어색한 대화 식당, 병원, 길 찾기 등 특정 상황에 자주 쓰이는 표현을 미리 익혀 둔다.

15 ① W: I'd like to _____ _____ _____ _____ _____ _____.

　　　 M: You can't eat it here.

② W: _____ _____ _____ _____ _____ for Seoul?

　　 M: It leaves at 12:30.

③ W: I _____ _____ _____ here.

　　 M: I hope you can _____ _____ your new life soon.

④ W: What do I have to do to _____ _____ _____ the club?

　　 M: You have to _____ _____ _____ _____.

⑤ W: Can you show me the way to the nearest subway station?

　　 M: _____ _____ _____ _____ and turn left.

대화를 듣고, 남자의 상황을 가장 잘 표
현한 속담을 고르시오.

① 소 잃고 외양간 고친다.
② 하나를 듣고 열을 안다.
③ 뜻이 있는 곳에 길이 있다.
④ 돌다리도 두들겨 보고 건너라.
⑤ 고통이 없으면 얻는 것도 없다.

속담 대화의 상황을 통해 얻을 수 있는 교훈을 생각해 본다.

16 W: Jackson, _____ _____ _____ _____ _____. What happened to you?

　　 M: Oh, hi. I _____ _____ and have been recovering.

　　 W: Surgery? What's wrong?

　　 M: Don't worry. I just _____ _____ _____ with my stomach.

　　 W: Are you okay now?

　　 M: Yes, the surgery went well and I'm trying to _____ _____.

　　 W: That's good.

　　 M: Yeah, actually, I _____ _____ _____ _____ several times, and my doctor always warned me to _____ _____ _____ my health. But I just _____ _____ _____. I regret that.

　　 W: It's not too late, though.

다음을 듣고, 주말 날씨로 가장 적절한
것을 고르시오.

① ②

③ ④

⑤

날씨 언제, 어디서의 날씨를 묻는지 먼저 파악한다.

17 W: Hello. Here's our weather forecast for the week. _____ _____ _____ _____ through the rest of this week, stopping sometime Friday evening. On Saturday, it'll be _____ _____. The temperature _____ _____ _____ _____ 15 degrees Celsius. It will continue to be sunny until Sunday. However, the weekend is _____ _____ (_____ _____ _____ because there will be a lot of dust in the air. So children and older people _____ _____ _____ _____. It's likely to rain again next Monday. Please _____ _____ _____ _____ on the way to work Monday morning. Thank you.

18   W: David, what are you doing?

      M: I'm doing my work.

      W: You look busy. _____ _____ _____?

      M: Yes, I have an important meeting tomorrow morning. I'm _____ _____ _____ _____ for it. But _____ _____ _____.

      W: Good. I'm _____. Why don't you go with me?

      M: Umm....

      W: You can _____ to refresh yourself. I can wait for you.

      M: _____

대화를 듣고, 여자의 마지막 말에 대한 남자의 응답으로 가장 적절한 것을 고르시오.

Man: _____

① Leave me alone, please.
② Sure. I'll be finished soon.
③ I'm so sorry for being late.
④ No problem. I can do it very well.
⑤ I think you'd better wait by yourself.

19   M: Hey, Anne. I'm _____ here.

      W: Oh, God! So happy to see you.

      M: By the way, _____ here? Are you all right?

      W: Actually, I'm not okay. My car has just been towed away.

      M: That's too bad.

      W: To make matters worse, I _____ _____ and cell phone in my car. _____ _____ _____ now.

      M: Oh, dear! I'll help you. What can I do for you?

      W: Thanks so much. I think I have to _____ _____ _____ first.

      M: _____

Man: _____

① I hope you'll be okay.
② You'll be able to find your wallet.
③ Don't worry. I can drive you there.
④ You should not park your car on the road.
⑤ Do you remember where you put your cell phone?

20   M: Robert is playing a board game with his friends at his house. They are having a great time. But then David, one of Robert's friends, _____ _____ _____ Sarah. Sarah _____ _____ _____ _____ Robert's house and play with them. But she didn't show up and didn't call. David is complaining that Sarah _____ _____ _____ _____. The other friends _____ _____ _____ Sarah, too. In this situation, what could Robert say to his friends?

다음 상황 설명을 듣고, Robert가 친구들에게 할 말로 가장 적절한 것을 고르시오.

Robert: _____

① I hope Sarah gets well soon.
② Let's play another game with Sarah.
③ You'd better not see Sarah any longer.
④ I think a friend in need is a friend indeed.
⑤ I'm sure Sarah has a reason for not coming here.

memo

01 대화를 듣고, 여자가 파티에 가져갈 음식으로 가장 적절한 것을 고르시오.

①    ②    ③

④    ⑤

02 대화를 듣고, 여자의 심정으로 가장 적절한 것을 고르시오.

① bored   ② angry   ③ excited
④ satisfied   ⑤ embarrassed

03 대화를 듣고, 두 사람이 대화하는 장소로 가장 적절한 곳을 고르시오.

① 공항   ② 꽃가게   ③ 엘리베이터
④ 이삿짐 센터   ⑤ 아파트 관리실

04 대화를 듣고, 남자가 주말에 한 일로 가장 적절한 것을 고르시오.

① 병원 진료   ② 음식 만들기   ③ 친구 집 방문
④ 마술 쇼 관람   ⑤ 동물원 구경

05 대화를 듣고, 남자가 머무르고 있는 곳의 날씨로 가장 적절한 것을 고르시오.

①   ②   ③   ④   ⑤

06 대화를 듣고, 여자의 마지막 말의 의도로 가장 적절한 것을 고르시오.

① 감탄   ② 충고   ③ 변명

④ 후회   ⑤ 사과

07 대화를 듣고, 남자가 환불받을 금액을 고르시오.

① $10   ② $12   ③ $40   ④ $72   ⑤ $80

08 대화를 듣고, 두 사람이 대화 직후에 할 일로 가장 적절한 것을 고르시오.

① 독일 여행하기   ② 식료품 구입하기

③ 냉장고 수리하기   ④ 쓰레기 재활용하기

⑤ 아파트 앞에 냉장고 내놓기

09 대화를 듣고, 회의에 참석할 인원수를 고르시오.

① 5명   ② 6명   ③ 7명   ④ 8명   ⑤ 9명

10 다음을 듣고, 무엇에 대한 안내 방송인지 가장 적절한 것을 고르시오.

① 관리비 납부 촉구   ② 정원사 모집 공고

③ 화단 관리 방법 설명   ④ 관리 자금 모금 행사

⑤ 아파트 보수 공사 계획 공지

memo

11 다음을 듣고, 사진 전시회에 대한 내용과 일치하지 <u>않는</u> 것을 고르시오.

① 사진작가 Linda Johnson의 사진을 전시한다.
② 사진작가의 남편은 유명 가수이다.
③ 가족의 일상적인 모습의 사진을 볼 수 있다.
④ 전시관에서 사진 촬영을 할 수 없다.
⑤ 내년 4월까지 개최될 것이다.

12 대화를 듣고, 여자가 남자에게 전화한 목적으로 가장 적절한 것을 고르시오.

① 재고를 확인하려고
② 배송지 주소를 물어보려고
③ 상품 주문 수량을 확인하려고
④ 배송 지연에 대해 사과하려고
⑤ 주문한 상품이 품절되었음을 알리려고

13 대화를 듣고, 두 사람의 관계로 가장 적절한 것을 고르시오.

① 은행 직원 – 손님
② 호텔 직원 – 투숙객
③ 백화점 직원 – 손님
④ 핸드폰 판매원 – 손님
⑤ 컴퓨터 수리공 – 컴퓨터 사용자

14 대화를 듣고, 고무나무를 키우는 방법으로 적절하지 <u>않은</u> 것을 고르시오.

① 햇빛을 충분히 받도록 한다.
② 강한 직사광선은 피한다.
③ 한여름에는 그늘에 놓는다.
④ 일주일에 한 번 물을 준다.
⑤ 건조한 곳에 둔다.

15 대화를 듣고, 여자가 남자에게 부탁한 일로 가장 적절한 것을 고르시오.

① 웨딩카 꾸미기
② 드레스 고르기
③ 웨딩카 운전하기
④ 결혼식 진행하기
⑤ 결혼식 축가 부르기

16 대화를 듣고, 남자가 롤러코스터를 탈 수 <u>없는</u> 이유로 가장 적절한 것을 고르시오.

① 대기자가 많아서
② 딸이 겁이 많아서
③ 기계 점검 시간이라서
④ 아이들이 미취학 아동이어서
⑤ 아들을 혼자 둘 수 없어서

m e m o

17 대화를 듣고, 두 사람의 대화가 <u>어색한</u> 것을 고르시오.

①   ②   ③   ④   ⑤

18 대화를 듣고, 남자의 의견과 가장 잘 어울리는 속담을 고르시오.

① Pride will have a fall.
② Better late than never.
③ Practice makes perfect.
④ Actions speak louder than words.
⑤ A drowning man will catch at a straw.

[19~20] 대화를 듣고, 남자의 마지막 말에 대한 여자의 응답으로 가장 적절한 것을 고르시오.

19 Woman: _____

① Were you satisfied with our service?
② I can call a taxi to the airport for you.
③ Sure. When are you going to come back?
④ Can you describe your suitcase in more detail?
⑤ You'd better carry it in order not to miss your flight.

20 Woman: _____

① I prefer hot coffee to iced coffee.
② We have many different toppings.
③ Would you like to upgrade the size?
④ You'd better not take too much sugar.
⑤ It is over there. You can add it according to your taste.

특정 정보 지시문을 읽고, 문제에서 요구하는 정보를 정확히 파악한다.

대화를 듣고, 여자가 파티에 가져갈 음식으로 가장 적절한 것을 고르시오.

①
②
③
④
⑤

01 W: I'm ＿＿＿＿＿ ＿＿＿＿＿ ＿＿＿＿＿ Sally's potluck party.

M: Me, too. We can meet her husband then.

W: Right. I've ＿＿＿＿＿ ＿＿＿＿＿ ＿＿＿＿＿ about her family.

M: By the way, what food will you bring to the party?

W: I'm planning to ＿＿＿＿＿＿＿＿＿＿＿＿＿. 〔함정〕

M: Beef stew? Sally is a vegetarian. She ＿＿＿＿＿ ＿＿＿＿＿ ＿＿＿＿＿.

W: Oh, I forgot. What will you bring?

M: I'll ＿＿＿＿＿ ＿＿＿＿＿ ＿＿＿＿＿.

W: That will be great. Then what should I make?

M: ＿＿＿＿＿＿＿＿＿＿＿＿＿? She loves vegetables. 〔단서〕

W: Great. It will be delicious and ＿＿＿＿＿ ＿＿＿＿＿ ＿＿＿＿＿ ＿＿＿＿＿ ＿＿＿＿＿! Thanks for the good idea!

심정 대화의 상황을 파악하는 것이 가장 중요하다.

대화를 듣고, 여자의 심정으로 가장 적절한 것을 고르시오.
① bored   ② angry
③ excited   ④ satisfied
⑤ embarrassed

02 M: How can I help you?

W: ＿＿＿＿＿ ＿＿＿＿＿ ＿＿＿＿＿ ＿＿＿＿＿. Pump number five. Here is my credit card.

M: Oh, wait! Is the van next to pump number five yours?

W: Right.

M: I'm afraid you ＿＿＿＿＿＿＿＿＿＿＿＿＿.

W: Excuse me?

M: You have ＿＿＿＿＿ ＿＿＿＿＿ ＿＿＿＿＿ with diesel, not gasoline.

W: I can't believe I did that! What should I do now?

M: You have to pump all the gas ＿＿＿＿＿＿＿＿＿＿＿＿＿. I'll ＿＿＿＿＿ ＿＿＿＿＿ ＿＿＿＿＿ for you.

대화 장소 대화의 상황이 장소를 찾는 데 중요한 단서가 되므로, 이를 잘 파악하며 듣는다.

대화를 듣고, 두 사람이 대화하는 장소로 가장 적절한 곳을 고르시오.
① 공항   ② 꽃가게
③ 엘리베이터   ④ 이삿짐 센터
⑤ 아파트 관리실

03 W: Hello, you seem to have ＿＿＿＿＿ ＿＿＿＿＿ ＿＿＿＿＿. I'll help you. What floor?

M: Oh, how kind of you! ＿＿＿＿＿＿＿＿＿＿＿, please.

W: Okay. ＿＿＿＿＿＿＿＿＿＿＿＿＿? I live on the 12th floor.

M: Yes, ＿＿＿＿＿ ＿＿＿＿＿ ＿＿＿＿＿.

W: Nice to meet you. I'm Jessica.

M: I'm Daniel. I'm happy to meet you, too. But I need to tell you something.

＿＿＿＿＿ ＿＿＿＿＿ ＿＿＿＿＿ ＿＿＿＿＿.

W: What?

M: My house is _____ _____. The workers will _____ _____ _____ for several days. I'm so sorry for that.

W: No problem. Oh, I've got to get off. See you soon!

한 일 누가 언제 한 일을 묻는지 먼저 확인한 후 그에 맞춰 정보를 선별적으로 파악해야 한다.

04 M: Where are you going?

W: I'm _____ _____ _____ _____ _____.

M: Are you sick?

W: I _____ _____ _____ yesterday. But _____ _____ _____ _____ were closed.

M: How did you hurt it?

W: My friends were visiting me, and I was cooking some food for them.

M: You should _____ _____ _____.

W: I know. Anyway, did you have a nice weekend?

M: Absolutely! I _____ _____ _____ _____ _____.

W: Did you _____ _____ _____ _____?

M: Actually, I didn't. I don't like them. Instead, _____ _____ _____ _____ _____. It was fantastic. The magician made some animals disappear!

대화를 듣고, 남자가 주말에 한 일로 가장 적절한 것을 고르시오.
① 병원 진료   ② 음식 만들기
③ 친구 집 방문   ④ 마술 쇼 관람
⑤ 동물원 구경

날씨 여러 날씨 정보를 혼동하지 말고 문제에서 묻는 바를 정확히 파악해야 한다.

05 (telephone rings)

M: Hello, Mom.

W: Oh, hello, my son. Are you okay?

M: I'm good.

W: Thank God _____ _____. The news says many people in America _____ _____ _____ _____ because of heavy snow. I've been _____ _____ _____.

M: Don't worry. America is really big. _____ _____ _____ _____ _____ _____ is sunny and warm.

W: That's a good thing. _____ _____ _____ _____ _____ for a week here. Anyway, I'm happy to hear your voice. Please call me more often. _____ _____ _____ so much.

M: Okay, I will. I miss you, too. _____ _____, Mom. I'll call you later.

W: Okay, bye. Take care.

대화를 듣고, 남자가 머무르고 있는 곳의 날씨로 가장 적절한 것을 고르시오.

①   ②

③   ④

⑤

대화를 듣고, 여자의 마지막 말의 의도로
가장 적절한 것을 고르시오.

① 감탄   ② 충고   ③ 변명
④ 후회   ⑤ 사과

의도 대화 상황을 파악하며 머릿속으로 그려보자.

06

W: _____ _____ _____ _____?

M: Are you kidding? Do you know what time it is now?

W: Oh, I'm so sorry. It's two thirty now. The play must have _____ _____ _____ _____.

M: Yes, it did. _____ _____?

W: Do you really want _____ _____ _____ _____ _____?

M: Sure, go ahead.

W: When I left my house, it _____ _____ _____. It snowed heavily.

M: And then?

W: I _____ _____ _____. The train stopped for about ten minutes. So I got off the train and _____ _____ _____ _____ _____, but the bus made me wait for 30 minutes.

M: How could all these bad things happen to you in one day?

W: It _____ _____ _____ _____, right? But it's true. Everything was a mess _____ _____ _____ _____ _____! There was nothing I could do!

대화를 듣고, 남자가 환불받을 금액을 고
르시오.

① $10   ② $12   ③ $40
④ $72   ⑤ $80

금액 숫자를 계산해서 문제를 풀어야 하는 경우, 일부 정보를 놓치면 문제를 풀기 어려우므로 세부 사항을 메모하며 주의 깊게 듣는다.

07 *(telephone rings)*

W: Hello, this is Top Travel Agency.

M: Hello. I'd like to _____ _____ _____.

W: _____ _____ _____ _____ _____ please?

M: My name is Michael James.

W: Okay. You had a reservation for a flight and hotel. Do you want _____ _____ _____?

M: Yes, please.

W: Let me check the return policy. Oh, you _____ _____ _____ _____ _____ _____ for your flight, so you can't _____ _____ _____ for that.

M: Did I? I think I didn't _____ _____ _____. How about the hotel?

W: You can get a refund for the hotel. But _____ _____ _____ _____ for canceling your reservation.

M: How much is the fee?

W: You must pay 10% of _____.

M: I see. Can you tell me the hotel charge?

W: It's $40 _____ _____ and you booked for two nights.

할 일 대화 직후에 할 일은 대화 후반부에 언급되는 경우가 많으므로, 끝까지 집중한다.

08
W: How was your trip?

M: It was really good. I _____ _____ _____ Germany.

W: What was so special about Germany?

M: I was very impressed _____ _____ _____ _____ of German people. They try to _____ _____ in their daily life. They _____ _____ _____ _____. They even _____ _____ so that it's not wasted.

W: Sharing food?

M: Right. They _____ _____ _____ in their neighborhood to share food. When they buy too much food and they can't eat it, they _____ _____ _____ _____ _____ in the neighborhood refrigerator. And their neighbors can _____ _____ _____ in the refrigerator.

W: _____ _____ _____! Why don't we do that ourselves? I have _____ _____ _____ _____. I'll put it in front of my apartment building.

M: Good! I'll help you move it.

대화를 듣고, 두 사람이 대화 직후에 할 일로 가장 적절한 것을 고르시오.
① 독일 여행하기
② 식료품 구입하기
③ 냉장고 수리하기
④ 쓰레기 재활용하기
⑤ 아파트 앞에 냉장고 내놓기

특정 정보 정보가 변경되는 경우가 많으므로, 대화 끝까지 주의 깊게 메모하며 듣는다.

09
M: Mary, are you finished _____ _____ _____ _____?

W: Almost done. I'm _____ _____ _____.

M: Good. Are you sure you know _____ _____ _____ _____ _____?

W: There are eight people, right?

M: Oh, I heard Ms. Kathy and Mr. Daniel can't come because they _____ _____ _____ _____. You just need to _____ _____ _____ for six.

W: When did you hear that? Several minutes ago, she called and said _____ _____ _____ and she could come to our meeting.

M: How about Mr. Daniel?

W: I _____ _____ _____ _____ from him.

M: Okay, then we don't need to set the table for him.

대화를 듣고, 회의에 참석할 인원수를 고르시오.
① 5명   ② 6명   ③ 7명
④ 8명   ⑤ 9명

다음을 듣고, 무엇에 대한 안내 방송인지 가장 적절한 것을 고르시오.
① 관리비 납부 촉구
② 정원사 모집 공고
③ 화단 관리 방법 설명
④ 관리 자금 모금 행사
⑤ 아파트 보수 공사 계획 공지

주제·화제 들려주는 내용의 초반부와 후반부를 특히 주의해서 듣는다.

10 M: Good afternoon. As you know, our apartment building is going to _____ _____ soon. We also need to _____ to take care of the flower beds around the building. But unfortunately, our apartment _____ _____ _____ _____ to manage the building. So we're _____ because there are some residents who have not paid their fees. The fee is _____ _____ _____ _____ _____ of this month. I'd appreciate it if everyone would _____ as soon as possible. Thank you for listening.

다음을 듣고, 사진 전시회에 대한 내용과 일치하지 <u>않는</u> 것을 고르시오.
① 사진작가 Linda Johnson의 사진을 전시한다.
② 사진작가의 남편은 유명 가수이다.
③ 가족의 일상적인 모습의 사진을 볼 수 있다.
④ 전시관에서 사진 촬영을 할 수 없다.
⑤ 내년 4월까지 개최될 것이다.

내용 일치 선택지를 미리 읽고, 주의해서 들어야 할 내용이 무엇인지 파악한다.

11 W: Hello, I'm _____ _____ _____ _____ of Linda Johnson. Linda Johnson, the wife of David Johnson, a member of the famous musical group the Blur, was a photographer. Linda _____ _____ _____ in their daily lives. She didn't plan her pictures on a set. She mainly _____ _____ _____ _____ with her family. Through her photos, you can _____ _____ _____ _____. You can take pictures in this gallery, so you can _____ _____ _____ with Linda's photos with your camera. This exhibition _____ _____ until April next year. If you _____ _____ _____ her touching pictures, don't _____ _____ _____.

대화를 듣고, 여자가 남자에게 전화한 목적으로 가장 적절한 것을 고르시오.
① 재고를 확인하려고
② 배송지 주소를 물어보려고
③ 상품 주문 수량을 확인하려고
④ 배송 지연에 대해 사과하려고
⑤ 주문한 상품이 품절되었음을 알리려고

전화 목적 대부분 대화 초반에 전화 목적을 언급하는 경우가 많으나, 대화를 진행하며 언급할 수도 있으니 섣불리 답을 고르지 않는다.

12 (telephone rings)

W: Hello. Is this Mr. White speaking?

M: Yes.

W: This is Happy Price Shopping Mall. I'm calling to tell you about your order. You _____ _____ _____, right?

M: Right.

W: I'm afraid your size _____.

M: You _____ _____ _____ _____ when I ordered.

W: I'm sorry, but there _____ _____ _____ _____ with our order system.

M: Oh, no. When are they going to _____ _____?

W: I'm not sure. I recommend you get a refund or _____ _____ _____.

M: Okay then, _____ _____ _____ _____.

13 W: What can I help you with?

M: I'd like to _____ .

W: Okay, please _____ .

M: (pause) I'm done.

W: _____ , please.

M: Here it is.

W: Do you want to _____ now?

M: Yes, please. Here is $20. And what should I do to use Internet banking?

W: You only _____ _____ _____ _____ and create your ID and PIN. If you want to use smartphone banking, _____ _____ _____ and log in with your ID and PIN.

대화를 듣고, 두 사람의 관계로 가장 적절한 것을 고르시오.
① 은행 직원 – 손님
② 호텔 직원 – 투숙객
③ 백화점 직원 – 손님
④ 핸드폰 판매원 – 손님
⑤ 컴퓨터 수리공 – 컴퓨터 사용자

14 M: This tree is a rubber tree. This is for you.

W: Oh, thanks! It'll make the air in my house fresh. Where shall I put this?

M: It _____ _____ _____ _____ _____ . You'd better put it on the balcony.

W: Good. I can _____ _____ _____ _____ there.

M: Don't forget to _____ _____ _____ _____ . Move it to the shade in the middle of summer.

W: Okay. But I've never grown a tree. I'm afraid it will die.

M: It is quite easy to _____ _____ _____ .

W: How often do I have to water it?

M: You need to _____ _____ _____ _____ . It needs _____ .

W: Okay, but I don't think it will be easy for me to take care of it.

대화를 듣고, 고무나무를 키우는 방법으로 적절하지 않은 것을 고르시오.
① 햇빛을 충분히 받도록 한다.
② 강한 직사광선은 피한다.
③ 한여름에는 그늘에 놓는다.
④ 일주일에 한 번 물을 준다.
⑤ 건조한 곳에 둔다.

15 M: You have only a few days left before your wedding. How is it going?

W: Everything is good. _____ _____ _____ _____ , but I'm happy these days.

M: You can _____ _____ _____ _____ _____ if you need anything.

W: So nice of you to say that! Then could you _____ ? I know you _____ _____ _____ _____ .

M: Of course, I can! I can even drive the wedding car if you want!

W: Thank you so much but that's okay. My brother is going to drive it.

대화를 듣고, 여자가 남자에게 부탁한 일로 가장 적절한 것을 고르시오.
① 웨딩카 꾸미기
② 드레스 고르기
③ 웨딩카 운전하기
④ 결혼식 진행하기
⑤ 결혼식 축가 부르기

대화를 듣고, 남자가 롤러코스터를 탈 수 없는 이유로 가장 적절한 것을 고르시오.

① 대기자가 많아서
② 딸이 겁이 많아서
③ 기계 점검 시간이라서
④ 아이들이 미취학 아동이어서
⑤ 아들을 혼자 둘 수 없어서

이유 거절 등을 나타내는 말 뒤에 이유를 묻고 이에 직접적으로 답하는 경우가 많으므로, 이를 유의하여 듣는다.

16 W: Next, please.

M: One adult and two kids, please.

W: Oh, I'm sorry, but we can't _____ _____ _____ _____.

M: Why not? He is an elementary school student.

W: Kids under 110 centimeters _____ _____ _____ _____ this roller coaster. He is _____ _____ _____ _____ _____.

M: Oh, I see.

W: Your daughter is _____ _____ _____ _____ on it. Would you like a ticket for her?

M: No, thanks. I can't _____ _____ _____ _____. I'd better _____ _____ _____.

대화를 듣고, 두 사람의 대화가 어색한 것을 고르시오.

①   ②   ③   ④   ⑤

어색한 대화 의문문이 있는 경우, 의문사가 대답의 결정적인 단서가 되므로 주의해서 듣는다.

17 ① M: How was your trip?
   W: I _____ _____ _____.

② M: What does your pet _____ _____?
   W: It's small and it _____ _____ _____.

③ M: Are you _____ _____ _____?
   W: I'll have a chicken sandwich and an orange juice.

④ M: How many days are you going to stay?
   W: _____ _____ _____ _____ _____ _____.

⑤ M: I'd like to get a refund on this sweater.
   W: Do you _____ _____ _____?

대화를 듣고, 남자의 의견과 가장 잘 어울리는 속담을 고르시오.

① Pride will have a fall.
② Better late than never.
③ Practice makes perfect.
④ Actions speak louder than words.
⑤ A drowning man will catch at a straw.

속담 평소 속담이 나타내는 교훈을 익혀둔다.

18 W: What did you do yesterday?

M: I _____ _____ _____ _____ *Top Singers* after school.

W: It's a singing contest, right?

M: Right. I love to see participants try to _____ _____ _____ _____.

W: Why do you like it? Isn't it too competitive?

M: Not at all. The competition makes them practice harder _____ _____ _____ _____. It _____ _____ _____ _____.

W: Difference?

M: At the beginning of the program, they weren't very good. But as the show goes on, they _____ _____ _____ _____. I guess it's because they _____.

W: You seem to have learned an important lesson _____ _____ _____ _____.

M: Exactly.

마지막 말에 대한 응답 마지막 말에만 집중하는 것은 위험하므로, 대화를 주의 깊게 들으며 상황을 파악해야 한다.

19 M: I'd like to check out.

W: Okay, _____ _____ _____ _____ here?

M: It was very good.

W: I'm happy to hear that. Please wait for a moment. We'll _____ _____ _____. *(pause)* You took two bottles of water, right?

M: Yes.

W: You have to _____ _____ _____. It'll be $5.

M: Here you are.

W: Thanks. I hope _____ _____ _____ _____.

M: I hope so, too. By the way, could you _____ _____ _____ for a while? I _____ _____ _____ _____ before my flight.

W: _____

대화를 듣고, 남자의 마지막 말에 대한 여자의 응답으로 가장 적절한 것을 고르시오.

Woman: _____

① Were you satisfied with our service?
② I can call a taxi to the airport for you.
③ Sure. When are you going to come back?
④ Can you describe your suitcase in more detail?
⑤ You'd better carry it in order not to miss your flight.

마지막 말에 대한 응답 선택지를 미리 읽고 의미를 파악해 둔다.

20 W: May I _____ _____ _____?

M: Tall cafe latte, please.

W: Tall cafe latte, right? Iced or hot?

M: Hot, please.

W: Do you want _____ _____ _____ _____?

M: Never. It's too fatty. I'm _____ _____ _____.

W: Okay. I'd like to _____ _____ _____ _____. You ordered a tall, hot cafe latte without whipped cream, right?

M: Yes.

W: Do you want it _____ _____?

M: Yes, please. And I'd like to _____ _____ _____ in it.

W: _____

Woman: _____

① I prefer hot coffee to iced coffee.
② We have many different toppings.
③ Would you like to upgrade the size?
④ You'd better not take too much sugar.
⑤ It is over there. You can add it according to your taste.

실전모의고사 3회

01 대화를 듣고, 여자가 좋아하는 선수로 가장 적절한 사람을 고르시오.

① ② ③

④ ⑤

02 대화를 듣고, 남자의 심정으로 가장 적절한 것을 고르시오.

① angry　　　　② grateful　　　　③ regretful
④ hopeful　　　　⑤ worried

03 대화를 듣고, 두 사람이 대화하는 장소로 가장 적절한 곳을 고르시오.

① restaurant　　　　② airplane　　　　③ playground
④ grocery store　　　　⑤ movie theater

04 대화를 듣고, 여자의 마지막 말의 의도로 가장 적절한 것을 고르시오.

① 걱정　　　② 격려　　　③ 부탁　　　④ 조언　　　⑤ 제안

05 대화를 듣고, 남자가 휴가 때 한 일로 가장 적절한 것을 고르시오.

① 옷 쇼핑　　　　　　　　② 자동차 수리
③ 자동차 세차　　　　　　④ 건널목 안전 도우미
⑤ 초등학교 동창 모임

06 대화를 듣고, 여자가 식당에서 지불할 금액을 고르시오.

① $60   ② $70   ③ $80   ④ $90   ⑤ $100

07 대화를 듣고, 두 사람이 대화 직후에 할 일로 가장 적절한 것을 고르시오.

① 낮잠 자기   ② 마사지 받기
③ 왕궁 관람하기   ④ 수상 시장 둘러보기
⑤ 코끼리 트레킹 체험하기

08 다음을 듣고, 상담원과 통화하려면 몇 번을 눌러야 하는지 고르시오.

① 0번   ② 1번   ③ 2번   ④ 3번   ⑤ 4번

09 다음을 듣고, 무엇에 대한 내용인지 가장 적절한 것을 고르시오.

① 일기 예보 안내   ② 비상 경보 발표
③ 비행기 이륙 안내   ④ 운항 중 기상 악화 알림
⑤ 응급 처치 방법 설명

10 대화를 듣고, 남자의 좌석은 몇 층에 있는지 고르시오.

① 1층   ② 2층   ③ 3층   ④ 4층   ⑤ 5층

11 대화를 듣고, 두 사람이 타코에 넣을 재료가 아닌 것을 고르시오.

① 아보카도   ② 양배추   ③ 토마토
④ 완두콩   ⑤ 소고기

memo

12 대화를 듣고, 그 내용과 일치하지 <u>않는</u> 것을 고르시오.

> ### Check Up
> ① **Name**: Jamie Park
> ② **Age**: 50
> ③ **Surgery**: Yes ☐ / No ☑
> ④ **Taking medicine regularly**: Yes ☐ / No ☑
> ⑤ **Medicine allergy**: Yes ☑ / No ☐ (aspirin)

13 대화를 듣고, 두 사람의 관계로 가장 적절한 것을 고르시오.

① 의사 – 환자 ② 교사 – 학부모 ③ 요리사 – 손님
④ 상담교사 – 학생 ⑤ 면접관 – 입사 지원자

14 대화를 듣고, 여자가 남자에게 부탁한 일로 가장 적절한 것을 고르시오.

① 잠 재우기 ② 기저귀 갈기 ③ 체온 측정하기
④ 식사 준비하기 ⑤ 목욕 준비하기

15 다음을 듣고, 캠핑장 이용 수칙으로 언급되지 <u>않은</u> 것을 고르시오.

① 모닥불을 피울 수 없다. ② 전기 난방기를 사용할 수 없다.
③ 쓰레기를 분리해서 버려야 한다. ④ 야간에 샤워실을 사용할 수 없다.
⑤ 오후 2시까지 퇴실해야 한다.

16 대화를 듣고, 두 사람의 대화가 <u>어색한</u> 것을 고르시오.

①   ②   ③   ④   ⑤

mem()

17 대화를 듣고, 남자가 기분이 좋지 <u>않은</u> 이유를 고르시오.

① 날이 추워서   ② 악몽을 꿔서
③ 시험에 불합격해서   ④ 꿈을 포기해야 해서
⑤ 건강이 좋지 않아서

18 다음을 듣고, 내일 아침 날씨로 가장 적절한 것을 고르시오.

① ② ③ ④ ⑤

[19~20] 대화를 듣고, 여자의 마지막 말에 대한 남자의 응답으로 가장 적절한 것을 고르시오.

19 Man: _____

① I want to come here again.
② I agree. I'll ask for the manager.
③ I don't feel like eating this food.
④ I think you should order a steak next time.
⑤ We should have had dinner at this restaurant.

20 Man: _____

① You can try again tomorrow.
② Did you check the power cable?
③ I think you should be more patient.
④ Why don't you buy a new keyboard?
⑤ You'd better wait until the technician comes.

그림 묘사 사람의 외모를 묘사하는 표현을 익혀 둔다.

01 M : This game is so exciting! I can't even guess which team will win.

W : Exactly! But I _____ _____ _____ _____.

M : The players are very fast, right?

W : Actually, I _____ _____ _____ and I didn't bring my glasses. I can't see very well.

M : That's too bad. Which player is your favorite? I'll _____ _____ _____ _____ he is making.

W : He's very handsome. He's the number one player for me.

M : Kate, come on. Please _____ _____ _____ _____.

W : Oh, okay, okay! He has bronze skin and _____.

M : Anything else? 〔단서〕

W : He has a number seven on his uniform. Can you see him?

M : Yes, I found him. He's _____ _____ _____ _____.

W : Oh, really? I hope he _____ _____ _____. It'll be his second _____ of the game.

심정 선택지가 영어로 제시되므로, 심정을 나타내는 어휘를 미리 익혀 둔다.

02 W : Excuse me. Are you Mr. Gonzalez?

M : Yes, I am. Do I know you?

W : I'm a cashier at the Big A Market. I've been _____ _____ for about one hundred meters.

M : Is there any problem with my bill? Why are you running after me? 〔함정〕

W : You _____ _____ _____ on the checkout counter.

M : Oh, really? Let me see.... Oh, you're right. I don't have my wallet! Why didn't you _____ _____ _____? You didn't need to run so hard.

W : You _____ _____ _____ _____. You must have been listening to something _____ _____ _____.

M : Oh, yes. I was jogging and listening to music. _____ _____ _____ to get this back to me!

W : It's my pleasure. By the way, you run so fast! It was not easy for me to _____ _____ _____ _____!

대화 장소 대화 내용에 나온 일부 표현을 이용한 오답 선택지를 고르지 않도록 주의한다.

03 W : Excuse me, but I _____ _____ _____ _____ about one thing.

M : What is _____ _____ _____?

W : A boy behind me keeps _____ _____ _____ _____

대화를 듣고, 여자가 좋아하는 선수로 가장 적절한 사람을 고르시오.

대화를 듣고, 남자의 심정으로 가장 적절한 것을 고르시오.

① angry   ② grateful
③ regretful   ④ hopeful
⑤ worried

대화를 듣고, 두 사람이 대화하는 장소로 가장 적절한 곳을 고르시오.

① restaurant   ② airplane
③ playground   ④ grocery store
⑤ movie theater

and kicking my seat. He is _____ _____ _____
at the playground. I can't enjoy the movie at all.

M: I _____ _____ _____ _____ . I'll tell his mother.

W: Okay, thanks.

M: Are there any other things you need?

W: Nothing. Oh, when can I _____ _____ _____ ?

M: We'll _____ _____ _____ in about one hour. You can have
some snacks before then if you want.

W: No, thanks.

의도 대화 상황에 적합한 말을 짐작하며 듣는다.

04 W: Wyatt, how was your audition?

M: I _____ _____ _____ _____ . I'm very disappointed
with myself.

W: Oh, no! _____ _____ _____ _____ .

M: Yes, I did. But I don't think I practiced enough. There were so _____
_____ _____ . My performance was bad compared to theirs.

W: I _____ _____ _____ _____ _____ .

M: But why? I can't play the piano well. I don't have much _____
_____ _____ . And my singing is not good.

W: _____ _____ _____ _____ . I love your unique and
wonderful voice. Nobody sounds like you.

대화를 듣고, 여자의 마지막 말의 의도로
가장 적절한 것을 고르시오.
① 걱정   ② 격려   ③ 부탁
④ 조언   ⑤ 제안

한 일 대화에서 한 일을 직접적으로 묻는 경우가 많으므로, 그에 대한 대답을 잘 듣는다.

05 W: _____ _____ _____ _____ _____ ?

M: I _____ _____ _____ _____ and I'm tired now.

W: What did you do?

M: I _____ _____ _____ _____ in front of
the elementary school.

W: Crossing guard?

M: Yes. Many people drive too fast, so the road around the school is dangerous. I
helped young students _____ _____ _____ _____ .

W: You did a really good thing. _____ _____ _____ ?

M: Yes, a little. It was so cold. I should have worn _____ _____
_____ .

대화를 듣고, 남자가 휴가 때 한 일로 가
장 적절한 것을 고르시오.
① 옷 쇼핑
② 자동차 수리
③ 자동차 세차
④ 건널목 안전 도우미
⑤ 초등학교 동창 모임

금액 할인, 인원 수, 물건 수 등 금액에 영향을 미치는 정보를 주의해서 듣는다.

대화를 듣고, 여자가 식당에서 지불할 금액을 고르시오.

① $60　② $70　③ $80
④ $90　⑤ $100

06　(telephone rings)

M: Hello, this is Seafood Paradise.

W: I'd like to _____ _____ _____ .

M: What day _____ _____ _____ _____ ?

W: Next Sunday. _____ _____ _____ ?

M: Sure. For how many?

W: _____ _____ _____ _____ _____ . My husband, daughter, son, and me.

M: Okay, I made your reservation. Thanks a lot. See you then.

W: Oh, wait! I'd like _____ _____ _____ _____ .

M: _____ _____ , it's $20 for adults and $10 for under six. On weekends, it's _____ and $15 for under six.

W: Okay.

M: Are your children _____ _____ ?

W: Yes, they are.

M: Okay, then your children can enjoy the buffet _____ _____ _____ .

M: Great!

할 일 대화를 끝까지 잘 듣고, 화자가 무엇을 하기로 했는지 최종 선택을 확인한다.

대화를 듣고, 두 사람이 대화 직후에 할 일로 가장 적절한 것을 고르시오.

① 낮잠 자기
② 마사지 받기
③ 왕궁 관람하기
④ 수상 시장 둘러보기
⑤ 코끼리 트레킹 체험하기

07　W: Now what should we do?

M: How about elephant trekking? The course is _____ _____ _____ _____ .

W: Well, I want to give my legs _____ _____ _____ .

M: Then we can _____ _____ _____ . We don't need to walk. We can enjoy the special markets just sitting on the boat. Doesn't that _____ _____ ?

W: Right. But I want to do something really easy.

M: Okay, I see. Do you _____ _____ _____ ? Thailand is famous for its massages.

W: I'd like to get a massage, but I _____ _____ _____ _____ right now.

M: I never know what you want. Just tell me.

W: I'm very tired. I want to go to our hotel and _____ _____ _____ .

M: Okay. Let's do that, then.

특정 정보 지시문을 읽고 어떤 정보를 들어야 하는지 확인한 후, 이에 집중하여 듣는다.

08 W: Thank you for calling Quick Telecom. We are glad you are our customer and we want to make sure you have _____ _____ _____ _____ with our company. If you want information _____ _____ _____ _____ we offer, please press one. If you want to _____ _____ _____, press two. If you want to _____ _____ _____ or cancel your membership, press three. If you want to _____ _____ _____ _____, press zero. To repeat this information, please press four.

다음을 듣고, 무엇에 대한 내용인지 가장 적절한 것을 고르시오.

① 일기 예보 안내
② 비상 경보 발표
③ 비행기 이륙 안내
④ 운항 중 기상 악화 알림
⑤ 응급 처치 방법 설명

주제·화제 안내 방송 초반에 방송지와 방송 목적이 드러나는 경우가 많으므로 잘 듣는다.

09 M: Ladies and gentlemen, this is your captain, Lauren. _____ _____ _____ _____ _____ the Pacific Ocean, holding its altitude at 4,500 ft. We are currently _____ _____ _____. The plane might _____ _____ _____. Please _____ _____ and remain in your seats. We strongly recommend that you _____ _____ _____ tightly until the seat belt sign is turned off. Please remind yourself of _____ _____ _____ _____ . They are located under the seat. In case of an emergency, I _____ _____ _____ with the crew in the cabin. Thank you.

특정 정보 유사 정보와 혼동하지 않고 문제에서 요구하는 정보를 찾는다.

10 W: Hello. Welcome to our theater.

M: Where do I have to go?

W: You can _____ _____ _____ from the first to third floors.

M: Okay. By the way, where's the restroom?

W: The men's room is _____ _____ _____ _____ .

M: Oh, thank you.

W: Excuse me. Can you _____ _____ _____ _____ ?

M: Oh, here it is.

W: Your seat is _____ _____ _____ _____ . _____ _____ over there, please.

대화를 듣고, 두 사람이 타코에 넣을 재료가 <u>아닌</u> 것을 고르시오.

① 아보카도   ② 양배추   ③ 토마토
④ 완두콩   ⑤ 소고기

특정 정보   문제에서 요구하는 정보가 연이어 나온 후, 반복되지 않는 경우가 많으므로, 놓치지 않고 메모하며 듣는다.

11

M : Mom, what are you doing?

W : Oh, Max. I'm making tacos for lunch.

M : Tacos? ＿＿＿＿＿ ＿＿＿＿＿＿ ＿＿＿＿＿. I'll help you. What should I do first?

W : We should ＿＿＿＿＿ ＿＿＿＿＿ ＿＿＿＿＿ first and go to the supermarket.

M : Good. Do we have avocados? I love them. We should definitely have them in the tacos.

W : We have some in the refrigerator. ＿＿＿＿＿ ＿＿＿＿＿ ＿＿＿＿ from the salad I made yesterday.

M : Good. Well, then we need cabbage, tomatoes, peas, and meat.

W : Okay. ＿＿＿＿＿ ＿＿＿＿＿＿ ＿＿＿＿＿ ＿＿＿＿＿ ＿＿＿＿＿, chicken or beef?

M : Absolutely beef!

W : Okay. And you're ＿＿＿＿＿＿＿＿＿＿＿＿, so you shouldn't eat them.

M : Oops! That could have ＿＿＿＿＿ ＿＿＿＿＿＿＿ ＿＿＿＿＿. We can just skip those.

W : Right. We're a little bit ＿＿＿＿＿ ＿＿＿＿＿ ＿＿＿＿.

M : Are the other things ready?

W : Yes. We only have to buy some cabbage. ＿＿＿＿＿ ＿＿＿＿＿ to go to the grocery store, Max. There isn't much time left for lunch!

대화를 듣고, 그 내용과 일치하지 <u>않는</u> 것을 고르시오.

Check Up
① Name: Jamie Park
② Age: 50
③ Surgery: Yes ☐ / No ☑
④ Taking medicine regularly: Yes ☐ / No ☑
⑤ Medicine allergy: Yes ☑ / No ☐ (aspirin)

내용 일치   미리 표를 살펴보고, 들을 내용을 짐작하며 듣는다.

12

W : What can I do for you?

M : I'd like to ＿＿＿＿＿ ＿＿＿＿＿ ＿＿＿＿＿.

W : ＿＿＿＿＿ ＿＿＿＿＿ ＿＿＿＿＿ ＿＿＿＿＿＿?

M : I have ＿＿＿＿＿ ＿＿＿＿＿ ＿＿＿＿＿.

W : Okay. Before treatment, I ＿＿＿＿＿＿＿＿＿＿＿＿＿＿＿＿＿＿＿.
May I have your name and age?

M : Jamie Park. I'm 50 years old.

W : ＿＿＿＿＿ ＿＿＿＿＿ ＿＿＿＿＿ ＿＿＿＿＿?

M : No.

W : Are you ＿＿＿＿＿＿＿＿＿＿＿＿＿＿＿?

M : Yes. I've been taking medicine because of diabetes.

W : Are you ＿＿＿＿＿ ＿＿＿＿＿ ＿＿＿＿＿?

M : Yes. I'm allergic to aspirin.

W : Okay. Please follow me and wait for a moment. There are five other people in front of you.

관계 관계가 직접적으로 언급되는 경우는 드물므로, 대화의 주제나 상황을 파악하는 데 초점을 맞춰 듣는다.

13 M : Hello, Ms. Millan.

🏴 W : Hello, Nick.

M : I'd like to _____ _____ _____ .

W : What's the problem? I thought you _____ _____ _____
_____ _____ _____ .

M : Well… that's not true. Actually, _____ _____ _____
_____ , not mine.

W : Oh, I'm sorry. I didn't know.

M : That's okay. They want me to _____ _____ _____
_____ . But I really want to be a designer.

W : You _____ _____ _____ , Nick.

M : Yes. I don't know _____ _____ _____ my parents.

W : Oh, dear. Do you want me to tell them?

M : Well… I don't know.

W : Then _____ _____ _____ _____ your dream to your parents? Have you ever done this?

M : No, I haven't, but I think I'll try to. Thank you, Ms. Millan.

부탁한 일 부탁 내용만 들으려 하지 말고, 상황을 파악하며 들으면 오답률을 줄일 수 있다.

14 M : Why is he crying? I don't know what to do.

W : Me, neither. What's the problem with him? Is he hungry?

M : No way! He drank milk just _____ _____ _____ _____ .

W : I checked his temperature already. He _____ _____ _____
_____ .

M : Is he sleepy? How about _____ _____ _____ _____ ?

W : I've been humming the baby to sleep, but _____ _____ _____ .
He doesn't seem sleepy.

M : So what's the problem?

W : Oh, did you _____ _____ _____ ?

M : Yes, I changed his diaper _____ _____ _____ .

W : I should check again just in case. *(pause)* Oh, he needs changing. Could you
_____ _____ _____ ? I think I should wash him before putting a new diaper on him.

대화를 듣고, 두 사람의 관계로 가장 적절한 것을 고르시오.

① 의사 – 환자
② 교사 – 학부모
③ 요리사 – 손님
④ 상담교사 – 학생
⑤ 면접관 – 입사 지원자

대화를 듣고, 여자가 남자에게 부탁한 일로 가장 적절한 것을 고르시오.

① 잠 재우기   ② 기저귀 갈기
③ 체온 측정하기   ④ 식사 준비하기
⑤ 목욕 준비하기

다음을 듣고, 캠핑장 이용 수칙으로 언급되지 <u>않은</u> 것을 고르시오.
① 모닥불을 피울 수 없다.
② 전기 난방기를 사용할 수 없다.
③ 쓰레기를 분리해서 버려야 한다.
④ 야간에 샤워실을 사용할 수 없다.
⑤ 오후 2시까지 퇴실해야 한다.

언급된 내용 선택지를 미리 읽어서 대략적인 내용을 알고 있으면 답을 추려내기가 훨씬 수월하다.

15 M : Hello, may I have your attention, please? There are some campers who ＿＿＿＿＿ ＿＿＿＿＿ ＿＿＿＿＿ ＿＿＿＿＿, so I'd like to remind you of the several rules at this camping site. First of all, ＿＿＿＿＿ ＿＿＿＿＿ ＿＿＿＿＿ ＿＿＿＿＿ because they can ruin the lawn or cause a fire. Second, don't use an electric heater. It ＿＿＿＿＿ ＿＿＿＿＿ ＿＿＿＿＿, so the power could go out and we all would be inconvenienced. Third, don't forget to ＿＿＿＿＿ ＿＿＿＿＿ ＿＿＿＿＿. Trash bins are in front of the shower rooms. Also, please don't make a lot of noise at night. Lastly, checkout time is 2 p.m. I'd like you to leave ＿＿＿＿＿ ＿＿＿＿＿ ＿＿＿＿＿ ＿＿＿＿＿. I hope all of you ＿＿＿＿＿ ＿＿＿＿＿ ＿＿＿＿＿ in mind and enjoy your camping. Thank you.

대화를 듣고, 두 사람의 대화가 <u>어색한</u> 것을 고르시오.

어색한 대화 여러 상황에서 자주 사용되는 관용적 표현을 미리 익혀 둔다.

16 ① W : Can you ＿＿＿＿＿ ＿＿＿＿＿ ＿＿＿＿＿?
M : I'll try. ＿＿＿＿＿ ＿＿＿＿＿ ＿＿＿＿＿.
② W : Thank you ＿＿＿＿＿ ＿＿＿＿＿ ＿＿＿＿＿.
M : It's my pleasure.
③ W : ＿＿＿＿＿ ＿＿＿＿＿ ＿＿＿＿＿ ＿＿＿＿＿ ＿＿＿＿＿?
M : Almost every day.
④ W : What do you want to wear to the party?
M : I want to ＿＿＿＿＿ ＿＿＿＿＿ ＿＿＿＿＿ ＿＿＿＿＿.
⑤ W : Can you ＿＿＿＿＿ ＿＿＿＿＿ ＿＿＿＿＿ ＿＿＿＿＿ to the hospital?
M : I can't see anything.

대화를 듣고, 남자가 기분이 좋지 <u>않은</u> 이유를 고르시오.
① 날이 추워서
② 악몽을 꿔서
③ 시험에 불합격해서
④ 꿈을 포기해야 해서
⑤ 건강이 좋지 않아서

이유 문제 상황에 대해 직접적으로 묻고 답하는 경우가 많으므로, 이런 질문에 유의하여 듣는다.

17 W : How are you today, Chris?
M : I ＿＿＿＿＿ ＿＿＿＿＿ ＿＿＿＿＿ ＿＿＿＿＿ now.
W : What's the problem?
M : I ＿＿＿＿＿ ＿＿＿＿＿ ＿＿＿＿＿ ＿＿＿＿＿ ＿＿＿＿＿. I woke up in a cold sweat.
W : Are you okay now? Tell me more about your dream.
M : ＿＿＿＿＿ ＿＿＿＿＿ ＿＿＿＿＿ ＿＿＿＿＿ ＿＿＿＿＿. I was so sad and cried all day long. The dream ＿＿＿＿＿ ＿＿＿＿＿.
W : I think you're very worried about your exam. ＿＿＿＿＿ ＿＿＿＿＿ ＿＿＿＿＿. I'm sure you'll do well.
M : Thanks.
W : Just try to ＿＿＿＿＿ ＿＿＿＿＿ ＿＿＿＿＿.
M : Okay, thanks.

날씨 유사 정보와 혼동하지 않고, 문제에서 요구하는 정보를 집중하여 듣는다.

18 W: Now, here's _____ _____ _____ _____. We are
    expecting a sunny day tomorrow. And it will _____ _____
    _____ _____ for the next three days. However, you should be
    careful to drive safely when you _____ _____ _____ the
    next morning. You won't be able to see well _____ _____
    _____ _____. This can make the roads wet, so cars are likely to
    slide. You should not drive too fast and you should _____ _____
    _____ _____ from the cars ahead of you in order to prevent a car
    accident. This heavy fog _____ _____ _____ _____
    by the afternoon. Thank you.

다음을 듣고, 내일 아침 날씨로 가장 적절한 것을 고르시오.

①   ②
③   ④
⑤

마지막 말에 대한 응답 마지막 말만 들어서는 답을 유추하기 어려우므로, 상황의 실마리를 제공하는 말을 잘 들어야 한다.

19 W: How is your steak?
    M: It's _____ _____ _____ _____.
    W: Is it? My risotto is really salty. I _____ _____ _____.
    M: Is it that bad?
    W: Yes. The food at this restaurant was excellent before. Maybe _____
       _____ _____ _____.
    M: In fact, the food is not the only problem. I _____ _____
       _____ _____. The staff _____ _____
       several times, but they didn't apologize. Their manners are not good.
    W: I think _____ _____ _____ _____ about this.
    M: _____

대화를 듣고, 여자의 마지막 말에 대한 남자의 응답으로 가장 적절한 것을 고르시오.

Man: _____
① I want to come here again.
② I agree. I'll ask for the manager.
③ I don't feel like eating this food.
④ I think you should order a steak next time.
⑤ We should have had dinner at this restaurant.

마지막 말에 대한 응답 전체 대화 내용을 주의 깊게 듣고 대화 상황을 파악한다.

20 M: Let's _____ _____ _____ _____ tomorrow.
    W: That sounds great! Do you have a movie _____ _____?
    M: Nothing special. We can _____ _____ _____ _____
       _____ on the Internet first.
    W: Okay, I'll _____ _____ _____.
    M: (pause) _____ _____ _____ _____ the keyboard
       typing like that. What's wrong?
    W: The Internet is too slow.
    M: Probably because of the heavy rain. It is not good to _____ _____
       _____.
    W: Ahh, I can't _____ _____ _____.
    M: _____

Man: _____
① You can try again tomorrow.
② Did you check the power cable?
③ I think you should be more patient.
④ Why don't you buy a new keyboard?
⑤ You'd better wait until the technician comes.

memo

지은이

NE능률 영어교육연구소

NE능률 영어교육연구소는 혁신적이며 효율적인 영어 교재를 개발하고
영어 학습의 질을 한 단계 높이고자 노력하는 NE능률의 연구조직입니다.

주니어 리스닝튜터 〈기본〉

펴 낸 이	주민홍
펴 낸 곳	서울특별시 마포구 월드컵북로 396(상암동) 누리꿈스퀘어 비즈니스타워 10층
	(주)NE능률 (우편번호 03925)
펴 낸 날	2015년 7월 10일 개정판 제1쇄
	2024년 3월 15일 제16쇄
전　　화	02 2014 7114
팩　　스	02 3142 0356
홈 페 이 지	www.neungyule.com
등 록 번 호	제 1-68호
I S B N	979-11-253-0816-4 53740
정　　가	11,000원

NE 능률

고객센터

교재 내용 문의 : contact.nebooks.co.kr (별도의 가입 절차 없이 작성 가능)
제품 구매, 교환, 불량, 반품 문의 : 02-2014-7114
☎ 전화문의는 본사 업무시간 중에만 가능합니다.

NE능률 교재 MAP

듣기
말하기
쓰기

아래 교재 MAP을 참고하여 본인의 현재 혹은 목표 수준에 따라 교재를 선택하세요.
NE능률 교재들과 함께 영어실력을 쑥쑥~ 올려보세요!
MP3 등 교재 부가 학습 서비스 및 자세한 교재 정보는 www.nebooks.co.kr 에서 확인하세요.

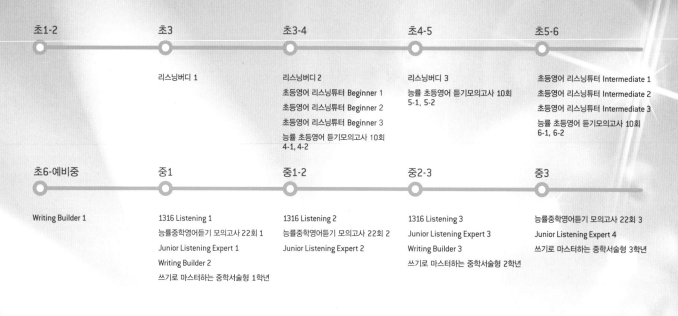

초1-2	초3	초3-4	초4-5	초5-6
	리스닝버디 1	리스닝버디 2 초등영어 리스닝튜터 Beginner 1 초등영어 리스닝튜터 Beginner 2 초등영어 리스닝튜터 Beginner 3 능률 초등영어 듣기모의고사 10회 4-1, 4-2	리스닝버디 3 능률 초등영어 듣기모의고사 10회 5-1, 5-2	초등영어 리스닝튜터 Intermediate 1 초등영어 리스닝튜터 Intermediate 2 초등영어 리스닝튜터 Intermediate 3 능률 초등영어 듣기모의고사 10회 6-1, 6-2

초6-예비중	중1	중1-2	중2-3	중3
Writing Builder 1	1316 Listening 1 능률중학영어듣기 모의고사 22회 1 Junior Listening Expert 1 Writing Builder 2 쓰기로 마스터하는 중학서술형 1학년	1316 Listening 2 능률중학영어듣기 모의고사 22회 2 Junior Listening Expert 2	1316 Listening 3 Junior Listening Expert 3 Writing Builder 3 쓰기로 마스터하는 중학서술형 2학년	능률중학영어듣기 모의고사 22회 3 Junior Listening Expert 4 쓰기로 마스터하는 중학서술형 3학년

중3-예비고	고1	고1-2	고2-3	고3
	TEPS BY STEP L+V Basic		TEPS BY STEP L+V 1	

수능 이상/ 토플 80-89· 텝스 600-699점	수능 이상/ 토플 90-99· 텝스 700-799점	수능 이상/ 토플 100· 텝스 800점 이상		

TEPS BY STEP L+V 2 RADIX TOEFL Blue Label Listening 1 RADIX TOEFL Blue Label Listening 2	RADIX TOEFL Black Label Listening 1	TEPS BY STEP L+V 3 RADIX TOEFL Black Label Listening 2		

Junior

LISTENING
TUTOR

기본

즐겁게 충전되는 영어 자신감

주니어 리스닝튜터
정답 및 해설

NE 능률

즐겁게 충전되는 영어 자신감

Junior
LISTENING
TUTOR

◁ 기본 ▷

정답 및 해설

나의 영어 듣기 실력 점검하기 〈본문 p. 008〉

1 1) water 2) above 3) milk 4) mall 5) part time
2 1) I can imagine how you feel.
  2) I don't want to talk with them.
  3) Who do you expect to receive an award?
  4) Have you ever visited the film festival?
  5) Can you make it tomorrow at 5 o'clock?

2 1) 네가 어떤 기분인지 상상할 수 있어.
  2) 그들과 얘기하고 싶지 않아.
  3) 누가 상을 받을 거라 예상하니?
  4) 영화제를 방문해 봤니?
  5) 내일 5시에 만날 수 있어?

Point 1 〈본문 p. 009〉

1 1) around 2) attend 3) away 4) live 5) fact
  6) amount 7) dress 8) head
2 1) accept, apology 2) water instead 3) walk along 4) exam, feel ashamed 5) Cross, across from 6) kept awake 7) 11 o'clock

• 계좌를 개설하고 싶어요.
• 약속을 잡으셨나요?

2 1) A : 제 사과를 받아 주세요.
   B : 네, 그럴게요.
  2) A : 커피 좀 드시겠어요?
   B : 아니요, 대신 물 주세요.
  3) A : 우리 산책할까?
   B : 좋아. 강을 따라 걷자.
  4) A : Kevin이 시험에서 부정행위를 했다고 들었어.
   B : 그는 부끄러운 줄 알아야 해.
  5) A : 슈퍼마켓에 어떻게 가지?
   B : 길을 건너면 은행 건너편에 있을 거야.
  6) A : 너 피곤해 보여.
   B : 어제 시끄러운 이웃집 때문에 깨어 있었어.
  7) A : 몇 시인지 아세요?
   B : 11시예요.

Point 2 〈본문 p. 010〉

1 1) false 2) fall 3) heel 4) pool 5) deal
  6) wood 7) fewer 8) towel
2 1) four 2) film 3) fear 4) pile 5) spill
3 1) sale 2) help, full 3) will fail

• 편지를 좀 보내고 싶어요.
• 집에 오면 나에게 전화 줘.

2 1) 저희는 4명이에요.
  2) 나는 이 영화가 좋아.
  3) 나는 어떤 것도 두렵지 않아.
  4) 책상에 한 더미가 있다.
  5) 기름 유출이 바다를 오염시킨다.

3 1) A : 바지를 찾고 있어요.
   B : 이것은 어때요? 할인 중이에요.
  2) A : 어떻게 도와드릴까요?
   B : 전액 환불을 받고 싶어요.
  3) A : 시험에서 떨어질까 봐 두려워.
   B : 불안해 하지 마. 넌 잘할 거야.

Point 3 〈본문 p. 011〉

1 1) cat 2) cold 3) station 4) top
2 1) six stops 2) next time 3) What time, want to 4) next to 5) best time 6) with them 7) first time 8) this season

• 좋은 하루 보내!
• 하늘에 먹구름이 있어.

2 1) A : 박물관이 얼마나 먼가요?
   B : 여기서 여섯 정거장이에요.
  2) A : 시험에 통과 못 했어.
   B : 다음번에 다시 시도하면 돼.
  3) A : 언제 떠나고 싶니?
   B : 정오 전에 떠나야 할 것 같아.
  4) A : 차를 어디에 세우면 되나요?
   B : 건물 옆에 세우면 돼요.
  5) A : 네게 가장 좋은 시간이 언제니?
   B : 언제든 괜찮아.
  6) A : 새 학교에서의 수업은 어때?
   B : 몹시 만족스러워.

7) A : 나는 비행기를 처음으로 타는 거야.

   B : 나도 그래.

8) A : 이번 시즌에 우리 팀이 경기에서 우승하면 좋겠어.

   B : 나도 그랬으면 좋겠어.

B : 응 그리고 방과 후에 병원에 갈 거야.

A : 그게 좋겠다. 예약했니?

B : 응, 이미 했어. 그런데 지금 너무 추워.

A : 코트를 입지 그러니?

B : 알겠어. 당장 입어야겠어.

Point 4

1 ①

2 1) b 2) a 3) b 4) b 5) a 6) a 7) b

- 손을 맞잡으세요.
- 가능한 한 빨리 알려줄게.

1 ① 왜 그렇게 화가 났니?

② 그들은 항상 너에 대해 이야기해.

③ 나는 네가 더 솔직했으면 좋겠어.

④ 잠시 기다려 주시겠어요?

⑤ 내 말이 네게 상처를 주었다면 정말 미안해.

2 1) 식사는 즐거우셨나요?

2) 네 도움이 필요하면 말할게.

3) 안전벨트를 매 주시겠어요?

4) 원하시면 간식을 좀 드릴게요.

5) 왜 Mia가 네게 화가 났는지 아니?

6) 우리가 처음 만난 때 기억나지 않니?

7) 전에 네게 말했듯이, 나는 그 모임에 참석할 수 없어.

Point 5
본문 p. 013

1 1) heard a lot about 2) wake up 3) far away

4) put up with 5) make it a rule

2 have a, take a, Yes and, make an appointment, put on your, wear it, right away

- 예약을 하고 싶어요.
- 저 나무에 매달려 있는 원숭이들을 봐.

1 1) 너에 대해 많이 들었어.

2) 보통 언제 일어나니?

3) 우리 사무실은 집에서 멀어.

4) 저 소음을 더 이상 못 참겠어.

5) 나는 매일 아침 운동하는 것을 규칙으로 하고 있어.

2 A : 너 계속 재채기하고 있네.

B : 독감에 걸렸거든.

A : 너무 안 됐다. 병가를 내는 게 낫겠어.

Point 6
본문 p. 014

1 ①

2 1) What, weather, this weekend, cold, cloudy

2) Look, girl, sitting, bench, mean, girl, reading, book

3) What time, movie start, starts, seven thirty, have thirty minutes left

4) Where, going, stadium, have, big game there

- 우리 선생님은 키가 크고 날씬해.
- 그 비행편은 한 시간 지연될 겁니다.
- 이번 주말에 뭐 할 거야?

1 A : 도와드릴까요?

B : 네, 3박 동안 객실을 예약하려고 하는데요.

A : 죄송하지만, 묵으실 수 있는 방이 없습니다.

B : 네, 알겠어요.

2 1) A : 이번 주말에 날씨가 어떨까?

B : 춥고 흐릴 거야.

2) A : 벤치에 앉아 있는 소녀를 봐.

B : 책 읽고 있는 소녀 말이니?

3) A : 영화가 언제 시작하니?

B : 7시 30분에 시작해. 30분 남았어.

4) A : 어디 가니?

B : 경기장에 가고 있어. 거기서 중요한 경기가 있거든.

Point 7
본문 p. 015

1 1) 미 2) 미 3) 영 4) 영

2 1) writing class 2) our hearts 3) blocks, can't

4) asked, actions, solve

1 1) 너 무슨 일이니?

2) 몇 정거장을 가야 하나요?

3) 너는 다른 기회를 기다려야겠어.

4) 웨이터가 내 유리잔에 물을 좀 따라 주었어.

2 1) 나는 쓰기 수업을 듣고 있다.

2) 그 영화는 우리의 마음을 감동시켰다.

3) 두 블록 직진하세요. 쉽게 찾으실 거예요.

4) 나는 그에게 이 문제를 해결하기 위해 조치를 취해 줄 것을 요청했다.

Unit 01 School Life

Words Preview

본문 p. 016

01 잡담하다, 수다를 떨다   02 (시험 등에) 통과하다, 합격하다
03 시험   04 반납하다   05 (특정 위치에) 두다, 설치하다   06 강의   07 공연하다   08 중간고사   09 교장   10 운동회   11 등록하다, 신청하다   12 …을 응원하다   13 …에 집중하다   14 소란을 피우다, 떠들다   15 수리 중인   16 수업을 받다   17 …에 참여하다   18 책을 대출하다

Getting Ready

본문 p. 017

A 1 belong, ⓑ   2 sign, ⓔ   3 noise, ⓒ   4 give, ⓐ
5 burn off, ⓓ
B 1 ⓒ   2 ⓐ   3 ⓓ   4 ⓑ
C 1 ⓐ   2 ⓑ

B

1 ⓒ 2 ⓐ 3 ⓓ 4 ⓑ

1 Jenny is attending a lecture.
Jenny는 강의를 듣고 있다.

2 Jenny is cheering for the school basketball team.
Jenny는 학교 농구팀을 응원하고 있다.

3 Jenny is performing a play at the school festival.
Jenny는 학교 축제에서 연극을 공연하고 있다.

4 Jenny is focusing on her work in the library.
Jenny는 학교 도서관에서 그녀의 학업에 집중하고 있다.

C

1 ⓐ 2 ⓑ

1 Where is the music room?
음악실은 어디에 있니?
ⓐ 그건 3층에 위치해 있어.
ⓑ 나는 음악 동아리 회원이야.

2 You have a late book.
연체 도서가 있어요.
ⓐ 학교 도서관은 오전 9시부터 오후 6시까지 엽니다.
ⓑ 아, 빌린 책은 이미 전부 반납했어요.

Topic Listening

본문 pp. 018~021

01 ②	02 ④	03 ⓓ	04 ⓐ	05 ②	06 ④	07 ④

08 1) 9 p.m. 2) third 3) 24 hours   09 ④   10 ③

11 ③   12 ⑤   13 ②   14 ④   15 ②   16 ③

---

01   ②

여: 우리 학교 운동회가 다음 주야. 올해 우리 반이 우승하면 좋겠어.

남: 나도 그래. 우리 반을 어떻게 응원해야 할까?

여: 새로운 반 응원가를 만드는 게 어떨까?

남: 그거 좋은 생각이야. 유행가를 하나 골라서 가사를 고쳐 쓸 수 있어.

여: 그래, 그러면 되겠다. 그리고 그 밖에 우리가 뭘 할 수 있을까?

남: 우리 얼굴에 그림을 그리는 게 어때? 모두들 그걸 좋아할 거야.

여: 아주 좋아! Allison에게 부탁하자. 그 애가 그림을 정말 잘 그리잖아.

어휘 **sports day** 운동회   **cheer for** …을 응원하다   **fight song** 응원가   **rewrite**[ríːràit] ⑧고쳐 쓰다   **word**[wəːrd] ⑲단어; *가사

해설 두 사람은 운동회에서 반을 응원하기 위해 얼굴에 그림을 그릴 계획을 세우고 있다.

---

02   ④

여: ① 부산은 경주만큼 인기 있다.
② 제주는 전체 중에 가장 인기 있는 장소이다.
③ 경주는 순천보다 더 인기 있다.
④ 순천은 부산보다 더 인기 있다.
⑤ 전주는 가장 인기 없는 장소이다.

어휘 [문제] **field trip** 현장 학습

해설 26%의 학생들이 부산에 가고 싶어 하고, 8%의 학생들이 순천에 가고 싶어 하므로 부산이 인기가 더 많다.
[그래프] 학교 현장 학습으로 어디에 가고 싶은가?

---

03   ⓓ

남: 너 뭐하고 있니?

여: 내 기타를 조율하고 있어. 내 동아리는 내일 축제에서 공연할 거야.

남: 흥미롭다! 너희는 무슨 노래를 공연할 거니?

여: 'Over the Rainbow'야. 그 노래는 멜로디가 아름다워.

남: 응. 나 그 노래 알아. 그러니까, 너는 기타를 연주하는

거니?

여: 응. 또 나는 노래의 일부분을 부를 거야. 와서 보지 않을래?

남: 물론. 너무 기다려진다.

어휘 **tune**[tjuːn] ⑧조율하다   **perform**[pərfɔ́ːrm] ⑧공연하다   **melody**[mélədi] ⑲멜로디, 선율   **part**[paːrt] ⑲부분

해설 여자의 동아리가 축제에서 'Over the Rainbow'를 공연한다고 했으므로 밴드부에 속해 있음을 알 수 있다.

---

04   ⓐ

남: Camila, 너 요새 더 건강해 보여.

여: 응, 나 사실 동아리에 가입하고 나서 체중이 좀 줄었어.

남: 어떤 동아리에 속해 있는데?

여: 춤 동아리에 속해 있어. 우리 동아리에서는 음악에 맞춰 운동해.

남: 그거 좋네. 얼마나 자주 모이니?

여: 우리는 매주 화요일에 한 시간씩 춤 연습을 해.

남: 와. 너 정말 많은 칼로리를 소모하겠다.

어휘 **lose weight** 체중이 줄다   **to music** 음악에 맞춰   **practice** *doing* …하는 것을 연습하다   **burn off** (운동으로 칼로리 등을) 태우다   **calorie**[kǽləri] ⑲열량, 칼로리

---

05   ②

남: 많은 학생들이 공부를 하거나 책을 읽기 위해 도서관을 이용한다. 도서관은 학생들이 그들의 학업에 집중할 수 있도록 조용해야 한다. 하지만 몇몇 학생들은 시끄럽게 이야기하고, 소란을 피우며 심지어는 전화로 통화를 한다. 도서관은 친구들과 잡담을 하는 장소가 아니다. 소란을 피우거나 전화를 걸고 싶으면 그들은 어딘가 다른 장소로 가야 한다. 그들은 많은 다른 학생들이 공부를 하고 책을 읽기 위해 도서관에 온다는 것을 알아야만 한다.

어휘 **focus on** …에 집중하다   **make noise** 소란을 피우다, 떠들다   **on the phone** 전화상으로   **chat**[tʃæt] ⑧잡담하다, 수다를 떨다   **make a call** 전화를 걸다   **someplace**[sʌ́mpleis] ⑨어딘가

해설 남자는 도서관은 공부를 하고 책을 읽기 위한 공간이므로 조용히 해야 한다고 주장하고 있다.

---

06   ④

남: Khloe, 너 게시판 봤니?

여: 게시판? 아니. 뭔가 흥미로운 것이 있었어?

남: 응. 학교 테니스 동아리가 새 회원을 모집하고 있어. 너 그 동아리에 가입하고 싶다고 하지 않았니?

남: 응! 우와. 어떻게 가입할 수 있니?

여: 체육 선생님께 말씀드려야 할 거야. 하지만 Smith 선생님이었는지 Harris 선생님이었는지 기억나지 않아.

여: 음, 더 많은 정보를 얻기 위해 지금 가서 게시판을 확인해야겠어.

남: 그래. 너와 같이 갈게.

어휘 **bulletin board** 게시판 **join**[dʒɔin] 동가입하다 **P.E.** 체육 **whether** 접 …인지 (아닌지) **information** 명정보

해설 여자는 더 많은 정보를 얻기 위해 게시판을 확인할 것이다.

07 ·· ④

남: Wendy, 너 정말 행복해 보인다.

여: 응, 그래. 날씨는 환상적이고 시험이 끝났잖아! 우리 영화 보러 가지 않을래?

남: 음…. 사실, 나는 어디에도 가고 싶지 않아.

여: 왜? 무슨 일 있어?

남: 나 중간고사에서 낙제한 것 같아.

여: 뭐라고? 믿을 수 없어! 너 이번에 정말 열심히 공부했잖아.

남: 응, 그랬지. 그런데 잘 못했어. 너무 긴장했던 것 같아.

여: 걱정하지 않아도 돼. 넌 아직 네 점수를 모르잖아!

남: 응, 그렇지만 분명히 시험을 형편없이 봤어.

어휘 **exam**[igzǽm] 명시험 **be over** 끝나다 **feel like** *doing* …하고 싶다 **matter**[mǽtər] 명문제 **fail**[feil] 동(시험에) 떨어지다, 낙제하다 **midterm**[mídtə̀ːrm] 명중간고사 **score**[skɔːr] 명점수 **certainly**[sə́ːrtənli] 부분명히 **poorly**[púərli] 부형편없이

해설 남자는 중간고사를 잘 보지 못해서 우울해(depressed)하고 있다.
① 지루한 ② 외로운 ③ 행복한 ⑤ 놀란

08 ················· 1) 9 p.m. 2) third 3) 24 hours

여: York 중학교에 오신 걸 환영합니다. 오늘 여러분에게 학교 시설에 대해 알려 드리겠습니다. 1층에는 도서관이 있습니다. 여러분은 오전 7시부터 오후 9시까지 그곳에서 책을 빌리고 공부를 할 수 있습니다. 컴퓨터실도 있습니다. 그것은 3층에 위치해 있습니다. 하지만 현재 수리 중이어서, 3월 20일에 다시 문을 열 것입니다. 체육관은 학교 건물 밖 축구장 건너편에 있습니다. 그것은 24시간 열려 있어서 여러분은 테니스 코트나 수

영장을 항상 이용할 수 있습니다.

어휘 **facility**[fəsíləti] 명 *pl.* 시설 **borrow**[bárou] 동빌리다 **computer lab** 컴퓨터실 **locate**[lóukeit] 동(특정 위치에) 두다, 설치하다 **under repair** 수리 중인 **reopen**[riːóupən] 동다시 열다 **gym**[dʒim] 명체육관 (= gymnasium) **soccer field** 축구장

09 ·· ④

남: 안녕, Emma. 너 이번 일요일에 나랑 콘서트에 갈 수 있니?

여: 아쉽지만 못 갈 거 같아. 일요일에 오디션이 있거든.

남: 오디션? 너 TV 쇼에 나오는 거야?

여: 아니, 그렇진 않아. 학교 연극부 오디션을 볼 거야. 내가 항상 무대 위에서 연기하고 싶어했던 것 알잖아.

남: 그러니까, 연극부에 가입하기 위해서는 오디션에 합격해야 하는 거구나?

여: 맞아. 그래서 나는 매일 연기를 연습해.

남: 멋지네. 행운을 빌어!

어휘 **I'm afraid** ((표현))(유감이지만) …이다 **audition**[ɔːdíʃən] 명오디션 **stage**[steidʒ] 명무대 **pass**[pæs] 동(시험 등에) 통과하다, 합격하다 **luck**[lʌk] 명행운

해설 여자는 일요일에 학교 연극부 오디션을 보러 갈 것이라고 했다.

10 ·· ③

여: 학교 소풍이 내일이야. 아주 신나!

남: 응. 난 항상 그 놀이공원에 가고 싶었어.

여: 안 그런 사람이 누가 있겠어? 근데 우리 뭘 가져가야 하지?

남: 선생님께서 도시락과 물 한 병이 필요하다고 하셨어.

여: 알았어. 내일 날씨가 덥다고 들었으니 나는 얼음물을 가져가야겠다. 아, 카메라는 어쩌지?

남: 내 것을 가져갈 거야. 지난주에 새것을 샀거든. 넌 그걸 써도 돼.

여: 그럼, 내 것은 필요하지 않겠네.

남: 아, 하나 더. 저녁에는 더 추워질 테니 가벼운 재킷을 가져와.

여: 알았어, 그럴게. 그리고 나를 따뜻하게 해줄 스카프도 가져가야겠어!

어휘 **amusement park** 놀이공원 **by the way** 그런데 **bring**[briŋ] 동가져가다 **bottle**[bátl] 명병 **light**[lait] 형(색깔이) 연한; *가벼운

해설 카메라는 남자가 가져가겠다고 했다.

11 ───────────────────────────── ③

남: 안녕하세요. 이 책들을 대출하고 싶어요.

여: 네. 학생증을 보여 주세요.

남: 여기 있어요.

여: 감사합니다. 음… 죄송하지만, 지금 책을 빌릴 수 없어요. 연체 도서가 있네요.

남: 뭐라고요? 저는 확실히 책을 한 권도 가지고 있지 않은데요. 컴퓨터를 다시 확인해 주시겠어요?

여: 알겠습니다. *(잠시 후에)* 이것에 따르면, 'Exploring Space'를 반납하지 않았네요.

남: 아! 제 친구가 지난주에 저한테 그 책을 빌려 갔어요. 전 그 애가 그걸 반납했다고 생각했어요.

여: 음, 친구가 잊은 거 같네요. 친구와 얘기한 후 책을 반납해 주세요.

남: 그럴게요. 도와주셔서 감사합니다.

어휘 check (something) out …을 대출하다   student ID 학생증   late book 연체 도서   according to …에 따르면   return [ritə́ːrn] 동 돌려주다, 반납하다

해설 남자에게 책을 빌려 간 친구가 책을 반납하지 않아 대출을 할 수 없는 상황이다.

12 ───────────────────────────── ⑤

남: 안녕하세요, 여러분! 스쿠버 다이빙 동아리에서 신입 회원을 모집하고 있습니다. 우리는 매주 토요일에 학교 다이빙 풀에서 다이빙 연습을 합니다. 다이빙을 해 본 경험이 없다고요? 걱정하지 마세요. 한 달에 한 번, 전문 다이버가 우리를 가르치러 옵니다. 또한 학교에 여러분이 사용할 수 있는 다이빙 장비가 있습니다! 여름에는 바다로 스쿠버 다이빙을 하러 갑니다. 물고기와 그 밖의 다른 해양 생물을 볼 수 있는 굉장한 기회죠. 스쿠버 다이빙에 관심 있는 학생은 누구나 가입할 수 있습니다. 가입하고 싶으면 divingclub@school.com 으로 이메일을 보내주세요. 감사합니다.

어휘 scuba-diving [skúːbədaiviŋ] 형 스쿠버 다이빙의   pro [prou] 형 프로의   diver [dáivər] 명 다이버, 잠수부   equipment [ikwípmənt] 명 장비, 용품   chance [tʃæns] 명 기회   sea life 해양 생물   [문제] take a lesson 수업을 받다

해설 가입하기 위해서는 이메일을 보내달라고 했다.

> 스쿠버 다이빙 동아리에 가입하세요!
> • 모임: ① 매주 토요일

• 할 수 있는 것: ② 스쿠버 다이빙 수업 받기
　　　　　　　　③ 학교의 다이빙 장비 사용하기
　　　　　　　　④ 여름에 스쿠버 다이빙하러 가기
• 가입 방법: ⑤ 다이빙 동아리실 방문하기

13 ───────────────────────────── ②

① 여: 너는 학교 동아리의 회원이니?
　남: 나는 사진 동아리에 속해 있어.

② 여: 너희 동아리는 얼마나 자주 모이니?
　남: 우리 동아리는 연극을 공연해.

③ 여: 너 Jane이 어제 왜 결석했는지 아니?
　남: 그 애는 넘어져서 다리가 부러졌어.

④ 여: 책을 몇 권 대출할 수 있나요?
　남: 한 번에 세 권 빌릴 수 있어요.

⑤ 여: 너 시험 잘 봤니?
　남: 응. 나 A를 받았어!

어휘 belong to …에 속하다   photography [fətágrəfi] 명 사진 촬영(기법)   drama [dráːmə] 명 드라마; *연극   absent [ǽbsənt] 형 결석한   at a time 한 번에

해설 동아리가 얼마나 자주 모이는지 물었으므로 모이는 횟수에 대한 대답을 해야 한다.
Q 가장 부자연스러운 대화를 고르시오.

14 ───────────────────────────── ④

남: 우리 학교 축제가 10월 24일이야. 올 수 있니?

여: 응. 너 행사에 참여할 거니?

남: 우리 미술 동아리는 전시회를 열 거야. 오후 3시에 시작해서 오후 5시에 끝나.

여: 그럼 나는 오후 4시쯤 갈게. Jason은? 그가 기타 동아리라고 들었어.

남: 응. 그 애의 동아리는 오후 7시 30분에 기타 공연을 할 거야.

여: 아, 그거 재미있겠다. 우리 거기 같이 가자.

남: 좋아. 그리고 과학 동아리에서 흥미로운 활동을 준비하고 있어. 향수 만들기 교실이야. 오후 6시에 시작해.

여: 그거 흥미롭다! 기타 공연 전에 거기 갈 수 있겠어.

남: 좋아. 아, 그리고 오후 8시에 불꽃놀이가 있을 거래.

어휘 participate in …에 참여하다   event [ivént] 명 사건; *행사   exhibition [èksəbíʃən] 명 전시회   performance [pərfɔ́ːrməns] 명 공연   prepare [pripɛ́ər] 동 준비하다   activity [æktívəti] 명 활동   perfume [pəːrfjúːm] 명 향수   firework [fáiərwəːrk] 명 pl. 불꽃놀이

Q 대화에 따르면, 옳지 <u>않은</u> 것은?

학교 축제 일정
날짜: ① 10월 24일
행사: ② 미술 전시회: 오후 3시에서 5시
③ 향수 만들기: 오후 6시
④ 기타 공연: 오후 7시
⑤ 불꽃놀이: 오후 8시

15-16 ·· **15** ② **16** ③

남: 학생 여러분, 안녕하세요. 저는 교장 Easton입니다. 사진 찍는 것을 좋아하십니까? 그렇다면 주의 깊게 들으세요. 유명 사진작가인 Phil Porter 씨가 4월 17일에 특별한 수업을 하러 우리 학교에 오실 것입니다. 그는 좋은 사진을 찍는 방법에 대해 가르쳐줄 것입니다. 강의는 Greenwood관에서 4시에 시작하여 90분간 계속될 것입니다. 강의가 시작되기 10분 전에 도착해주십시오. 원할 때는 언제든지 자유롭게 질문해도 좋습니다. 여러분이 찍은 사진을 몇 장 가지고 오세요. Porter 씨가 여러분의 사진에 대해 피드백을 해 줄 것입니다. 무료 간식과 주스도 제공될 것입니다. 만약 이 강의에 참석하고 싶다면 영어 선생님인 Hall 선생님의 사무실에서 등록해 주세요.

어휘 principal[prínsəpəl] 뗑교장 photographer [fətágrəfər] 뗑사진작가 give a class 수업을 하다 last[læst] 됭(특정 시간 동안) 계속되다 arrive[əráiv] 됭도착하다 lecture[léktʃər] 뗑강의 freely[frí:li] 묀자유롭게 feedback[fí:dbæk] 뗑피드백 as well …도 attend[əténd] 됭참석하다 sign up 등록하다, 신청하다 [문제] take notes 기록하다, 필기를 하다 allow[əláu] 됭허용하다, 용납하다

해설 **15** 남자는 학생들에게 사진 촬영에 대한 특별 강의를 안내하고 있다.

Q 화자는 주로 무엇에 대해 이야기하고 있는가?
① 학교 사진 전시회
② 학생들을 위한 특별 수업
③ 좋은 사진을 찍기 위한 규칙들
④ 수업에서 필기를 잘하는 방법
⑤ 세계의 위대한 사진작가들

16 원하면 언제든지 질문해도 좋다고 했다.

Q 담화에 따르면, 옳지 <u>않은</u> 것은?
① Phil Porter 씨는 사진작가이다.
② 학생들은 10분 일찍 도착해야 한다.

Dictation

01 wins this year, cheer for our class, That's a good idea, rewrite the words, painting our faces, paints really well

02 as popular as, more popular than, the least popular place

03 performing at the festival, What song will you perform, a beautiful melody, playing the guitar, Why don't you come, I can't wait

04 look healthier, lost some weight, exercise to music, How often do you meet, an hour every Tuesday, burn off

05 to study or read books, focus on their work, make noise, talk on the phone, chatting with friends, make a call, come to the library

06 anything interesting, looking for new members, you need to talk, go and check, get more information

07 look very happy, exams are over, go to the movies, don't feel like going anywhere, failed the midterm, do well, too nervous, know your score yet, did poorly

08 On the first floor, borrow books, from 7 a.m. to 9 p.m., under repair, reopen on March 20th, across the soccer fields

09 go to a concert, this Sunday, have an audition, on a TV show, for the school drama club, act on stage, pass the audition, Sounds cool

10 so excited, go to that amusement park, a lunch box, a bottle of water, be hot tomorrow, what about a camera, bring mine, I don't need mine, be colder in the evening, keep me warm

11 check these books out, show me your student ID, can't borrow any books, check the computer, borrowed that book from me, return the book, Thanks for your help

12 every Saturday, Once a month, comes to teach us, diving equipment, In summer, a great chance to see fish, please send an email

13 belong to, How often, was absent, fell down, broke her leg, check out, at a time, do well on your test

13 belong to, How often, was absent, fell down, broke her leg, check out, at a time, do well on your test

14 on October 24th, participate in any events, have an exhibition, come around 4 p.m., sounds fun, preparing an interesting activity, starts at 6 p.m., before the guitar performance, there will be fireworks

15-16 taking pictures, on April 17th, how to take good pictures, last for 90 minutes, before the lecture starts, give you some feedback, attend this lecture, sign up

여: 우리는 화요일과 목요일마다 한 시간씩 배드민턴을 쳐.

남: 너는 분명 많은 칼로리를 소모하겠구나.

ⓒ 내게 배드민턴 치는 방법을 가르쳐 줄 수 있니?

ⓓ 하루 종일 배드민턴 코트를 이용할 수 있어.

Review Test
본문 p. 028

A 1 ⓒ 2 ⓕ 3 ⓔ 4 ⓐ 5 ⓓ 6 ⓖ 7 ⓑ
B 1 ⓐ 2 ⓑ
C 1 make a call 2 sign up 3 have an exhibition

A
1 ⓒ 2 ⓕ 3 ⓔ 4 ⓐ 5 ⓓ 6 ⓖ 7 ⓑ

1 (특정 시간 동안) 계속되다: ⓒ 특정 기간 동안 계속하여 발생하다

2 조율하다: ⓕ 정확한 소리를 내도록 악기를 맞추다

3 참석하다: ⓔ 수업이나 회의 같은 어떤 행사나 활동에 있다

4 (특정 위치에) 두다, 설치하다: ⓐ 무언가를 특정 장소에 두다

5 반납하다: ⓓ 그것이 온 곳으로 무언가를 돌려보내거나 갖다 두다

6 강의: ⓖ 한 무리의 사람들에게 전달되는 특정 주제에 대한 교육적인 담화

7 수리: ⓑ 고장 나거나 손상된 물건을 고치는 일

B
1 ⓐ 2 ⓑ

남: Elizabeth, 요즘 너 건강해 보여.

여: 그래? 음, 나 우리 동아리에서 운동을 많이 해.

남: 1 ⓐ 너는 어떤 동아리에 속해 있니?

여: 나는 교내 배드민턴 동아리의 회원이야.

남: 배드민턴 동아리? 그거 멋지다. 2 ⓑ 너희 동아리는 얼마나 자주 모이니?

Unit 02 Shopping

Words Preview
본문 p. 030

01 팔다; 팔리다 **02** 무게가 …이다 **03** 연기하다, 지연시키다 **04** 환불(하다) **05** 정책, 방침 **06** 영수증 **07** 배달하다 **08** 비교하다 **09** 고객 **10** 보증서 **11** 구입하다 **12** (가격 따위가) 합리적인 **13** 세일 중인 **14** 작성하다 **15** 목록을 만들다 **16** 품절되다 **17** 재고가 없는 **18** 마음을 바꾸다

Getting Ready
본문 p. 031

A 1 refund, ⓑ 2 similar to, ⓓ 3 different from, ⓒ
  4 fill out, ⓔ 5 at the latest, ⓐ
B 1 ⓑ 2 ⓐ 3 ⓓ 4 ⓒ
C 1 ⓑ 2 ⓑ

B
1 ⓑ 2 ⓐ 3 ⓓ 4 ⓒ

1 Cameras are on sale now.
카메라는 현재 할인 중이다.

2 Backpacks are on sale at half price.
가방은 반값에 할인 중이다.

3 She regrets buying too many things.
그녀는 너무 많은 것을 산 것을 후회한다.

4 She is picking out the biggest apple.
그녀는 가장 큰 사과를 고르고 있다.

C
1 ⓑ 2 ⓑ

1 Can I try on this brown sweater?
이 갈색 스웨터를 입어봐도 되나요?
  ⓐ 네. 영수증 가져오셨나요?
  ⓑ 물론이죠. 몇 사이즈가 필요하세요?

2 I'd like to return this bag.
이 가방을 반품하고 싶어요.
  ⓐ 죄송합니다. 지금 그 가방은 재고가 없네요.
  ⓑ 오, 그것에 무슨 문제라도 있나요?

Topic Listening
본문 pp. 032~035

01 ③	02 ②	03 ③	04 ①	05 ⓒ	06 ⓐ	07 ③
08 ④	09 ③	10 ⑤	11 ①	12 ②	13 ⑤	14 ①
15 ①	16 ③					

01 ────────── ③
남: 찾는 것을 도와드릴까요?
여: 저는 티셔츠를 찾고 있어요.
남: 이 파란 것은 어떠세요? 그건 요즘에 정말 빠르게 팔리고 있어요.
여: 예쁘긴 하지만, 저는 라운드넥을 좋아하지 않아요. 브이넥으로 된 것이 있나요?
남: 죄송하지만, 그 색은 현재 품절되었어요. 빨간색이나 녹색은 어떠세요? 그 색상들로는 브이넥이 있어요.
여: 음…. 제가 녹색 것을 입어 봐도 될까요?
남: 물론이죠. 저기 있는 탈의실에서 입어 보시면 돼요.
여: 감사합니다.

어휘 sell [sel] ⑧ 팔다; *팔리다 neck [nek] ⑲ 목; *(옷의) 목 부분 be sold out 품절되다 try on …을 입어 보다 dressing room 탈의실

해설 여자는 브이넥으로 된 녹색 티셔츠를 입어 볼 것이다.

02 ────────── ②
남: 우리 가족은 내일 차고 세일을 할 예정이다. 그래서 오늘 우리는 오래된 물건들을 훑어보고 팔 것들을 골랐다. 먼저, 나는 몇몇 찻잔들을 팔고 싶었지만 어머니께서 그것들을 간직하고 싶어하셔서 그러지 않았다. 우리는 또한, 지금은 나에게 너무 작지만 여전히 괜찮아 보이는 몇몇 옷가지를 찾아냈다. 책들도 많았다. 그것들은 새것이나 다름없었지만 우리 가족은 아마도 그것들을 읽을 것 같지 않다. 우리는 또한 찬장과 나의 오래된 자전거를 팔기로 결정했다. 먼지로 덮여 있어서 그것들을 닦았다. 이제 차고 세일을 위한 모든 것이 준비되었다. 나는 우리 물건들이 좋은 새 주인을 찾으면 좋겠다.

어휘 garage sale (중고 물품을 판매하는) 차고 세일 look through …을 훑어보다 stuff [stʌf] ⑲ 것, 물건 pick out …을 고르다, 골라내다 most likely 아마도 dresser [drésər] ⑲ (윗부분은 선반들이고 아랫부분은 서랍들로 되어 있는) 찬장 be covered with …으로 덮여 있다 dust [dʌst] ⑲ 먼지 owner [óunər] ⑲ 주인

해설 어머니께서 가지고 있길 원하셔서 찻잔은 팔지 않기로 했다.

03 ──────────────────────────────── ③

남: 안녕하세요. 도와 드릴까요?

여: 네. 어제 여기서 가방을 하나 샀는데 그걸 반품하고 싶어요.

남: 무엇이 문제인가요?

여: 보다시피, 지퍼가 되질 않아요. 또 가방 바닥에 작은 얼룩이 있어요.

남: 오, 정말 죄송합니다. 그것을 새것으로 교환하길 원하세요?

여: 아니요, 이 가방은 썩 잘 만들어진 것 같지 않네요. 돈을 돌려 받을 수 있을까요?

남: 알겠습니다. 영수증을 가져오셨어요? 확인할 필요가 있어서요.

여: 네. 여기 있습니다.

어휘 return[ritə́ːrn] 동 돌아가다; *반품하다 seem *to do* …인 것 같다 work[wəːrk] 동 일하다; *작동되다 zipper[zípər] 명 지퍼 stain[stein] 명 얼룩 bottom [bátəm] 명 바닥 exchange A for B A를 B로 교환하다 receipt[risíːt] 명 영수증

해설 여자는 가방의 품질에 불만을 표하며 환불을 요청했다.

04 ──────────────────────────────── ①

남: 실례합니다. 저 노트북 컴퓨터를 보여 주시겠어요?

여: 그럼요. 이건 새 모델이에요. 무게가 1.5kg밖에 안 된답니다.

남: 정말 가볍네요! 얼마예요?

여: 1,500달러예요.

남: 와, 비싸네요. 더 싼 것을 보고 싶어요.

여: 이건 어떠세요? 800달러지만 현재 할인 중이에요. 그래서 25% 할인을 받으실 수 있어요.

남: 그럼 600달러네요? 합리적인 가격인 것 같네요. 그걸로 할게요.

여: 잘 선택하셨습니다. 원하신다면 배송을 해 드릴 수 있어요.

남: 그게 더 좋겠네요. 감사합니다.

어휘 laptop[lǽptɑp] 명 휴대용[노트북] 컴퓨터 brand-new [bæ̀ndnúː] 형 완전 새것인, 신품인 weigh[wei] 동 무게가 …이다 light[lait] 형 가벼운 on sale 판매되는; *할인 중인 get a discount 할인을 받다 reasonable [ríːzənəbl] 형 (가격 따위가) 합리적인 price[prais] 명 값, 가격 choice[tʃɔis] 명 선택 deliver[dilívər] 동 배달하다

해설 남자가 선택한 컴퓨터는 원래 800달러지만, 25% 할인을 받아 600달러만 지불하면 된다.

05-06 ──────────────────── 05 ⓒ 06 ⓐ

여: 쇼핑은 여행의 즐거움 중 하나입니다. 그러니 각 도시가 무엇으로 유명한지 알아보세요. 아르헨티나의 부에노스아이레스는 품질 좋은 가죽 제품을 구입하기에 좋은 장소입니다. 여러분은 거기에서 좋은 가죽 가방과 신발을 구입할 수 있습니다. 그리고 만약 여러분이 향수를 구입하고 싶다면 프랑스의 그라스가 여러분의 관심을 끌 것입니다. 마지막으로 실내 장식에 관심이 있다면 덴마크의 코펜하겐에 가야 합니다. 그곳에는 여러분의 집을 꾸미기 위한 다양한 제품들이 많이 있습니다.

어휘 pleasure[pléʒər] 명 즐거움 be famous for …으로 유명하다 high-quality[háikwáləti] 형 고품질의, 품질 좋은 leather[léðər] 명 가죽 goods[gudz] 명 상품, 제품 perfume[pə́ːrfjùːm] 명 향수 interest[íntərəst] 동 …의 관심을 끌다 be into …에 관심이 많다 interior design 실내 장식 product[prádəkt] 명 상품, 제품 decorate [dékərèit] 동 꾸미다, 장식하다

해설 05 향수를 사고 싶다면 프랑스의 그라스가 관심을 끌 것이라고 했다.

06 코펜하겐에서는 실내 장식 제품들을 구입하면 좋다고 했다.

07 ──────────────────────────────── ③

남: 총 50달러입니다.

여: 여기 있어요.

남: 감사합니다. 회원 카드가 있나요?

여: 아니요, 없어요. 비용이 드나요?

남: 회원비는 없습니다. 가입하시겠어요? 회원 카드가 있으면 물품을 구매할 때마다 5%를 적립하실 수 있어요. 그리고 적립하신 돈을 현금과 똑같이 사용하실 수 있어요.

여: 그거 좋네요!

남: 또한 매달 마지막 날은 회원의 날이에요. 회원들은 모든 제품에 대해 30% 할인을 받으실 수 있습니다.

여: 그것들은 정말 좋은 혜택이네요. 하나 만들게요.

남: 좋습니다. 그리고 신규 회원들에게 이 무료 장바구니를 드려요. 이 양식을 작성해 주세요.

어휘 in total 통틀어 membership[mémbərʃìp] 명 회원(자격·신분) fee[fiː] 명 수수료; *요금 sign up 가입하다

benefit[bénəfit] 명혜택 fill out 작성하다, 기입하다
form[fɔːrm] 명문서, 서식

해설 여자는 회원 혜택이 마음에 들어 회원 가입을 하겠다고 했다.

08 ──────────────────────────────── ④

남: 신사 숙녀 여러분, 주목해 주시겠습니까? Glory 백화점을 방문해 주셔서 감사합니다. 12월 28일부터 30일까지 겨울 의류 세일이 있을 것입니다. 이것은 멋진 겨울 코트, 재킷, 스웨터, 그리고 스카프를 좋은 가격에 구입할 수 있는 굉장한 기회입니다! 모든 물품이 원래 가격에서 70%에서 90%까지 할인됩니다. 신용카드는 받지 않고 모든 판매는 현금으로만 받습니다. 일주일 안에 영수증을 가져오시면 물품을 반품하실 수 있습니다. 이 큰 기회를 놓치지 마세요!

어휘 clothing[klóuðiŋ] 명옷, 의복 off[ɔːf] 부할인하여
original[ərídʒənəl] 형원래의 credit card 신용카드
cash[kæʃ] 명현금 item[áitem] 명물품 within[wiðín]
전…이내에 miss[mis] 동놓치다 opportunity
[àpərtjúːnəti] 명기회 [문제] clearance sale 재고 정리
세일 accept[əksépt] 동받아들이다 refund[ríːfʌnd]
명환불 available[əvéiləbl] 형이용할 수 있는

해설 환불은 일주일 이내에 가능하다고 했다.

> Glory 백화점 겨울 의류 재고 정리 세일
> ① 12월 28일 ~ 30일
> ② 모든 물품이 70% ~ 90% 할인됩니다.
> ③ 신용카드는 받지 않습니다.
> ④ 환불은 14일 이내에 가능합니다.
> ⑤ 물품은 영수증과 함께 반품되어야 합니다.

09 ──────────────────────────────── ③

여: 너 아직도 인터넷 서핑하고 있어? 너무 많은 시간을 낭비하는 걸 멈춰!
남: 신발을 사야 하는데 마땅한 것을 고르는 데 시간이 오래 걸려.
여: 왜 그렇게 오래 걸려?
남: 그렇게 간단하지가 않아. 제품이 많다고! 그리고 같은 신발이라도 가격이 서로 달라. 가격을 비교해야만 해.
여: 너 이 웹사이트에 가 봤니? 어떤 온라인 상점이 가장 가격이 싼지 보여줘서 네가 원하는 것을 더 쉽게 찾을 수 있어.
남: 굉장하네! 시간을 많이 절약해 주겠어.

어휘 surf the Internet 인터넷 서핑을 하다 waste[weist] 동

낭비하다 vary[vé(ː)əri] 동서로 다르다, 다양하다
compare[kəmpéər] 동비교하다

해설 남자는 제품이 많고, 같은 제품이라도 가격을 비교해야 해서 시간이 오래 걸린다고 했다.

10 ──────────────────────────────── ⑤

(전화벨이 울린다)
남: DICA Online Market에 전화 주셔서 감사합니다. 무엇을 도와 드릴까요?
여: 일주일 전에 그쪽 상점에서 디지털 카메라를 주문했어요. 하지만 아직까지 배송이 안됐어요.
남: 주문 번호를 말씀해주시겠어요?
여: A10496이에요.
남: 오, 흰색 카메라를 주문하셨네요. 대단히 죄송합니다. 주문량이 너무 많아서 배송이 지연되고 있어요. 하지만 색상을 검은색이나 파란색으로 바꾸면 오늘 받으실 수 있어요.
여: 아니요, 전 꼭 하얀색으로 가지고 싶어요.
남: 알겠습니다. 저희가 늦어도 이번 주 금요일까지는 발송하도록 하겠습니다. 불편을 끼쳐 드려서 죄송합니다.

어휘 order[ɔ́ːrdər] 동주문하다 명주문 delay[diléi] 동연기하다, 지연시키다 by[bai] 전…옆에; *…까지 at the
latest 늦어도 inconvenience[ìnkənvíːnjəns] 명불편함

11 ──────────────────────────────── ①

남: 실례합니다. 이 바지를 환불 받고 싶어요.
여: 그것에 뭔가 이상이 있나요?
남: 아니요, 그건 괜찮아요. 그냥 제 마음이 바뀌었어요.
여: 그런 경우라면 저희는 환불을 해 드릴 수 없어요.
남: 왜 안 된다는 거죠? 고작 이틀 전에 샀는데요. 입은 적도 없고요.
여: 그게 저희 방침이에요. 그것을 구매하실 때 '환불 불가' 표시를 못 보셨나요? 할인 상품은 환불하거나 교환할 수 없습니다.
남: 그건 말이 안 돼요. 고객은 일주일 내에 물건을 반품할 권리가 있다고요.
여: 죄송하지만 고객님께 환불을 해 드릴 수 없어요.
남: 그건 옳지 않아요. 고객 서비스 센터에 전화를 해야겠네요.

어휘 get a refund 환불을 받다 change one's mind 마음[생각/의견]을 바꾸다 in that case 그런 경우라면, 그렇다면 give a refund 환불하다 policy[pálisi] 명정책,

방침　sign[sain] 명표시, 표지판　make sense 이치에 맞다　customer[kʌ́stəmər] 명고객　right[rait] 명권리

남자는 환불이 불가능하다는 여자의 말에 화가 나서(angry) 고객 서비스 센터에 전화를 걸었다고 했다.
② 걱정되는　③ 질투하는　④ 긴장되는　⑤ 실망한

12 ──────────── ②

여: 쇼핑을 하고 나서 정말 필요하지 않았던 물건을 산 것을 후회한 적이 있나요? 만약 그런 적이 있다면, 여기 현명하게 쇼핑을 하기 위한 조언이 있습니다. 먼저, 쇼핑 목록을 만들어 보도록 하세요. 상점에 가기 전, 사야 하는 것들을 목록으로 작성하세요. 그건 충동적으로 물건을 구입하는 것을 막는 데 도움이 될 겁니다. 두 번째, 많은 가게에서 가격을 비교하세요. 여러분이 원하는 물건을 발견하더라도, 곧바로 사지 마세요. 돌아다니는 동안 더 싼 가격에 그 물건을 파는 상점을 찾을 수도 있을 거예요. 마지막으로, 할인에 유혹당하지 마세요. 단지 싸다는 이유만으로 여러분이 필요하지도 않은 물건을 사서는 안됩니다.

어휘 regret *doing* …한 것을 후회하다　wisely[wáizli] 부현명하게　keep A from *doing* A가 …하는 것을 막다　purchase[pə́:rtʃəs] 동구입하다　impulsively [impʌ́lsivli] 부충동적으로　right away 즉시, 곧바로　tempt[tempt] 동유혹하다

13 ──────────── ⑤

남: 어떻게 도와드릴까요?
여: 고작 지난 금요일에 이 진공 청소기를 구입했는데 벌써 고장이 났어요.
남: 오, 죄송합니다. 이 제품은 2년 품질 보증이 되어서 저희가 이 제품을 무료로 수리해 드릴 수 있어요.
여: 아니요, 됐습니다. 저는 새것으로 교환하고 싶어요.
남: 알겠습니다. *(잠시 후에)* 오, 죄송합니다만 현재 재고가 없네요. 내일 다시 와 주실 수 있나요?
여: 내일은 안될 것 같아요. 집으로 배송받을 수 있어요?
남: 물론이죠. 주소와 전화 번호를 적어주세요.

어휘 vacuum cleaner 진공 청소기　repair[ripéər] 동수리하다　at no charge 무료로, 수수료 없이　warranty [wɔ́(:)rənti] 명보증서　out of stock 재고가 없는　make it (모임 등에) 가다, 참석하다　write down …을 적다　[문제] refund[ri:fʌ́nd] 동환불하다　recommend [rèkəménd] 동추천하다

Q 대화에 따르면, 여자는 왜 가게를 방문했는가?
① 진공 청소기를 수리하려고
② 진공 청소기를 구입하려고
③ 진공 청소기를 환불하려고
④ 진공 청소기를 추천하려고
⑤ 진공 청소기를 새것으로 교환하려고

14 ──────────── ①

남: 여러분, 안녕하세요. Harry's 백화점에 오신 걸 환영합니다. 앞으로 30분 동안 일부 매장에서 특별 세일을 합니다. 2층 패션 액세서리 매장에서는 목걸이와 팔찌가 30% 할인 됩니다. 또한 남성복 매장에서 남성용 배낭을 할인합니다. 100개 한정 판매이므로 서둘러서, 여러분의 기회를 놓치지 마세요. 지하 1층 식료품 매장에서도 대규모 할인을 합니다. 많은 신선한 채소를 반값에 구입하실 수 있습니다. 저희 백화점에서의 쇼핑을 즐기시길 바랍니다. 감사합니다.

어휘 department[dipá:rtmənt] 명부서, 매장　necklace [néklis] 명목걸이　bracelet[bréislit] 명팔찌　menswear[ménzwὲər] 명남성복　chance[tʃæns] 명기회　grocery[gróusəri] 명식료품　basement floor 지하층　half[hæf] 한반의, 절반의

Q 담화에 따르면, 채소를 구매하려면 몇 층으로 가야 하는가?

15-16 ──────────── 15 ① 16 ③

여: 최근 전 원피스를 사려고 생각 중이었어요. 마침 제 친구인 Sally가 소셜 쇼핑을 추천해 주었어요. 전 몇몇 소셜 쇼핑 웹사이트들을 방문했는데 모든 것이 훨씬 더 쌌어요! 소셜 쇼핑의 개념은 공동 구매와 비슷해요. 한 무리의 사람들이 어떤 상품을 함께 살 때, 가격은 내려가죠. 그건 더 많은 사람들이 상품을 함께 사면 살수록, 가격이 더 내려가는 걸 의미해요. 저는 몇몇 웹사이트를 살펴보았고 멋진 원피스를 발견했어요. 그것은 약 40% 더 저렴했어요. 그런데 저는 그게 사진과 다를까 봐 걱정스러웠어요. 그래서 전 환불 정책을 확인했죠. 다른 고객들이 쓴 후기도 읽었어요. 마침내 전 그걸 구매했어요. 오늘 전 예쁜 원피스를 받았어요. 저의 첫 번째 소셜 쇼핑 경험은 성공적이었어요!

어휘 recently[rí:səntli] 부최근에　dress[dres] 명원피스　be similar to …와 비슷하다　certain[sə́:rtn] 형특정한　be different from …와 다르다　review[rivjú:] 명후기　successful[səksésfəl] 형성공적인

15 화자는 소셜 쇼핑으로 처음 물건을 구입한 경험에 대해 이야

기하고 있다.

Q 화자는 주로 무엇에 대해 이야기하고 있는가?

① 그녀의 소셜 쇼핑 경험

② 소셜 쇼핑 회사에서 그녀의 일

③ 그녀가 소셜 쇼핑을 좋아하지 않는 이유

④ 좋은 소셜 쇼핑 사이트 선택에 대한 조언

⑤ 소셜 쇼핑 사이트에서 물건을 구입하는 방법

16 Q 소셜 쇼핑으로 구입했을 때 원피스는 얼마나 저렴했는가?

Dictation

본문 pp. 036~041

01 I'm looking for a T-shirt, sells very quickly, the round neck, is sold out, red or green, try on a green one

02 have a garage sale, picked out things to sell, too small for me, look good, like new, were covered with dust, is ready, find good new owners

03 I'd like to return it, at the bottom of, exchange it for a new one, get my money back, bring the receipt, Here it is

04 show me that laptop, weighs just 1.5 kg, $1,500, that's expensive, $800, it's on sale, get a 25% discount, $600, a reasonable price, You've made a good choice, deliver it

05-06 the pleasures of traveling, a good place to buy, nice leather bags and shoes, buy a perfume, you are into interior design, for decorating your home

07 $50 in total, Does it cost anything, no membership fee, sign up, every time you buy items, just like cash, on the last day of every month, great benefits, free shopping bag, fill out this form

08 From December 28th to 30th, a sale on winter clothing, at a good price, 70 to 90% off, don't take credit cards, cash only, with a receipt within a week

09 Stop wasting so much time, it takes a long time, Why does it take so long, the prices vary, compare prices, which online store has the cheapest price, save me a lot of time

10 ordered a digital camera, it still hasn't been delivered, ordered the white camera, the delivery has been delayed, change the color, by this Friday at the latest

11 I'd like to get a refund, changed my mind, Why not, I've never worn them, cannot be returned or exchanged, doesn't make sense, within a week, call the customer service center

12 you've gone shopping, tips for shopping wisely, keep you from purchasing items impulsively, don't buy it right away, at a cheaper price, it's very cheap

13 I just bought this vacuum cleaner, it's already broken, at no charge, has a two-year warranty, exchange it for a new one, it's out of stock, can't make it, write down your address

14 For the next 30 minutes, fashion accessories, on the second floor, 30% off, only 100 items available, hurry up, on the first basement floor, many fresh vegetables at half price

15-16 was thinking about buying a dress, recommended social shopping, is similar to group shopping, the further the price goes down, about 40% cheaper, different from the picture, read reviews from other customers, first social shopping experience

Review Test

본문 p. 042

A 1 ⓕ 2 ⓖ 3 ⓓ 4 ⓑ 5 ⓗ 6 ⓒ 7 ⓔ 8 ⓐ
B 1 ⓒ 2 ⓑ 3 ⓐ
C 1 at the latest 2 out of stock 3 at no, charge

A 1 ⓕ 2 ⓖ 3 ⓓ 4 ⓑ 5 ⓗ 6 ⓒ 7 ⓔ 8 ⓐ

1 서로 다르다, 다양하다: ⓕ 크기, 양, 정도나 성질이 다른 무언가와 다르다

2 정책, 방침: ⓖ 사업상 결정을 내릴 때 근거로 쓰이는 일련의 규칙들

3 연기하다, 지연시키다: ⓓ 무언가나 누군가를 늦거나 더디게 만들다

4 교환하다: ⓑ 무언가를 다른 것으로 대체하다

5 영수증: ⓗ 구입한 물건에 대해 돈을 지불했다는 것을 보여주는 종이

6 충동적으로: ⓒ 무언가를 신중하게 생각하지 않고

7 회원(자격·신분): ⓔ 한 개인이 한 무리에 속해 있는 상태

8 (가격 따위가) 합리적인: ⓐ 그리 비싸지 않은

B
1 ⓒ **2** ⓑ **3** ⓐ

1 이 티셔츠 입어봐도 되나요?

2 그 카메라 좀 보여주실 수 있어요?

3 회원 카드를 신청하시겠어요?

> ⓐ 비용이 드나요?
> ⓑ 물론이죠. 이건 최신형 모델이에요.
> ⓒ 물론이죠. 탈의실은 저기에 있습니다.
> ⓓ 죄송합니다, 영수증이 없으면 환불을 받으실 수 없습니다.

Unit 03 Animals

Words Preview
본문 p. 044

01 물다 **02** (동물의) 우리 **03** 짖다 **04** 먹이를 주다 **05** 야생의 **06** 훈련받다 **07** 사냥하다 **08** 입양하다 **09** 느끼다, 감지하다 **10** 주인 **11** 살아남다 **12** (새의) 털, 깃털 **13** 수족관 **14** 환경 **15** 자연재해 **16** …을 돌보다 **17** …에서 나오다, 도망치다 **18** …을 낳다

Getting Ready
본문 p. 045

A 1 born, ⓑ **2** advance, ⓐ **3** look, ⓒ
4 famous for, ⓔ **5** out of, ⓓ
B 1 ⓓ **2** ⓑ **3** ⓐ **4** ⓒ
C 1 ⓐ **2** ⓑ

B

1 ⓓ **2** ⓑ **3** ⓐ **4** ⓒ

1 Ryan's cat refuses to eat.
Ryan의 고양이는 먹기를 거부한다.

2 Ryan let his dog loose in the yard.
Ryan은 마당에 개를 풀어둔다.

3 Ryan goes for a walk with his dog.
Ryan은 개와 산책을 나간다.

4 Ryan's cat gave birth to two kittens.
Ryan의 고양이는 새끼 고양이 2마리를 낳았다.

C

1 ⓐ **2** ⓑ

1 What should I feed my chameleon?
제 카멜레온에게 무엇을 먹여야 하나요?
ⓐ 작은 곤충을 먹이면 돼요.
ⓑ 젖은 천을 사용해서 닦아주세요.

2 Isn't your big dog dangerous?
네 큰 개는 위험하지 않니?
ⓐ 내 개는 지금 완전히 자란 거야.
ⓑ 그 애는 발톱이 날카롭긴 하지만 온순해.

01 ⓒ	02 ⓓ	03 ④	04 ③	05 ③	06 ②	07 ③
08 ④,⑤	09 ④	10 ④	11 ⓐ,ⓓ	12 ⓑ	13 ③	14 ①
15 ②	16 ④					

01 ── ⓒ

여: 이것은 세계에서 가장 사랑받는 동물 중 하나입니다. 이것은 바다 주변에 서식합니다. 짧은 목, 하얀 배, 그리고 대부분 검은 등을 가지고 있죠. 이것은 날개가 있음에도 불구하고 날 수 없습니다. 하지만 수영을 잘하죠. 이것은 물고기, 오징어 그리고 다른 작은 바다 동물들을 먹습니다. 이것의 종 대부분이 남극 대륙에 서식합니다. 몸을 뒤덮은 따뜻한 깃털은 얼어붙도록 추운 날씨에 이것이 살아남도록 도와줍니다. 몇몇 사람들은 이것이 턱시도를 입은 것처럼 보인다고 말합니다.

어휘 loved[lʌvd] 형 사랑받는 neck[nek] 명 목 belly[béli] 명 배 back[bæk] 명 등 wing[wiŋ] 명 날개 squid [skwid] 명 오징어 Antarctic[æntά:rktik] 명 남극 지방 [대륙] feather[féðər] 명 (새의) 털, 깃털 survive [sərváiv] 동 살아남다 freezing[frí:ziŋ] 형 꽁꽁 얼게[너무나] 추운 tuxedo[tʌksí:dou] 명 턱시도

해설 흰색 배를 가졌고 날개가 있지만 날지 못하며 남극에 주로 서식하는 동물은 펭귄이다.

02 ── ⓓ

남: 이 동물은 검은 반점이 있는 주황색 몸을 가졌습니다. 이것은 길고 날씬하고 강한 다리를 가졌으며 이것의 몸은 빠르게 달리는 것에 안성맞춤입니다. 이것은 일반적으로 세상에서 가장 빠른 육지 동물로 여겨집니다. 이 동물이 시속 100km 넘는 속도로 달릴 수 있다고 하죠. 이것의 긴 꼬리는 이것이 달릴 때 균형을 잡는 것을 도와줍니다. 이것은 기린, 사슴, 또는 말과 같은 동물들을 사냥합니다. 이것은 초원에 서식합니다.

어휘 colored[kʌ́lərd] 형 …한 색깔의 spot[spɑt] 명 점, 반점 slim[slim] 형 날씬한, 호리호리한 generally[dʒénərəli] 부 일반적으로 consider[kənsídər] 동 (…을 ~로) 여기다 tail[teil] 명 꼬리 keep balance 균형을 유지하다 hunt[hʌnt] 동 사냥하다 giraffe[dʒəráef] 명 기린 deer[diər] 명 사슴 grassland[ɡræslænd] 명 초원

해설 검은 반점이 있고 빠르게 달릴 수 있으며 초원에 서식하는 동물은 치타이다.

03 ── ④

남: 엄마, 제 햄스터 보셨어요?

여: 우리 안에 있지 않니?

남: 없어요. 학교에 갈 때 봤는데, 지금은 거기에 없네요.

여: 우리에서 나온 것 같구나. 함께 찾아보자.

남: 햄스터들은 어두운 장소를 좋아하니 소파와 침대 밑을 살펴볼게요.

여: 그래. 나는 텔레비전 뒤를 살펴볼게.

남: 네. (잠시 후에) 엄마, 여기에는 없어요.

여: 여기도 없구나. 냉장고 뒤도 확인해보는 게 어떠니?

남: 아, 네! 여기 있어요!

어휘 hamster[hǽmstər] 명 햄스터 cage[keidʒ] 명 (동물의) 우리 get out of …에서 나오다, 도망치다

04 ── ③

여: Parker, 너 걱정스러워 보여. 무슨 일이야?

남: 엄마가 우리 개를 시골에 계신 고모 댁에 보내길 원하셔.

여: 정말? 왜?

남: 밤에 너무 많이 짖거든. 또 때때로 사람들을 물어.

여: 오, 그거 심각하네.

남: 그게 다가 아니야. 산책을 가면 우리 말을 듣지 않고 자기가 원하는 건 뭐든지 해.

여: 너희 엄마가 왜 그 개를 멀리 보내고 싶어하시는지 이해가 간다.

남: 하지만 난 내 개를 사랑해. 때때로 그 애는 심지어 먹기를 거부해. 난 정말 그 애가 걱정돼. 어떻게 해야 할지 모르겠어.

여: 음…. 그 개를 개 조련사에게 데려가는 게 어때? 그들이 널 도와줄 수 있을 거야.

남: 정말 좋은 생각이야! 그렇게 해 봐야겠다.

어휘 country[kʌ́ntri] 명 국가; *시골 bark[bɑ:rk] 동 짖다 bite[bait] 동 물다 serious[sí(:)əriəs] 형 심각한 whatever[hwʌtévər] 한 …한 어떤[모든] 것 refuse [rifjú:z] 동 거부하다 trainer[tréinər] 명 교육[훈련]시키는 사람, 조련사

05 ── ③

여: 안녕하세요, 저는 애완용 뱀을 찾고 있어요. 몇 마리 좀 보여주시겠어요?

남: 그럼요. 이 뱀은 어떠세요? 이것은 밀크 스네이크인데, 아름다운 색으로 유명해요.

여: 아, 사랑스러운 주황색이네요. 새끼인가요?

남: 네, 석 달 전에 태어났어요. 완전히 자라면 길이가 150 센티미터 정도 될 거예요.

여: 그런데 왜 움직이지 않나요? 아픈 건가요?

남: 아뇨. 낮에는 자고 밤에 움직인답니다.

여: 그렇군요. 무엇을 먹여야 하나요?

남: 일주일에 새끼 쥐 한 마리를 먹이면 됩니다.

여: 알겠어요. 그걸로 할게요.

어휘 be famous for …으로 유명하다 lovely[lʌ́vli] 형 사랑스러운, 예쁜 be born 태어나다 fully[fúli] 부 완전히 feed[fiːd] 동 먹이를 주다 rat[ræt] 명 쥐

06 ──────────────────────── ②

여: 안녕하세요. 저는 'Animal Farm'의 Britney Keaton 입니다. 저는 특별한 아기들을 돌보는 한 남자를 만나러 시립 동물원에 나와 있습니다. 안녕하세요, Bates 씨.

남: Britney, 반가워요. 여기 그 특별한 아기들입니다. 이제 두 달 되었어요.

여: 오, 정말 귀엽게 생겼네요! 근데 이 새끼 사자들은 위험하지 않나요?

남: 날카로운 이빨을 가지고 있지만 아주 온순합니다. 제 자식처럼 느껴져요.

여: 하루 일과는 어떻게 되세요?

남: 저는 그들에게 먹이를 주고 그들의 야생 본능을 지키기 위해 운동을 시키죠. 또한 정기적으로 그들의 건강 상태를 확인합니다.

여: 그렇군요. 이 새끼 사자들이 자라서 멋진 어른 사자가 되길 바랍니다. 오늘 저희와 이야기를 나눠 주셔서 감사합니다.

남: 별말씀을요.

어휘 take care of …을 돌보다 sharp[ʃɑːrp] 형 날카로운 gentle[dʒéntl] 형 온화한, 순한 maintain[meintéin] 동 유지하다, 지키다 wild[waild] 형 야생의 nature[néitʃər] 명 자연; *본성 regularly[régjələrli] 부 정기적으로 adult[ədʌ́lt] 형 성인의, 다 자란

해설 리포터인 여자가 시립 동물원에서 새끼 사자들을 돌보는 사육사인 남자를 인터뷰하는 상황이다.

07 ──────────────────────── ③

여: 개는 가장 인기 있는 애완동물 중 하나입니다. 사람들은 그들의 개를 가족의 일부로 여깁니다. 저도 개들을

사랑합니다. 하지만 개 주인들은 모든 사람이 개들을 좋아하는 것은 아니라는 것을 알아야 합니다. 몇몇 사람들은 심지어 공원과 같은 공공장소에서도 그냥 개를 풀어줍니다! 개들이 자유롭게 뛰어다니도록 허용되면, 그들은 그저 그들이 원하는 아무 곳으로나 갑니다. 사람들은 아마 그들의 개를 잃어버릴지도 모릅니다! 더 심각한 문제는 개들이 때때로 아이들을 공격한다는 것입니다! 주인들은 야외에서 개들이 자유롭게 뛰어다니도록 해서는 안 됩니다.

어휘 owner[óunər] 명 주인 let[let] 동 …하게 놓아두다 loose[luːs] 동 속박에서 벗어나다, 풀어주다 public place 공공장소 allow[əláu] 동 허락하다 attack[ətǽk] 동 공격하다

해설 여자는 사람들이 공공장소에서 애완동물을 풀어놓아서는 안 된다고 주장하고 있다.

08 ──────────────────────── ④, ⑤

여: Ethan, 너 고양이 기르지, 그렇지?

남: 응, 이제 3년째 고양이를 기르고 있어. 왜?

여: 고양이를 막 입양했는데, 그 애가 계속 내게서 도망을 가.

남: 그래서 네 고양이와 가까워지는 방법을 알고 싶니?

여: 응. 몇 가지 조언해 줄 수 있어?

남: 그리 어렵지 않아. 먼저, 다정한 목소리로 고양이의 이름을 자주 불러줘야 해.

여: 고양이의 이름을 자주 불러라… 알겠어. 다른 건?

남: 대부분의 고양이들이 장난감을 좋아해. 네가 장난감을 이용해서 네 고양이와 놀아 주면 좋아할 거야.

여: 그거 좋은데. 장난감을 좀 사서 시도해 봐야겠다. 고마워.

어휘 adopt[ədʌ́pt] 동 입양하다 keep doing 계속해서 …하다 run away 달아나다, 도망치다 friendly[fréndli] 형 다정한

해설 남자는 여자에게 다정한 목소리로 고양이의 이름을 자주 부르고 장난감을 이용해서 놀아 주라고 조언했다.

09 ──────────────────────── ④

남: 휴가에 애완동물을 데리고 갈 수 없어서 걱정이세요? 그렇다면, Grand 호텔을 방문하세요. 이곳은 애완동물들만을 위한 장소입니다. 저희는 여러분의 애완동물들에게 최상의 서비스를 제공합니다. 동물들은 놀이터나 수영장에서 재미있게 놀 수 있고, 운동을 하러 체육

관에 갈 수 있습니다. 또한, 저희에게는 최고의 조련사들과 수의사들이 있습니다. 그리고 저희는 매일 이메일로 여러분께 애완동물들의 사진을 보내드릴 것입니다. 따라서 애완동물의 안전을 걱정하실 필요가 없습니다. 그리고 놀라지 마세요! 이 모든 것이 하루에 단 30달러입니다. 집을 떠나있게 될 때 애완동물을 저희에게 맡기세요. 실망하지 않으실 겁니다.

어휘 provide A with B A에게 B를 제공하다 playground
[pléigràund] 몡놀이터, 운동장 safety[séifti] 몡안전
be away from …으로부터 떨어져 있다 leave[liːv] 동
떠나다; *맡기다 disappointed[dìsəpóintid] 혱실망한

해설 매일 이메일로 애완동물의 사진을 보내준다고 했으나, 화상 채팅 서비스를 제공한다는 언급은 없다.

Grand 호텔
① 애완동물만을 위한 호텔
② 놀이터, 수영장, 그리고 체육관에서의 활동
③ 애완동물을 위한 최고의 조련사와 수의사
④ 애완동물과의 화상 채팅
⑤ 하루에 30달러

---

10 ·· ④

남: 무슨 일로 오셨나요? 애완동물이 아픈가요?
여: 네. 제 토끼가 전혀 먹지를 않고 잘 움직이지도 않아요.
남: 그것이 언제 시작됐나요?
여: 음, 어제 제가 그 애를 씻겼어요. 그때 시작된 거 같아요. 감기에 걸린 것 같아요.
남: 어떻게 씻었어요?
여: 샤워기를 사용했어요. 그게 문제가 될 수 있나요?
남: 네. 때때로 토끼는 귀에 물이 들어가면 병이 날 수 있어요.
여: 아, 그건 몰랐어요. 그럼 어떻게 씻겨야 하나요?
남: 젖은 천을 사용해서 더러워진 털을 닦아 주세요. 또는 토끼가 스스로를 깨끗이 하도록 두세요.
여: 알겠습니다.
남: 아주 심각해 보이지는 않네요. 토끼에게 이 약을 하루에 두 번 주세요.
여: 네. 감사합니다.

어휘 seem[siːm] 동…인 것 같다 cold[kould] 몡추위; *감기
shower[ʃáuər] 몡샤워기 get sick 병에 걸리다 fur
[fəːr] 몡(동물의) 털 wet[wet] 혱젖은 cloth[klɔːθ] 몡
천 medicine[médsn] 몡약 twice[twais] 뷔두 번

해설 여자가 토끼를 씻길 때 토끼의 귀에 물이 들어가 토끼가 아픈 것

이라고 남자가 말했다.

11-12 ··· 11 ⓐ, ⓓ 12 ⓑ

여: 돌고래 쇼가 요즘 큰 논쟁거리야.
남: 맞아. 사실 나는 왜 사람들이 그 쇼가 중단돼야 한다고 주장하는지 이해가 안 돼. 나는 그것이 괜찮다고 생각해. 그것들은 사람들이 동물에 더 관심을 갖게 만들잖아.
여: 글쎄, 나는 의견이 달라. 나는 우리가 그 쇼를 중단해야 한다고 생각해.
남: 정말?
여: 응. 사람들이 돌고래들을 그들의 오락거리로 이용하고 있잖아. 너 돌고래들이 쇼를 위해 얼마나 힘들게 훈련을 받아야 하는지 아니? 틀림없이 그들에게 스트레스를 많이 줄 거야.
남: 훈련이 쉽지 않을 수도 있어. 하지만 수족관은 돌고래들에 살기에 최상의 환경을 제공하잖아. 또, 조련사들은 돌고래들을 사랑하고 잘 돌봐 줘.
여: 글쎄, 그게 사실일지라도, 나는 돌고래들이 바다에서 살아야 한다고 생각해.

어휘 issue[íʃuː] 몡쟁점, 사안 argue[áːrgjuː] 동다투다; *주장하다 opinion[əpínjən] 몡의견 entertainment
[èntərtéinmənt] 몡오락거리 train[trein] 동훈련받다
cause[kɔːz] 동야기하다 aquarium[əkwé(ː)əriəm]
몡수족관 environment[inváiərənmənt] 몡환경 take
good care of …을 잘 돌보다

해설 **11** 남자는 돌고래 쇼로 인해 사람들이 동물에 더 관심을 갖게 되며, 조련사들이 돌고래를 잘 돌봐준다고 생각한다.

12 여자는 돌고래가 받는 훈련이 돌고래에게 스트레스를 많이 줄 것이라고 생각한다.

---

13 ·· ③

여: 여러분, 안녕하세요. 우리 시는 새로운 체험관을 개장합니다! 여러분의 자녀들은 많은 종류의 물고기와 수중에 사는 다른 동물들에 대해 배울 수 있습니다. 저희는 4월 17일에 개장합니다. 그리고 개장일에는 예쁜 노랑 물고기 인형을 나눠드릴 것입니다. 표를 미리 예약하면 10% 할인을 받으실 수 있습니다. 이것은 여러분의 자녀 교육에 매우 좋은 기회가 될 것입니다. 더 많은 정보를 위해서는 2980-1234번으로 전화 주세요. 감사합니다.

어휘 experience center 체험관 book[buk] 동예약하다
in advance 미리, 앞서 discount[diskáunt] 몡할인
education[èdʒukéiʃən] 몡교육 [문제] underwater

[ʌ̀ndərwɔ́:tər] 형 수중의 creature[krí:tʃər] 명 생물
water tank 수조

해설 개장 행사로 물고기 인형을 준다고는 했으나 물고기가 든 수조를 준다는 언급은 없다.

Q 담화에 따르면 체험관에 대해 옳지 <u>않은</u> 것은?

> 새로운 체험관
> ① 동물: 물고기, 수중 생물
> ② 개장일: 4월 17일
> ③ 개장 행사: 작은 노랑 물고기가 든 수조
> ④ 조기 예매: 10% 할인
> ⑤ 추가 정보: 2980-1234번으로 전화

14 .... ①

(전화벨이 울린다)

남: 여보세요. Eddie입니다.

여: 안녕, Eddie. 나 Reese야.

남: 안녕, Reese. 무슨 일이야?

여: 너희 개가 강아지 세 마리를 낳았다고 들었어. 그것들 중 한 마리를 나한테 줄 수 있니?

남: 근데, 너 이미 개가 한 마리 있지 않니? 왜 또 한 마리를 원하는 거야?

여: 그걸 우리 할머니께 드리고 싶어서. 할아버지가 돌아가신 후로 슬퍼하시고 외로워하시거든.

남: 아, 안타깝다. 그런데 할머니께서 개를 돌보는 법을 아시니? 난 좀 걱정이 돼.

여: 아, 걱정하지 마. 예전에 개를 키우셨어. 애완동물을 기르는 것이 할머니께 큰 위안이 될 거야.

남: 알았어. 네게 가장 귀여운 아이를 줄게.

여: 고마워. 할머니가 그 애를 잘 돌봐줄 거라고 내가 약속해.

어휘 give birth to …을 낳다 since[sins] 접 …한 이후로
lonely[lóunli] 형 외로운 look after …을 돌보다
comfort[kʌ́mfərt] 명 위안

해설 여자는 할아버지가 돌아가신 후 외로워하시는 할머니께 드릴 강아지를 얻기 위해 남자에게 전화했다.

Q 여자가 남자에게 전화한 이유는 무엇인가?
① 할머니께 드릴 강아지를 얻으려고
② 할아버지가 돌아가신 것에 대해 이야기하려고
③ 그에게 개를 돌보는 방법을 가르쳐 주려고
④ 그의 집에 그녀의 개를 맡길 수 있는지 물어보려고
⑤ 새로 태어난 강아지를 언제 보러 가도 되는지 물어보려고

15-16 .... 15 ② 16 ④

남: Amy, 너는 동물들이 자연재해를 감지할 수 있다는 걸

믿어?

여: 글쎄, 우리 할머니는 비가 오려고 하면 개구리들이 더 시끄러워진다고 하셔. 근데 난 잘 모르겠어. 왜 갑자기 이걸 묻는 거니?

남: 쓰나미가 스리랑카를 덮쳤을 때 국립공원에 있던 동물들이 다치지 않았다는 내용을 신문에서 읽었어. 동물들은 파도가 덮치기 전에 도망쳤어. 그들은 그것이 올 줄 알았던 거야!

여: 정말? 흥미롭네!

남: 다른 증거도 있어. 고대 그리스 사람들은 동물들이 지진이 일어나기 며칠 전에 도시를 떠났다고 기록했어.

여: 와! 그럼 너는 동물들이 언제 지진이 일어날지 정말 알 수 있다고 생각해?

남: 이상하게 들리지만 나는 그게 가능하다고 생각해. 실제로 일본에서의 한 연구는 대지진 전에 개들이 평소보다 더 많이 사람을 문다는 것을 보여주었어.

어휘 sense[sens] 동 느끼다, 감지하다 natural event 자연재해 all of a sudden 갑자기 tsunami[tsuná:mi] 명 쓰나미, 해일 national park 국립공원 run away 달아나다 wave[weiv] 명 파도 hit[hit] 동 때리다; *(자연재해 등이) 덮치다 (hit-hit) evidence[évidəns] 명 증거 ancient[éinʃənt] 형 고대의 record[rikɔ́:rd] 동 기록하다 earthquake[ə́:rθkwèik] 명 지진 tell[tel] 동 말하다; *알다 [문제] belief[bilí:f] 명 생각, 믿음 behavior[bihéivjər] 명 행동 ability[əbíləti] 명 능력 destroy[distrɔ́i] 동 파괴하다 method[méθəd] 명 방법 predict[pridíkt] 동 예측하다 occur[əkə́:r] 동 일어나다, 발생하다

해설 **15** 두 사람은 자연재해를 사전에 감지하여 그것을 피하거나 이상 행동을 하는 동물들에 대해 이야기하고 있다.

Q 화자들은 주로 무엇에 대해 이야기하고 있는가?
① 동물의 행동에 관한 다른 생각들
② 자연재해를 감지하는 동물의 능력
③ 고대 그리스를 파괴한 지진들
④ 지진으로부터 야생 동물을 보호하는 방법들
⑤ 쓰나미가 일어나기 전에 예측하는 방법들

16 일본의 한 연구에 따르면 대지진이 일어나기 전에 개들이 평소보다 사람을 더 많이 물었다고 했다.

Q 일본에서 대지진 전에 개들은 어떻게 행동했는가?
① 도망쳤다.
② 잠을 덜 잤다.
③ 많이 짖었다.
④ 사람들을 많이 물었다.
⑤ 서로 자주 싸웠다.

01 the most loved animals, it can't fly, a good swimmer, warm feathers, survive the freezing cold weather

02 with black spots on it, perfect for running fast, the fastest land animal in the world, run at speeds, per hour, keep balance, hunt animals, lives in the grasslands

03 in his cage, went to school, got out of his cage, dark places, behind the television, Not here either

04 look worried, my aunt's house in the country, barks too much at night, bites people, go for a walk, does whatever he wants, send him away, refuses to eat, what I should do

05 looking for a pet snake, show me some, famous for its beautiful colors, was born three months ago, fully grown, why isn't it moving, sleeps during the day, feed it one baby rat

06 takes care of special babies, two months old, very gentle, What's your daily schedule like, to maintain their wild nature, grow up to be wonderful adult lions

07 one of the most popular pets, part of their family, let their dogs loose, are allowed to run free, lose their dogs, attack children

08 for three years, adopted a cat, running away from me, how to get closer, give me some tips, in a friendly voice, play with your cat, buy some toys and try that

09 Are you worried, take your pets with you, have fun in our playground, send you pictures, worry about your pets' safety, away from home, won't be disappointed

10 What brings you here, doesn't move well, washed her yesterday, seems to have a cold, get sick, using a wet cloth, let her clean herself, doesn't look too bad, twice a day

11-12 a big issue, the shows should be stopped, make people more interested in animals, have a different opinion, for their entertainment, cause them a lot of stress, might not be easy, to live in, take good care of them, should live in the sea

13 learn about many kinds of fish, open on April 17th, book a ticket in advance, for your children's education

14 speaking, gave birth to, give me one of them, want another, sad and lonely, how to look after dogs, be a big comfort for her, give you the cutest one, I promise

15-16 sense natural events, get noisier, all of a sudden, didn't get hurt, before the wave hit, There's more evidence, animals left a city, when earthquakes are coming, bite people more than usual

Review Test 본문 p. 056

A 1 ⓔ 2 ⓗ 3 ⓒ 4 ⓑ 5 ⓕ 6 ⓖ 7 ⓓ 8 ⓐ
B 1 ⓑ 2 ⓐ 3 ⓒ
C 1 running away from 2 sleeps, moves around
  3 fully grown

A ⸻ 1 ⓔ 2 ⓗ 3 ⓒ 4 ⓑ 5 ⓕ 6 ⓖ 7 ⓓ 8 ⓐ

1 (동물의) 우리: ⓔ 애완동물이나 다른 동물을 가두기 위해 고안된 통

2 거부하다: ⓗ 다른 누군가가 부탁한 무언가를 하고 싶지 않다는 것을 말하거나 드러내다

3 살아남다: ⓒ 어려운 상황에 처한 후에 살아 있다

4 온화한, 순한: ⓑ 난폭하지 않은, 친절하고 차분한 행동을 보이는

5 파괴하다: ⓕ 무언가에 손상을 입혀 그것이 더 이상 사용될 수 없게 하다

6 위안: ⓖ 느긋하고 무언가에 대해 덜 걱정하는 감정

7 느끼다, 감지하다: ⓓ 타고난 능력을 통해 무언가를 알아차리다

8 유지하다, 지키다: ⓐ 무언가를 동일하게 유지하다

B ⸻ 1 ⓑ 2 ⓐ 3 ⓒ

1 너는 애완동물을 기르니?

2 내 토끼를 어떻게 씻겨야 하니?

3 네 개를 왜 조련사에게 데려가고 싶니?

ⓐ 그것이 스스로를 깨끗이 하도록 둬.

ⓑ 응. 7년째 개 두 마리를 기르고 있어.

ⓒ 심지어 늦은 밤에도 너무 많이 짖어.

ⓓ 난 매일 한 시간씩 그것을 산책시켜.

Unit 04 Transportation

Words Preview

본문 p. 058

01 요금, 운임 **02** 정거장, 정류장 **03** 지연, 지체 **04** 도착하다 **05** 출발하다 **06** 탈것, 운송 수단 **07** 승객 **08** 불편함 **09** 혼잡 시간, 러시 아워 **10** 급행 열차 **11** 분실물 보관소 **12** 걸어서 **13** 제시간에 **14** …에서 내리다 **15** 버스를 타다 **16** 예정대로 **17** …의 자전거를 타다 **18** …할 예정이다

Getting Ready

본문 p. 059

A 1 straight, ⓐ **2** across, ⓒ **3** get off, ⓓ
  4 in time, ⓔ **5** in front of, ⓑ
B 1 T **2** F **3** T
C 1 ⓑ **2** ⓐ

B
1 T 2 F 3 T

1 The train for Busan will arrive at 08:50 a.m.
부산행 기차는 오전 8시 50분에 도착할 것이다.

2 The train will depart from Gwangju at 07:00 a.m.
기차는 오전 7시에 광주에서 출발할 것이다.

3 It costs 42,500 won to go to Daegu by train.
기차로 대구까지 가는 데 42,500원이 든다.

기차 정보			
	출발	도착	요금
서울 → 부산	오전 6시	오전 8시 50분	58,000원
서울 → 광주	오전 7시	오전 9시 20분	42,000원
서울 → 대구	오전 6시	오전 8시	42,500원

C
1 ⓑ 2 ⓐ

1 Could you tell me where the bank is?
은행이 어디에 있는지 말해줄 수 있나요?
  ⓐ 저는 주로 그곳에 걸어서 가요.
  ⓑ 물론이죠. 이 길로 약 6분간 직진하세요.

2 When does the next train come?
다음 기차는 언제 오나요?

ⓐ 오후 2시 30분에 도착하는 걸로 예정되어 있어요.

ⓑ 여기서 멀지 않아요. 걸어서 5분밖에 안 걸려요.

Topic Listening
본문 pp. 060~063

01 ⓒ　**02** ⓐ　**03** ④　**04** ②　**05** ④　**06** 1) five　2) three
3) four　**07** ④　**08** ①　**09** ①　**10** ①　**11** ④　**12** ④
13 ①　**14** ③　**15** ③　**16** ③

01 ᐧᐧᐧ ⓒ

남: 실례합니다. York 대학교에 어떻게 가나요?

여: 버스나 지하철을 타시면 돼요.

남: 버스를 타면 얼마나 걸릴까요?

여: 약 20분이요. 하지만 지하철을 타시면 10분밖에 안 걸려요.

남: 그게 더 좋겠네요. 지하철역이 어디 있나요?

여: 길 건너편에 있어요.

어휘 get to …에 도착하다　subway station 지하철역
across[əkrɔ́ːs] 젠 건너편에

해설 남자는 버스와 지하철 이용 시 소요 시간을 확인한 후 지하철을
타기로 했다.

02 ᐧᐧᐧ ⓐ

여: 너 어디를 그렇게 서둘러 가고 있니?

남: 은행에 가는 중이야. 알다시피 은행이 4시에 문을 닫잖
아.

여: 아, 지금이 3시 40분이네. 너 서두르는 게 좋겠다.

남: 그러게. 내가 시간 내에 도착할 수 있을지 모르겠어. 택
시를 타야 할까?

여: 차가 너무 많아. 내 자전거를 사용하는 게 어때? 거기
도착하는 데 시간이 덜 들 거야.

남: 정말이니? 고마워.

어휘 in a hurry 서둘러　such[sʌtʃ] 한 그 정도의, 너무나 …한
had better do …하는 것이 낫다　if[if] 접 …인지 아닌지
in time 제시간에, 늦지 않게

해설 여자는 남자에게 자신의 자전거를 이용하라고 했다.

03 ᐧᐧᐧ ④

남: 안내 말씀 드리겠습니다. 예기치 못한 폭설 때문에 오
늘 오후 열차 두 대의 출발이 지연될 것입니다. 인디애
나폴리스행 열차는 오후 2시에 예정되어 있었습니다만
대신 3시 15분에 출발할 것입니다. 또한 시카고행 열차
는 4시 30분에 출발할 예정이었습니다. 그러나 15분 늦

게 출발할 겁니다. 다른 모든 열차들은 예정대로 도착
하고 출발할 것입니다. 이로 인해 야기될 모든 불편에
대해 사과 드립니다. 양해해 주셔서 감사합니다.

어휘 attention[əténʃn] 명 주의 (주목), 집중　due to …때문에
unexpected[ʌ̀nikspéktid] 형 예기치 않은　delay
[diléi] 명 지연, 지체　departure[dipáːrtʃər] 명 출발
schedule[skédʒuːl] 동 일정을 잡다, 예정하다
depart[dipáːrt] 동 출발하다　on schedule 예정대로
apologize for …에 대해 사과하다　inconvenience
[ìnkənvíːnjəns] 명 불편　cause[kɔːz] 동 …을 야기하다,
초래하다

해설 폭설로 인해 인디애나폴리스행 열차와 시카고행 열차의 출발이
지연될 것임을 알리는 방송이다.

04 ᐧᐧᐧ ②

여: 실례합니다. 우체국이 어디에 있는지 알려주시겠어요?

남: 그건 Pine 가에 위치하고 있어요.

여: Pine 가요? 여기에서 먼가요?

남: 아니요, 걸어서 갈 수 있어요. 먼저, 두 블록을 직진하
다가 Ash 가와 Pine 가가 만나는 모퉁이에서 오른쪽
으로 도세요.

여: 알겠어요, 두 블록을 직진하고 Pine 가에서 오른쪽으로
도는 거죠?

남: 맞아요. 그러고 나서 한 블록을 직진하세요. 우체국은
왼편에 있을 거예요.

여: 알겠어요. 도와 주셔서 감사해요.

어휘 be located on …에 위치해 있다　far[fɑːr] 형 먼
on foot 걸어서, 도보로　straight[streit] 부 똑바로, 일직
선으로　block[blɑk] 명 (거리의) 구역, 블록　corner
[kɔ́ːrnər] 명 모퉁이　on one's left …의 왼편에

해설 남자는 두 블록을 직진해서 가다가 Ash 가와 Pine 가가 만나는
모퉁이에서 오른쪽으로 돌고 나서 한 블록을 직진하면 우체국이
왼편에 있을 거라고 했다.

05 ᐧᐧᐧ ④

남: Nora, 너는 학교에 어떻게 가니?

여: 난 학교 근처에 살아서 보통 걸어가. 너는 어때?

남: 난 버스를 타곤 했는데 항상 혼잡하더라고. 그래서 지
금은 자전거를 타.

여: 정말? 시간이 얼마나 걸려?

남: 집에서 학교까지 약 15분 걸려. 버스를 타는 것보다 덜
걸리지.

여: 좋구나. 하지만 피곤하진 않아?

남: 약간. 하지만 건강에 좋잖아.

여: 응, 자전거를 타는 건 좋은 운동이지.

남: 또 교통비를 낼 필요가 없어. 게다가 버스를 기다릴 필요도 없지.

여: 맞아.

어휘 near[niər] 웹 가까운; *젠 …에서 가까이 used to do …하곤 했다 crowded[kráudid] 웹 혼잡한, 붐비는 ride one's bicycle …의 자전거를 타다 transportation [trænspərtéiʃən] 웹 운송, 교통수단 fee[fi:] 웹 요금

06 ·· 1) five 2) three 3) four

남: 실례합니다. 경복궁으로 가는 길을 알려주시겠어요?

여: 그럼요. 지하철로 그곳에 가실 수 있어요.

남: 가장 가까운 지하철역이 어디에 있나요?

여: 이 길로 5분간 직진하세요, 그러면 충무로역에 이르실 거예요.

남: 충무로역이요? 알겠습니다.

여: 3호선을 타셔야 해요. 4호선을 타지 않도록 주의하세요.

남: 네, 알겠어요. 지하철로 거기에 도착하는 데 얼마나 걸리나요?

여: 네 정거장만 가는 거예요. 11분밖에 안 걸려요.

남: 네. 도와주셔서 정말 감사합니다.

여: 천만에요.

어휘 line[lain] 웹 (기차 등의) 노선 stop[stɑp] 웹 멈춤; *정거장, 정류장

해설
┌─────────────────────────────────────┐
│   메모   │
│ 경복궁으로   │
│ 1) 5분간 걷기 → 충무로역에 도착 → 2) 3호선을 타고 │
│ 3) 네 정거장 가기 → 11분 정도 걸림   │
└─────────────────────────────────────┘

07 ·· ④

여: 죄송한데요, 기사님. 좀 더 빨리 가 주시겠어요?

남: 죄송합니다, 손님. 지금 교통량이 너무 많네요.

여: 제가 9시까지 Corona 빌딩에 도착해야 하거든요. 가능할까요?

남: 음, 혼잡 시간이라서 제 생각에는 적어도 20분쯤 걸릴 것 같아요.

여: 오, 안돼요! 저 입사 면접이 있어요. 늦을지도 몰라요.

남: 택시에서 내려서 지하철을 타는 게 어때요? 그게 더 나을 것 같네요.

여: 정말이요? 지하철 역이 어디죠?

남: 손님 오른편에 역 입구가 있어요. 지하철을 타면 9시 전에는 도착할지도 모르겠네요.

여: 네, 그렇게 해야겠네요. 고맙습니다.

어휘 traffic[træfik] 웹 교통(량) rush hour 러시아워, (출퇴근) 혼잡 시간 guess[ges] 통 추측하다; *…일 것 같다 job interview 입사 면접 get out of …에서 나가다, 내리다 entrance[éntrəns] 웹 입구

해설 여자는 교통 체증으로 면접에 늦을 것 같아 초조할(nervous) 것이다.
① 신이 난 ② 화가 난 ③ 궁금한 ⑤ 부끄러운

08 ·· ①

여: 이 종류의 탈것은 베트남에서 흔한 교통수단의 한 종류입니다. 그것에는 바퀴가 세 개 있는데, 앞에 두 개, 뒤에 한 개가 있습니다. 그것은 운전사와 한두 명의 승객을 태울 수 있습니다. 승객 좌석은 앞에 있습니다. 운전사는 뒤에 앉아서 자전거와 똑같이 페달을 사용하여 이 탈것을 움직이므로 그렇게 빠르진 않습니다. 비가 오면 지붕을 세움으로써 승객을 비로부터 보호합니다.

어휘 vehicle[víːikl] 웹 탈것, 운송 수단 common[kámən] 웹 흔한 form[fɔːrm] 웹 종류, 유형 wheel[hwiːl] 웹 바퀴 passenger[pæsəndʒər] 웹 승객 seat[siːt] 웹 자리, 좌석 put up 세우다

해설 앞에 두 개, 뒤에 한 개의 바퀴가 있고, 운전사가 승객의 뒤쪽에 앉아 페달을 밟아 움직이는 운송 수단이라고 했다.

09 ·· ①

(휴대전화가 울린다)

여: 얘, Daniel, 무슨 일이야?

남: 나 Eva 서점에 가고 있는데 그곳을 못 찾겠어.

여: 너 지금 어디야? 너 그 서점이 새로운 위치로 이전했다는 거 못 들었어?

남: 오, 그걸 몰랐네. 나 예전 서점 앞이야.

여: 거기서 멀지 않아. Wing 가를 따라 두 블록을 직진한 다음 왼쪽으로 돌아.

남: 정말 고마워, Ann! 너의 도움이 없었다면 난 그냥 집으로 가버렸을 거야.

여: 천만에! 그건 그렇고 거기 왜 가는 거야?

남: 'The Wrong Way' 잡지의 이달 호를 살 거야.

여: 나도 그거 읽고 싶었어. 나중에 나에게 빌려줄 수 있니?

남: 물론이지!

어휘 location[loukéiʃən] 명 위치, 장소　issue[íʃu:] 명 (잡지·신문 등) 호　magazine[mǽɡəzíːn] 명 잡지　lend [lend] 동 빌려주다

해설 남자는 Eva 서점이 옮긴 것을 몰라 예전 서점 위치에서 여자에게 전화로 길을 물어보고 있다.

10　─────────────────────── ①

(전화벨이 울린다)

남: 분실물 보관소입니다. 어떻게 도와 드릴까요?

여: 안녕하세요. 오늘 아침에 지하철에 재킷을 놓고 내렸어요. 4호선이었어요. 있는지 없는지 확인해 주시겠어요?

남: 알겠습니다. 언제, 어디서 지하철에서 내리셨나요?

여: 오전 9시 10분쯤에 명동역에서 내렸어요.

남: 네. 그것이 어떻게 생겼는지 설명해 주시겠어요?

여: 검은색이고 양쪽에 주머니가 있어요.

남: 그리고 양 소매에 별 무늬가 있네요, 맞죠?

여: 네, 정확히 제 것인 것 같네요!

남: 알겠습니다. 저희가 손님의 재킷을 보관해둘 테니 언제든지 오셔서 가져가실 수 있어요.

여: 네. 정말 감사합니다. 지금 갈게요.

어휘 Lost and Found 분실물 보관소　leave[liːv] 동 떠나다; *…을 두고 가다　get off (탈것에서) 내리다　explain [ikspléin] 동 설명하다　pattern[pǽtərn] 명 무늬　sleeve[sliːv] 명 소매

해설 분실한 옷을 분실물 보관소에서 보관하고 있으니 언제든 찾아갈 수 있다는 남자의 말에 여자는 바로 가겠다고 했다.

11　─────────────────────── ④

남: 실례합니다. 베니스로 가는 열차표를 사고 싶어요.

여: 알겠습니다. 몇 시에 출발하길 원하세요?

남: 오후 3시쯤에 열차가 있나요?

여: 3시 10분에 출발하는 열차가 있어요. 하지만 표가 남아 있지 않아서 이용할 수 없어요.

남: 정말이요? 그러면 다음 열차는 언제인가요?

여: 다음 열차는 3시 50분에 떠납니다. 또는 4시에 급행열차를 타실 수 있어요.

남: 급행열차요? 그 열차가 그곳에 더 빨리 도착하나요?

여: 네. 30분 정도 덜 걸려요. 시간을 절약할 수 있지만 비용이 더 들죠.

남: 그건 문제가 안 돼요. 급행열차로 할게요.

어휘 express train 급행열차

해설 남자는 4시에 출발하는 급행열차를 타기로 했다.

12　─────────────────────── ④

(전화벨이 울린다)

남: 메트로폴리탄 박물관입니다. 어떻게 도와 드릴까요?

여: 안녕하세요. 그 박물관을 방문하려고 하는데요. 대중교통을 이용해서 거기에 가는 방법을 알고 싶어요.

남: 알겠습니다. 지하철이나 버스를 이용하실 수 있어요.

여: 어떤 버스를 타야 하는지 알려주시겠어요?

남: M1과 M2를 포함해서 여기에 오는 버스가 많아요. 어느 지역에서 오시나요?

여: Cloisters에서 거기에 갈 거예요.

남: Cloisters에서요? 그러면 M4 버스를 타세요. 그 버스는 바로 82번 가와 5번 가로 가거든요.

여: 알겠습니다. 알려주셔서 감사합니다.

어휘 public transportation 대중교통　either A or B A와 B 둘 중 하나　including[inklúːdiŋ] 전 …을 포함하여　directly[diréktli] 부 곧바로, 바로 …에　avenue [ǽvənjùː] 명 (도시의) 거리, …가

해설 남자는 Cloisters에서 오는 여자에게 M4 버스를 타라고 했다.

13　─────────────────────── ①

(전화벨이 울린다)

여: 오페라 하우스입니다. 무엇을 도와 드릴까요?

남: 안녕하세요. 내일 공연을 볼 계획인데 거기에 가는 방법을 모르겠어요.

여: 여기에 오시는 방법이 두 가지 있어요. 버스를 타시면 시청 버스 정류장에서 내리셔야 해요. 그런 다음 City 호텔 쪽으로 직진하세요. 그리고 나서 왼쪽으로 돌아서 한 블록을 걸으세요. 시청 뒤에 저희 건물이 보이실 거예요.

남: 알겠습니다. 다른 방법은 뭔가요?

여: 지하철을 타시면 시청역에서 내리셔야 해요. 그리고 나서 병원을 지나서 동쪽으로 쭉 걸어오세요. 오페라 하우스는 바로 그 옆에 있어요. 쉽게 찾으실 거예요.

남: 알겠어요. 감사합니다.

어휘 city hall 시청　towards[tɔ́ːrdz] 전 …쪽으로　behind [biháind] 전 …뒤에　east[iːst] 부 동쪽으로　past [pæst] 전 …을 지나서　next to …의 옆에　miss[mis] 동 그리워하다; *(못 보고) 놓치다

해설 남자가 방문할 오페라 하우스는 시청 뒤, 병원 옆에 있다고 했다.
Q 남자는 어느 곳을 방문할 것인가?

14　─────────────────────── ③

남: 실례합니다. 인사동이 어디에 있는지 아시나요?

여: 네. 하지만 여기서 조금 멀어요. 버스나 지하철을 타셔 야 해요.

남: 버스로 어떻게 가는지 알려주실 수 있어요? 지하철을 타는 건 저에게 조금 어렵거든요.

여: 물론이죠. 이 버스 정류장에서 273번 버스를 타세요.

남: 네. 그리고 나서 어느 정류장에서 내려야 하나요?

여: 여기 버스 지도를 보세요. 아홉 정류장 뒤에 종로 2가에 서 내려야 해요. 아시겠어요?

남: 물론이죠! 도와주셔서 정말 감사합니다.

어휘 appreciate[əprí:ʃièit] 동 …에 감사하다

해설 여자는 버스나 지하철을 타야 한다고 했다.

Q 대화에 따르면, 옳지 않은 것은?
① 남자는 273번 버스를 탈 것이다.
② 남자는 아홉 정류장 뒤에 내려야 한다.
③ 여자는 남자에게 버스나 택시를 타라고 말했다.
④ 인사동은 남자가 걸어서 갈만큼 충분히 가깝지 않다.
⑤ 남자는 그가 서있는 곳에서 인사동으로 가는 버스를 탈 수 있다.

15-16 .... **15 ③ 16 ③**

남: 런던을 방문하면 여러분은 그곳의 독특한 교통 시스템 을 경험해 보셔야 합니다. 주로 세 가지 방법이 있어요. 첫 번째로 지하철이 있죠. 런던에 사는 사람들은 그것 을 underground나 tube라고 부릅니다. 그것은 1863 년에 개통된 세계에서 가장 오래된 지하철 시스템이에 요. 현재로는 런던의 대부분의 장소들을 연결하는 11개 노선이 있습니다. 여러분은 또한 이층 버스를 탈 수 있 어요. 그것들은 런던의 널리 알려진 상징이 되어온 빨 간색 이층 버스예요. 그것들은 관광객들에게 매우 인기 가 있어요. 마지막으로 블랙 택시들은 런던을 돌아다니 는 또 다른 유명한 방법이죠. 그것들은 안전과 훌륭한 서비스로 유명해요. 하지만 요금은 상당히 비싸답니다. 기본요금이 약 3파운드예요. 1마일을 가면 보통 6파운 드에서 8파운드가 들죠.

어휘 unique[ju:ní:k] 형 독특한 mainly[méinli] 부 주로
currently[kə́:rəntli] 부 현재 link[liŋk] 동 연결하다
double-decker bus 이층 버스 story[stɔ́:ri] 명 이야
기; *(건물의) 층 symbol[símbəl] 명 상징 cab[kæb]
명 택시 well-known[wélnoun] 형 잘 알려진, 유명한
get around 돌아다니다 safety[séifti] 명 안전 quite
[kwait] 부 꽤, 상당히 minimum fare 기본요금
[문제] travel[trǽvəl] 동 여행하다; *이동하다 cost
[kɔ:st] 명 값, 비용 single fare 편도 요금

해설 15 남자는 지하철, 이층 버스, 블랙 택시 등 런던의 다양한 대중 교통 시스템에 대해 이야기하고 있다.

Q 화자는 주로 무엇에 대해 이야기하고 있는가?
① 런던에서 이동하는 가장 빠른 방법
② 런던 교통수단의 역사
③ 런던의 다양한 종류의 교통수단
④ 런던 대중교통의 고비용
⑤ 런던에서 대중교통을 이용하는 것의 장점

16 편도 요금에 관해서는 언급되지 않았다.

Q 담화에 따르면, 런던의 지하철에 대해 옳지 않은 것은?
① 1800년대에 개통되었다.
② tube라고도 불린다.
③ 편도 요금이 2.3파운드다.
④ 시스템 내에 11개의 노선이 있다.
⑤ 세계에서 가장 오래된 지하철 시스템이다.

Dictation
본문 pp. 064~069

01 How can I get to, how long will it take, it only takes ten minutes, across the street

02 in such a hurry, closes at 4:00, You'd better hurry, if I can arrive in time, It'll take less time

03 Due to unexpected heavy snow, delays in the departure, was scheduled for, be leaving at 3:15, leave at 4:30, depart 15 minutes late, apologize for any inconvenience

04 where the post office is, Is that far from here, get there on foot, turn right at the corner, go straight for two blocks, find the post office on your left

05 how do you get to school, used to take a bus, ride my bicycle, How long does it take, than taking a bus, riding a bicycle, pay any transportation fees, wait for the bus

06 the nearest subway station, for five minutes, take line number three, not to take line number four, go four stops, about 11 minutes

07 Could you go any faster, Traffic is terrible, it's rush hour, at least about 20 minutes, have a job interview, An entrance for the station, I think I'll do that

08 a common form of transportation, two in the front, one in the back, to move this vehicle, protects the passengers

09 what's up, can't find it, it moved to a new location, Go straight up, turn left, why are you going there, this month's issue, lend it to me

10 I left my jacket on the subway, check whether you have it or not, at about 9:10 a.m., what it looks like, on each sleeve, that sounds exactly like mine, come and get it

11 I'd like to buy tickets, leaving at 3:10, no tickets left, departs at 3:50, take an express train at 4:00, Will it get there faster, That's not a problem

12 How can I help you, by public transportation, either the subway or the bus, which bus I should take, Which area are you coming from, Thanks for the information

13 plan to see a show tomorrow, There are two ways to get here, you should get off, go straight towards, turn left and walk, What's the other way, walk east past the hospital, miss it

14 it's a little far from here, Could you explain how to get there, the 273 bus, which stop should I get off at, after nine stops, I really appreciate your help

15-16 experience its unique transportation systems, It's the oldest subway system, in 1863, currently 11 lines, two-story buses, are very popular with tourists, are famous for, is quite expensive, costs six to eight pounds

 Review Test 본문 p. 070

A 1 ⓔ 2 ⓗ 3 ⓖ 4 ⓒ 5 ⓓ 6 ⓐ 7 ⓕ 8 ⓑ
B 1 ⓓ 2 ⓑ 3 ⓐ 4 ⓒ
C 1 on foot 2 on schedule 3 get off

A ──────── 1 ⓔ 2 ⓗ 3 ⓖ 4 ⓒ 5 ⓓ 6 ⓐ 7 ⓕ 8 ⓑ

1 요금: ⓔ 교통수단을 이용하기 위해 승객이 내는 돈

2 정거장, 정류장: ⓗ 승객이 내리고 타도록 버스나 기차가 멈추는 곳

3 지연, 지체: ⓖ 무언가 계획된 것보다 늦게 일어난 상황

4 연결하다: ⓒ 둘 혹은 그 이상의 것들을 서로 연결하다

5 서두르다: ⓓ 무언가를 평소보다 더 빠르게 하다

6 (건물의) 층: ⓐ 건물의 한 층

7 탈것, 운송 수단: ⓕ 특히 육지에서 사람이나 물건을 옮기기 위해 쓰이는 것

8 급행의: ⓑ 빠르고, 정류장이 거의 없거나 아예 없는

B ──────── 1 ⓓ 2 ⓑ 3 ⓐ 4 ⓒ

여: 실례합니다. ABC 백화점에 가는 길을 알려주실 수 있나요?

남: ⓓ 물론이죠. 먼저 두 블록을 직진하고 나서 왼쪽으로 도세요.

여: ⓑ 두 블록을 간 다음 왼쪽으로 돈다고요? 알았어요.

남: ⓐ 그러면 당신 오른편에 그곳이 보일 거예요.

여: ⓒ 간단하네요. 도와주셔서 감사합니다.

Unit 05 Entertainment

Words Preview

본문 p. 072

01 대사 02 촬영하다, 찍다 03 출연진 04 단역 배우 05 장면 06 장르 07 논평, 비평 08 사실적인 09 주연시키다 10 개봉하다 11 의상, 복장 12 주인공 13 …을 배경으로 하다 14 상을 받다 15 표를 예매하다 16 대본을 쓰다 17 …할 가치가 있다 18 …에서 눈을 떼다

Getting Ready

본문 p. 073

A 1 make, ⓑ 2 set, ⓓ 3 award, ⓐ
  4 follow, ⓔ 5 take, off, ⓒ
B 1 T 2 F 3 F
C 1 ⓐ 2 ⓑ

B

1 T 2 F 3 F

1 The genre of the movie *Queen's Agent* is action.
영화 'Queen's Agent'의 장르는 액션이다.

2 *Queen's Agent* is directed by Colin Johnson.
'Queen's Agent'는 Colin Johnson이 감독했다.

3 *Queen's Agent* runs for longer than two hours.
'Queen's Agent'는 두 시간 이상 상영된다.

> 장르: 액션
> 감독: Neil Harris
> 출연진: Colin Johnson, Matthew Jackson, Tom Egerton
> 상영시간: 90분

C

1 ⓐ 2 ⓑ

1 How was the movie *The Silent Night*?
영화 'The Silent Night'는 어땠니?
ⓐ 그건 매우 실망스러웠어.
ⓑ 나는 보통 공포 영화를 선호해.

2 Who's in the new movie?
그 새 영화에 누가 나오니?

Topic Listening

본문 pp. 074~077

01 ⓑ	02 ⓓ	03 ④	04 ⑤	05 ③	06 1) F 2) T
3) F	07 ④	08 ⑤	09 ④	10 ①	11 1) Sep 19th

2) Hijack 3) 6:30 p.m. 12 ④ 13 ④ 14 ② 15 ②
16 ④

01 ⓑ

여: 이것은 한 왕국의 여왕이 되는 젊은 여자에 관한 새 판타지 영화이다. 그녀는 스스로를 용의 어머니라고 부르며 왕관을 차지하기 위해 용들과 함께 싸운다. 용들은 사실적이며 전투 장면들은 믿을 수 없을 정도로 장관이다! 또한, 여왕의 기사들의 의상들도 놀랍다. 나는 보통 로맨스 영화를 선호하지만 이 영화는 정말로 추천한다. 이것이 당신을 실망시키지 않으리라 매우 확신한다!

어휘 kingdom[kíŋdəm] 몡왕국 crown[kraun] 몡왕관 realistic[rì(:)əlístik] 혱현실을 직시하는; *사실적인 battle[bǽtl] 몡전투 scene[si:n] 몡장면 unbelievable[ʌ̀nbilí:vəbl] 혱믿기 어려울 정도인 spectacle[spéktəkl] 몡장관 costume[kástju:m] 몡의상, 복장 knight[nait] 몡기사 prefer[prifə́:r] 됭선호하다 recommend 됭추천하다

해설 여자는 용과 함께 왕좌를 차지하는 여자에 대한 영화를 추천하고 있다.

02 ⓓ

남: 내가 가장 좋아하는 영화에 대해 이야기하고 싶다. 이것은 함께 범죄를 해결하는 사립 탐정과 그의 조수에 관한 것이다. 주인공인 Christian Holmes는 매우 똑똑해서 그는 모든 수수께끼를 해결한다. 이 영화를 보는 동안, 당신은 그들과 함께 범인이 누구인지 추측해보려 할 수 있다. 이 영화는 1880년대 런던을 배경으로 하고 있어서 그 당시에 런던이 어떤 모습이었는지 볼 수 있다. 나는 당신이 이 영화를 볼 것을 매우 추천한다. 당신은 그것을 본 것을 후회하지 않을 것이다.

어휘 private[práivit] 혱사유의; *사립의 detective[ditéktiv] 몡탐정 assistant[əsístənt] 몡조수 solve a crime 범죄를 해결하다 main character 주인공 mystery[místəri] 몡수수께끼, 미스터리 criminal

[kríminl] 명 범인, 범죄자 **be set in** …을 배경으로 하다
highly[háili] 부 대단히, 매우 **regret**[rigrét] 동 후회하다

해설 남자는 범죄 사건을 해결하는 탐정의 이야기를 다룬 영화를 추천하고 있다.

03 ──────────────────────────────── ④

남: 그리고 수상자는···. *(잠시 후에)* 축하합니다! 'About Toby'의 Naomi Parker 씨 입니다!

여: 와. 감사합니다. 모두, 감사합니다. 음, 이 대본을 쓰는 데 2년이 걸렸어요. 쉽진 않았지만 전 정말 즐거웠어요. 제 이야기를 멋진 영화로 만들어주셔서 John 감독 님께 감사드리고 싶어요. 제가 많은 대사를 썼다는 걸 알아요. 대사를 완벽히 외워주신 모든 배우들께 감사드립니다. Freddie Sangster 씨께 특히 고맙네요. 당신은 완벽한 주인공 Toby가 되어주었어요. 자, 모두 오늘 밤 즐겁게 보내세요! 감사합니다!

어휘 **take**+사람+시간+*to do* …가 ~하는 데 (얼마의) 시간이 걸리다 **script**[skript] 명 대본 **director**[diréktər] 명 감독 **line**[lain] 명 선; *대사 **grateful**[gréitfəl] 형 고마워하는, 감사하는 **memorize**[méməràiz] 동 암기하다

해설 여자가 대본을 썼으며 그 대본으로 영화를 만들고, 대사를 외워준 사람들에게 감사하는 것으로 보아 각본가임을 알 수 있다.

04 ──────────────────────────────── ⑤

남: 저기, Jessica. 이번 토요일에 영화 보러 가지 않을래?

여: 좋아. 온라인으로 상영 시간표를 확인해보자. 무엇을 보고 싶니?

남: 아침에 바이올린 레슨이 있어. 12시 이후의 어느 영화라도 괜찮아.

여: 좋아, 그럼 'Neighbor from Space'는 어때? 좋은 평을 받았어.

남: 아, 나는 이미 그걸 봤어. 이 애니메이션 영화는 어때? 얼룩말이 귀여워 보여.

여: 아니, 그것을 보고 싶지는 않아. 아이들을 위한 거잖아.

남: 음. 그럼 우린 남은 선택권이 하나밖에 없구나. 표를 사자.

어휘 **movie schedule** 상영 시간표 **review**[rivjúː] 명 논평, 비평 **animated movie** 애니메이션 영화 **choice**[tʃɔis] 명 선택권

해설 12시 이후의 영화 중 'Neighbor from Space'는 남자가 이미 보았고, 'Zebra Attack'은 여자가 거절했으므로 두 사람은 'Secret Business' 1시 상영작을 볼 것이다.

05 ──────────────────────────────── ③

남: ① 14세에서 18세 사이의 남성은 같은 연령층의 여성보다 영화를 더 많이 본다.

② 19세에서 23세까지 연령층의 여성은 다른 어떤 연령층보다 영화를 더 많이 본다.

③ 24세에서 29세 사이의 여성은 가장 적은 수의 영화를 본다.

④ 24세에서 29세 사이의 남성은 일년에 6.9편의 영화를 본다.

⑤ 30세에서 34세 사이의 남성은 같은 연령층의 여성보다 영화를 두 배 더 많이 본다.

어휘 **age group** 연령층 **twice**[twais] 부 두 번; *두 배로

해설 영화를 가장 적게 보는 연령층은 30세에서 34세 사이의 여성이다.
[그래프] 연간 사람들이 보는 영화 편수

06 ──────────────────────── 1) F 2) T 3) F

여: 너 어제 뭐 했어?

남: 영화관에 가서 처음으로 3D 영화를 봤어.

여: 오, 그랬니? 어땠어?

남: 재미있었어. 손을 뻗어 만질 수 있을 것만 같았어.

여: 응. 꼭 영화 속에 있는 것 같잖아.

남: 근데 3D 안경을 쓰는 게 불편했어. 어지러워서 종종 그걸 벗어야 했어.

여: 응, 나도 그랬어. 어떤 사람들은 3D 영화를 보는 동안 어지러움을 느낀다고 들었어.

남: 게다가 표가 꽤 비쌌어.

여: 알잖아. 3D 영화를 제작하는 데 돈이 많이 들어.

남: 그건 사실이야. 하지만 그래도 난 그게 돈을 더 낼만한 가치가 있는 건지 모르겠어.

어휘 **for the first time** 처음으로 **reach out** (손 등을) 뻗다 **uncomfortable**[ʌnkʌ́mfərtəbl] 형 불편한 **dizzy**[dízi] 형 어지러운 **happen**[hǽpən] 동 일어나다, 발생하다 **in addition** 게다가 **quite**[kwait] 부 꽤, 상당히 **cost**[kɔ(ː)st] 동 (비용이) …이다[들다] **still**[stil] 부 그럼에도 불구하고, 하지만 **be worth** *doing* …할 가치가 있다

해설 1) 어제 처음으로 3D 영화를 봤다고 했다.
2) 영화 관람 도중 어지러움을 느껴 종종 안경을 벗었다고 했다.
3) 3D 영화가 돈을 더 주고 볼만한 것인지 모르겠다고 했다.

07 ──────────────────────────────── ④

여: 새로운 슈퍼히어로 영화가 4월 26일에 개봉됩니다! 그

것은 Joss Whedon이 감독을 맡은 'The Avengers'입니다. 출연진은 Robert Downey Jr., Scarlett Johansson, Chris Hemsworth를 포함합니다. 영화에는 아이언 맨, 헐크, 토르, 캡틴 아메리카, 블랙 위도우 같은 여러 위대한 슈퍼히어로들이 나옵니다. 그들은 악의 세력을 무찌르기 위해 서로 협력합니다. 영화는 142분간 상영됩니다. 여러분은 한순간도 화면에서 눈을 떼지 못할 겁니다! 재미있을 거 같나요? 그렇다면 이 굉장한 영화를 놓치지 마세요!

어휘 release[rilíːs] ⑧풀어 주다; *개봉하다 direct[dirékt] ⑧(영화를) 감독하다 cast[kæst] ⑲출연진 include [inklúːd] ⑧포함하다 feature[fíːtʃər] ⑧특징으로 삼다; *주연시키다 beat[biːt] ⑧이기다 evil[íːvəl] ⑲악 run[rʌn] ⑧달리다; *(얼마의 기간 동안) 계속되다, 상영되다 take one's eyes off …에서 눈을 떼다 single [síŋgl] ⑲단 하나의

08 ⑤

남: 정말 훌륭한 영화였어, 그렇지 않니?
여: 그런 것 같아. 근데, 사실 나는 영화에 집중할 수가 없었어.
남: 정말? 뭐가 문제였는데?
여: 내 옆에 앉은 남자가 엄청 신경 쓰이게 했거든.
남: 아, 저런. 그가 큰 소리로 이야기했어?
여: 아니. 그는 계속 문자 메시지를 보냈어.
남: 나 그거 정말 싫어. 왜 그에게 그만하라고 말하지 않았어?
여: 우리 주위에 있는 사람들을 신경 쓰이게 하고 싶지 않았거든. 난 왜 몇몇 사람들이 다른 사람들을 신경 쓰지 않는지 모르겠어.
남: 나도 그래. 지난번에는 내 뒤에 앉은 여자가 계속해서 내 좌석을 발로 차는 거야, 영화 내내 말이야!
여: 그거 정말 짜증났겠다. 난 사람들이 영화관에서 올바른 에티켓을 따라야 한다고 생각해.

어휘 focus on …에 집중하다 bother[báðər] ⑧신경 쓰이게 하다 dear[diər] ⑳이런, 어머나 care about …에 마음을 쓰다, 관심을 가지다 through[θruː] ⑳(어떤 상황, 활동의 처음부터 끝까지) 내내 whole[houl] ⑲전체의 annoying[ənɔ́iiŋ] ⑲짜증나는 proper[prápər] ⑲올바른, 적절한 etiquette[étiket] ⑲에티켓, 예의

해설 여자는 옆 사람이 계속 문자를 보내서 영화에 집중할 수 없었다고 했다.

09 ④

여: 신사 숙녀 여러분, 좋은 아침입니다. 10월 21일부터, 저희는 'The Piano'라는 영화를 Pine 가에서 촬영할 것입니다. 저희는 2명의 단역 배우가 필요합니다. 저희는 여자 종업원과 택시 운전사 역할을 할 배우들을 찾습니다. 그들 각각은 대사가 2줄 있으며 주연 배우인 Anthony Smith에게 말을 하게 될 것입니다. 이 배역을 따내기 위해서 여러분은 오디션을 통과해야만 합니다. 오디션은 City Center에서 10월 11일에 열릴 것입니다. 아마도 이미 알고 계시다시피, 이 영화의 감독은 가장 최근 영화로 2개의 아카데미상을 수상했습니다. 이것은 뛰어난 영화인들과 함께 일할 수 있는 좋은 기회가 될 것입니다. 어느 역할에라도 관심이 있다면, 지원해 주시길 바랍니다. 감사합니다.

어휘 film[film] ⑧촬영하다, 찍다 extra[ékstrə] ⑲추가되는 것; *단역 배우 role[roul] ⑲(조직 내에서의) 역할; *(배우의) 역할, 배역 main actor 주연 배우 win an award 상을 받다 either[íːðər] ⑳(둘 중) 어느 하나[것](의) apply[əplái] ⑧…에 지원하다

해설 여자는 영화에 필요한 단역 배우를 뽑는 오디션에 대해 말하고 있다.

10 ①

남: 나 어제 신작 영화 'Under the Water'를 봤어.
여: 오, 나도 그 영화 보고 싶어. 모두들 Stella Farmiga가 거기서 연기를 잘한다고 하더라. 어떤 사람들은 그녀가 아카데미상을 받을 거라고 해.
남: 글쎄, 난 그렇게 생각 안 해. 그녀는 그저 괜찮은 정도였어. 영화를 훌륭하게 만드는 건 줄거리야. 내 생각에는 작가가 천재인 거 같아. 일단 봐. 그럼 내 말을 이해할 거야.
여: 알았어, 그렇게.
남: 근데 컴퓨터 그래픽은 좋지 않았어. 몇몇 장면들은 가짜 같아 보였어.
여: 정말? 음악은 어땠어? 유명한 음악 감독이 작업을 했다고 들었는데.
남: 아, 그게 음악이 그렇게 좋았던 이유구나. 사실 나 그 사운드 트랙을 샀거든.

어휘 genius[dʒíːnjəs] ⑲천재 mean[miːn] ⑧…뜻으로 말하다, 의미하다 fake[feik] ⑲가짜의, 거짓된 soundtrack[sáundtræk] ⑲사운드 트랙, 영화 음악

11 ·········· 1) Sep 19th 2) Hijack 3) 6:30 p.m.

(전화벨이 울린다)

남: Empire Cinema입니다. 어떻게 도와 드릴까요?

여: 안녕하세요, 온라인으로 영화 표를 샀는데 바꾸고 싶어서요.

남: 성함과 예매하신 영화를 말씀해주시겠어요?

여: Norma Bates예요. 9월 16일자 'Crows'를 두 장 예매했어요.

남: 네. 표를 어떻게 바꾸길 원하세요?

여: 같은 영화를 9월 19일 오후 6시에 보고 싶어요.

남: 기다려 주세요. (잠시 후에) 죄송하지만 남아 있는 표가 없네요.

여: 그럼 그 시간쯤에 어떤 영화가 가능한가요?

남: 확인해 볼게요…. 오후 6시 30분 'Hijack'이나 오후 7시 'Dark Cities' 표를 사실 수 있어요.

여: 알겠어요, 오후 6시 30분 상영작 2장을 살게요.

어휘 book[buk] 동예매하다

해설 여자는 9월 19일 'Crows' 6시 영화를 보려고 했으나 매진되어 같은 날 오후 6시 30분에 상영되는 'Hijack'을 예매했다.

```
영화 표
• 날짜: 1) 9월 16일 / 9월 19일
• 영화: 2) 'Crows' / 'Hijack' / 'Dark Cities'
• 시간: 3) 오후 6시 / 오후 6시 30분 / 오후 7시
```

12 ·········· ④

(전화벨이 울린다)

남: 여보세요?

여: Cameron, 나 Alexa야. 너 어디야?

남: 아, Alexa. 미안해. 가는 길이야.

여: 나 영화관 앞에서 30분 동안 기다리고 있어. 너 왜 이렇게 늦니?

남: 교통 체증이 심각했어. 그래서 버스에서 내려서 걸어가고 있어.

여: 2시야. 영화가 시작할 때까지 15분밖에 안 남았어.

남: 15분? 시간에 맞출 수 있을 것 같아.

여: 확실해? 아니면 내가 3시 표로 바꿀까? 그게 다음 영화거든.

남: 음… 그게 더 안전하겠다. 표를 바꿔줘. 내가 커피를 살게.

여: 알겠어. 곧 만나.

어휘 make it 성공하다; *시간에 맞추다

해설 2시 15분 영화를 보려고 했으나 남자가 늦어서 안전하게 3시에 상영되는 다음 영화로 표를 바꿀 것이다.

13 ·········· ④

① 남: 어떤 장르의 영화를 가장 좋아하니?

　여: 나는 로맨틱 코미디를 가장 좋아해.

② 남: 가장 좋아하는 배우가 누구니?

　여: 나는 Brad Pitt의 굉장한 팬이야.

③ 남: 이 영화에 대해 어떻게 생각해?

　여: 그 영화는 음향 효과가 아주 좋아.

④ 남: 다음 영화는 몇 시니?

　여: 그 영화는 2달 동안 상영되고 있어.

⑤ 남: 그 영화는 언제 개봉되니?

　여: 3월 11일에 개봉될 거야.

어휘 genre[ʒáːŋrə] 명장르 sound effect 음향 효과 show[ʃou] 동보여 주다; *상영되다

해설 다음 상영 시각을 물었으므로 시각을 말하는 대답이 와야 한다.

Q 가장 부자연스러운 대화를 고르시오.

14 ·········· ②

남: 'Cine World'에 오신 걸 환영합니다. 여러분께 금주의 새 영화들을 소개해 드립니다! 첫 번째 영화는 'Off the Record'입니다. 이 영화는 진실을 말하고자 하는 한 기자에 대한 것입니다. 이야기가 매우 감동적이죠. 주연 배우인 Bradley Williams는 그가 가장 뛰어난 배우 중 한 명이라는 것을 또 한 번 증명해 냈습니다. 이 영화는 인터넷 이용자들로부터 별 10개 중 9개를 받았습니다. 두 번째 영화는 'Mr. Nobody 2'입니다. 전작의 큰 성공 후 많은 사람들이 이 시리즈의 다음 영화를 기대해 왔습니다. 유감스럽게도 'Mr. Nobody 2'는 매우 실망스러웠습니다. 그것은 별 10개 중 겨우 3개를 받았습니다.

어휘 journalist[dʒɔ́ːrnəlist] 명기자 touching[tʌ́tʃiŋ] 형감동적인 prove[pruːv] 동증명[입증]하다 out of …중에(서) previous[príːviəs] 형이전의 success[səksés] 명성공 disappointment[dìsəpɔ́intmənt] 명실망 [문제] announce[ənáuns] 동발표하다 ranking[rǽŋkiŋ] 명순위

해설 새로 개봉한 영화인 'Off the Record', 'Mr. Nobody 2'에 대한 정보를 제공하고 있다.

Q 담화의 목적은 무엇인가?

① 박스 오피스 순위를 발표하기 위해서

② 새 영화들에 대한 정보를 주기 위해서

③ 다양한 종류의 영화 장르를 설명하기 위해서

④ 영화 상영 시간표 변경에 대해 말하기 위해서

⑤ 인터넷 이용자들에게 영화평을 작성해달라고 요청하기 위해서

15-16 ··· 15 ② 16 ④

여: "아니야, 그러지마!" 공포 영화를 보다가 이렇게 소리친 적이 있으세요? 공포 영화 속 등장인물들은 종종 어리석은 짓을 해서 죽음을 초래합니다. 여러분은 어떨까요? 여러분이 공포 영화 속 등장인물이라면 살아남을 수 있을 거라 생각하세요? 여기 살아남는 방법에 관한 조언이 있습니다. 첫째, 밖에서 나는 무서운 소리를 들어도 절대 나가지 마세요. 안에 있으세요! 둘째, 괴물을 죽이면 즉시 자리를 뜨세요. 절대 그것이 정말 죽었는지 보려고 돌아가지 마세요! 셋째, 항상 차의 뒷좌석을 확인하세요! 살인자들은 보통 거기에 숨어 있습니다. 넷째, 정전됐을 때 절대 지하실에 내려가지 마세요. 그리고 마지막으로, 밤에 혼자 돌아다니지 마세요! 사람들 무리에 머무르세요. 이 조언들을 따르면 여러분은 살아남을 겁니다!

어휘 shout[ʃaut] 통 소리치다 stupid[stjúːpid] 형 어리석은 cause[kɔːz] 통 야기하다, 초래하다 alive[əláiv] 형 살아 있는 frightening[fráitniŋ] 형 무서운 monster [mánstər] 명 괴물 hide[haid] 통 숨다 basement [béismənt] 명 지하실 go out (전깃불이) 꺼지다, 나가다 alone[əlóun] 부 혼자 [문제] upstairs[ʌ́pstέərz] 부 위층으로 by oneself 혼자

해설 15 화자는 공포 영화에서 살아남는 방법에 관한 5가지 조언을 하고 있다.

Q 화자는 주로 무엇에 대해 이야기하고 있는가?
① 공포 영화를 제작하는 방법
② 공포 영화에서 살아남는 방법
③ 영화 역사상 최고의 공포 영화들
④ 공포 영화 속의 다양한 괴물들
⑤ 사람들이 공포 영화를 보는 이유들

16 Q 따라야 할 규칙으로 언급되지 않은 것은?
① 무서운 소리가 날 때 밖에 나가지 마라.
② 괴물이 정말 죽었는지 절대로 확인하려 하지 마라.
③ 차의 뒷좌석을 확인하는 것을 잊지 마라.
④ 괴물에게서 도망치려고 위층으로 뛰어가지 마라.
⑤ 밤에 혼자 돌아다니지 마라.

01 fantasy movie, fights to get the crown, are realistic, unbelievable spectacles, recommend this movie, won't disappoint you

02 talk about my favorite movie, his assistant, solves crimes, so smart, While watching this movie, guess who the criminal is, how the city looked, highly recommend

03 the winner is, to write this script, making my story into a great movie, I'm grateful to all the actors

04 check the movie schedule online, got great reviews, I watched it already, for children, have only one choice left

05 women of the same age group, 19 to 23, than any other group, the fewest movies, twice as many movies as

06 went to the movie theater, for the first time, reach out, inside the movie, felt uncomfortable, take them off, felt dizzy, that happened to me, quite expensive, That's true, worth paying more money

07 will be released on, directed by, The cast includes, such as, to beat the power of evil, runs for 142 minutes, take your eyes off, miss this amazing film

08 I guess so, focus on the movie, was bothering me, sending text messages, care about others, Me neither, sat behind me, must have been annoying

09 filming a movie, We are looking for actors, talk to the main actor, pass an audition, on October 11th, work with great movie people, interested in either role

10 saw the new movie, acts well, she will win, What makes the movie great, understand what I mean, weren't good, looked fake, What about the music, worked on it, that's why

11 bought movie tickets online, the movie you booked, How do you want to change them, no tickets left, available around that time, take two tickets

12 on my way, for 30 minutes, a traffic jam, coming on foot, before the movie starts, I can make it, change the tickets to 3:00, might be safer

13 Which genre of movies, I'm a big fan of, sound effects, has been showing for two months, on March 11th

14 the new movies of the week, who tries to tell the truth, very touching, got nine stars out of ten, in the series, a big disappointment

15-16 do stupid things, If you were a character, how to stay alive, hear a frightening noise, Stay inside, leave right away, check the backseat, the lights have gone out, Follow these tips

Review Test

A 1 ⓑ 2 ⓓ 3 ⓕ 4 ⓐ 5 ⓔ 6 ⓖ 7 ⓒ 8 ⓗ
B ⓑ
C 1 runs for 2 is set in 3 reach out

A
1 ⓑ 2 ⓓ 3 ⓕ 4 ⓐ 5 ⓔ 6 ⓖ 7 ⓒ 8 ⓗ

1 역할, 배역: ⓑ 배우가 영화나 연극에서 연기하는 등장인물

2 선호하다: ⓓ 무언가를 다른 어떤 것보다 더 좋아하거나 원하다

3 암기하다: ⓕ 무언가를 완벽하게 기억하기 위해 학습하다

4 이전의: ⓐ 어떤 것 이전에 발생하거나 존재하는

5 사립의: ⓔ 개인이나 한 회사에 속한; 공공의 것이 아닌

6 주연시키다: ⓖ 누군가가 주인공이나 중요 부분을 하게 하다

7 조수: ⓒ 다른 사람이 일을 하는 것을 돕는 사람

8 추천하다: ⓗ 누군가 또는 무언가가 좋으며 선택할 가치가 있다고 말하다

B
ⓑ

남: 영화 'My Blacklist'는 어땠니? 몇몇은 그것의 줄거리가 몹시 뛰어나다고 하던데.

여: 음…. 줄거리는 그냥 괜찮았어. ⓑ 영화를 훌륭하게 만드는 건 Julian Marsh의 연기야.

남: 어쩌면 그가 아카데미 상을 수상하겠구나.

여: 그랬으면 좋겠어. 영화를 봐. 그럼 내 말을 이해할 거야.

남: 응, 그럴게.

ⓐ 나는 Julian Marsh의 굉장한 팬이야.

Unit 06 Food

Words Preview
본문 p. 086

01 날것의, 생의 **02** 첨가하다 **03** 요리사, 주방장 **04** 양념, 향신료 **05** …한 맛이 나다 **06** 지역의 **07** 조리법, 요리법 **08** 함유하다 **09** 소비하다, 섭취하다 **10** 조리되지 않은 **11** 재료 **12** 추천하다 **13** 제철 음식 **14** 빵 한 조각 **15** 외식하다 **16** 주문을 받다 **17** …에 좋다 **18** 과자를 굽다

Getting Ready
본문 p. 087

A 1 served, ⓓ 2 order, ⓑ 3 a slice, ⓐ 4 out of, ⓒ
   5 well known for, ⓔ

B 1 ⓐ 2 ⓒ 3 ⓑ
C 1 ⓑ 2 ⓑ

B
1 ⓐ 2 ⓒ 3 ⓑ

1 M: How does it taste?
W: It tastes very salty.
남: 그거 맛이 어때?
여: 아주 짠 맛이 나.

2 M: Is that for here or to go?
W: For here, please.
남: 여기서 드시고 갈 건가요, 가져가실 건가요?
여: 여기서 먹고 갈 거예요.

3 M: What would you like to eat for lunch?
W: Let's have Chinese food!
남: 점심에 무엇을 먹고 싶니?
여: 우리 중국 음식 먹자!

C
1 ⓑ 2 ⓑ

1 How much is a tuna sandwich?
참치 샌드위치는 얼마인가요?
ⓐ 정말 맛있네요.
ⓑ 3달러에 드실 수 있습니다.

2 How was the new Mexican restaurant?
새로운 멕시코 음식점은 어땠니?

032 정답 및 해설

ⓐ 왜 안되겠어? 거기 가자!
ⓑ 난 거기에 가는 것을 추천해. 음식이 정말 맛있거든.

Topic Listening

본문 pp. 088~091

01 ②   02 ⓐ, ⑨   03 ⓑ, ⓗ   04 ②   05 ②   06 1) bad
2) good 3) bad   07 ⑤   08 ②   09 ③   10 ④   11 ③
12 ①   13 ②   14 ④   15 ③   16 ②

01 ──────────────── ②

남: Julia, 너는 어떤 종류의 음식을 좋아하니?
여: 음, 난 스파게티나 피자 같은 이탈리아 음식을 좋아해. 너는 어때?
남: 이탈리아 음식 좋지. 하지만 난 이탈리아 음식보다 한국 음식을 더 좋아해.
여: 많은 한국 음식 중에 어떤 것을 가장 좋아하니?
남: 내가 가장 좋아하는 음식은 비빔밥이야. 비빔밥은 약간 맵지만 정말 맛있어.
여: 또 다른 음식은?
남: 밥과 함께 먹는 불고기도 정말 맛있어. 전에 먹어본 적이 있니?
여: 유감스럽게도 없어. 하지만 한번 먹어보고 싶어.
남: 오늘 점심으로 불고기 먹지 않을래?
여: 그거 좋겠다. 가자!

어휘 prefer A to B B보다 A를 선호하다   among [əmʌ́ŋ]
전 … 중에   dish [diʃ] 명 그릇; *요리   taste [teist]
동 …한 맛이 나다   spicy [spáisi] 형 매운   tasty [téisti]
형 맛있는   unfortunately [ʌnfɔ́ːrtʃənətli] 부 유감스럽게
도, 불행하게도

02 ──────────────── ⓐ, ⑨

여: 주문하시겠어요?
남: 네, 달걀 샐러드 샌드위치 하나와 콜라 하나 주세요.
여: 저희는 오늘 특가 판매를 하고 있어요. 참치 샌드위치를 주문하시면 콜라 한 개를 무료로 받으실 수 있어요.
남: 정말이요? 좋네요. 그럼 참치 샌드위치로 할게요.
여: 또 필요하신 거 있으세요?
남: 그게 다예요.

어휘 order [ɔ́ːrdər] 동 주문하다 명 주문   Coke [kouk] 명 콜라
special offer 명 특가품, 특가 판매   for free 공짜로

해설 남자는 달걀 샐러드 샌드위치를 주문하려다 특가 판매에 대해 듣고 참치 샌드위치로 바꾸었다.

03 ──────────────── ⓑ, ⓗ

남: 주문하시겠어요?
여: 네, 베이컨 샌드위치 하나, 오렌지 주스 하나 주세요.
남: 죄송하지만 베이컨 샌드위치가 지금 다 떨어졌어요.
여: 그거 유감이네요! 그럼 대신 치킨 샌드위치를 먹겠어요.
남: 알겠습니다. 그게 다인가요?
여: 네. 그거면 됐어요. 전부 얼마예요?

어휘 be out of …이 다 떨어지다   unfortunate [ʌnfɔ́ːrtʃənət]
형 운이 없는; *유감스러운   instead [instéd] 부 대신
That will do ((표현)) 그것으로 됐어   total [tóutl] 명 합
계, 총액

해설 여자는 베이컨 샌드위치와 오렌지 주스를 주문하려 했으나, 베이컨 샌드위치가 다 떨어져, 대신 치킨 샌드위치를 주문했다.

04 ──────────────── ②

남: 엄마, 저 너무 배고파요. 김밥 좀 만들어 주실 수 있어요?
여: 물론, 되고말고. 김밥 안에 뭘 넣고 싶니?
남: 치즈 한 장, 단무지, 그리고 음…. 지금 다른 건 또 뭐가 있어요?
여: 시금치, 달걀, 그리고 오이가 있어. 그것들 모두 원하니?
남: 아니오, 시금치는 빼고요. 김밥 안에 오이를 넣으실 거니까 채소는 더 필요 없어요.
여: 하지만 시금치는 네 건강에 좋단다.
남: 알아요. 하지만 저는 정말 그걸 원하지 않아요.
여: 알았어.

어휘 a slice of …한 장[조각]   pickled radish 단무지
spinach [spínitʃ] 명 시금치   cucumber [kjúːkʌmbər]
명 오이   be good for …에 좋다

05 ──────────────── ②

여: 손님, 주문하시겠어요?
남: 네. 수프와 스테이크를 주문하고 싶어요.
여: 알겠습니다. 저희는 양파 수프 또는 감자 수프가 있습니다.
남: 감자 수프로 할게요.
여: 스테이크는요? 오늘의 특별 요리는 등심 스테이크와 꽃등심 스테이크입니다.
남: 둘 다 맛있겠네요. 음…. 등심 스테이크로 할게요.
여: 잘 선택하셨어요. 후회하지 않으실 거예요. 스테이크는 어떻게 해 드릴까요?

남: 완전히 익혀주세요.

어휘 special[spéʃəl] 명특별 상품 sirloin steak 등심 스테이크 rib-eye steak 꽃등심 스테이크 choice[tʃɔis] 명선택 regret[rigrét] 동후회하다 [문제] well-done[weldʌ́n] 형완전히 익힌 tough[tʌf] 형힘든; *(고기가) 질긴

해설 여자가 원하는 스테이크의 상태를 물었으므로, 굽기 정도에 대한 대답이 적절하다.
① 저는 스테이크를 정말 좋아해요.
③ 저는 그것을 포장해 가고 싶어요.
④ 이 스테이크는 너무 질기네요.
⑤ 스테이크를 먹을게요.

06 ·· 1) bad 2) good 3) bad

여: 너 새로 생긴 프랑스 식당에 가 봤니?
남: 아니, 아직. 거기 언젠가 한번 가 보고 싶어.
여: 거기 가는 걸 추천하지 않아. 정말 형편없어.
남: 왜?
여: 우선, 음식이 전혀 맛있지 않았어. 우리한테 훌륭한 프랑스인 요리사가 음식을 만든다고 말했는데 사실이 아닌 것 같아.
남: 가격은 어땠니?
여: 가격은 괜찮았어. 사실, 내가 예상했던 것보다 저렴했어. 하지만 직원들이 불친절했어. 내가 물 한 잔을 부탁했는데, 4번 더 청할 때까지 가져다 주지 않았어.
남: 불쾌하네!

어휘 yet[jet] 부(부정문·의문문에서) 아직 sometime[sʌ́mtàim] 부언젠가 recommend[rèkəménd] 동추천하다 not ... at all 전혀 …하지 않다 chef[ʃef] 명요리사 expect[ikspékt] 동예상[기대]하다 staff[stæf] 명직원 unfriendly[ʌnfréndli] 형불친절한 ask for …을 요청하다 bring[briŋ] 동가져다 주다 until[əntíl] 접…(때)까지 awful[ɔ́ːfəl] 형끔찍한, 불쾌한

해설 1) 여자는 새 프랑스 식당의 음식이 형편없었다고 했다.
2) 가격은 예상했던 것보다 저렴했다고 했다.
3) 직원들이 불친절했다고 했다.

07 ·· ⑤

남: 어제는 밸런타인데이였습니다. 저는 제 여자친구인 Ashley와 저녁을 먹고 싶었습니다. 그래서 멋진 레스토랑에 전화해서 예약을 했습니다. 함께 영화를 보고 나서 저는 그녀를 그 레스토랑으로 데려갔습니다. 제가 레스토랑 지배인에게 제 이름을 말할 때까지는 모든 것이 완벽했습니다. 그는 예약 명단을 확인했습니다. 잠시 후, 그는 그 이름으로 된 예약은 없다고 말했습니다. 그에게 다시 확인해달라고 부탁했지만 저는 그 명단에 없었습니다. 자리를 얻기 위해 한 시간을 기다려야 했습니다. 저는 그 상황을 어떻게 Ashley에게 설명해야 할지 몰랐습니다.

어휘 make a reservation 예약하다 manager[mǽnidʒər] 명경영자, 지배인 after a while 잠시 후 explain[ikspléin] 동설명하다 situation[sìtʃuéiʃən] 명상황

해설 남자는 밸런타인데이를 맞아 여자친구와 저녁을 먹기 위해 레스토랑을 예약했지만 예약이 되지 않은 것을 알고 당황했을 (embarrassed) 것이다.
① 행복한 ② 지루해하는 ③ 만족스러운 ④ 희망에 찬

08 ·· ②

여: 그것은 가장 인기 있는 멕시코 음식 종류 중에 하나입니다. 그것은 매우 간단하지만 맛있습니다. 그것은 토르티야와 다양한 속재료로 만들어집니다. 토르티야는 옥수수나 밀로 만들어진 얇고 둥근 빵 조각입니다. 토르티야를 튀긴 다음 속재료를 감싸며 접습니다. 사람들은 흔히 소고기와 닭고기를 속재료로 사용합니다. 상추, 양파, 토마토 같은 채소도 그 안에 넣을 수 있습니다. 치즈와 살사가 종종 그것과 함께 제공됩니다.

어휘 a variety of 다양한 filling[fíliŋ] 명(음식의) 소[속] thin[θin] 형얇은 wheat[hwiːt] 명밀 fold[fould] 동접다; *감싸다 commonly[kámənli] 부흔히, 보통 lettuce[létis] 명상추 salsa[sǽlsə] 명살사 (멕시코 음식에 쓰이는 소스) serve[səːrv] 동(음식을) 제공하다

해설 여자는 토르티야 안에 소고기, 닭고기, 각종 채소를 넣어 싸 먹는 멕시코 음식인 타코를 설명하고 있다.

09 ·· ③

남: 모든 나라는 그 나라만의 음식 문화를 가지고 있다. 프랑스에서는 거의 매 끼니마다 포도주를 즐긴다. 프랑스인들은 생선과는 백포도주를, 육류와는 적포도주를 마신다. 영국은 차로 매우 유명하다. 영국인들은 보통 점심과 저녁 사이에 차를 마시는 시간을 갖는다. 독일인들은 다른 나라 사람들보다 맥주를 10배 더 마시며, 감자를 많이 먹는다. 중국은 다양한 음식으로 잘 알려져 있다. 중국인들은 보통 음식을 불 위에서나 뜨거운 물에 요리한다.

어휘 meal[miːl] 명식사 meat[miːt] 명육류 Britain[brítən] 명영국 be famous for …으로 유명하다

times[taimz] 명 …배　beer[biər] 명 맥주　be well known for …로 잘 알려져 있다

해설 프랑스, 영국, 독일, 중국의 서로 다른 음식 문화를 소개함으로써 나라마다 독특한 음식 문화에 대해 이야기하고 있다.

10 ──────────────────────────── ④

남: Jessica, 뭐 하고 있니? 뭔가 요리하고 있는 거야?

여: 네, 아빠. 엄마를 위해 미역국을 만들고 있어요. 아시다시피, 오늘이 엄마 생신이잖아요.

남: 네가 미역국을 만들 수 있는지 몰랐구나.

여: 인터넷에서 요리법을 찾았어요. 그렇게 어렵지 않아요. 한번 드셔 보고 맛이 어떤지 봐 주시겠어요?

남: 그래. (잠시 후에) 아, 너무 짜구나! 소금을 너무 많이 넣은 것 같아.

여: 정말이요? 그럼 어떻게 해야 하죠? 외식하는 게 나을까요?

남: 아니야. 물만 좀 더 넣으렴. 짜지만 맛은 괜찮아.

여: 알겠어요. 이렇게 해서 괜찮아지면 좋겠네요.

어휘 seaweed soup 미역국　recipe[résəpì:] 명 조리법, 요리법　eat out 외식하다　add[æd] 동 첨가하다

해설 남자가 미역국이 짜다고 물을 좀 더 넣으라고 하자 여자가 알겠다고 했다.

11 ──────────────────────────── ③

여: 무엇을 드시겠어요?

남: 치킨 샌드위치 하나와 콜라 하나 주세요.

여: 치킨 샌드위치 세트 메뉴는 어떠세요? 감자튀김도 포함되어 있어요.

남: 아, 세트 메뉴는 얼마예요?

여: 5천 원입니다. 치킨 샌드위치와 콜라를 드시면 4천 5백 원 되겠습니다.

남: 그럼 세트 메뉴로 할게요. 아, 잠시만요! 콜라 대신에 다른 음료로 해도 될까요? 레모네이드로 하고 싶어요.

여: 가능하지만 5백 원을 더 내셔야 해요. 괜찮을까요?

남: 괜찮아요.

여: 알겠습니다. 그것 여기서 드실 건가요, 가져가실 건가요?

남: 여기에서 먹을 거예요.

어휘 combo[kámbou] 명 세트 메뉴　instead of …대신에　pay[pei] 동 지불하다

해설 남자는 5천 원인 세트 메뉴를 주문했고, 음료수를 레모네이드로 바꿔 5백 원을 추가로 내야 한다.

12 ──────────────────────────── ①

남: 개구리 다리를 먹어본 적이 있습니까? 당신은 이 음식이 과거에나 먹던 것이라 생각할지 모릅니다. 그러나 개구리 다리는 여전히 많은 나라에서 즐겨지고 있습니다. 예를 들어, 프랑스, 인도네시아, 태국, 중국, 그리고 미국 남부 지역의 사람들이 개구리 다리를 먹습니다. 사실 세계적으로 해마다 10억 마리에 달하는 개구리들이 소비됩니다. 그렇다면 왜 그렇게 많은 사람들이 개구리 다리를 먹을까요? 무엇보다도 맛이 좋습니다. 그것들은 닭고기 맛이 난다고 합니다. 또한 개구리 다리는 많은 단백질과 비타민를 함유하고 있어서 건강에 좋습니다.

어휘 past[pæst] 명 과거　southern[sʌ́ðərn] 형 남쪽에 위치한　up to …까지　billion[bíljən] 명 10억　consume[kənsjúːm] 동 소비하다, 섭취하다　worldwide[wə́:rldwáid] 부 세계적으로　contain[kəntéin] 동 함유하다　protein[próuti:n] 명 단백질

해설 프랑스, 인도네시아, 중국 등 여전히 여러 나라에서 즐겨 먹는다고 했다.

13 ──────────────────────────── ②

여: Shawn, 좋은 아침이야! 좋은 주말 보냈니?

남: 응, 난 일요일에 요리하느라 많은 시간을 보냈어.

여: 정말? 좀 놀랍구나!

남: 실은 스테이크를 먹으려고 레스토랑에 가려고 했어. 근데 내가 정말 좋아하는 식당이 문을 닫아버렸지 뭐야. 그래서 내가 직접 요리하기로 결심했지!

여: 어렵진 않았니?

남: 아니 그다지. 난 곁들이는 요리로 과자와 감자도 구웠어.

여: 스테이크 맛은 어땠어?

남: 정말 맛있었어. 또한, 내가 마셨던 포도주가 음식에 정말 잘 맞았어.

여: 멋지다!

남: 고마워! 다음에 내가 너를 위해 피자를 만들어 볼게.

어휘 spend time *doing* …하는 데 시간을 보내다　be about *to do* …하려고 하다　by oneself 스스로　side dish 명 부식(주 요리에 곁들여 내는 요리)　suit[sju:t] 동 …에 어울리다, …에 맞다

해설 Q 일요일에 남자가 먹은 음식이 <u>아닌</u> 것을 고르시오.

14 ──────────────────────────── ④

여: 저녁으로 뭘 먹고 싶어?

남: 일식 어때? 난 초밥을 먹고 싶어.

여: 사실 나는 전에 그걸 전혀 먹어본 적이 없어.

남: 왜? 초밥은 세계에서 가장 인기 있는 음식 중 하나잖아.

여: 응, 하지만 나는 날생선을 먹고 싶지 않아.

남: 아, 넌 익히지 않은 생선을 싫어하는 거구나! 알겠어. 그럼 우리 뭘 먹을까?

여: 괜찮다면 나는 베트남 쌀국수를 먹고 싶어.

남: 내 생각에 너의 입맛은 나와 완전히 다른 것 같아. 나는 베트남 쌀국수를 좋아하지 않거든.

여: 정말? 왜?

남: 향신료 냄새가 나한테는 너무 강해. 음…. 한국 음식점에 가는 게 어때?

여: 그게 우리를 위해 나을 것 같아. 가자!

어휘 raw[rɔː] 휑 날것의, 생의 uncooked[ʌnkúkt] 휑 익히지 않은 Vietnamese noodle soup 베트남 쌀국수 taste[teist] 몡 맛; *입맛 totally[tóutəli] 튄 완전히 be different from …과 다르다 spice[spais] 몡 양념, 향신료 [문제] oily[ɔ́ili] 휑 기름기가 많은

해설 남자는 향신료 냄새가 강해서 베트남 쌀국수를 좋아하지 않는다고 했다.

Q 남자는 왜 여자가 제안한 음식을 좋아하지 않는가?
① 기름기가 많아서　② 날것이라서
③ 너무 매워서　④ 냄새가 강해서
⑤ 인기 있는 음식이 아니라서

15-16 ·· 15 ③　16 ②

여: 오늘날 모든 사람들이 매우 바쁜 삶을 살아갑니다. 이 때문에 많은 사람들이 패스트푸드를 먹습니다. 그것은 빠르고 쉽게 구할 수 있습니다. 그러나 패스트푸드는 많은 건강상의 문제를 초래할 수 있습니다. 그것이 1980년대 후반에 슬로푸드 운동이 시작된 이유입니다. 이 운동을 하는 사람들은 우리가 음식을 천천히 만들고 먹어야 한다고 믿습니다. 이것은 우리가 음식의 진정한 맛을 즐기도록 도와줄 것입니다. 또한 그들은 사람들의 건강에 관심을 갖습니다. 그들은 우리가 먹는 음식이 건강에 좋은 재료로 만들어지는지 확인합니다. 그러므로 그것은 농부들이 고품질의 농산물을 생산하도록 장려합니다. 또한 그들은 사람들이 지역 음식을 구입하고 제철 음식을 먹기를 요구합니다. 이렇게 함으로써 우리는 더 건강한 방식으로 음식을 즐길 수 있습니다.

어휘 movement[múːvmənt] 몡 (조직적인) 운동 care about …에 관심을 가지다 make sure 확인하다

healthy[hélθi] 휑 건강한; *건강에 좋은 ingredient[ingríːdiənt] 몡 재료 encourage[inkə́ːridʒ] 동 장려하다 produce[prədúːs] 동 생산하다 high-quality[háikwáləti] 휑 고품질의 product[prádəkt] 몡 상품; *농산물 local[lóukəl] 휑 지역의, 현지의 seasonal[síːzənəl] 휑 계절의 [문제] advantage[ədvǽntidʒ] 몡 장점 avoid[əvɔ́id] 동 피하다

해설 15 화자는 슬로푸드 운동이 무엇인지에 대해 설명하고 있다.

Q 화자는 주로 무엇에 대해 이야기하고 있는가?
① 사람들이 왜 패스트푸드를 먹는지
② 건강에 좋은 음식을 요리하는 방법
③ 슬로푸드 운동이 무엇인지
④ 사람들이 왜 더 천천히 먹어야 하는지
⑤ 지역 음식과 제철 음식을 사는 것의 장점

16 슬로푸드 운동의 내용으로 느리게 요리하기, 음식의 진정한 맛 즐기기, 음식 재료가 건강한지 확인하기, 제철 음식 먹기와 지역 농산물 구매하기가 언급되었지만, 외식을 삼가라는 내용은 언급되지 않았다.

Q 담화에 따르면, 슬로푸드 운동에 의해 제안되지 않은 것은?
① 느리게 요리하기
② 외식 피하기
③ 음식의 맛 즐기기
④ 제철 음식 먹기
⑤ 지역 농산물 구매하기

Dictation　　　　　　　　　本文 pp. 092~097

01 what kind of food do you like, prefer Korean food to Italian food, tastes a bit spicy, Have you tried it before, Why don't we have

02 take your order, have a special offer, for free, Anything else

03 ready to order, we're out of bacon sandwiches, a chicken sandwich instead, That will do

04 put in it, A slice of cheese, them all, without, any more vegetables, is good for your health

05 I'd like to order, onion soup or potato soup, What about your steak, Both sound delicious, How would you like

06 Have you been to, don't recommend going there, I don't think that's true, were cheaper than I expected, was unfriendly, four more times

07 made a reservation, took her to the restaurant, the reservation list, After a while, under that name, wasn't on the list, how to explain the situation

08 one of the most popular kinds, is made with, a piece of thin round bread, around the fillings, can be put in it, are often served with it

09 has its own food culture, is enjoyed with, is very famous for tea, take time to have tea, ten times more beer than, is well known for, over fire or in hot water

10 cooking something, I'm trying to make, it's her birthday, you could make, found a recipe, how it tastes, it's too salty, what should I do, eat out, add some water, this makes it better

11 What would you like to eat, how much is the combo meal, 5,000 won, a different drink, have to pay 500 won more, for here or to go

12 Have you ever tried, a thing of the past, are still enjoyed in many countries, the southern parts of, up to one billion frogs, are said to taste like, are good for your health

13 spent a lot of time cooking, was about to go, was closed, decided to try, by myself, baked some cookies, How did the steak taste, suited the food, make a pizza for you

14 What would you like to have, I've never tried it before, one of the most popular foods, eat raw fish, uncooked fish, what shall we have, totally different from mine, too strong for me, What about going, that's better for us

15-16 lives a very busy life, quick and easy to get, in the late 1980s, cook and eat slowly, enjoy the real taste, care about people's health, encourages farmers to produce, buy local food, in a healthier way

A
1 ⓑ 2 ⓓ 3 ⓗ 4 ⓖ 5 ⓔ 6 ⓐ 7 ⓕ 8 ⓒ

1 튀기다: ⓑ 무언가를 뜨거운 기름으로 조리하다

2 주문하다: ⓓ 누군가를 위해 무언가를 만들도록 요청하다

3 양념, 향신료: ⓗ 풍미를 더하기 위해 요리할 때 쓰이는 것으로 주로 분말이나 씨앗들

4 추천하다: ⓖ 누군가 또는 무언가가 좋거나 바람직하다고 제안하다

5 조리법, 요리법: ⓔ 음식을 만드는 데 필요한 재료와 지시사항의 목록

6 소비하다, 섭취하다: ⓐ 무언가를 먹거나 마시다

7 포함하다: ⓕ 누군가 또는 무언가를 다른 무언가의 한 부분이 되게 하다

8 질긴: ⓒ 자르거나 씹기가 매우 어려운

B
1 ⓑ 2 ⓓ 3 ⓒ

1 무엇을 마시고 싶습니까?

2 예약 명단을 다시 확인해 줄 수 있나요?

3 새로 생긴 인도 음식적에 가봤어요?

ⓐ 전체 얼마입니까?
ⓑ 레모네이드를 마시고 싶어요.
ⓒ 네. 그곳의 소고기 카레는 정말 인기 있었고, 맛있었어요.
ⓓ 죄송합니다. 고객님의 이름으로 된 예약은 없습니다.

Review Test
본문 p. 098

A 1 ⓑ 2 ⓓ 3 ⓗ 4 ⓖ 5 ⓔ 6 ⓐ 7 ⓕ 8 ⓒ
B 1 ⓑ 2 ⓓ 3 ⓒ
C 1 prefer, to 2 is well known for 3 are out of

Words Preview

본문 p. 100

01 직업 **02** 모방하다 **03** 외모 **04** 관계 **05** 책임 **06** 롤모델, 본보기 **07** 첫인상 **08** 유행이 지난 **09** 성공하다, 성과를 올리다 **10** 목표를 세우다 **11** …와 헤어지다 **12** 유행을 따르다 **13** 스트레스를 받다 **14** 좋은 성적을 받다 **15** …에 영향을 끼치다 **16** 자원봉사 활동을 하다 **17** …의 험담을 하다 **18** …을 명심하다

Getting Ready

본문 p. 101

A 1 pay off, ⓐ **2** tired of, ⓑ **3** influence on, ⓓ
4 talk behind, ⓒ **5** be in love, ⓔ
B 1 ⓓ **2** ⓐ **3** ⓑ **4** ⓒ
C 1 ⓐ **2** ⓑ

B

1 ⓓ 2 ⓐ 3 ⓑ 4 ⓒ

1 Jenny is crazy about TV stars.
  Jenny는 TV 스타들에 열광한다.

2 Jenny broke up with her boyfriend.
  Jenny는 그녀의 남자친구와 헤어졌다.

3 Jenny feels stressed out about studying.
  Jenny는 공부 때문에 스트레스를 받는다.

4 Jenny does volunteer work at a nursing home.
  Jenny는 양로원에서 봉사 활동을 한다.

C

1 ⓐ 2 ⓑ

1 Why do you want to buy new sneakers?
  왜 새 운동화를 사고 싶니?
  ⓐ 내 예전 것은 유행이 지났어.
  ⓑ 나는 시간이 있으면 쇼핑을 가.

2 You look worried. Is something the matter?
  너 걱정스러워 보여. 무슨 문제 있니?
  ⓐ 십 대들은 서로 다른 걱정거리가 있어.
  ⓑ 응. 나는 내 친구들과의 관계가 걱정이야.

Topic Listening

본문 pp. 102~105

01 ④ **02** ① **03** ② **04** ⑤ **05** ② **06** ⑤ **07** ⓐ, ⓓ
08 ⓑ, ⓒ **09** ② **10** 1) T 2) F 3) T **11** ④ **12** ⑤
13 ② **14** ③ **15** ③ **16** ③

01 ·· ④

남: Mila, 나 이번 일요일에 전시회에 갈 거야. 나랑 같이 가지 않을래?

여: 미안하지만 갈 수 없어. 가족과 소풍을 갈 거야.

남: 우와, 너 가족과 정말 많은 시간을 보내는구나. 너 지난 주말에 가족과 여행을 다녀왔다고 하지 않았니?

여: 응. 하지만 나는 고등학교에 가기 전에 가족과 더 많은 시간을 보내고 싶어. 고등학교에서는 공부하느라 바쁠 거야.

남: 넌 정말 착한 딸이구나. 가족과 좋은 시간 보내.

어휘 exhibition[èksibíʃən] 몡 전시회 go on a picnic[trip] 소풍[여행]을 가다 be busy *doing* …하느라 바쁘다

해설 남자가 전시회에 같이 가자고 제안했지만 여자는 가족과 소풍을 간다고 했다.

02 ·· ①

남: 엄마, 주말에 쓸 돈을 좀 주실 수 있어요? 영화를 보러 가고 싶어서요.

여: 이틀 전에 네게 돈을 좀 줬잖니. 그리고 그게 적은 금액은 아니었는데.

남: 알아요, 하지만 그 돈으로 학교에서 필요한 책을 샀어요.

여: 그 책이 얼마였는데?

남: 그건 만 2천 원이었어요.

여: 네게 2만 원을 주었잖니. 그 나머지는 어디 있니?

남: 그게…. 그걸 컴퓨터 게임에 썼어요.

여: 그렇다면 이번 주에 네게 더 이상 돈을 주지 않을 거야.

어휘 amount[əmáunt] 몡 양, 액수 the rest 나머지 in that case 그런 경우에는, 그렇다면

해설 남자는 엄마에게 받은 2만 원 중 만 2천 원을 책을 사는 데 쓰고, 나머지 8천 원을 컴퓨터 게임을 하는 데 사용했다고 했다.

03 ·· ②

남: ① 50%가 넘는 학생들이 그들의 성적에 대해 걱정한다.
  ② 가장 많은 수의 학생들이 그들의 외모에 대해 걱정한다.
  ③ 20% 미만의 학생들이 친구와의 관계에 대해 걱정한다.

④ 더 많은 학생들이 가족 문제보다 미래의 직업에 대해 걱정한다.

⑤ 가장 적은 수의 학생들이 그들의 가족 문제에 대해 걱정한다.

어휘 be worried about …에 대해 걱정하다 grade[greid] 명품질; *성적 appearance[əpí(:)ərəns] 명외모 less than …보다 적은 relationship[riléiʃənʃip] 명관계 career[kəríər] 명직업 least[li:st] 한가장 적은

해설 가장 많은 수의 학생들이 고민하는 문제는 성적이다.
[그래프] 학생들이 걱정하는 것들

04 ⑤

여: 너 걱정스러워 보여. 무슨 문제 있니?

남: 내 여동생 Lily가 한 남자 아이돌 그룹에 열광해 있어.

여: 그래?

남: 온종일 그들의 동영상을 봐. 그리고 그 애는 그들에게 줄 선물을 사느라 모든 돈을 써. TV 스타들은 그 애와 같은 십 대들에게 그런 나쁜 영향을 끼쳐.

여: 음, 나는 좋은 측면도 있다고 생각해. 한 남자 그룹 멤버가 그가 가장 좋아하는 책을 그의 SNS에서 올렸고, 그의 많은 팬들이 그 책을 읽었어.

남: 음, 그건 사실이야. 하지만 십 대들은 스타들의 머리스타일을 따라 하고 그들의 외양을 흉내 내. 그건 옳지 않아.

여: 그렇긴 하지만, 일부 십 대 팬들은 그들의 스타와 자원봉사활동을 해. 내 생각에 그건 긍정적인 것 같아.

어휘 be crazy about …에 미치다, 열광하다 have influence on …에 영향을 끼치다 teenager[tí:nèidʒər] 명십 대 post[poust] 동(웹사이트에 정보·사진 등을) 올리다, 게시하다 follow[fálou] 동따라가다; *모방하다 imitate [ímitèit] 동모방하다 look[luk] 명겉모습 still[stil] 부아직도; *그런데도, 하지만 teenage[tí:nèidʒ] 형십 대의 do volunteer work 자원봉사 활동을 하다 positive [pázitiv] 형긍정적인

해설 남자는 스타들의 십 대에 대한 부정적 영향을, 여자는 긍정적 영향을 말하고 있다.

05 ②

남: 이번 주말에 Hills 센터에서 십 대 축제가 열릴 거야.

여: 응. 재미있을 거야. 해 볼 수 있는 활동이 많거든.

남: 넌 뭐 특별한 것을 할 거니?

여: 난 춤 경연 대회에 참가할 거야. 알다시피, 난 학교의

춤 동아리 회원이잖아.

남: 넌 열심히 연습해왔잖아! 네 노력이 성과를 맺을 거야.

여: 고마워. 너는 어떠니?

남: 나는 풍선아트를 매우 좋아해, 그래서 그걸 배울 거야. 그리고 페이스 페인팅도 받을 거야.

여: 페이스 페인팅? 나도 하고 싶어!

남: 잘 됐다. 춤 경연 대회가 끝나고 나서 그걸 함께 하는 게 어때?

여: 그래. 이번 주말이 정말 기대된다.

어휘 take place 개최되다 take part in …에 참여하다 contest[kántest] 명대회 effort[éfərt] 명노력 pay off 성공하다, 성과를 올리다 balloon[bəlú:n] 명풍선 look forward to …을 기대하다

해설 두 사람은 여자의 춤 경연 대회 후에 함께 페이스 페인팅을 받기로 했다.

06 ⑤

여: 자, 필요한 건 다 샀네. 이제 집에 가자.

남: 엄마, 잠깐만요! 제게 새 가방을 사주실 수 있어요?

여: 새 가방? Andrew. 너 작년에 새것을 샀잖아.

남: 네, 그렇지만 그것은 유행이 지났어요.

여: 바보 같은 소리 하지 말아라. 그건 멀쩡하던데.

남: 엄마, 요즘 아주 인기 있는 가방 상표가 있어요. 제 친구들 대부분이 그걸 하나씩 가지고 있다고요.

여: 하지만 엄마는 네가 그 유행을 따를 필요가 없다고 생각해.

남: 제발요! 그게 없으면 아무도 저를 좋아하지 않을 거예요.

여: 그건 말도 안 되는 소리야. 나는 네게 가방을 사 주지 않을 거야. 집에 가자.

어휘 backpack[bǽkpæk] 명배낭, 가방 out of fashion 유행이 지난 silly[síli] 형바보 같은, 어리석은 brand [brænd] 명상표, 브랜드 follow the trend 유행을 따르다 nonsense[nánsèns] 명터무니없는 말

해설 남자는 요즘 친구들 사이에서 유행하는 상표의 가방을 사고 싶어 한다.

07-08 07 ⓐ, ⓓ 08 ⓑ, ⓒ

여: Parker, 난 내가 지금 당장 어른이 되면 좋겠어.

남: 무슨 말이야, Aria?

여: 난 공부하는 게 지겨워. 어른들은 공부하고 시험을 볼 필요가 없잖아. 그들은 자유로운 생활을 해.

남: 하지만 어른이 된다는 건 더 많은 책임을 진다는 뜻이야. 나는 그들이 자유로운 삶을 산다고 생각하지 않아.

여: 네가 무슨 말을 하는지 알아. 하지만 어른들은 돈을 벌어서 원하는 대로 쓸 수 있잖아. 또 그들은 밤늦게까지 친구들과 어울려 놀 수 있어.

남: 사실 대부분의 어른들은 우리만큼 자유 시간이 많지 않아. 우리 형은 회사원이거든. 그는 나보다 훨씬 바빠.

여: 그래도 일을 하고 돈을 버는 게 시험공부를 하는 것보다 나은 것 같아.

어휘 wish[wiʃ] 동 바라다 grown-up[gróunʌp] 명 성인 be tired of …에 싫증이 나다 adult[ədʌ́lt] 명 성인, 어른 lead a life 생활하다 responsibility[rispὰnsəbíləti] 명 책임 however[hauévər] 부 어떤 식으로든지 hang out 시간을 보내다, 어울려 놀다 make money 돈을 벌다

해설 07 여자는 어른이 자유로운 삶을 살고 돈을 벌어 원하는 대로 쓸 수 있다고 생각한다.

08 남자는 어른이 더 많은 책임을 지게 되고, 청소년들보다 바쁘다고 생각한다.

09 ──────────────── ②

(전화벨이 울린다)

여: 안녕하세요. 십 대를 위한 Morgan 박사의 상담 전화입니다.

남: 안녕하세요. 저는 중학교 학생이에요. 저 좀 도와 주시겠어요?

여: 물론이죠, 무엇이 문제인가요?

남: 제가 너무 바빠서 항상 스트레스를 받아요.

여: 왜 그렇게 바쁜가요?

남: 방과 후에 여러 개의 학원에 가요. 그리고 집에 돌아오면 밤늦게까지 숙제를 해야 해요.

여: 문제가 뭔지 알겠네요. 휴식을 취할 시간이 없군요. 공부 양을 줄이고 좀 쉬는 게 어때요?

남: 안돼요, 좋은 성적을 받아야 하거든요.

여: 그건 이해합니다. 하지만 학생의 나이에는, 충분한 휴식을 취하는 것이 정말 중요해요. 공부에 더 잘 집중할 수 있게 되어 성적이 떨어지지 않을 거예요.

어휘 hotline[hɑ́tlain] 명 (특정 문제에 대한) 상담 전화 feel stressed out 스트레스를 받다 all the time 항상 several[sévərəl] 형 여러 개의 academy[əkǽdəmi] 명 (특수 분야의) 학교; *학원 relax[rilǽks] 동 휴식을 취하다 cut down 줄이다 get a good grade 좋은 성적

을 받다 enough[inʌ́f] 형 충분한 concentrate on …에 집중하다 go down 내려가다, 낮아지다

10 ──────────────── 1) T 2) F 3) T

여: 새로운 친구를 사귀는 것이 어렵나요? 친구를 사귈 때, 첫인상이 매우 중요합니다. 그리고 여러분에게 도움이 되도록 색깔을 이용할 수 있습니다. 새로운 연구에서 사람들의 첫인상이 부분적으로는 색깔에 의해 형성된다는 것이 밝혀졌어요. 예를 들어, 여러분이 사람들을 처음 만날 때 빨간색 옷을 입으면, 그들은 당신이 활동적이라고 생각할 겁니다. 노란색 옷은 여러분이 즐겁고 행복하다는 걸 보여 줍니다. 녹색 옷은 여러분을 건강하고 잘 준비된 것처럼 보이게 합니다. 그리고 파란색 옷을 입는다면 사람들은 당신이 예술가적 기질이 있고 정직하다고 생각할 겁니다. 무슨 색의 옷을 입을지 고를 때 이것을 명심하세요.

어휘 first impression 첫인상 partly[pɑ́:rtli] 부 부분적으로, 어느 정도 form[fɔːrm] 동 형성하다 active[ǽktiv] 형 활동적인 well-prepared[welpripέərd] 형 잘 준비된 artistic[ɑːrtístik] 형 예술의; *예술가적 기질이 있는 keep (something) in mind …을 명심하다

해설 2) 즐겁고 행복해 보이게 하는 색은 노란색이다.

11 ──────────────── ④

남: Layla, 너 Zoe 알아?

여: 응. 우린 같은 동아리야. 왜 묻는 거니?

남: 나 그 애와 사랑에 빠진 것 같아. 그런데 내가 수줍음을 너무 많이 타서 그 애에게 말을 걸어본 적이 없어.

여: 정말? 난 몰랐어.

남: 뭐, 사실이야. 그래서 네 도움이 필요해. 난 그 애와 같이 연극을 보러 가고 싶어.

여: 알겠어. 내가 널 어떻게 도와줄까?

남: 네가 나를 네 친구로 그 애에게 소개시켜 주면 좋을 것 같아.

여: 알았어. 내일 점심시간에 학교 식당에서 만나자. 내가 Zoe를 데려갈게.

남: 고마워, Layla. 너에게 점심을 살게.

어휘 be in love with …와 사랑에 빠지다 shy[ʃai] 형 수줍음을 많이 타는 play[plei] 명 놀이; *연극 introduce[ìntrədjúːs] 동 소개하다 cafeteria[kæ̀fətíəriə] 명 구내식당

12 ————————————————— ⑤

남: 'Dr. Green 쇼'에 오신 것을 환영합니다. 오늘의 질문은 Claire라는 이름의 15세 소녀로부터 왔습니다. 그녀는 자기의 키에 알맞은 몸무게가 얼마인지 물었습니다. 간단한 질문 같지만 대답은 간단하지 않네요. 사실, 그건 모든 십 대에게 다릅니다. 십 대 시절 동안 우리 신체의 근육, 지방, 뼈의 양은 많이 변합니다. 모든 십 대가 서로 다른 양을 가지고 있죠. 또한 근육과 뼈가 지방보다 더 무게가 나가죠. 그러므로 자연히 십 대는 같은 키의 친구들보다 몸무게가 더 나갈 수도, 덜 나갈 수도 있는 것입니다.

어휘 weight[weit] 몡 몸무게　height[hait] 몡 키　in fact 사실상　muscle[mʌ́sl] 몡 근육　fat[fæt] 몡 지방　bone[boun] 몡 뼈　weigh[wei] 몸 무게가 …이다　naturally[nǽtʃərəli] 묀 자연적으로

해설 화자는 15세 소녀의 키에 맞는 적정 몸무게가 얼마인지에 대한 질문에 같은 키라도 개인마다 몸무게가 다를 수밖에 없는 이유를 설명하며 답이 간단하지 않다고 말했다.

13 ————————————————— ②

① 남: 나는 내가 장래에 무엇이 되고 싶은지 모르겠어.
　여: 네가 가장 하기 좋아하는 것이 무엇인지 생각해봐.
② 남: 너 왜 Jessica와 싸웠니?
　여: 나는 그녀와 잘 지내.
③ 남: 나 시험에서 좋은 성적을 받았어.
　여: 네가 몹시 자랑스럽구나!
④ 남: 너 왜 Janet에게 화가 났니?
　여: 그 애가 내 험담을 한다는 것을 들었어.
⑤ 남: 너 슬퍼 보여. 무엇이 문제니?
　여: 내 남자친구와 헤어졌어.

어휘 have a fight with …와 싸우다　get along well with …와 잘 지내다　talk behind one's back …의 험담을 하다　break up with …와 헤어지다

해설 Jessica와 싸운 이유를 묻는 질문에 그 애와 잘 지낸다는 대답은 적절하지 않다.
Q 가장 부자연스러운 대화를 고르시오.

14 ————————————————— ③

여: Global Teen 센터는 '푸른 바다 여름 캠프'를 소개하고자 합니다! 이 캠프는 8월 16일부터 18일까지 제주도에서 열릴 것입니다. 중학생이라면 누구나 참여할 수 있습니다! 고등학생을 위한 캠프는 다음 달에 열릴 것입니다. 이 캠프는 수상 스포츠를 경험할 수 있는 좋은

기회가 될 것입니다. 여러분은 바다에서 스쿠버 다이빙을 하고 카약을 타러 갈 수 있습니다. 또한 진흙에서 게임도 할 수 있습니다. 새로운 친구를 사귀고 그들과 재미있는 시간을 보내고 싶지 않으세요? 더 많은 정보를 원하신다면 저희 홈페이지 www.gtc.ne.kr에 방문하시거나 3112-7569로 전화주세요.

어휘 island[áilənd] 몡 섬　water sport 수상 스포츠　scuba dive 스쿠버 다이빙을 하다　go kayaking 카약을 타러 가다　mud[mʌd] 몡 진흙

해설 참여 대상은 중학생이며 고등학생 캠프는 다음 달에 열린다고 했다.

Q 담화에 따르면 옳지 않은 것은?

```
푸른 바다 여름 캠프
· 날짜: ① 8월 16일부터 8월 18일까지
· 장소: ② 제주도
· 대상: ③ 중학교와 고등학교 학생
· 프로그램: 수상 스포츠 (④ 스쿠버 다이빙, 카약 타기)
　　　　　 진흙 게임
· 전화번호: ⑤ 3112-7569
```

15-16 ————————— 15 ③　16 ③

남: Turner 양, 당신의 신곡이 큰 성공을 거두고 있어요. 기분이 어떠세요?
여: 정말 행복하고 감사해요.
남: 당신은 현재 겨우 열 네 살의 중학생이잖아요. 학교생활은 어떤가요?
여: 솔직히, 바쁜 일정 때문에 요즘 학교에 다닐 수가 없어요.
남: 그럼 수업을 안 듣고 있나요?
여: 음, 집에서 독학을 하고 있어요. 하지만 유감스럽게도 그건 학교에서 많은 친구들을 사귈 수가 없다는 뜻이죠.
남: 이해가 되네요. 하지만 많은 팬들이 있잖아요.
여: 네. 팬들의 사랑과 지지에 감사해요.
남: 많은 십 대들은 당신이 그들의 롤모델이라고 말합니다. 그들에게 조언 좀 해 주세요.
여: 목표를 세우고 그것을 이룰 때까지 계속 나아가세요. 그러면 여러분의 꿈이 이루어질 거예요.

어휘 success[səksés] 몡 성공　thankful[θǽŋkfəl] 몡 감사하는　to be honest 솔직히　attend[əténd] 몸 다니다, 참석하다　take a class 수업을 받다　teach oneself 독학하다　appreciate[əprí:ʃièit] 몸 고마워하다　support

[səpɔ́ːrt] 몝 지원, 지지 **role model** 롤모델, 본보기
set a goal 목표를 세우다 **achieve** [ətʃíːv] 툄 달성하다
[문제] **benefit** [bénəfit] 몝 혜택, 이득 **homeschooling**
[houmskúːliŋ] 몝 재택학습

해설 **15** 14세라는 어린 나이에 가수로 성공을 거둔 여자의 학교생활
및 가수 활동에 관해 이야기하고 있다.

Q 화자들은 주로 무엇에 대해 이야기하고 있는가?
① 재택학습의 이점
② 십 대들에게 인기 있는 직업
③ 어린 나이에 스타가 되는 것
④ 학교에 다니는 것의 중요성
⑤ 진정한 친구를 사귀는 것의 어려움

16 여자는 학교 친구를 사귀기 어려운 것을 유감스럽게 생각하
고 있다.

Q 여자는 무엇에 대해 속상해하는가?
① 학교에서 나쁜 성적을 받는 것
② 팬들과 그들의 사랑을 잃는 것
③ 학교 친구가 많지 않은 것
④ 혼자 생각할 충분한 시간이 없는 것
⑤ 바쁜 일정 때문에 피곤한 것

Dictation
본문 pp. 106~111

01 going to an exhibition, Why don't you, going on a picnic, went on a family trip, before I go to high school

02 Can I have some money, go to the movies, two days ago, bought a book for school, How much was the book, 20,000 won, spent it on computer games

03 worried about their grades, The largest number, Less than, their relationships with friends, their future careers, The smallest number of students

04 Is something the matter, crazy about, spends all her money, such a bad influence on teenagers, posted his favorite book, read that book, imitate their looks, not right, that's a positive thing

05 take place, many activities to try, do anything special, taking part in, practiced hard, pay off, What about you, do it together, looking forward to this weekend

06 bought everything we need, buy me a new backpack, last year, out of fashion, Don't be silly, very popular these days, no one will like me, That's nonsense

07-08 could be a grown-up, tired of studying, lead a free life, being an adult, having more responsibility, make money, hang out with, as much free time as, much busier than me

09 a middle school student, feel stressed out, What makes, when I get home, until late at night, have any time to relax, cutting down on your studying, get good grades, getting enough rest, concentrate on your studies, won't go down

10 find making new friends hard, first impressions, use colors to help you, for the first time, you are active, look healthy, if you wear blue, artistic and honest, what color clothes to wear

11 Why do you ask, in love with her, so shy, go to watch a play, How can I help you, introduce me to her as your friend, buy you lunch

12 comes from, named, what is the right weight, seems like a simple question, During our teenage years, has a different amount, weigh more or less, of the same height

13 in the future, what you enjoy doing most, have a fight with, get along well with, so proud of you, talked behind my back, broke up with my boyfriend

14 take place from August 16th to 18th, can take part, will be held next month, experience water sports, play games, make new friends, For more information, 3112, 7569

15-16 a big success, happy and thankful, middle school student, because of my busy schedule, taking any classes, teach myself, can't make many friends, appreciate their love and support, their role model, keep going until you achieve it

Review Test
본문 p. 112

A 1 ⓐ 2 ⓑ 3 ⓔ 4 ⓓ 5 ⓒ 6 ⓕ
B 1 ⓐ 2 ⓒ
C 1 out of fashion 2 have, influence on
3 keep in mind

A .... 1 ⓐ 2 ⓑ 3 ⓔ 4 ⓓ 5 ⓒ 6 ⓕ

1 모방하다: ⓐ 누군가의 행동이나 외양을 따라 하다

2 감사하다: ⓑ 누군가에게 또는 무엇에 대해 고맙게 느끼다

3 인상: ⓔ 누군가가 어때 보이는지에 대해 사람이 갖는 의견

4 영향(력): ⓓ 사람이나 사물에 영향을 미치는 힘

5 외모: ⓒ 사람이나 사물이 보이는 방식

6 책임: ⓕ 누군가가 하도록 요구되거나 기대되는 의무나 일

B ———————————— 1 ⓐ 2 ⓒ

남: 너 화가 나 보여. 무슨 일이 있니?

여: **1** ⓐ 나 Tyler와 싸웠어.

남: 왜 그 애와 싸웠니?

여: **2** ⓒ Jessica가 그 애가 나의 험담을 했다고 말해줬거든.

ⓑ 나는 험담을 하는 사람을 싫어해.

Words Preview   본문 p. 114

01 이기다 **02** 은퇴하다 **03** 득점하다 **04** 부상을 입히다 **05** 튀다 **06** 운동선수 **07** 승리 **08** 투수 **09** 신체의 **10** 도전 **11** (경기에서) 상대방 **12** …을 응원하다 **13** 칼로리를 줄이다 **14** 상을 타다 **15** 메달을 따다 **16** 마지막으로 들어오다, 꼴찌를 하다 **17** 기록을 세우다 **18** 경주를 완주하다

Getting Ready   본문 p. 115

A 1 shout, ⓔ **2** win, ⓐ **3** complete, ⓒ **4** hit, ⓑ
5 beyond, ⓓ

B 1 ⓑ **2** ⓐ **3** ⓓ **4** ⓒ

C 1 ⓐ **2** ⓑ

B ———————————— 1 ⓑ 2 ⓐ 3 ⓓ 4 ⓒ

1 Minsu injured his knee during the basketball game.
민수는 농구를 하다가 무릎을 다쳤다.

2 Minsu is coming in the last to the finish line.
민수는 결승선에 가장 늦게 들어오고 있다.

3 Minsu is training very hard for the competition.
민수는 시합을 위해 매우 열심히 훈련을 하고 있다.

4 Minsu scored a goal in a soccer game.
민수는 축구 경기에서 득점을 했다.

C ———————————— 1 ⓐ 2 ⓑ

1 You go to a volleyball game almost every weekend, don't you?
넌 거의 매주 배구 경기를 보러 가는구나, 그렇지 않니?
ⓐ 응, 맞아. 난 그 스포츠의 열혈 팬이거든!
ⓑ 응, 난 주말마다 친구들과 많은 시간을 보내곤 해.

2 I'd like to take yoga classes. Do you have any classes in the evening?
저는 요가 수업을 받고 싶어요. 혹시 저녁에 수업이 있나요?

ⓐ 죄송합니다. 저희는 할인을 제공하지 않습니다.
ⓑ 네. 저녁에 두 개의 수업이 있습니다.

Topic Listening
본문 pp. 116~119

01 ②	02 ⓐ	03 ⓓ	04 ④	05 1) April 21st	
2) Section M	3) 70,000 won	06 ④	07 ②	08 ③	
09 ③	10 ⑤	11 ①	12 ④	13 ⑤	14 ⑤	15 ②
16 ①					

01 ─────────────── ②

여: 나 오늘 배구 경기 보러 갈 거야.
남: 또? 지난 토요일에 경기를 보러 가지 않았어?
여: 맞아. 나는 거의 매 주말마다 경기를 보러 가. 배구를 정말 좋아하거든.
남: 와, 너 열혈 팬이구나!
여: 응, 선수들이 스파이크하는 걸 보는 게 신이 나. 넌 어때? 어떤 종류의 스포츠를 좋아하니?
남: 내가 제일 좋아하는 스포츠는 축구야. 나는 그걸 보는 것뿐만 아니라 하는 것도 좋아해. 종종 친구들과 해.
여: 멋지다. 네 포지션은 뭐야?
남: 나는 공격수야.

어휘 volleyball[válibɔ̀ːl] 圏배구 spike[spaik] 图(배구에서) 스파이크하다 as well as …뿐만 아니라 ~도 position[pəzíʃən] 圏(팀 경기에서 선수의) 위치[자리], 포지션 striker[stráikər] 圏(축구에서) 스트라이커, 공격수

02 ─────────────── ⓐ

여: 이것은 무거운 공을 가지고 하는 실내 스포츠입니다. 그리고 당신은 특수한 신발을 신어야 합니다. 공을 집어 들어 나무로 된 레인에 그것을 굴려 떨어뜨립니다. 당신은 레인의 끝에 있는 핀들을 쓰러뜨려야 합니다. 10개의 핀 모두를 쓰러뜨리면 스트라이크라고 합니다.

어휘 indoor[índɔ̀ːr] 圏실내의 pick up 집어 들다 roll[roul] 图굴리다 wooden[wúdən] 圏나무로 된 lane[lein] 圏도로, 길; *(경주·볼링의) 레인 knock down 쓰러뜨리다 pin[pin] 圏(볼링의) 핀

해설 무거운 공을 레인에 굴려 10개의 핀을 쓰러뜨리는 스포츠는 볼링이다.

03 ─────────────── ⓓ

남: 이것은 두 개의 팀이 라켓을 가지고 하는 스포츠입니다. 보통 두 명 또는 네 명의 선수가 두 팀으로 나뉩니다. 이 스포츠를 할 때는 공이 네트 너머 상대방 코트로 넘어가도록 치기 위해 라켓이 필요합니다. 그 라켓에는 줄이 달려있고 공은 고무로 만들어집니다.

어휘 racquet[rǽkit] 圏라켓 be divided into …로 나뉘다 net[net] 圏그물; *(테니스 등에서 공이 넘어 다니는) 네트 opponent[əpóunənt] 圏(경기에서) 상대방 string[striŋ] 图묶다, 꿰다 (strung-strung) cord[kɔːrd] 圏끈, 줄 be made of …으로 만들어지다 rubber[rʌ́bər] 圏고무

해설 고무로 된 공을 줄이 달린 라켓으로 쳐서 상대방 코트로 넘기는 스포츠는 테니스다.

04 ─────────────── ④

남: 마라톤이 열릴 예정이야. 우리 마라톤에 참가하지 않을래?
여: 마라톤? 그건 너무 힘들어! 내겐 불가능할 거야.
남: 걱정 마. 마라톤 풀코스를 다 뛸 필요는 없어. 5km, 10km, 그리고 하프 마라톤 경주도 있거든.
여: 정말? 5km 경주는 뛸 수 있을 것 같은데. 어떻게 참가하는 거야?
남: 이번 주 수요일 전에는 언제든지 웹사이트에서 신청할 수 있어.
여: 알겠어. 경주가 언제야?
남: 5월 20일 일요일이야. 함께 연습하는 게 어때? 만약 상위 50명 안에 들면 운동화를 탈 수 있어.
여: 좋았어! 지금 바로 사이트에서 참가 신청을 하자.
남: 그래.

어휘 impossible[impásəbl] 圏불가능한 race[reis] 圏경주 apply[əplái] 图신청하다 win[win] 图이기다; *(노력을 통해) 얻다

05 ─────── 1) April 21st 2) Section M 3) 70,000 won

남: 너 다음 토요일에 뭘 할 거니?
여: 4월 21일 말이야? 아직 아무 계획이 없는데.
남: 그날 저녁에 나와 아이스 쇼에 갈래? 여러 세계 최상급의 스케이트 선수들이 공연할 거야.
여: 오, 가고 싶어! 그게 어디에서 열리는데?
남: 올림픽 빙상 경기장에서 열릴 거야.
여: 좋았어. 표를 사자.
남: 그래. 넌 어디에 앉고 싶어? L구역이 어때? 9만 원이고 거기가 링크에서 가까워.
여: 오, 내 지출 예상 비용보다 금액이 높아. 난 M구역이 좋을 것 같아.

남: 어디 보자…. 그 구역은 좌석당 7만 원이야.

여: 거기에 있는 좌석으로 사자.

어휘 world-class[wə̀ːrldklǽs] 형세계 최상급의 perform [pərfɔ́ːrm] 동공연하다 section[sékʃən] 명구획, 구역 beyond one's budget …의 지출 예상 비용을 넘는

해설
세계 최상급 스케이트 선수들의 아이스 쇼
• 날짜: 토요일, 1) 4월 21일 / 4월 24일
• 장소: 올림픽 아이스 링크
• 좌석: 2) L구역 / M구역
• 표 가격: 3) 70,000원 / 90,000원

06 ④

여: 많은 운동선수들이 올림픽에서 메달을 따기 위해 열심히 노력합니다. 유감스럽게도, 그 영광은 소수에게만 돌아갑니다. 그러나 한 종목 이상에서 성공한 대단한 선수들이 몇몇 있습니다. 그들 중 한 명이 독일 출신의 Christa Luding입니다. 그녀는 원래 스피드 스케이트 선수였는데 후에 그녀는 사이클링을 시작했습니다. 그녀는 두 종목이 유사한 훈련 방법을 가지고 있다고 생각했습니다. 1984년에 그녀는 스피드 스케이팅에서 금메달을 땄습니다. 그리고 4년 후 서울에서 그녀는 사이클링에서 은메달리스트가 되었습니다. 그녀는 그 후에 스케이트 선수로서 세 개의 메달을 더 땄습니다.

어휘 athlete[ǽθliːt] 명운동선수 win a medal 메달을 따다 honor[ánər] 명영광 a few 약간의 수, 몇몇 super [sjúːpər] 형대단한 successful[səksésfəl] 형성공한 originally[ərídʒənəli] 부원래 similar[símələr] 형유사한 training[tréiniŋ] 명훈련 method[méθəd] 명방법 medalist[médəlist] 명메달 수령자, 메달리스트

해설 Christa Luding은 스피드 스케이팅과 사이클링 두 종목에서 올림픽 메달을 딴 선수이다.

07 ②

여: 마침내 겨울이 왔어! 난 스키장들이 개장을 시작해서 기뻐.

남: 너 스키 타는 걸 좋아하니?

여: 아주 좋아해. 이번 주말에 스키를 탈 거야. 나랑 같이 갈래?

남: 음, 난 빠질게. 난 스키 타는 걸 좋아하지 않아.

여: 왜? 추위가 싫어서?

남: 아니. 사실, 나는 스키 타는 게 무서워. 어렸을 때 사고가 났거든. 스키를 타던 다른 사람과 충돌해서 다쳤어.

여: 오, 끔찍하다.

남: 난 2주 동안 병원에 입원해 있었어. 너도 스키 탈 때 조심해야 해.

어휘 ski resort 스키장 pass[pæs] 동지나가다; *(게임 등에서) 빠지다 be afraid of …을 무서워하다 accident [ǽksidənt] 명사고 run into …와 충돌하다 injure [índʒər] 동부상을 입다[입히다] awful[ɔ́ːfəl] 형끔찍한 be in (the) hospital 입원 중이다

해설 남자는 어렸을 때 스키를 타다 사고가 나 다친 경험이 있어 스키 타는 것을 좋아하지 않는다.

08 ③

여: 민수야, 골프 토너먼트는 어땠어? 상을 탔니?

남: 그게요, 엄마…. 제 친구 Tom은 신기록을 냈지만 전부비상을 받았어요.

여: 부비상? 그건 어떤 상이니?

남: 그건 가장 낮은 점수를 받은 사람을 위한 거예요.

여: 뭐? 네가 꼴찌를 했다는 말이니?

남: 유감스럽게도, 맞아요. 15 오버파를 기록했어요.

여: 오, 이런! 그런데 왜 그것에 대해 상을 주는 거니?

남: 일종의 장난이에요. 또 패자를 격려하기 위한 것이기도 하고요.

여: 그렇구나. 너무 낙담하지 마. 넌 다음 번에 더 잘할 수 있을 거야.

어휘 tournament[túərnəmənt] 명토너먼트, 승자 진출전 win a prize 상을 타다 make a record 기록을 세우다 score[skɔːr] 명득점, 점수 동득점하다 come in last (경주에서) 마지막으로 들어오다, 꼴찌를 하다 par[pɑːr] 명(골프의 기준 타수인) 파 encourage[inkə́ːridʒ] 동격려하다 loser[lúːzər] 명패자

해설 여자는 가장 낮은 점수를 기록하는 사람을 격려하기 위한 부비상을 받은 남자를 위로하고 있다.

09 ③

(전화벨이 울린다)

여: Gold 스포츠 센터에 전화 주셔서 감사합니다. 어떻게 도와 드릴까요?

남: 수영 수업을 받고 싶어요. 저녁에 수업이 있나요?

여: 물론이죠. 저녁에 두 강습이 있습니다. 하나는 월요일마다 하는 초보자를 위한 수업이고, 다른 하나는 수요일마다 하는 중급자를 위한 수업이에요.

남: 초보자를 위한 강습을 받고 싶어요. 수영을 전혀 못하

거든요.

여: 네. 다음 주 월요일부터 시작하는 오후 7시 수업을 받으실 수 있어요.

남: 좋네요. 수업은 얼마예요?

여: 한 달에 50달러예요. 만약 고객님이 이 도시에 거주하면 10% 할인을 받을 수 있어요.

남: 잘됐네요. 저 여기 살아요. 정보 감사해요.

여: 천만에요. 곧 뵙길 바라겠습니다.

어휘 beginner[biɡínər] 명 초급자, 초보자 intermediate [ìntərmíːdiət] 형 중급의 take a class 수업을 받다

해설 남자는 수영 수업에 대해 요일, 시간, 요금 등을 확인하고 있다.

10 ⑤

남: Katy, 너 너무 조금 먹는구나. 무슨 일이야?

여: 나 요즘 살이 찌는 것 같아. 행복하지 않아.

남: 그렇다면 운동을 해보는 게 어때?

여: 날 위해 뭔가 추천해 줄 수 있니?

남: 음, 배드민턴은 어때?

여: 왜 배드민턴이야?

남: 배우기에 쉽고 좋은 운동이야. 칼로리가 많이 소모돼.

여: 정말? 그저 칼로리를 줄이는 것보단 나은 것 같네.

남: 응. 넌 건강한 방법으로 살을 뺄 필요가 있어. 게다가 이건 시작하는 데 돈이 많이 들지 않아.

여: 내게 좋은 운동인 것 같아. 시도해 볼게. 고마워.

어휘 gain weight 살이 찌다 recommend[rèkəménd] 동 추천하다 burn calories 칼로리를 소모시키다 cut calories 칼로리를 줄이다 lose weight 살을 빼다

해설 여자는 살이 쪄서 우울하다가(depressed) 남자의 조언에 기대하고(hopeful) 있다.
① 걱정하는 → 화가 난
② 궁금해 하는 → 지루해 하는
③ 지루해 하는 → 긴장이 풀린
④ 행복한 → 만족하는

11 ①

(전화벨이 울린다)

여: 여보세요?

남: Julie, 나 Mike야.

여: 오, Mike. 무슨 일이야?

남: 이번 주 토요일에 야구 경기를 보러 가기로 한 거 기억하니? 그게, 미안하지만 가지 못할 것 같아.

여: 왜 못 가니?

남: 실은 어제 농구하다가 발목을 다쳤어.

여: 병원은 갔어?

남: 응. 난 이번 주 내내 치료를 받으러 병원에 다녀야 해. 그래서 토요일에는 그냥 집에 있으면서 휴식을 취해야 할 것 같아.

여: 유감이구나. 얼른 낫길 바라. 월요일에 학교에서 보자.

남: 그래, 이해해줘서 고마워.

어휘 ankle[ǽŋkl] 명 발목 treatment[tríːtmənt] 명 치료 rest[rest] 명 나머지; *휴식

해설 남자가 부상을 당해 토요일 만나기로 한 것을 취소하고, 월요일에 학교에서 보기로 했다.

12 ④

남: Tour de France는 세계에서 가장 유명한 자전거 경주입니다. 그것은 매년 7월 프랑스에서 열립니다. 전 세계에서 온 180여 명의 선수들이 자신의 체력과 정신력을 시험하기 위해 경주에 참가합니다. 경주에는 21개의 단계가 있습니다. 통틀어, 선수들은 약 3,600km를 자전거를 타야 합니다! 길은 종종 산악 지대를 통과하기 때문에 아주 험난합니다. 뜨거운 여름 햇볕도 경주를 어렵게 합니다. 그러나 선수들은 거의 포기하지 않습니다. 그들 대부분은 경주를 완주합니다. 그것은 파리의 샹젤리제에서 끝이 납니다. 많은 사람들이 도전을 성공적으로 마친 모든 선수들을 지지하며 응원합니다.

어휘 physical[fízikəl] 형 신체의 mental[méntl] 형 정신의 stage[steidʒ] 명 무대; *단계 cycle[sáikl] 동 자전거를 타다 rough[rʌf] 형 고르지 않은, 거친 pass through …을 통과하다 rarely[rɛ́ərli] 부 거의 …않는 give up 포기하다 complete[kəmplíːt] 동 끝마치다 shout for …을 열광적으로 지지하다 cheer for …을 응원하다 challenge[tʃǽlindʒ] 명 도전

해설 대부분의 선수들이 포기하지 않고 경주를 마친다고 했다.

13 ⑤

여: 안녕하세요, 여러분. 저는 ABC 스포츠의 Helen Foster입니다. 오늘 권투 선수인 John Park 씨를 인터뷰하겠습니다.

남: 안녕하세요. 오늘 이 자리에 있게 되어 기쁩니다.

여: John, 챔피언이 되신 거 축하 드려요! 정말 흥미진진했어요.

남: 감사합니다. 정말 많은 분들이 저를 응원해 주셔서 우승을 한 것 같습니다.

여: 이 우승은 당신에게 특별해 보이는데요. 올해로 프로
　권투 선수가 되신 지 15년째이잖아요.

남: 네. 꽤 오랫동안 열심히 훈련해 왔죠.

여: 그런데 곧 은퇴하실 거라고 들었어요. 그게 사실인가
　요?

남: 사실입니다.

여: 은퇴 후에 어떤 계획이라도 있으신가요?

남: 네. 코치가 되기 위한 훈련 과정을 들을 거예요.

어휘 congratulations ((표현)) 축하해요 championship
　[tʃæmpiənʃip] 명챔피언 지위 support[səpɔ́ːrt] 통지지
　하다, 응원하다 victory[víktəri] 명승리 professional
　[prəféʃənəl] 형프로의, 직업으로 하는 retire[ritáiər] 통
　은퇴하다 retirement[ritáiərmənt] 명은퇴

해설 여자는 남자에게 은퇴 후 계획이 있냐고 물었으므로, 계획을 언
　급하는 것이 적절하다.

　Q 남자의 응답으로 가장 적절한 것을 고르시오.
　　① 천만에요.
　　② 물론이죠. 여기 있습니다.
　　③ 네. 전 오늘 최선을 다했어요.
　　④ 아니요. 그곳에 가고 싶지 않아요.

14 ⑤

여: 우리 팀이 그렇게 많은 점수 차로 지다니 믿을 수가 없
　어!

남: 내가 본 것 중 최악의 야구 경기였어. 8점 차로 졌잖아.

여: 우리 투수들이 형편없었어. 상대 팀이 홈런 5개를 쳤잖
　아!

남: 그렇게 해서 결국 그들이 9점을 득점했지! 우리 투수들
　이 공을 충분히 빨리 던지지 않았다고 생각해.

여: 투구가 유일한 문제는 아니었어. 우리 선수들 모두가
　오늘 정말 형편없이 경기했어.

남: 어쨌든 우리 팀이 적어도 1점은 득점했잖아. 그것 때문
　에 내 기분이 약간 나아졌어.

여: 하지만 9대1은 여전히 충격적인 점수야. 난 그들이 우
　리 팀을 그렇게 쉽게 이긴 걸 믿을 수가 없어!

남: 응. 오늘 경기를 보러 온 건 완전히 시간 낭비였어.

어휘 run[rʌn] 명(야구에서) 득점 pitcher[pítʃər] 명투수
　hit a home run 홈런을 치다 end up 결국 (어떤 처지
　에) 처하게 되다 pitching[pítʃiŋ] 명투구 at least 적어
　도, 어쨌든 shocking[ʃákiŋ] 형놀라운, 충격적인 beat
　[biːt] 통이기다 (beat-beaten) totally[tóutəli] 부완
　전히 waste[weist] 명낭비

해설 두 사람이 응원한 팀은 9대1의 점수로 패했다고 했다.

　Q 경기의 최종 점수는 몇인가?

15-16 ────────────────── 15 ② 16 ①

여: '풋살'에 대해 들어본 적이 있나요? 그것은 유럽과 남미
　에서 인기가 있는 구기종목이에요. 그것은 축구에서 유
　래했기 때문에 기본 규칙은 매우 유사해요. 두 팀끼리
　경기를 하는 것이고 더 많은 골을 넣은 팀이 이기죠. 하
　지만 차이점도 있어요. 우선 풋살은 주로 실내에서 경
　기가 이루어져요. 둘째, 선수의 수가 달라요. 축구팀에
　는 11명의 선수가 있지만, 풋살팀에는 골키퍼를 포함해
　서 각각 5명의 선수만 있어요. 셋째, 경기는 더 짧아요.
　전반, 후반 20분씩 총 40분밖에 안 되죠. 마지막으로,
　공은 더 작고 보통의 축구공보다 덜 튀어요. 풋살은 공
　을 제어하는 기술을 연습하는 좋은 방법이기 때문에 어
　린 선수들을 훈련시키기 위해 종종 사용되죠.

어휘 originate from …에서 비롯되다, 유래하다 football
　[fútbɔ̀ːl] 명축구 (미국에서는 soccer); 축구공 basic
　[béisik] 형기본적인 indoors[ìndɔ́ːrz] 부실내에서
　half[hæf] 명반; *(경기의) 전반[후반] bounce[bauns]
　통튀다 regular[régjələr] 형규칙적인; *보통의
　control[kəntróul] 명제어 technique[tekníːk] 명기
　술 [문제] origin[ɔ́(ː)ridʒin] 명기원 characteristic
　[kæ̀riktərístik] 명특징

해설 15 풋살의 다양한 특징을 축구와 비교하여 설명하고 있다.

　Q 화자는 주로 무엇에 대해 이야기하고 있는가?
　　① 풋살의 기원
　　② 풋살의 특징
　　③ 풋살 역사상 위대한 순간들
　　④ 풋살이 매우 인기 있는 이유
　　⑤ 풋살을 함으로써 어린 선수들을 훈련시키는 방법

16 두 종목 모두 두 팀 중 더 많은 골을 넣는 팀이 이긴다.

　Q 담화에 따르면, 축구와 풋살의 차이점이 <u>아닌</u> 것은?
　　① 경기를 이기는 방법
　　② 각 경기가 이루어지는 장소
　　③ 선수의 수
　　④ 각 경기가 이루어지는 시간
　　⑤ 공의 크기

01 going to a volleyball game, last Saturday, almost every weekend, you are a big fan, to watch players spike, My favorite sport is soccer, What's your position, a striker

02 play with a heavy ball, roll it down, knock down the pins, all ten pins

03 played by two teams, are divided into two teams, a racquet to hit a ball, is strung with cord, is made of rubber

04 Why don't we participate in it, It would be impossible for me, don't have to run the full marathon, run in the 5-km race, before this Wednesday, When is the race held, May 20th, win running shoes, apply for the marathon on the website

05 What are you doing next Saturday, April 21st, Where will it be held, Let's buy tickets, costs 90,000 won, close to the rink, beyond my budget, It's 70,000 won per seat, Let's get seats there

06 try hard to win a medal, are successful in, from Germany, later she started cycling, In 1984, won a gold medal, a silver medalist in cycling, won three more medals

07 Winter has finally come, I'm going to ski this weekend, I'll pass, Why not, I'm afraid of skiing, in the hospital for two weeks, be careful

08 win a prize, made a new record, came in last, a kind of joke, to encourage the loser, Don't be too disappointed, do better next time

09 take swimming classes, in the evening, for intermediate swimmers on Wednesdays, at 7 p.m. starting next Monday, Fifty dollars a month, get a 10% discount

10 What's up, am gaining weight, try playing a sport, how about badminton, easy to learn, burn lots of calories, just cutting calories, doesn't cost a lot

11 What's up, see a baseball game this Saturday, injured my ankle, every day this week for treatment, stay at home, you get better, See you on Monday

12 the world's most famous bicycle race, About 180 riders, test their physical and mental power, cycle about 3,600 km, passes through the mountains, riders rarely give up, complete the race, shout and cheer for every rider

13 we will interview, I'm glad to be here, on your championship win, so many people supported me, your 15th year as a professional boxer, you're retiring soon, have any plans after retirement

14 lost by so many runs, I've ever seen, by eight runs, hit five home runs, wasn't the only problem, scored one run, nine to one, they beat our team, totally a waste of time

15-16 originated from football, are very similar, that scores more goals, is mainly played indoors, There are 11 players, 40 minutes in total, bounces less than a regular football, to practice ball control techniques

Review Test

A 1 ⓔ 2 ⓖ 3 ⓐ 4 ⓒ 5 ⓑ 6 ⓕ 7 ⓓ 8 ⓗ
B 1 ⓓ 2 ⓐ 3 ⓑ
C 1 lost by 2 win a medal 3 came in last

A 1 ⓔ 2 ⓖ 3 ⓐ 4 ⓒ 5 ⓑ 6 ⓕ 7 ⓓ 8 ⓗ

1 이기다: ⓔ 게임이나 시합에서 상대방을 이기다

2 은퇴: ⓖ 누군가의 일이나 직업적인 경력을 끝내는 행위

3 단계: ⓐ 여정이나 코스의 특정 구획이나 부분

4 득점하다: ⓒ 시합, 게임 또는 스포츠에서 점수를 얻다

5 예산: ⓑ 한 사람이 소비할 수 있는 돈의 양

6 (팀 내 선수의) 위치, 자리: ⓕ 스포츠 팀에서 한 선수의 특정한 자리나 하는 일

7 격려하다: ⓓ 누군가에게 지원, 자신감 또는 희망 따위를 주다

8 훈련하다: ⓗ 게임이나 시합을 준비하기 위해 정기적으로 스포츠를 연습하다

B

1 너는 그 경주를 완주했니?

2 네 팀에서 너의 포지션은 무엇이니?

3 우리 마라톤에 참가하는 거 어때?

> ⓐ 나는 골키퍼야.
> ⓑ 좋아! 언제 열리는 거야?
> ⓒ 응. 홈런을 세 개나 쳤어!
> ⓓ 아니. 다쳐서 달리기를 멈춰야만 했어.

Unit 09 Lifestyle

Words Preview
본문 p. 128

01 도시의 02 장식이 많은, 화려한 03 분위기 04 혜택 05 감각 06 채식주의자 07 환경 08 기운이 있는, 활동적인 09 일찍 자고 일찍 일어나는 사람 10 올빼미 같은 사람 11 평균 수명 12 식사를 거르다 13 건강을 유지하다 14 혼자서, 단독으로 15 하루 휴가를 얻다 16 회사를 그만두다 17 스트레스에 대처하다 18 …에 만족하다

Getting Ready
본문 p. 129

A 1 satisfied with, ⓑ 2 up to, ⓒ 3 used to, ⓔ
   4 a hit, ⓐ 5 in shape, ⓓ
B 1 ⓐ 2 ⓓ 3 ⓑ 4 ⓒ
C 1 ⓐ 2 ⓐ

B

1 Tommy eats vegetable-based meals.
  Tommy는 채소 위주의 식사를 한다.

2 Tommy enjoys playing extreme sports.
  Tommy는 익스트림 스포츠를 즐긴다.

3 Tommy cares about his appearance a lot.
  Tommy는 그의 외모에 신경을 많이 쓴다.

4 Tommy takes part in urban gardening projects.
  Tommy는 도시 정원 프로젝트에 참여한다.

C

1 Why do you like doing things alone?
  왜 혼자 하는 것을 좋아하니?
  ⓐ 다른 사람들을 신경 쓰고 싶지 않기 때문이야.
  ⓑ 회사들은 1인용 제품들을 제조해.

2 How do you have such clean skin?
  어떻게 그렇게 깨끗한 피부를 가졌니?
  ⓐ 그건 내 식단 때문이야. 나는 채식주의자거든.
  ⓑ 일부 채식주의자들은 그들의 식단에 생선을 포함시켜.

Topic Listening

본문 pp. 130~133

01 ②	02 ⓒ	03 ⓐ, ⓓ	04 ③	05 ③	06 ③	07 ⑤
08 ②	09 ①, ②	10 ⑤		11 ⑤	12 ⑤	13 ②	14 ④
15 ③	16 ②					

01
②

남: 나 어제 백화점에 갔어. 남성을 위한 여러 다양한 종류의 화장품들이 많더라고.

여: 요즘은 남자들이 그들이 어떻게 보이는지에 대해서 더 신경을 쓰는 것 같아.

남: 응. 그런데 나는 그게 좀 이상한 것 같아.

여: 왜? 남자들도 외모에 관심이 있을 수 있잖아. 화장품들과 화려한 옷들이 여자들만을 위한 건 아니야.

남: 아마도 화장품 회사들이 새로운 유행을 만들려고 하는 것 같아. 결국 그들은 그런 식으로 더 많은 돈을 벌 수 있지.

여: 그럴지도 모르지만 나는 그게 좋다고 생각해. 잘생겨지고 싶은 것은 모든 사람들에게 자연스러운 거야. 그건 또 네가 좀 더 자신감을 느끼게 해 줄 수 있어.

어휘 cosmetic [kazmétik] 몡 화장품 care about …에 관심을 가지다 fancy [fǽnsi] 혱 장식이 많은, 화려한 perhaps [pərhǽps] 뤼 아마 after all 결국 earn [ərn] 몽 벌다 good-looking [gudlúkiŋ] 혱 잘생긴 natural [nǽtʃərəl] 혱 자연의; *자연스러운 confident [kánfidənt] 혱 자신감 있는

해설 여자는 남자들이 외모를 가꾸는 것은 자연스러운 일이고 자신감을 줄 수 있다고 말하며 긍정적인 태도를 취하고 있다.

02-03
02 ⓒ 03 ⓐ, ⓓ

남: 점심시간이에요. 나가서 점심 먹어요.

여: 고맙지만 저는 보통 점심을 싸 와요. 다음번에는 당신도 함께 하는 게 어때요?

남: 오, 고마워요. 하지만 저는 외식하는 걸 선호해요. 매일 다른 음식을 먹는 게 좋거든요.

여: 그건 돈이 많이 들지 않아요? 점심을 싸오면 돈을 절약할 수 있어요.

남: 하지만 매일 점심을 만들고 싸는 건 너무 힘들어요.

여: 대부분의 식당 음식에 소금이나 설탕이 과도하게 들어 있다는 거 알아요? 당신한테 좋지 않아요. 또, 식당 음식이 깨끗하고 안전한지 확신할 수 없잖아요.

남: 저는 외식해서 문제가 생긴 적이 없어요. 그래서 그게 그렇게 나쁘다고 생각하지 않죠. 어쨌든 충고 고마워요.

어휘 bring one's lunch 점심을 싸 오다 prefer [prifə́:r] 몽 …을 선호하다 eat out 외식하다 cost [kɔ(:)st] 몽 비용이 들다 save money 돈을 절약하다 pack a lunch 점심 도시락을 싸다

해설 02 남자는 매일 다른 음식을 먹을 수 있어 외식이 좋다고 했다.

03 여자는 외식은 돈이 많이 들고 식당 음식이 깨끗하다고 확신할 수 없다고 했다.

04
③

여: ① 다섯 국가 중에, 러시아 사람들이 가장 짧게 산다.

② 페루의 사람들은 모나코의 사람들보다 20년 정도 짧게 산다.

③ 한국 사람들은 일반적으로 일본인들보다 오래 산다.

④ 일본 사람들은 평균적으로 80년 이상 산다.

⑤ 모나코의 평균 수명은 약 90년이다.

어휘 generally [dʒénərəli] 뤼 일반적으로, 보통 on average 평균적으로 average length of life 평균 수명

해설 일본 사람들이 한국 사람들보다 평균적으로 조금 더 오래 산다.

05
③

여: Max, 너 아주 피곤해 보여.

남: 나는 요즘 내 룸메이트 때문에 잠을 잘 잘 수가 없어.

여: 왜? 그 애가 잠버릇이 나쁘니?

남: 아니. 우리는 그저 생활 방식이 달라. 나는 일찍 자고 일찍 일어나는 사람인데 그 애는 올빼미 같은 사람이야. 내가 잠자리에 들 때 그 애는 집에 와서 TV를 보거나 컴퓨터 게임을 하기 시작해.

여: 그렇구나. 너 그 애와 그 문제에 대해서 이야기했니?

남: 물론 했지. 하지만 우리는 해결책을 찾을 수가 없었어. 알잖아, 생활 방식을 바꾸는 게 쉽지 않다는걸.

여: 맞아. 대신에 넌 새 룸메이트를 구해야겠다.

어휘 roommate [rú(:)mmèit] 몡 룸메이트 habit [hǽbit] 몡 습관 lifestyle [láifstàil] 몡 생활 방식 early bird 일찍 자고 일찍 일어나는 사람 night owl 올빼미 같은 사람 solution [səljú:ʃən] 몡 해결책 instead [instéd] 뤼 대신에

해설 남자는 룸메이트와 생활 방식이 달라 잠을 잘 자지 못하고 있다.

06
③

남: 애, 너 신나 보이지가 않아! 야구를 좋아하지 않니?

여: 좋아해. 하지만 난 집에서 경기 보는 걸 선호해. 여기의 좌석들은 불편하고 작아.

남: 맞아, 하지만 경기장에서 경기를 바로 가까이에서 보는 게 더 흥미진진하잖아. 또, 다른 팬들과 함께 우리 팀을 응원하는 게 재미있고.

여: 하지만 날씨도 덥고 난 지치는걸.

남: 기다려 봐. 네가 좋아하는 선수가 안타를 치는 걸 보면 네가 경기를 더 즐길 게 분명해. 가서 차가운 주스를 사다 줄게.

어휘 seat[si:t] 명좌석 uncomfortable[ʌnkʌ́mfərtəbl] 형불편한 up close 바로 가까이에서 stadium[stéidiəm] 명경기장 get a hit 안타를 치다 I bet ((표현)) …라는 것을 확신하다

해설 경기와 선수들을 가까이에서 볼 수 있다고 했으므로 두 사람은 지금 야구장에 있다는 것을 알 수 있다.

07 ⑤

남: Credit Express 카드사에 오신 것을 환영합니다. 어떻게 도와드릴까요?

여: 제 예전 신용카드를 잃어버렸어요. 그래서 새로운 것을 발급받고 싶어요.

남: 음, 분실신고는 하셨나요?

여: 네, 했어요.

남: 알겠습니다. 운전은 하시나요? 자주 외식하고 영화를 보시나요?

여: 운전해요. 그리고…. 잠깐만요. 이런 질문들은 왜 물으시는 건가요?

남: 서로 다른 생활 방식에 맞는 다양한 신용카드가 있거든요. 각 카드마다 혜택이 달라요. 이 카드는 주유소에서 더 많은 할인을 제공하죠.

여: 우와, 그거 멋지네요.

어휘 credit card 신용카드 report[ripɔ́:rt] 통알리다; *신고하다, 보고하다 various[vɛ́(:)əriəs] 형다양한 benefit[bénəfit] 명혜택 provide[prəváid] 통제공하다 discount[diskáunt] 명할인 gas station 주유소

해설 여자는 신용카드를 분실해 새로운 신용카드를 발급받기 위해 카드회사를 방문했다.

08 ②

남: 집의 분위기를 바꾸고 싶나요? 오늘 저희는 여러분께 Moor 씨의 특별한 거실을 소개해 드리고자 합니다. 그녀의 가족은 몇 달 전에 새집으로 이사를 했습니다. 그녀는 조용하고 평화로운 장소를 원했기 때문에 거실에 TV 대신 책장을 두었죠. 처음에, 그녀의 아이들은 그것에 대해 행복해하지 않았죠. 하지만 시간이 좀 지나고, 그들은 그것에 익숙해졌고 더 많은 책을 읽기 시작했습니다. 또한, 그녀의 가족들은 TV를 보는 것 대신 대화를 더 많이 나누기 시작했죠. 여러분의 자녀가 더 많은 책을 읽기를 바라시나요? Moor 씨가 한 것처럼 거실을 바꿔보는 것은 어떨까요?

어휘 mood[mu:d] 명기분; *분위기 calm[kɑːm] 형차분한 peaceful[pí:sfəl] 형평화로운 bookshelf[búkʃèlf] 명책장 get used to …에 익숙해지다 communicate [kəmjú:nəkèit] 통의사소통하다, 대화를 나누다

해설 TV 대신 책장을 놓는 거실 인테리어 방법을 소개하고 있다.

09 ①, ②

여: 너는 대도시에 사는 것과 시골에 사는 것 중 어느 것을 선호하니?

남: 음, 나는 대도시에 사는 게 더 좋아. 쇼핑을 하러 가거나 공연을 보러 가는 것 같이 할만한 재미있는 일들이 더 많잖아.

여: 일리가 있네.

남: 또, 시골에서는 자동차 없이는 살기가 힘들어. 하지만 도시에는 대중교통이 잘 되어 있잖아.

여: 맞아. 하지만 시골에서 사는 것도 나쁘진 않아.

남: 시골에서 사는 것의 장점이 뭔데?

여: 더 평화롭고 환경이 더 깨끗해서 더 건강한 삶을 살 수 있지.

어휘 country[kʌ́ntri] 명국가; *시골 performance [pərfɔ́:rməns] 명공연 make sense 타당하다, 일리가 있다 public transportation 대중교통 peaceful [pí:sfəl] 형평화로운 environment[inváiərənmənt] 명환경

해설 남자는 놀 거리가 많고 대중교통이 편리하기 때문에 대도시에 사는 것을 선호한다.

10 ⑤

남: 여보, 우리 도시 정원 프로그램에 참여하는 게 어때요? 시청 웹사이트에 신청 양식이 있어요.

여: 그거 좋은 생각이네요. 얼마를 내야 하나요?

남: 한 구획당 30,000원밖에 안 해요. 4월부터 11월까지 땅을 쓸 수 있어요.

여: 상당히 저렴하군요.

남: 그래요. 그리고 우리에게 무료로 원예 도구도 빌려줄 거예요.

여: 정말 좋네요. 우리 어떤 종류의 작물을 심을 수 있나요?

남: 음, 토마토와 감자가 가장 인기 있는 것 같아요. 하지만 그건 우리에게 달려 있어요.

여: 가능하다면 저는 옥수수를 심고 싶어요. 제가 가장 좋아하는 거잖아요.

남: 좋아요. 그럼 그 양식을 다운받을게요.

어휘 urban[ə́ːrbən] 형도시의 application form 신청 양식 per[pər] 전…당 quite[kwait] 부꽤, 상당히 lend [lend] 동빌려주다 gardening tool 원예 도구 for free 무료로 crop[krɑp] 명작물 plant[plænt] 동심다 be up to …에 달려 있다 [문제] opportunity[àpərtjúːnəti] 명기회 period[pí(ː)əriəd] 명기간

해설 토마토와 감자가 인기 작물이라고 했으며, 옥수수는 여자가 심고 싶어하는 작물이다.

> **도시 정원**
> 당신만의 정원을 가질 수 있는 이번 기회를 잡으세요!
> • ① 신청: 시청 웹사이트
> • ② 구획당 비용: 30,000원
> • ③ 기간: 4월부터 11월까지
> • ④ 원예 도구: 무료로 이용 가능
> • ⑤ 인기 작물: 감자와 옥수수

11 ⑤

여: 진호야, 이번 주말에 무슨 계획 있니? 같이 놀자!

남: 너 일하러 가는 거 아니야? 너 보통 토요일마다 일하잖아.

여: 최근에 나는 회사를 그만두고 지금은 프리랜서로 일하고 있어.

남: 정말? 왜?

여: 나는 종종 늦게까지 일해야 했어. 그건 정말 스트레스가 심했어.

남: 이해해. 하지만 급여는? 그 회사는 보수가 좋다고 했잖아.

여: 음, 지금은 그만큼 많은 돈을 벌지는 않지만 더 행복해.

남: 그러니까 지금 일에 만족한다는 거지?

여: 응. 심지어 내 여가시간에 댄스 수업도 듣고 있어. 나를 위한 시간이 더 많거든.

어휘 hang out 함께 시간을 보내다 leave a company 회사를 그만두다 freelancer[friːlǽnsər] 명프리랜서 stressful[strésfl] 형스트레스가 많은 salary[sǽləri] 명급여 pay well 보수가 좋다 make money 돈을 벌다 be satisfied with …에 만족하다

12 ⑤

남: 빌딩 오르기와 같이 위험한 활동에 대해 어떻게 생각하시나요? 만약 그것이 멋져 보이고 당신이 해 보길 원한다면 당신은 '감각 추구자'일지도 모릅니다. 이러한 사람들은 흥분감을 즐깁니다. 그래서 그들은 그러한 느낌을 주는 뭔지 해 봅니다. 예를 들어, 많은 사람들이 하드록 음악을 듣습니다. 시끄러운 음악은 그들에게 강렬한 감정을 느끼게 해 줍니다. 그래서, 그들은 시끄러운 음악이 있는 재미있는 파티에 가는 것을 즐깁니다. 또한, 그들은 공포 영화를 보는 것을 좋아합니다. 그것들을 볼 때 무섭다고 느끼는 것을 좋아하지요. 하지만 무엇보다도, 그들은 익스트림 스포츠를 하는 것을 즐깁니다. 익스트림 스포츠를 할 때, 그 위험함이 그들에게 강렬한 흥분감을 주죠. 그것이 몇몇 사람들이 암벽 등반이나 스카이다이빙을 좋아하는 이유입니다.

어휘 sensation[senséiʃən] 명감각 seeker[síːkər] 명추구자 excitement[iksáitmənt] 명흥분 emotion [imóuʃən] 명감정 most of all 무엇보다 extreme sport 익스트림 스포츠 danger[déindʒər] 명위험 rock climbing 암벽 등반

해설 ① 록 음악 듣기 ② 파티에 가기 ③ 공포 영화 보기 ④ 암벽 등반 가기 ⑤ 바다에서 수영하기

13 ②

① 여: 매일 아침 식사를 하니?
   남: 응. 난 절대 식사를 거르지 않아.

② 여: 너는 보통 스트레스에 어떻게 대처하니?
   남: 스트레스는 두통을 유발해.

③ 여: 너의 식습관은 어떠니?
   남: 나는 주로 채소 위주의 식사를 해.

④ 여: 너는 매일 일정 시간에 잠자리에 들려고 노력하니?
   남: 응. 나는 11시 정도면 잠자리에 들어.

⑤ 여: 너 왜 내일 휴가를 내니?
   남: 나는 가족과 캠핑을 가거든.

어휘 skip[skip] 동깡충깡충 뛰다; *거르다 meal[miːl] 명식사 cope with …에 대처하다 cause[kɔːz] 동…을 야기하다 eating habit 식습관 based[beist] 형기본으로 한 certain[sə́ːrtn] 형특정한, 일정한 take a day off 하루 휴가를 얻다

해설 스트레스에 대처하는 방법을 물었으므로 스트레스 해소법에 관한 대답이 와야 한다
Q 가장 부자연스러운 대화를 고르시오.

14 .... ④

남: 오늘 밤, 매우 특별한 손님을 모셨습니다. 쇼에 나오신
　　것을 환영합니다, Nora 씨.

여: 안녕하세요, Reiss 씨. 초대해 주셔서 감사합니다.

남: 많은 사람들이 당신이 어떻게 그렇게 좋은 피부를 가지
　　고 있고 그렇게 훌륭한 건강을 유지하는지 궁금해 합니
　　다. 비결이 뭔가요?

여: 제 식습관 때문인 것 같아요. 저는 채식주의자거든요.

남: 아. 채소만을 드시는 건가요?

여: 아니요. 여러 종류의 채식주의자가 있어요. 저는 고기
　　는 안 먹지만 여전히 우유를 마시고 계란을 먹죠.

남: 생선은요?

여: 제가 채식주의자가 되었을 때는 식단에 생선을 포함했
　　었어요. 하지만 더 이상은 생선을 먹지 않아요.

남: 몸 상태는 어떠세요? 자주 피곤하다고 느끼거나 기운이
　　없진 않나요?

여: 글쎄요, 일부 사람들은 채식주의자의 식단이 그들을 덜
　　활동적이게 한다고 하는데, 저는 그 어느 때보다도 더
　　건강해요. 그래서 다른 사람들에게 채식을 추천하죠.

어휘 **stay in shape** 건강을 유지하다　**secret** [síːkrit] 명 비
밀; *비결　**vegetarian** [vèdʒitέ(ː)əriən] 명 채식주의자
include [inklúːd] 동 포함하다　**diet** [dáiət] 명 식단
energetic [ènərdʒétik] 형 기운이 있는, 활동적인

해설 여자는 채소, 우유, 계란을 먹고 채식을 처음 시작할 때는 생선을
먹었으나 이제 더 이상 먹지 않는다고 했다.

　Q 여자는 어떤 종류의 채식주의자인가?

　　┌─────────────────────────────┐
　　│　　　　채식주의자의 종류　　　　　│
　　│　① 채소만을 먹는 사람　　　　　　│
　　│　② 채소와 우유를 먹는 사람　　　　│
　　│　③ 채소와 계란을 먹는 사람　　　　│
　　│　④ 채소, 우유, 계란을 먹는 사람　　│
　　│　⑤ 채소, 우유, 계란, 생선을 먹는 사람│
　　└─────────────────────────────┘

15-16 .... 15 ③　16 ②

여: 불과 몇 년 전만 하더라도, 사람들이 혼자서 영화를 보
　　거나 외식하는 것을 불편하게 느꼈습니다. 그들은 다른
　　사람들이 자신을 어떻게 생각할까 걱정했죠. 그러나 상
　　황이 바뀌고 있습니다. 사람들은 더 이상 혼자인 것을
　　신경 쓰지 않습니다. 많은 대학생들이 혼자서 수업을
　　듣거나 도서관에서 공부를 합니다. 그들은 심지어 혼자
　　서 쇼핑을 가거나 놉니다. 사람들은 혼자서 하는 것이
　　시간을 더 잘 관리하는 데 도움이 된다고 생각합니다.

또한 그들이 원하는 건 무엇이든 할 수 있기 때문에 좋
습니다. 그들은 다른 사람의 의견에 신경 쓸 필요가 없
습니다. 이 때문에 상점들과 기업들 또한 변화하려고
노력하고 있습니다. 카페와 식당은 1인용 테이블을 더
많이 제공해서 혼자 먹는 사람들이 더 편안함을 느낄
수 있습니다. 또한, 더 많은 1인용 전자 제품들이 현재
개발되고 있습니다.

어휘 **thing** [θiŋ] 명 것; *pl.* *형편, 상황　**mind** [maind] 동 신경
쓰다　**on one's own** 혼자서, 단독으로　**manage**
[mǽnidʒ] 동 관리하다　**whatever** [hwʌtévər] 대 …하는
모든 것　**bother** [báðər] 동 신경 쓰이게 하다　**opinion**
[əpínjən] 명 의견　**offer** [ɔ́(ː)fər] 동 제공하다　**single**
[síŋgl] 형 단 하나의; *1인용의　**electronic product** 전
자 제품　**develop** [divéləp] 동 개발하다　[문제] **social**
[sóuʃəl] 형 사회적인　**effective** [iféktiv] 형 효과적인
make use of …을 활용하다　**tend** *to do* …하는 경향이
있다　**no longer** 더 이상 …아닌, 하지 않는
management [mǽnidʒmənt] 명 경영; *관리

해설 **15** 예전과는 다르게 혼자인 것이 더 이상 불편하지 않게 된 인
식의 변화에 대해 이야기하고 있다.

　Q 화자는 주로 무엇에 대해 이야기하고 있는가?
　　① 혼자 가기에 좋은 카페
　　② 친구를 사귀는 것의 어려움
　　③ 혼자인 것에 대한 생각의 변화
　　④ 강력한 사회적 관계를 구축하는 방법
　　⑤ 시간을 활용하는 효과적인 방법

16 많은 대학생들이 혼자서 수업을 듣고 도서관에서 공부를 한
다고 했다.

　Q 담화에 따르면, 옳지 않은 것은?
　　① 사람들은 더 이상 혼자 있는 것을 걱정하지 않는다.
　　② 대학생들은 친구들과 시간을 보내는 경향이 있다.
　　③ 사람들은 혼자 하는 것이 시간 관리에 좋다고 생각한
　　　다.
　　④ 식당들은 더 많은 1인용 테이블을 제공하려 한다.
　　⑤ 더 많은 1인용 제품들이 개발되고 있다.

Dictation　　　　　　　　　　　　　　본문 pp. 134~139

01 many different kinds of cosmetics, care more
about how they look, be interested in their
appearance, only for women, create a new
trend, earn more money, make you feel more
confident

02-03 go out, have lunch, bring my lunch, join me, prefer eating out, save money by bringing your own lunch, too much salt and sugar, you can't be sure, clean and safe, had any problems, Thanks for your advice, anyway

04 Of the five countries, live about 20 years less than, live longer than, on average, The average length of life

05 look so tired, can't sleep well, have bad sleeping habits, an early bird, a night owl, talk with him about the problem, find a solution, not easy to change your lifestyle, get a new roommate instead

06 don't look excited, prefer watching games on TV, uncomfortable and small, up close in the stadium, cheering for our team, get a hit, I bet, buy some cold juice

07 lost my old credit card, get a new one, report that you lost it, Do you drive, Why are you asking these questions, for different types of lifestyle, provides more discounts

08 change the mood of your home, moved to a new house, a calm and peaceful place, instead of a TV, weren't happy about that, got used to it, started to communicate more, want your children to read more books

09 Which do you prefer, living in a big city, more fun things to do, going to performances, makes sense, hard to live without a car, What's good about living, live a healthier life

10 why don't we join, an application form, How much do we need to pay, per block, from April to November, quite cheap, lend us gardening tools, What kind of crops, the most popular, it's up to us, download the form

11 have any plans, hang out together, work on Saturdays, left my company, had to work late, I understand, the company paid well, make as much money, in my free time, for myself

12 What do you think of dangerous activities, want to try them, enjoy the feeling of excitement, listen to hard rock music, feel strong emotions, enjoy going to fun parties, while watching them, playing extreme sports, a strong feeling of excitement

13 have breakfast every day, skip meals, cope with stress, eating habits, go to bed at a certain hour, around 11, taking a day off, going camping

14 Thank you for inviting me, stay in such great shape, I'm a vegetarian, only eat vegetables, I don't eat meat, drink milk and eat eggs, included fish in my diet, or weak often, a vegetarian diet makes them less energetic

15-16 felt uncomfortable watching a movie, by themselves, what others would think of them, don't mind being alone anymore, play on their own, manage their time better, do whatever they want, be bothered by others' opinions, also trying to change, offer more single tables, be more comfortable

Review Test

본문 p. 140

A 1 ⓐ 2 ⓕ 3 ⓔ 4 ⓓ 5 ⓒ 6 ⓗ 7 ⓖ 8 ⓑ
B 1 ⓑ 2 ⓐ
C 1 am satisfied with 2 stay in shape
   3 cope with stress

 A 1 ⓐ 2 ⓕ 3 ⓔ 4 ⓓ 5 ⓒ 6 ⓗ 7 ⓖ 8 ⓑ

1 도시의: ⓐ 대도시나 소도시와 관련된

2 기간: ⓕ 어떤 사건이 일어나는 동안의 시간 길이

3 신경 쓰다: ⓔ 무언가에 의해 걱정스러워하거나 성가셔하다

4 관리하다: ⓓ 무언가의 사용에 대해 통제권을 갖다

5 습관: ⓒ 규칙적으로 하는 행동

6 혜택: ⓗ 어떤 상황에서 사람들에게 제공되는 이점이나 이익

7 궁금해하다: ⓖ 무언가에 대해 궁금해하거나 관심을 가지다

8 자신감 있는: ⓑ 자기 스스로의 능력을 믿는

B 1 ⓑ 2 ⓐ

1 어떻게 정원 가꾸기 프로젝트에 참가할 수 있죠?
   ⓐ 많은 사람들이 주말농장에 참가합니다.
   ⓑ 웹사이트에 신청 양식이 있습니다.

2 혼자 외식하는 것에 불편함을 느끼니?
   ⓐ 아니, 나는 혼자인 것을 신경 쓰지 않아.
   ⓑ 많은 식당들이 더 많은 1인용 테이블을 제공해.

Unit 10 Superstitions

Words Preview

본문 p. 142

01 응시하다, 노려보다 **02** 성공 **03** 운세 **04** 상징 **05** 운이 없는, 불길한 **06** 성격, 개성 **07** 우연 **08** 미신을 믿는 **09** 별 자리 **10** 혈액형 **11** 몸을 구부리다 **12** …와 화해하다 **13** 총 알을 쏘다 **14** 미래를 예측하다 **15** 악몽을 꾸다 **16** 행운을 가 져오다 **17** 심호흡을 하다 **18** 다른 사람의 입장에서 생각하다

Getting Ready

본문 p. 143

A 1 by, ⓐ **2** stare, ⓓ **3** up with, ⓑ **4** take, breath, ©
5 put, shoes, ⓔ
B 1 ⓑ **2** © **3** ⓐ
C 1 ⓑ **2** ⓑ

B

1 ⓑ 2 © 3 ⓐ

1 W: What's your Chinese zodiac sign?
  M: I was born in 2000, the "Year of the Dragon."
  여: 너는 무슨 띠니?
  남: 나는 '용의 해'인 2000년에 태어났어.

2 W: You look sleepy. What's up?
  M: I had a nightmare last night.
  여: 너 졸려 보여. 무슨 일 있어?
  남: 지난 밤 악몽을 꾸었어.

3 W: What are you doing?
  M: I'm reading today's fortune in the newspaper.
  여: 무엇을 하고 있니?
  남: 난 신문에서 오늘의 운세를 읽고 있어.

C

1 ⓑ 2 ⓑ

1 What does your fortune cookie say?
  네 포춘 쿠키에 뭐라고 적혀 있니?
  ⓐ 쿠키 안에 종이 한 장이 있어.
  ⓑ '곧 뭔가 좋은 일이 일어날 것이다.'라고 쓰여 있어.

2 Do you know what your birthstone is?
  넌 너의 탄생석이 무엇인지 아니?

ⓐ 물론이지. 난 너의 생일을 기억해.
ⓑ 응. 난 6월에 태어났으니까 진주야.

Topic Listening

본문 pp. 144~147

01 ⑤ **02** ② **03** ⓓ **04** ⓑ, © **05** ④ **06** ③ **07** ④
08 ⑤ **09** ⓐ **10** ⓓ **11** ③ **12** ⑤ **13** ① **14** ①
15 ⑤ **16** ②

01 ⑤

남: 여기 신문에 오늘의 운세가 있어. 너 관심 있니?
여: 물론이지! 내 것 좀 읽어 줘.
남: 알았어. 너 언제 태어났어?
여: '호랑이 해'인 1998년에 태어났어.
남: 보자…. 네가 오늘 붉은색 옷을 입으면 그것이 네게 행 운을 가져다줄 거야.
여: 오, 이런 우연이! 난 지금 붉은색 스웨터를 입고 있어! 그 밖에는?
남: 안경을 쓰거나 시계나 팔찌 같은 액세서리를 착용하는 것을 피하도록 해.
여: 알겠어. 명심할게.

어휘 fortune[fɔ́ːrtʃən] 명운; *운세 bring good luck 행운 을 가져오다 coincidence[kouínsidəns] 명우연 bracelet[bréislit] 명팔찌 keep (something) in mind …을 명심하다

해설 안경과 액세서리는 피하고 붉은색 옷을 입어야 한다고 했다.

02 ②

남: 넌 왜 저 로커가 손가락을 저렇게 들고 있는지 알고 있 니?
여: 그게 무슨 말이야?
남: 봐, 저 로커가 엄지, 검지 그리고 새끼 손가락을 동시에 들고 있잖아.
여: 아, 저건 'I Love You' 표시야. 사실 그건 수화에서 I, L, Y 글자들의 조합이지. 이 글자들은 각각의 단어의 첫 번째 글자들이야.
남: 와, 멋진데. 다른 손 동작들이 나타내는 특별한 의미를 알고 있는 거 있니?
여: 네 검지와 중지로 'V' 표시를 하는 건 승리를 상징하는 거야.

어휘 hold (something) up …을 들다 thumb[θʌm] 명엄지 index finger 검지 at the same time 동시에
sign[sain] 명간판; *신호, 표시 combination

[kàmbənéiʃən] 몡조합, 결합(물) letter[létər] 몡편지; *글자 sign language 수화 stand for 뜻하다, 상징하다 victory[víktəri] 몡승리

해설 로커가 엄지와 검지, 새끼 손가락을 동시에 들고 있다고 했다.

03-04 ──────────────────── 03 ⓓ 04 ⓑ, ⓒ

남: 너 뭐 하는 거야? 네 이름을 빨간색으로 쓰고 있잖아!

여: 그게 뭐가 문제야?

남: 한국에서 빨간색으로 쓰인 이름은 죽음을 의미하거든. 그래서 우리는 빨간색으로 이름 쓰는 걸 피해.

여: 정말? 하지만 중국에서는 빨간색이 행운을 의미하지 않니?

남: 응, 나도 그렇다고 들었어. 근데 너 그거 알아? 중국인들은 선물로 시계를 안 준대.

여: 왜 안 줘?

남: 그건 '시계'라는 단어가 중국어로 '죽음'과 같은 소리가 나기 때문이야.

여: 그건 몰랐네. 그럼 중국인 친구들에게 선물을 줄 때 주의해야겠네.

남: 맞아. 그럼 너희 나라에서는 어때?

여: 미국에서는 검은 고양이가 지나가면 불운이 온다고 믿어. 깨진 거울도 불길하다고 생각해.

어휘 death[deθ] 몡죽음 avoid[əvɔ́id] 동피하다 pass by 지나가다 consider[kənsídər] 동여기다 unlucky [ʌnlʌ́ki] 혱운이 없는, 불길한

해설 03 중국에서는 선물로 시계를 주는 것을 금기시한다.

　　　 04 미국에서는 검은 고양이와 깨진 거울이 불운을 나타낸다고 했다.

05 ──────────────────────────── ④

남: Kelly, 이 웹사이트를 봐. 혈액형으로 우리의 성격을 예측할 수 있어. 너의 혈액형은 뭐야?

여: 내 혈액형은 B야.

남: 오, 넌 굉장히 열정적이고 창의적이구나.

여: 흠…. 넌 어때?

남: 난 O형이야. O형은 대부분 외향적이고 사교적이야. 난 내가 그렇다고 생각해.

여: A형은 어때? 내 남동생이 A형이거든.

남: A형인 사람들은 차분하고 대부분 부끄러움을 타.

여: 그래? 내 남동생은 전혀 그렇지 않은데.

남: 정말? 내 주위에 A형인 사람들은 조용하고 부끄러움을 타는 것 같아.

여: 실은 난 그걸 믿지 않아. 세계에는 70억 명 이상의 사람들이 있어. 그런데 성격이 고작 네 유형뿐이겠어?

어휘 predict[pridíkt] 동예측하다 personality [pə̀rsənǽləti] 몡성격, 개성 blood type 혈액형 passionate[pǽʃənit] 혱정열적인, 열정적인 creative [kriéitiv] 혱창의적인 outgoing[áutgòuiŋ] 혱외향적인 social[sóuʃəl] 혱사회적인, 사교적인 calm[kɑːm] 혱침착한, 차분한 billion[bíljən] 몡10억

해설 여자는 남자의 말을 반박하며 믿지 않는 이유를 설명하고 있다.

06 ──────────────────────────── ③

여: 아빠, 엄마에게 생일 선물 사주셨어요?

남: 아직. 뭘 살지 모르겠구나.

여: 진주 귀걸이 어때요? 엄마가 진주를 좋아하시잖아요.

남: 그것도 생각했었지. 근데 뭔가 더 의미 있는 걸 사고 싶구나.

여: 음, 엄마의 탄생석이 달린 장신구는 어떨까요?

남: 탄생석? 그게 뭐니?

여: 각 달마다 보석이 있어요. 사람들이 탄생석을 가지고 있으면 그것이 그들에게 행운을 가져다줘요. 저는 5월에 태어났잖아요. 그래서 제 탄생석은 에메랄드예요.

남: 그거 좋구나! 너 엄마의 탄생석을 아니?

여: 물론이죠. 엄마는 7월에 태어나셨으니까 루비예요.

어휘 pearl[pəːrl] 몡진주 meaningful[míːniŋfəl] 혱의미 있는 jewelry[ʤúːəlri] 몡보석(류), 장신구 birthstone [bə́ːrθstòun] 몡탄생석 stone[stoun] 몡돌; *보석

해설 남자는 아내의 탄생석인 루비를 살 것이다.

07 ──────────────────────────── ④

남: 심호흡을 하세요. 그리고 당신이 정말 알고 싶은 한 가지에 대해 생각해 보세요. 이제 카드를 두 장 뽑아서 저에게 보여 주세요.

여: 알겠어요. 이것들을 선택했어요.

남: 먼저, 왼쪽 카드부터 봅시다. 당신은 '세계' 카드를 선택하셨네요.

여: 그게 무슨 의미인데요?

남: 그건 좋은 카드예요. 당신은 성공을 누릴 것이고 새로운 일들이 시작될 거예요.

여: 와! 저는 곧 중요한 시험이 있는데, 안심이 되네요. 오른쪽 카드는요?

남: 그건 '별' 카드예요. 그건 당신이 많은 사랑을 받게 될 것이고 건강이 좋을 거라고 말해주고 있어요. 당신은

매우 운이 좋군요.

여: 대단하네요! 정말 이것들이 이루어졌으면 좋겠네요.

take a deep breath 심호흡하다 pick up …을 집어 들다, …을 뽑다 success[səksés] 영성공 relieved [rilíːvd] 형안도하는 come true 실현되다, 이루어지다

08 ──────────────────────────── ⑤

여: Bill, 이번 주말에 무슨 특별한 계획 있니?

남: 아니. 무슨 일인데?

여: 요즘 덥잖아. 그래서 Jessica와 나는 바닷가에 수영하러 갈 계획이야. 우리와 같이 갈래?

남: 바닷가에? Kelly, 미안하지만 난 못 가.

여: 왜? 수영을 좋아하지 않아?

남: 사실은 지난주에 점을 보러 갔거든. 그 점술가는 미래를 예언하는 것으로 아주 유명한데, 내게 물 근처에 가지 말라고 했어.

여: 알았어. 그럼 등산을 가는 건 어때?

남: 오, 안 돼. 그 점술가는 높은 곳에 가는 것도 피해야 한다고 했거든.

여: 맙소사, 너 점술가에게 모든 걸 의지해서는 안 돼.

fortuneteller[fɔ́ːrtʃəntèlər] 영점술가 boy[bɔi] 갑어머나, 맙소사 depend on …에 의지하다

남자는 점술가가 물 근처나 높은 곳에 가는 것을 피하라고 했다고 말했다.

09 ──────────────────────────── ⓐ

여: 당신의 별자리는 Leo, 사자자리입니다. 그리고 당신 애인의 별자리는 Taurus, 황소자리이고요. 두 분은 모두 재미있는 활동을 해 보고 파티에 가는 것을 좋아합니다. 그러나 한 가지 문제가 있어요. 두 분 다 주장이 매우 강하고 포기하는 걸 좋아하지 않죠. 그래서 의견이 다를 때 심각한 다툼이 일어날 수 있어요. 애인의 말에 귀를 기울이고 애인의 입장에서 생각해 보려고 노력하세요.

star sign 별자리 partner[páːrtnər] 영배우자, 애인 opinion[əpínjən] 영의견 give up 포기하다 put oneself in someone's shoes 누군가의 입장에서 생각해보다

자신과 상대 모두 주장이 강해 심하게 다툴 수 있으므로 애인의 말에 귀를 기울이고 애인의 입장에서 생각해 봐야 한다고 했다.

10 ──────────────────────────── ⓓ

남: 당신의 별자리는 Gemini, 쌍둥이자리입니다. 그리고

당신 애인의 별자리는 Scorpio, 전갈자리죠. 당신 둘은 성격이 매우 달라서 완벽한 한 쌍이 아닐지도 모릅니다. 쌍둥이자리 사람들은 보통 말하는 걸 좋아하지만 전갈자리 사람들은 조용한 경향이 있고 혼자 있는 것을 즐기거든요. 그러니 쌍둥이자리 분, 전갈자리 애인에게 혼자 책을 읽거나 생각할 시간을 좀 주세요. 상대는 사려 깊은 것에 대해 당신에게 감사할 것입니다.

tend to do …하는 경향이 있다 considerate [kənsídərit] 형사려 깊은

전갈자리 사람은 혼자 있는 것을 좋아하므로 혼자만의 시간을 주어야 한다고 했다.

11 ──────────────────────────── ①

남: 벌써 8시네. 이제 집에 가야겠다.

여: 알았어. 내일 학교에서 보자.

남: 응. 그런데 네 고양이가 허공을 응시하면서 계속 야옹거리네.

여: 때때로 그렇게 해.

남: 너 고양이들이 유령을 볼 수 있는 거 몰라? 네 고양이가 지금 유령을 쫓아내고 있는 건지도 몰라!

여: 농담하지 마. 너 그걸 믿어?

남: 물론이지. 내 친구 중 한 명이 악몽을 꾸곤 했어. 그런데 고양이를 기른 후로 잠을 잘 자기 시작했어.

여: 지금 우리 집에 유령이 있을지도 모른다는 말이야?

남: 그럴지도.

여: 오, Ted, 유령 얘긴 그만해. 난 부모님 오실 때까지 혼자 있어야 한단 말이야.

stare into the air 허공을 응시하다 meow[miáu] 동(고양이가) 야옹하고 울다 keep (something) away …을 쫓아내다 used to do (과거에) …하곤 했다 nightmare[náitmèər] 영악몽

여자는 고양이가 유령을 본다는 이야기를 듣고 부모님이 오실 때까지 혼자 있어야 하므로 무서울(scared) 것이다.
② 행복한 ③ 고맙게 생각하는 ④ 우울한 ⑤ 실망한

12 ──────────────────────────── ⑤

여: 많은 운동선수들이 미신을 믿습니다. 전(前) 메이저리그 야구 선수인 Wade Boggs는 미신들을 몹시 믿습니다. 그는 약 80개의 미신을 믿는 것으로 잘 알려져 있습니다. 저녁에 경기가 있으면 그는 항상 1시 47분에 집을 나섰습니다. 그리고 경기장에 가고 집으로 돌아올 때 같은 길을 이용했습니다. 그는 교통사고나 교통 체증이 있을 때조차도 다른 경로로 가지 않았습니다. 경

기장에서 연습을 할 때 그는 정확히 150개의 땅볼을 받았습니다. 그게 다가 아닙니다. 그는 매 경기 전에 잊지 않고 닭고기를 먹었습니다. 이것 때문에 사람들이 그를 '치킨 맨'이라고 불렀습니다.

superstition[sùːpərstíʃn] 몡미신 ex[eks] 졉이전의 …
Major League 몡메이저리그(미국 프로 야구 리그)
superstitious[sùːpərstíʃəs] 혱미신을 믿는 route[ruːt]
몡길, 경로 traffic jam 교통 체증 exactly[igzǽktli]
昗정확히 ground ball 땅볼 forget to do …하는 것을
잊다

해설 Wade Boggs는 매 경기 전에 닭고기를 먹었다고 했다.

13 ··· ①

남: 소희야, 뭐 하고 있니?

여: 난 패션 잡지를 읽고 있어. 여기 6월 운세가 나와 있어. 내 운세에 따르면, 나는 밤늦게 외출하는 걸 삼가야 해, 그렇지 않으면 난 위험에 처할 수도 있어.

남: 오, 너 조심해야겠구나.

여: 너는 무슨 띠야? 너의 운세를 말해줄게.

남: 난 쥐띠야.

여: 네 행운의 방향은 북쪽이야. 그리고 청바지가 너에게 행운을 가져다줄 거야.

남: 흥미롭군. 또 다른 건 뭐라고 되어 있어?

여: 또한, 은반지를 끼는 걸 잊지마. 마지막으로 너의 이상형인 여자를 만날 가능성이 있어.

어휘 go out 외출하다 be in danger 위험에 처하다
Chinese zodiac sign 띠 direction[dirékʃən] 몡방향
chance[tʃæns] 몡가능성 dream girl 이상형의 여자

해설 밤늦게 외출을 삼가야 하는 사람은 여자이다.

Q 대화에 따르면, 남자의 운세에 관해 일치하지 않는 것은 무엇인가?
① 남자는 늦게 외출해서는 안 된다.
② 남자의 행운의 방향은 북쪽이다.
③ 청바지를 입는 것은 남자에게 행운을 가져다줄 것이다.
④ 은반지를 끼면 남자는 운이 좋을 것이다.
⑤ 남자는 그의 이상형의 여자를 만날 가능성이 있다.

14 ··· ①

남: 음식이 정말 훌륭하네. 여기에 데려와 줘서 고마워, Nora.

여: 고맙긴. 아, 웨이터가 우리 디저트를 가지고 오네!

남: 이게 뭐야?

여: 포춘 쿠키야. 한 개를 골라서 열어 봐. 그 안에 종이 한

장이 있어.

남: 있네!

여: 그게 우리에게 어떤 조언을 해 주거나 무슨 일이 일어날지 알려 줘.

남: 정말? 내 것에는 '좋은 소식이 오는 중입니다.'라고 쓰여 있어. 그럼 아마 내가 Justin과 화해할 건가 봐. 그 애와 심하게 싸웠거든. 네 것은 어때?

여: 음…. '시작이 반이다.'라고 쓰여 있어.

남: 넌 그게 무슨 의미라고 생각해?

여: 그게, 내가 지금 운동을 시작해야 한다는 것 같아. 사실, 살을 빼려고 계획했는데 아직 아무것도 안 했거든.

어휘 dessert[dizə́ːrt] 몡디저트 advice[ədváis] 몡조언
on the way 오는 중인 make up with …와 화해하다
have a fight with …와 싸우다 well begun is half
done ((속담)) 시작이 반이다

해설 포춘 쿠키에서 '시작이 반이다.'라는 충고를 보고, 여자는 살을 빼기 위해 운동을 시작하겠다고 했다.

Q 포춘 쿠키는 여자가 무엇을 하도록 장려하는가?
① 운동을 시작하기
② 공부 계획 짜기
③ 미래를 위해 저축하기
④ 살을 빼기 위해 적게 먹기
⑤ 여자의 친구와 화해하기

15-16 ··· 15 ⑤ 16 ②

남: 오늘날, 네잎 클로버가 행운을 가져올 거라고 믿기 때문에 많은 사람들이 잔디밭에서 네잎 클로버를 찾으려고 노력합니다. 그렇다면 어떻게 이 작은 식물이 행운의 상징이 되었을까요? 많은 이야기들이 있지만 그것을 설명하는 가장 유명한 이야기들 중 하나는 19세기 프랑스의 황제인 나폴레옹에 관한 것입니다. 전쟁 중 어느 날 누군가가 나폴레옹을 죽이려는 시도를 했다고 합니다. 그 남자는 나폴레옹의 머리를 향해 총알을 쐈죠. 그러나 그 순간에 나폴레옹은 잔디에서 이상하게 생긴 식물, 즉 네잎 클로버를 봤습니다. 그것을 보기 위해 몸을 구부렸을 때, 총알은 그를 빗나갔습니다. 네잎 클로버 덕분에 나폴레옹은 죽음을 피한 것이죠! 그래서 그는 그것을 행운의 식물이라고 불렀습니다. 이 이야기가 알려지면서 사람들은 네잎 클로버가 행운을 가져온다고 믿기 시작했습니다.

어휘 four-leaf clover 네잎 클로버 symbol[símbəl] 몡상징
explain[ikspléin] 됭설명하다 emperor[émpərər] 몡
황제 battle[bǽtl] 몡전투 shoot[ʃuːt] 됭쏘다 (shot-

shot) **bullet**[búlit] 명총알 **moment**[móumənt] 명
순간 **bend over** 몸을 구부리다 [문제] **discovery**
[diskʌ́vəri] 명발견 **collect**[kəlékt] 동수집하다, 모으다
origin[ɔ́(:)ridʒin] 명기원 **by chance** 우연히
survive[sərváiv] 동살아남다, 생존하다

해설 **15** 화자는 네잎 클로버가 어떻게 행운의 상징이 되었는지에 관
해 이야기하고 있다.

Q 화자는 주로 무엇에 대해 이야기하고 있는가?
① 네잎 클로버의 발견
② 네잎 클로버를 잘 찾는 방법
③ 네잎 클로버를 향한 프랑스인들의 사랑
④ 나폴레옹의 네잎 클로버를 수집하는 취미
⑤ 행운의 상징으로서의 네잎 클로버의 기원

16 총알이 날아올 때 네잎 클로버를 살펴보려고 몸을 구부린 나
폴레옹이 목숨을 구한 이야기가 널리 퍼졌기 때문이다.

Q 네잎 클로버는 왜 행운의 상징이 되었나?
① 나폴레옹이 우연히 네잎 클로버를 발견했기 때문에
② 나폴레옹이 네잎 클로버 덕분에 살아남았기 때문에
③ 나폴레옹이 네잎 클로버가 이상하게 생겼다고 생각했
기 때문에
④ 나폴레옹은 네잎 클로버가 목숨을 살릴 수 있다고 믿
었기 때문에
⑤ 나폴레옹이 행운을 위해 네잎 클로버들을 수집했기 때
문에

Dictation
본문 pp. 148~153

01 Here's today's fortune, Are you interested in it, When were you born, in 1998, wear red clothes, bring good luck to you, avoid wearing glasses or accessories, keep that in mind

02 is holding up his fingers, thumb, index finger, little finger up, a combination of, I, L, and Y, the first letters of each word, V, sign with your index and middle finger

03-04 You're writing, a name written in red means death, doesn't red mean good luck, don't give clocks as a gift, the word, clock, sounds like, death, be careful when giving gifts, a black cat passes by, Broken mirrors are considered unlucky

05 predict our personality, you are very passionate and creative, Type O is usually outgoing and social, are calm and usually shy, at all, over seven billion people, only four types of personality

06 don't know what to get, something more meaningful, some jewelry with her birthstone, There's a stone for each month, it brings them good luck, Do you know mom's birthstone, was born in July

07 Take a deep breath, pick up two cards and show, Let's see the left card, enjoy some success, have an important exam, receive a lot of love, these will come true

08 do you have any special plans, It's hot these days, plan to go swimming, I went to the fortuneteller, predicting the future, told me not to go near water, avoid going up high, depend on the fortuneteller for everything

09 like trying fun activities, have very strong opinions, don't like to give up, serious fights can happen, put yourself in your partner's shoes

10 may not be a perfect couple, have very different personalities, tend to be quiet, enjoy being alone, some time to read and think alone, thank you for being considerate

11 It's already eight, at school, By the way, staring into the air, keeping ghosts away now, used to have nightmares, started sleeping better, I have to be alone

12 Many athletes have superstitions, having about 80 superstitions, left the house at 1:47, took the same route, there were car accidents or traffic jams, took exactly 150 ground balls, never forgot to eat chicken

13 reading a fashion magazine, the fortune for June, avoid going out late, in danger, lucky direction is north, What else does it say, to wear a silver ring, to meet your dream girl

14 Thank you for bringing me here, is coming with our dessert, They're fortune cookies, a piece of paper inside, gives us some advice, Good news is on the way, had a big fight with him, Well begun is half done, I have to start exercising, to lose weight, haven't done anything yet

15-16 find four-leaf clovers in the grass, bring them good luck, become a symbol of good luck, the 19th-century French emperor, tried to kill, shot a bullet toward Napoleon's head, a strange looking plant, When he bent over, missed him, avoided death, called it a lucky plant

A 1 ⓑ 2 ⓓ 3 ⓐ 4 ⓔ 5 ⓒ 6 ⓕ
B 1 ⓐ 2 ⓑ 3 ⓓ
C 1 bring good luck 2 a deep breath
  3 put yourself, shoes

A
1 ⓑ 2 ⓓ 3 ⓐ 4 ⓔ 5 ⓒ 6 ⓕ

1 수집하다: ⓑ 취미로 비슷한 것들을 가져다 한데 모으다

2 운세: ⓓ 미래에 누군가에게 일어나는 좋은 일과 나쁜 일

3 사려 깊은: ⓐ 다른 사람에게 신중하고 배려 깊게 대하는

4 성격, 개성: ⓔ 특정한 방식으로 행동하게 하는 한 사람의 특별한 특징

5 미신: ⓒ 특정한 행동이나 물체가 운이 있거나 없다고 믿음

6 우연: ⓕ 사건들이 계획되지 않거나 기대되지 않는 방식으로 동시에 일어나는 상황

B
1 ⓐ 2 ⓑ 3 ⓓ

1 오늘 내 운세는 어때?

2 너 잔디밭에서 무엇을 찾고 있니?

3 너희 나라에는 미신이 있니?

ⓐ 네 행운의 방향은 서쪽이야.
ⓑ 난 지금 네잎 클로버를 찾고 있어
ⓒ 내 행운의 부적은 이 목걸이야.
ⓓ 응. 미국에서는 검은 고양이가 불운의 징후야.

Unit 11 IT

Words Preview
본문 p. 156

01 (웹사이트에 사진 등을) 올리다 02 (휴대전화로) 문자를 보내다 03 삭제하다 04 업로드하다, 자료를 옮기다 05 기능 06 연결하다 07 충전되다[하다] 08 비밀번호 09 네티켓(인터넷 사용 시 지켜야 할 예의) 10 애플리케이션, 응용 프로그램 11 완전히 새것인 12 전자 기기 13 개인 정보 14 파일을 첨부하다 15 소문을 퍼뜨리다 16 댓글을 쓰다 17 컴퓨터를 다시 시작시키다 18 새로운 제품을 출시하다

Getting Ready
본문 p. 157

A 1 attach, ⓔ 2 spread, ⓓ 3 be addicted, ⓒ
  4 a fight, ⓐ 5 a comment, ⓑ
B 1 ⓓ 2 ⓐ 3 ⓒ 4 ⓑ
C 1 ⓐ 2 ⓑ

B
1 ⓓ 2 ⓐ 3 ⓒ 4 ⓑ

1 The company released a new product.
그 회사는 새 제품을 출시했다.

2 He is uploading pictures on his blog.
그는 블로그에 사진을 올리고 있다.

3 He is reading an e-book with his tablet.
그는 태블릿으로 전자책을 읽고 있다.

4 A blue screen popped up on the computer monitor.
컴퓨터 모니터에 파란 화면이 떴다.

C
1 ⓐ 2 ⓑ

1 How can I protect my personal information?
내 개인 정보를 어떻게 보호할 수 있을까?
ⓐ 정기적으로 비밀번호를 변경해야 해.
ⓑ 네 개인정보가 유출되었어.

2 Which application do you usually use?
넌 어떤 애플리케이션을 주로 사용하니?
ⓐ 내 목소리로 앱을 실행할 수 있어.
ⓑ 맛집 앱을 사용하는 것을 좋아해.

01 ⓑ	02 ⓒ	03 ②	04 ③	05 ④	06 ②	07 ⑤
08 ④	09 ③	10 ①	11 ④	12 1) T 2) F 3) T		
13 ④	14 ⑤	15 ③	16 ③			

01 ────────────────────── ⓑ

여: 너 태블릿으로 게임하니? 나도 같이 하자.

남: 아니. 사실 나는 전자책을 읽고 있어.

여: 아, 그렇구나. 그게 종이책보다 더 낫니?

남: 난 그렇게 생각해. 우선 한 가지는, 종이책보다 저렴해.

여: 그거 좋네.

남: 또, 내가 원하는 만큼 많은 전자책을 가지고 다닐 수 있어. 내 태블릿에는 약 30권의 전자책이 있어.

어휘 tablet[tǽblət] ⑲태블릿 e-book[íːbuk] ⑲전자책 for one thing 우선 한 가지는, 우선 한 가지 이유는 carry[kǽri] ⑧가지고 다니다

해설 남자는 태블릿으로 전자책을 읽고 있다고 했다.

ⓐ 게임하기	ⓑ 전자책 읽기
ⓒ 블로그에 게시물 올리기	ⓓ 온라인으로 호텔 예약하기

02 ────────────────────── ⓒ

여: 컴퓨터로 뭐 하고 있니?

남: 내 블로그에 사진을 올리고 있어. 지난주에 일본 여행을 하면서 찍었어.

여: 우와, 이 사진 멋있다.

남: 내가 묵었던 호텔에서 이것을 찍었어.

여: 내가 네 블로그에 방문해서 더 많은 네 사진들을 봐도 될까?

남: 물론이지. 여기 주소가 있어. 난 거의 매일 업데이트해.

여: 고마워! 내가 댓글을 달게.

어휘 post[poust] ⑧(웹사이트에 사진 등을) 올리다 update [ʌ́pdèit] ⑧업데이트하다, 가장 최근의 정보를 덧붙이다 write a comment 댓글을 쓰다

해설 남자는 블로그에 사진을 올리고 있다고 했다.

03 ────────────────────── ②

남: 너는 어떤 애플리케이션을 사용하길 좋아하니?

여: 나는 메신저 앱을 좋아해. 친구들과 아무 때나 이야기하기 위해 그것을 사용할 수 있잖아.

남: 응, 그건 굉장한 앱이야. 공짜로 메시지와 사진을 보낼 수 있게 해 주잖아.

여: 맞아. 너는 어때?

남: 나는 맛집 앱을 자주 이용해. 여러 식당의 음식 사진과 가격, 후기를 보여 주거든.

여: 그거 여행할 때 유용하겠네.

남: 맞아. 현지 사람들이 가는 좋은 식당을 찾을 수 있어.

여: 나도 지금 그 앱을 내려받아야겠다.

어휘 application[æ̀pləkéiʃən] ⑲애플리케이션(앱), 응용 프로그램 (= app) chat[tʃæt] ⑧이야기를 나누다 review [rivjúː] ⑲비평, 논평 useful[júːsfəl] ⑳유용한 local [lóukəl] ⑳현지의 download[dáunlòud] ⑧다운로드하다, 내려받다

해설 여자는 친구들과 채팅을 할 수 있는 메신저 앱을, 남자는 맛집 정보를 제공하는 앱을 좋아한다고 했다.

04 ────────────────────── ③

여: 너 한 손 키보드에 대해 들어 봤니?

남: 그거 한 손으로만 입력하는 키보드야?

여: 맞아. 다른 손은 다른 일들을 하는 데 사용할 수 있는 거지.

남: 근데 키가 어디에 있는지 다시 배워야 하겠다.

여: 응, 그건 그래. 그럼 너는 어떤 종류의 키보드를 사고 싶니?

남: 나는 카펫처럼 둘둘 말 수 있는 키보드를 사고 싶어.

여: 그거 보관하고 가지고 다니기 쉽겠다! 그 키보드는 무엇으로 만들어졌어?

남: 일종의 고무로 만들어졌어. 그래서 실수로 그 위에 물을 엎질러도 괜찮아.

여: 굉장하다!

어휘 one-handed[wʌnhǽndid] ⑳한 손으로 쓰는 type [taip] ⑧타자 치다, 입력하다 exactly[igzǽktli] ⑨정확히; *(맞장구치는 말로) 맞아, 바로 그거야 key[kiː] ⑲열쇠; *(컴퓨터) 키 roll up 말다 be made of …으로 만들어지다 rubber[rʌ́bər] ⑲고무 spill[spil] ⑧흘리다, 쏟다 by mistake 실수로

05 ────────────────────── ④

여: Eddy, 너 왜 그렇게 걱정스러워 보이니?

남: 내 개인 정보가 유출된 것 같아. 최근에 스팸 메일을 많이 받고 있어.

여: 유감이네. 요즘 많이 일어나는 일이야.

남: 내 정보를 보호하고 싶어. 내게 몇 가지 조언을 해 주겠니? 너 컴퓨터에 대해 많이 알잖아.

여: 음, 네 비밀번호를 정기적으로 바꿔. 그게 가장 쉽고 좋은 방법이야.

남: 알겠어. 다른 거는?

여: 공용 컴퓨터는 그렇게 안전하지 않을 수 있어. 그러니 그것을 사용해야 할 때는 로그아웃하는 걸 잊지 마.

어휘 **personal information** 개인 정보 **expose**[ikspóuz] 통 노출시키다 **recently**[ríːsəntli] 부 최근에 **spam email** 스팸 메일 **password**[pǽswə̀ːrd] 명 비밀번호 **regularly**[régjələrli] 부 정기적으로, 규칙적으로 **public**[pʌ́blik] 형 공공의, 공용의 **log out** 로그아웃하다

해설 개인 정보를 보호하고 싶은 남자가 여자에게 조언을 구하는 상황이다.

06 ————————————————————————— ②

(전화벨이 울린다)

남: Dr. PC의 사무실입니다. 어떻게 도와 드릴까요?

여: 안녕하세요. 제 컴퓨터에 문제가 있어요.

남: 네. 정확히 무엇이 문제인가요?

여: 전혀 작동하질 않아요. 파란 화면이 떴는데 사라지지 않아요.

남: 컴퓨터를 다시 시작해 보셨어요?

여: 해 봤는데, 똑같은 화면만 나와요. 오셔서 고쳐주시겠어요?

남: 그러죠, 가서 확인해 볼게요. 제가 언제 방문하길 원하세요?

여: 가능한 한 빨리요. 숙제를 하려면 그게 필요하거든요. 오늘 오후 3시가 어떠세요?

남: 괜찮습니다. 주소를 말씀해 주시겠어요?

어휘 **work**[wəːrk] 통 일하다; *작동하다 **pop up** 불쑥 나타나다 **go away** (떠나) 가다; *없어지다 **reboot**[rìːbúːt] 통 (컴퓨터를) 다시 시작시키다 **fix**[fiks] 통 수리하다 **check out** …을 확인하다 **as soon as possible** 가능한 한 빨리

해설 여자는 컴퓨터가 작동하지 않아 수리를 요청하기 위해 컴퓨터 수리점에 전화를 걸었다.

07 ————————————————————————— ⑤

여: Jake, 너 멋진 시계를 가지고 있구나!

남: 고마워. 사실, 이건 단순한 시계가 아니야. 이건 스마트 시계야!

여: 스마트시계? 그게 뭐니?

남: 이건 내가 얼마나 걷고, 내 심장이 얼마나 빨리 뛰는지

를 확인해. 시곗줄도 바꿀 수 있어!

여: 우와. 그거 멋지다!

남: 그게 다가 아니야. 나는 이걸 내 스마트폰으로 연결해서 시계가 기록한 걸 더 상세하게 볼 수 있어.

여: 대단하다. 방수가 되니?

남: 물론이지! 이것을 착용한 채로 샤워를 할 수 있어. 단 하나의 단점은 충전하는 데 너무 오래 걸린다는 거야.

어휘 **check**[tʃek] 통 살피다, 점검하다 **beat**[biːt] 통 이기다; *고동치다 **strap**[stræp] 명 (가죽·천 등으로 된) 줄, 끈, 띠 **connect**[kənékt] 통 연결하다 **record**[rikɔ́ːrd] 통 기록하다 **detail**[ditéil] 명 세부 사항 **waterproof**[wɔ́ːtərprùːf] 형 방수의 **take a shower** 샤워하다 **while** 접 …하는 동안 **take**[teik] 통 가지고 가다; *(얼마의 시간이) 걸리다 **recharge**[rìːtʃɑ́ːrdʒ] 통 충전되다[하다]

해설 남자는 충전하는 데 시간이 너무 오래 걸리는 것이 유일한 단점이라고 했다.

08 ————————————————————————— ④

남: ① 2011년보다 2013년에 더 많은 십 대들이 스마트폰에 중독되었다.

② 2013년에, 스마트폰에 중독된 십 대의 비율은 어른의 2배가 넘는다.

③ 2013년에, 거의 20%의 십 대들이 스마트폰에 중독되었다.

④ 2011년보다 2013년에 더 적은 비율의 성인이 스마트폰에 중독되었다.

⑤ 두 해 모두 10% 미만의 성인이 스마트폰에 중독되었다.

어휘 **be addicted to** …에 중독되다 **twice**[twais] 부 두 배로 **percentage**[pərséntidʒ] 명 백분율, 비율 [문제] **addiction**[ədíkʃən] 명 중독

해설 스마트폰에 중독된 성인의 비율은 2011년보다 2013년에 더 높다.

09 ————————————————————————— ③

여: 컴퓨터 게임을 사랑하는 사람들에게 제 직업은 꿈의 직업일 거예요. 제가 하는 일은 새로운 게임을 만드는 일이죠. 저는 새 게임에 대한 아이디어를 생각해 내고 그 아이디어를 가지고 계획을 세워요. 첫째로, 저는 게임의 주요 콘셉트를 결정해요. 그리고 나서 얼마나 많은 레벨이 있을 것이며 어떤 종류의 아이템이 사용될 것인지와 같은 세부 사항에 대해 생각하죠. 이 일을 하기 위

해, 저는 아이디어를 얻을 수 있도록 다른 게임들을 해요. 또한, 컴퓨터 프로그래밍의 기본적인 내용을 공부하죠. 저는 제가 정말 좋아하는 것을 함으로써 돈을 벌 수 있어서 행복해요.

어휘 main[mein] 휑주요한 concept[kánsept] 휑콘셉트, 개념 item[áitem] 휑 항목; *(게임의) 아이템 basics [béisiks] 휑기초, 기본 earn[əːrn] 동(돈을) 벌다

해설 새로운 게임을 구상하고 게임의 주요 콘셉트와 세부 사항에 대해 생각하는 직업은 게임 기획자이다.

10 ①

여: 사진 좀 보여줘. 사진 잘 나왔어?

남: 여기, 봐. 우리 둘 다 잘 나온 것 같아. 내 페이스북 페이지에 그걸 업로드해야겠다.

여: 좋아. 하고 나서 내게 알려줘.

남: 사실 지금 업로드하고 있어. 기다려 봐. (잠시 후에) 다 됐다.

여: 너 어떻게 한 거야?

남: 이건 스마트 카메라야. 스마트폰이나 태블릿처럼 이걸로 와이파이를 사용할 수 있어.

여: 그렇구나. 그래서 너는 사진을 찍자마자 인터넷에 사진을 올릴 수 있구나. 그거 편리하네!

남: 응. 게다가, 그것은 내 전화기보다 더 높은 화질의 사진을 찍을 수가 있어.

여: 정말 멋지다!

어휘 come out (사진이) 잘 나오다 upload[ʌ́plòud] 동업로드하다, 자료를 옮기다 as soon as …하자마자 convenient[kənvíːnjənt] 휑편리한 quality[kwáləti] 휑질

해설 남자는 사진을 찍어 바로 인터넷에 사진을 올릴 수 있는 스마트 카메라를 사용하고 있다.

11 ③

남: 봐봐. 내 새 휴대전화 멋지지 않니? 어제 샀어.

여: 또 새 전화라고? 너 고작 세 달 전에 새 전화를 샀잖아, 그렇지 않니?

남: 그랬지. 하지만 이거는 신제품이야. 몇몇 새로운 기능들이 있다고. 내 목소리로 앱을 실행시킬 수 있어!

여: 응. 그건 굉장하구나. 하지만 네가 새로운 전자 기기를 너무 자주 산다고 생각하지 않니?

남: 음, 뭔가 새로운 게 있을 때 나는 호기심이 생기고 그것을 사용해 보고 싶어. 나는 얼리 어답터거든.

여: 돈은 어쩌고? 그런 기기들은 정말 비싸잖아. 기업들이

신제품을 출시할 때마다 새로운 것을 살 수는 없어.

남: 사실 나는 새 기기값을 지불하기 위해 쓰던 기기들을 팔아.

어휘 brand new (서술적) 완전히 새것인 function[fʌ́ŋkʃən] 휑기능 run[rʌn] 동달리다; *작동시키다 electronic device 전자 기기 early adopter 얼리 어답터(남들보다 먼저 신제품을 사서 써 보는 사람) release [rilíːs] 동출시하다 pay for (값을) 지불하다

해설 여자는 남자가 전자 기기를 너무 자주 산다고 지적하고 있다.

12 1) T 2) F 3) T

남: 스티브 잡스는 1955년에 미국에서 태어났습니다. 그는 많은 실리콘 밸리 기술자들이 사는 동네에서 자랐습니다. 그는 어린 시절 그들로부터 기계와 IT에 대해 배웠습니다. 1976년에 잡스는 스티브 워즈니악과 함께 애플을 설립했습니다. 그들의 첫 제품은 애플I이었습니다. 그 후에, 애플은 애플II와 매킨토시와 같은 다른 개인용 컴퓨터들을 만들었습니다. 그것들은 완전히 새로웠고 사용하기에 편리했습니다. 또한 잡스는 마케팅과 광고에 주의를 기울였습니다. 그 결과, 애플의 제품들은 세계 전역에서 인기를 얻었습니다. 잡스는 2011년에 암으로 사망했습니다. 사람들은 그를 가장 창의적인 사람 중 한 명으로 항상 기억할 것입니다.

어휘 engineer[èndʒiníər] 휑기술자 machine[məʃíːn] 휑기계 found[faund] 동설립하다 personal computer 개인용 컴퓨터 totally[tóutəli] 부완전히 pay attention to …에 주의를 기울이다 marketing [máːrkitiŋ] 휑마케팅 advertising[ǽdvərtàiziŋ] 휑광고 as a result 결과적으로 die of …으로 죽다 cancer[kǽnsər] 휑암 creative[kriéitiv] 휑창의적인

해설 2) 혁신적인 제품 개발뿐 아니라 마케팅과 광고에도 관심을 가졌다.

13 ④

여: Liam, 너 여가 시간에 뭐하니?

남: 난 블로그를 해.

여: 정말? 네 블로그는 무엇에 관한 거야?

남: 요리에 대한 거야. 나는 요리법을 올려. 그것들 대부분은 쉽고 간단한 거야. 집에서 해볼 수 있어.

여: 멋지다. 넌 요리를 잘하잖아. 얼마나 자주 거기에 게시물을 올려?

남: 적어도 3일에 한 번은 업데이트를 해. 그리고 매일 댓글

을 읽고 질문에 답을 하지.

여: 시간이 많이 들지 않아?

남: 그리 많이 들진 않아. 하루에 한 시간 정도를 블로그 하는 데 써.

해설 남자는 블로그에 요리법을 올린다고 했다.

Q 남자의 블로그에는 어떤 종류의 글이 있는가?
① 새 영화에 대한 평
② 효과적인 학습 방법
③ 인기 있는 관광지의 사진
④ 집에서 만들 수 있는 음식 조리법
⑤ 식당 추천

14 ⑤

남: Camila에게 이메일을 보내야 하는데, 그것이 다시 반송됐어. 정말 이유를 모르겠어!

여: 뭐가 문제야? 파일을 첨부했니?

남: 응. 소풍에서 찍은 사진을 보내려고 하거든.

여: 음…. 맞는 이메일 주소를 가지고 있는 게 확실하니?

남: 응. Camila와 두 번 확인했어. camila2020@nemail.co.kr이야.

여: 잠시 후에 다시 시도해보는 게 어때? 가끔 웹사이트에 문제가 있기도 하잖아.

남: 글쎄, 방금 Tom에게 이메일을 보냈는데 괜찮았어.

여: 음…. 그럼 뭐가 잘못된 건지 모르겠네.

남: 오, 이제 알겠다. 그 애가 방금 문자를 보냈어. 그 애의 메일함이 거의 가득 차 있었대. 방금 오래된 이메일 일부를 지웠대.

여: 아, 사진들이 그 애의 메일함에 비해 너무 컸구나.

해설 남자는 Camila의 메일함에 공간이 부족했기 때문에 이메일 전송에 실패했다.

Q 남자는 왜 Camila에게 이메일을 보낼 수 없었는가?
① 그의 컴퓨터가 고장 났다.
② Camila의 컴퓨터가 바이러스에 걸렸다.
③ 그가 잘못된 이메일 주소를 가지고 있었다.
④ 이메일 사이트에 문제가 있었다.
⑤ Camila의 메일함에 충분한 공간이 없었다.

15-16 15 ③ 16 ③

여: 인터넷은 세상을 더 좋은 곳으로 만들었지만 몇 가지 문제들도 초래했습니다. 가장 큰 문제들 중 하나는 일부 네티즌들이 예의가 없다는 것입니다. 사람들은 인터넷상에서 그들의 얼굴과 이름을 숨길 수 있습니다. 그래서 그들은 현실에서는 그러지 않는 반면 인터넷상에서 무례하게 행동합니다. 이런 사람들은 매우 무례하고 다른 사람들에게 나쁜 말을 합니다. 그들은 또한 악성 댓글을 달고 소문을 퍼뜨립니다. 그들은 또한 다른 네티즌들에게 싸움을 걸려 합니다. 그들은 그것이 그들이 힘이 있다고 느끼게 하기 때문에 그것을 즐깁니다. 이런 행동은 관련된 사람들에게 심각하게 해를 입힐 수 있습니다. 오늘날, 인터넷은 우리 삶의 또 다른 부분입니다. 네티켓을 갖는 것이 매우 중요합니다.

해설 15 화자는 인터넷상에서 예의 없게 행동하는 일부 네티즌들의 행동을 지적하고 그 문제점에 대해 이야기하고 있다.

Q 화자는 주로 무엇에 대해 이야기하고 있는가?
① 디지털화된 삶의 혜택
② 네티켓의 의미
③ 온라인상에서의 나쁜 예절의 문제
④ 악성 댓글을 다는 이유
⑤ 서로에게 예의 바른 것의 중요성

16 화자는 인터넷상에서는 자신이 누구인지 숨길 수 있기 때문에 일부 네티즌들이 무례하게 행동한다고 했다.

Q 일부 네티즌들은 왜 인터넷상에서 나쁘게 행동을 하는가?
① 그들이 무례한 사람들이기 때문에
② 그들이 문제를 일으키길 원하기 때문에
③ 아무도 그들이 누구인지 모르기 때문에
④ 그들은 다른 사람들의 관심을 원하기 때문에
⑤ 인터넷이 우리 삶의 또 다른 부분이기 때문에

01 Let me join you, better than paper books, cheaper than paper books, as many e-books as I want

02 What are you doing, posting pictures on my blog, where I stayed, visit your blog, write some comments

03 Which applications, to chat with my friends, What about you, reviews of many restaurants, be useful while traveling, download that app now

04 Have you heard about, type on, use our other hand, where the keys are, that's true, be rolled up, easy to keep and carry, spill water on it by mistake

05 look so worried, my personal information has been exposed, happens a lot these days, protect my information, give me some advice, don't forget to log out

06 have a problem with my computer, popped up, rebooted your computer, come and fix it, As soon as possible, That's fine

07 have a nice watch, not just a simple watch, checks how much I walk, connect it to my smartphone, in more detail, Is it waterproof, while wearing it, takes too long to recharge

08 were addicted to, In 2013, was over twice, A smaller percentage of adults, Under 10% of adults, in both years

09 For people who love computer games, What I do, think of ideas, make a plan, decide the main concept, what kinds of items, get ideas, earn money by doing

10 Show me the picture, we both look nice, upload it, Let me know after you do, How did you do that, post pictures, as soon as you take them, higher quality pictures, Sounds cool

11 bought it yesterday, three months ago, brand new, run apps with my voice, buy new electronic devices, something new, feel curious, an early adopter, are really expensive, companies release new products

12 was born in the US in 1955, learned about machines, as a child, In 1976, created other personal computers, convenient to use,

paid attention to marketing and advertising, in 2011, one of the most creative people ever

13 keep a blog, What is your blog about, post recipes, try them at home, How often do you post, at least once every three days, answer questions, take a lot of time

14 send an email, was returned again, attach a file, Are you sure, websites have problems, it was fine, what is wrong then, She just texted me, her mailbox was almost full, too big for her mailbox

15-16 made the world a better place, have no manners, hide their faces and names, while they don't in real life, write bad comments, spread rumors, makes them feel powerful, harm the people involved, another part of our lives

Review Test

A 1 ① 2 ⓓ 3 ⓔ 4 ⓑ 5 ⓗ 6 ⓐ 7 ⓖ 8 ⓒ
B 1 ⓐ 2 ⓑ
C 1 spreading rumors 2 are addicted to
   3 forget to log out

A ⋯⋯⋯⋯ 1 ① 2 ⓓ 3 ⓔ 4 ⓑ 5 ⓗ 6 ⓐ 7 ⓖ 8 ⓒ

1 현지의: ① 국가나 지방과 같은 특정 지역 출신인

2 업로드하다, 자료를 옮기다: ⓓ 한 기기에서 다른 것으로 파일이나 프로그램을 옮기다

3 출시하다: ⓔ 제품을 소비자나 대중에게 구할 수 있게 하다

4 노출시키다: ⓑ 어떤 것을 공개하거나 보이게 하다

5 다시 시작시키다: ⓗ 문제를 해결하기 위해 컴퓨터나 시스템을 끄고 다시 켜다

6 첨부하다: ⓐ 이메일에 컴퓨터 파일을 덧붙이다

7 기능: ⓖ 어떤 것이 사용되는 특별한 목적이나 역할

8 방수의: ⓒ 물이 통과하지 못하게 고안된

B ⋯⋯⋯⋯⋯⋯⋯⋯⋯⋯⋯⋯⋯⋯⋯⋯⋯ 1 ⓐ 2 ⓑ

여: Jake, 너는 여가 시간에 무엇을 하니?
남: ⓐ 나는 블로그를 해.
여: 오, 네가 블로그가 있는지 몰랐어. 뭐에 대한 거니?

남: 패션에 대한 거야. 멋지게 옷을 입은 유명인사들의 사진을 업로드해.

여: 그거 멋지다. 얼마나 자주 거기에 게시물을 올리니?

남: ⓑ 적어도 일주일에 한 번은 업데이트를 해.

ⓒ 사진을 찍자마자 업로드를 할 수 있어.

Words Preview

본문 p. 170

01 흡수하다	02 재활용하다	03 플러그를 뽑다	04 오염
05 화학 약품	06 아끼다, 아껴 쓰다	07 석유 유출	08 물 부족
09 일회용품	10 …을 처리하다	11 버리다	12 분해되다
13 …을 떠올리다, 생각해내다	14 나무를 베다	15 수도꼭지를 잠그다	16 인식을 높이다
17 쓰레기를 분리수거하다	18 유해한 배기가스를 배출하다		

Getting Ready

본문 p. 171

A 1 live, ⓑ 2 absorb, ⓓ 3 pollute, ⓒ 4 come up, ⓔ
5 cut down, ⓐ
B 1 ⓑ 2 ⓐ 3 ⓒ 4 ⓓ
C 1 ⓐ 2 ⓐ

B

1 ⓑ 2 ⓐ 3 ⓒ 4 ⓓ

1 Aaron is unplugging the TV.
Aaron은 TV의 플러그를 뽑고 있다.

2 Aaron is separating the trash.
Aaron은 쓰레기를 분리수거하고 있다.

3 Aaron is turning off the tap.
Aaron은 수도꼭지를 잠그고 있다.

4 Aaron is using a cup while he brushes his teeth.
Aaron은 양치하는 동안 컵을 사용하고 있다.

C

1 ⓐ 2 ⓐ

1 Where should I put this bottle?
이 병은 어디에 버려야 해?
ⓐ 그걸 플라스틱 수거함에 넣어.
ⓑ 넌 이 병의 사용을 줄여야만 해.

2 What can we do for the environment?
우린 환경을 위해 무얼 할 수 있을까?
ⓐ 우리는 종이컵 대신 커피 머그컵을 사용할 수 있어.
ⓑ 응. 환경 오염은 심각해지고 있어.

01 ⑤	02 ⓒ	03 ⓓ	04 ⑤	05 ②	06 ③	07 ④
08 ⑤	09 ①	10 ②	11 1) E 2) G, E 3) E			
12 ③	13 ②	14 ④	15 ②	16 ③		

01 ⑤

남: Stella, 너 머리 다 말렸니? 네 헤어드라이어의 플러그가 아직 꽂혀 있구나.

여: 아, 또 깜박했어요. 죄송해요, 아빠.

남: 그게 다가 아니야. 네 휴대전화 충전기와 TV의 플러그 역시 꽂은 채로 두었더구나.

여: 하지만 몇 시간만 있다가 그것들을 다시 사용할 건데요.

남: 몇 시간 동안 플러그를 뽑아 두면 많은 에너지를 절약할 수 있어. 그걸 습관화하도록 노력해라.

여: 알겠어요. 다음에는 더 주의할게요.

어휘 dry[drai] 통 말리다 hairdryer[hɛərdráiər] 명 헤어드라이어 plug in …의 플러그를 꽂다 charger[tʃɑ́ːrdʒər] 명 충전기 unplug[ʌnplʌ́g] 통 플러그를 뽑다

해설 남자는 전자 제품을 사용한 후 플러그를 뽑아 두는 것을 습관화하라고 충고하고 있다.

02 ⓒ

남: Jane, 나 숙제를 하느라 바빠. 이것들 좀 분리수거함에 넣어 줄 수 있겠니?

여: 물론. 어디 보자…. 음료수병하고 종이 다섯 장이네? 이 종이들 그냥 버리려고?

남: 응. 이제 필요 없거든.

여: 그건 낭비인 것 같아. 넌 아직 종이의 한 면 밖에 쓰지 않았어. 다른 면도 사용하는 게 어때?

남: 알겠어, 그렇게. 그럼 그 종이들은 책상 위에 올려만 둬.

여: 알았어. 이 병만 수거함에 넣을게.

어휘 be busy *doing* …하느라 바쁘다 recycling bin 분리수거함 beverage[bévəridʒ] 명 음료수 throw away 버리다 waste[weist] 명 낭비(하는 행위) side[said] 명 면, 쪽

해설 종이는 그냥 남겨두고 음료수병만 수거함에 넣겠다고 했다.

03 ⓓ

남: 너 뭐 하니?

여: 쓰레기를 분리수거하고 있어.

남: 잘하고 있구나. 근데 너 왜 과자 봉지들을 플라스틱 수거함에 넣고 있어?

여: 그것들은 플라스틱과 함께 재활용되지 않니?

남: 그게, 그것들은 플라스틱과 함께 재활용되곤 했었지만, 지금은 더 이상 아니야. 너 이 표시 보이지? 이 과자 봉지들은 비닐과 같이 재활용되어야 해.

여: 그렇구나. 실수할 뻔했네!

어휘 separate trash 쓰레기 분리수거를 하다 snack bag 과자 봉지 recycle[riːsáikl] 통 재활용하다 used *to do* (과거에) …하곤 했다 mark[mɑːrk] 명 표시 vinyl[váinəl] 명 비닐

해설 과자 봉지를 비닐 분리수거함에 넣을 것이다.

04 ⑤

남: 덥네! 4월 같지가 않아.

여: 나도 그렇게 생각해. 작년 4월에는 재킷을 입어야 했던 게 기억나. 근데 올해는 필요가 없어.

남: 봄이 있었던 것 같지 않아. 겨울 바로 다음에 여름이 온 것 같아.

여: 응. 불과 한 달 전에는 눈이 왔는데, 지금은 너무 더워.

남: 내 생각엔 오염 때문에 기후 변화가 초래된 것 같아.

여: 네 말이 맞는 것 같아. 우리는 환경 오염이 얼마나 심각한지 깨닫고 지구를 더 잘 돌보기 위해 뭔가를 해야 해.

어휘 pollution[pəljúːʃən] 명 오염, 공해 realize[ríː(ː)əlàiz] 통 깨닫다, 알아차리다 environmental[invàiənméntl] 형 환경의 take better care of …을 더 잘 돌보다

해설 두 사람은 환경 오염으로 인해 날씨 변화가 초래되었다고 이야기하고 있다.

05 ②

여: 난 이제 그만 먹는 게 좋겠어. 너무 배불러.

남: 뭐라고? 네 음식의 반도 안 먹었잖아. 너 아프니?

여: 아니, 그저 다이어트 중이라 그래.

남: 그럼 왜 이 모든 음식을 주문했니? 넌 음식을 낭비하고 있는 거야. 매년 수백만 톤의 음식이 버려지고 있다는 걸 모르니?

여: 수백만 톤? 엄청나다.

남: 응. 그걸 처리하는 데 많은 비용이 들어.

여: 그럼 난 무엇을 해야 해?

남: 웨이터에게 이 남은 음식들을 담아달라고 부탁할 수 있어.

어휘 had better *do* …하는 것이 낫다 waste[weist] 통 낭비하다 millions of 수백만의 cost[kɔ(ː)st] 통 (비용이)

… 들다 **deal with** …을 처리하다 **box up** 상자에 담다, 상자에 채우다 **leftover**[léftouvər] 몡 남은 음식

解說 남자는 남은 음식을 담아달라고 할 수 있다고 제안했다.

06 ──────────────────────────── ③

남: 왜 저 옷들을 버리는 거죠? 멀쩡해 보이는데요.

여: 그 옷들을 더 이상 안 입거든요. 작년에 샀는데 지금은 유행이 지났죠.

남: 뭐라고요? 옷을 한 철 동안만 입는 거예요?

여: 알잖아요. 패션의 유행은 빠르게 변하고 전 유행을 따르고 싶거든요.

남: 하지만 그건 많은 쓰레기를 만들어서 환경에 해를 끼쳐요.

여: 결코 그것에 대해 생각하지 못했어요. 그럼 이 옷들로 무엇을 할 수 있을까요?

남: 집 근처에 의류 수거함이 있잖아요. 당신이 필요하지 않은 옷들을 거기에 넣어요. 그러면 그 옷들이 자선단체로 보내지고 필요한 사람들이 그 옷들을 얻게 될 거예요.

여: 그거 좋은 생각이네요. 가요.

語彙 **out of fashion** 유행이 지난 **keep up with** …에 뒤지지 않다 **harm**[hɑːrm] 통 해를 끼치다 **environment**[inváirənmənt] 몡 환경 **waste**[weist] 몡 쓰레기 **clothing bin** 의류 수거함 **charity organization** 자선단체

解說 남자는 여자에게 더 이상 입지 않는 옷을 의류 수거함에 넣자고 제안했고, 이에 여자는 동의했다.

07 ──────────────────────────── ④

여: 과학 숙제로 무엇에 대해 쓸 것인지 결정했어?

남: 환경에 관한 보고서 말이야? 응, 나는 해양 오염에 관해 쓸 거야. 많은 해양 생물이 오염으로 인해 죽어가고 있잖아.

여: 맞아. 최근에 석유 유출 사진을 봤어. 그건 바다에 큰 피해를 입혀.

남: 맞아. 네 주제는 뭐야?

여: 난 황사를 조사하기로 했어. 중국 산업이 발전하면서, 중국에서는 사막이 더 확대되고 있어서 심각한 문제가 되고 있지.

남: 좋은 주제네. 중국에서 여기로 황사가 불어올 때마다 도시 공기를 오염시키잖아.

여: 맞아. 끔찍하지.

語彙 **sea life** 해양 생물 **spill**[spil] 몡 유출 **damage**[dǽmidʒ] 몡 피해 **topic**[tápik] 몡 주제 **research**[risə́ːrtʃ] 통 조사하다 **yellow dust** 황사 **industry**[índəstri] 몡 산업 **develop**[divéləp] 통 발달하다 **desert**[dézərt] 몡 사막 **expand**[ikspǽnd] 통 확대되다, 팽창되다 **pollute**[pəljúːt] 통 오염시키다 **blow**[blou] 통 (바람이) 불다; *(바람에) 날리다 [문제] **effect**[ifékt] 몡 영향, 결과 **seriousness**[sí(ː)əriəsnis] 몡 심각성

解說 여자는 황사에 대한 보고서를 쓸 생각이라고 했다.
① 기후 변화의 원인 ② 석유 유출의 영향 ③ 사막의 위험성
④ 황사 문제 ⑤ 해양 오염의 심각성

08 ──────────────────────────── ⑤

여: 우유갑, 종이컵, 나무젓가락, 스티로폼 접시, 빨대…. 우리는 종종 이런 물건들을 한 번 사용하고 나서 버립니다. 우리는 그것들을 일회용품이라고 부릅니다. 이러한 물건들이 땅에 묻히면, 그것들이 자연적으로 사라지는 데에는 오랜 시간이 걸립니다. 예를 들어, 우유갑은 분해되는 데 석 달이 걸립니다. 비닐봉지는 15년 동안 분해되지 않습니다. 그리고 종이컵과 나무젓가락이 분해되는 데는 20년이, 플라스틱병은 450년이 걸립니다. 스티로폼은 분해되는 데 가장 오랜 시간이 듭니다. 500년이 걸리지요! 그러므로 지구를 깨끗하게 지키기 위해 우리는 이러한 일회용품의 사용을 줄여야 합니다.

語彙 **carton**[káːrtən] 몡 갑, 통 **wooden**[wúdən] 혱 나무로 된, 목재의 **styrofoam**[stáirəfòum] 몡 스티로폼 **plate**[pleit] 몡 접시, 쟁반 **straw**[strɔː] 몡 빨대 **frequently**[fríːkwəntli] 甲 자주, 종종 **disposable product** 일회용품 **bury**[béri] 통 묻다 **disappear**[dìsəpíər] 통 사라지다, 없어지다 **naturally**[nǽtʃərəli] 甲 자연적으로 **break down** 분해되다 **plastic bag** 비닐봉지 **reduce**[ridjúːs] 통 줄이다

解說 스티로폼은 분해되는 데 500년이 걸린다고 했다.
[그래프] 분해되는 데 걸리는 시간

09 ──────────────────────────── ①

남: 지난 주말에 저희 가족은 산에 갔어요. 그런데 우리가 도착했을 때 사람들이 골프장을 짓고 있는 것을 발견했어요! 그 사람들이 그 지역에 있는 나무를 모두 베어 버렸더군요. 이것은 동물들이 보금자리를 잃고 심지어 죽게 만들 수도 있어요. 또한 골프장에 필요한 잔디를 자라게 하려고 많은 화학 약품을 사용했어요. 이것은 토

양에 매우 해로워요. 뿐만 아니라, 그 화학 약품은 인근의 물로 흘러들어 물 또한 오염시킬 수 있어요. 골프장이 푸르게 보인다 할지라도 사막과 같아요. 그곳에선 식물과 동물들이 좀처럼 살아남을 수 없죠. 저는 이런 종류의 개발을 제한할 강력한 법적 해결책이 필요하다고 생각해요.

어휘 golf course 골프장　cut down (나무를) 베다　chemical[kémikəl] 몡화학 약품　grow[grou] 통커지다; *재배하다　harmful[háːrfəl] 혱해로운　soil[sɔil] 몡토양　flow into …으로 흘러들다　nearby[nìərbái] 혱인근의　rarely[réərli] 뷔좀처럼 …하지 않은　legal[líːgəl] 혱법적인, 법과 관련한　limit[límit] 통제한하다　development[divéləpmənt] 몡개발

해설 골프장 건설의 여러 문제점에 대해 이야기하고 있으므로, 남자의 태도는 비판적(critical)이라고 할 수 있다.
② 긍정적인　③ 만족하는　④ 무관심한　⑤ 이해하는

10 ──────────────────── ②

여: 너 어젯밤에 TV에서 방송한 다큐멘터리 봤니?

남: 아니. 무엇에 대한 거였는데?

여: 남극의 환경에 대한 거였어. 난 거기서 일어나고 있는 일들에 놀랐어.

남: 무슨 일이 일어나고 있는데?

여: 지구 온난화 때문에 빙하가 빠르게 녹고 있어. 그리고 남극이 변하면서 많은 물고기가 죽어가고 있고.

남: 아, 그거 큰일이구나.

여: 그리고 펭귄들 역시 그런 물고기를 먹고 살기 때문에 죽어가고 있어.

남: 같은 일이 북극의 북극곰에게도 일어나고 있다고 들었어.

여: 정말 비극이야!

어휘 Antarctica[æntɑ́ːrktikə] 몡남극 대륙　melt[melt] 통녹다　global warming 지구 온난화　live on …을 먹고 살다　polar bear 북극곰　the Arctic 북극　tragedy[trǽdʒədi] 몡비극

해설 여자가 본 다큐멘터리는 지구 온난화로 남극의 빙하가 녹아 물고기와 펭귄이 죽어가고 있다는 내용이다.

11 ──────────────── 1) E　2) G, E　3) E

여: 요즘, 거리에서 하이브리드 자동차를 흔히 봅니다. 그것들은 2009년에 처음 출시된 이후로 점점 더 인기를 얻고 있습니다. 하이브리드 자동차에는 두 개의 동력원이 있는데, 휘발유 엔진과 전기 모터입니다. 휘발유 엔진은 매우 강력하지만 연료가 많이 들고 유해한 배기가스를 배출합니다. 반면에, 전기 모터는 연료를 필요로 하지 않지만 별로 강력하지는 않습니다. 그래서 하이브리드 자동차는 둘 다 사용합니다. 시동을 걸 때 하이브리드 자동차는 전기 모터만을 사용합니다. 속력을 높일 때는 휘발유와 전기를 둘 다 사용합니다. 신호등에 걸려 멈출 때는 전기 모터만을 사용하죠. 이런 식으로, 하이브리드 자동차는 연료를 덜 쓰고 유해한 배기가스를 덜 배출합니다.

어휘 release[rilíːs] 통출시하다; *배출하다　power source 동력원　gasoline[gǽsəlìːn] 몡휘발유　electric[iléktrik] 혱전기를 이용하는　fuel[fjú(ː)əl] 몡연료　exhaust[igzɔ́ːst] 몡(자동차 등의) 배기가스　on the other hand 반면에　start[stɑːrt] 통시작하다; *시동이 걸리다　speed up 속력을 높이다　electricity[ilektrísəti] 몡전기　traffic light 신호등

12 ──────────────────── ③

여: 이 사진 좀 봐! 이 버스 지붕에 정원이 있어.

남: 버스 지붕에 정원이 있다고? 무슨 말이야?

여: 에코버스라는 거야. 버스 윗면에 흙을 얹고 거기에서 식물을 키웠어.

남: 멋지다! 누가 이 생각을 떠올린 거야?

여: 한 디자이너가 'Bus Roots'라는 프로젝트를 만들어서 그걸로 디자인 대회에서 상을 탔어.

남: 그렇구나. 그게 도시에 새로운 녹지 공간을 제공해 줄 수 있을 것 같네.

여: 맞아. 예를 들어, 뉴욕에는 약 4,500대의 버스가 있어. 모든 버스의 지붕에 정원을 가꾼다고 상상해 봐!

남: 굉장하겠네! 또 그게 이산화탄소를 흡수할 수 있을 것 같은데.

여: 게다가 도시를 더욱 아름답게도 만들어 줄 거야. 이런 종류의 버스를 빨리 보게 되면 좋겠다.

어휘 roof[ru(ː)f] 몡지붕　brilliant[bríljənt] 혱훌륭한, 멋진　come up with …을 생각해내다, 떠올리다　green space 녹지 공간　imagine[imǽdʒin] 통상상하다　absorb[əbsɔ́ːrb] 통흡수하다

해설 뉴욕의 버스 정원은 Bus Roots의 효과를 설명하기 위해 여자가 제시한 예시로, 도입됐다는 언급은 없다.

13 ──────────────────── ②

남: 환경 문제가 점점 심각해 지고 있어. 환경을 돕기 위해 무엇을 할 수 있을까?

여: 난 우리 일상에서 작은 변화를 만드는 것이 도움이 된다고 생각해. 예를 들면, 장을 보러 갈 때, 비닐 봉투를 사는 대신 우리의 가방을 가져갈 수 있어. 그리고 물이나 커피를 마실 때, 종이컵 대신 머그컵을 사용할 수 있지.

남: 또, 손을 씻고 나서 손수건을 가지고 다님으로써 종이 타월의 사용을 줄일 수도 있어.

여: 그거 좋은 생각이야! 오, 하나 더 있어! 설거지를 할 때, 설거지통을 쓸 수 있어. 그걸 쓰면 많은 양의 물을 아낄 수 있어.

남: 맞아.

어휘 get worse 더 나빠지다　rather than …보다는, … 대신에　handkerchief[hǽŋkərtʃi(ː)f] 명손수건　washing bowl 설거지통　[문제] reusable[riːjúːzəbl] 형재사용할 수 있는

해설 Q 환경을 도울 수 있는 방법으로 언급되지 않은 것은?
① 비닐 봉투 대신 자기 가방을 사용하기
② 다시 쓸 만한 물건들을 재활용하기
③ 종이컵 대신 머그컵 사용하기
④ 종이 타월 대신 손수건 사용하기
⑤ 설거지통 사용하기

14 ──────────────────────────── ④

여: 오, 오후 8시 30분이네. 불을 좀 꺼도 될까?

남: 지금? 왜? 자려고?

여: 아니. 오늘이 3월의 마지막 토요일이잖아. Earth Hour 가 오후 8시 30분에서 9시 30분까지 열리거든.

남: Earth Hour라고?

여: 응, 그건 세계적인 환경 행사야. 호주에서 시작되었지. 162개 국가의 약 7,000개 도시의 사람들이 한 시간 동안 전깃불을 꺼서 참여하는 거야.

남: 흥미롭네. 그 행사의 목적이 뭐야?

여: 음, 그건 환경 문제에 대해 사람들의 인식을 높이기 위해 시작되었어.

남: 그렇구나. 음, 참여하게 되어서 기쁘다.

어휘 Do you mind if …? ((표현)) …해도 될까요?　global [glóubəl] 형세계적인　participate[pɑːrtísəpèit] 동참여하다　purpose [pə́ːrpəs] 명목적　raise awareness about …에 대한 인식을 높이다　[문제] raise money 돈을 모으다, 모금하다

해설 Earth Hour 캠페인에는 한 시간 동안 불을 끄는 것으로써 참여한다.

Q 대화에 따르면 Earth Hour에 대한 내용과 일치하지 <u>않는</u> 것은?

> **Earth Hour 캠페인에 참여하세요!**
> 시작: ① 호주에서 처음으로 시작됨
> 날짜: ② 3월의 마지막 토요일
> 시간: ③ 오후 8:30 ～ 오후 9:30
> 무엇을: ④ 온라인으로 모금하기
> ※ ⑤ <u>162개 국가의 7,000개 도시의 사람들과 함께 하세요.</u>

15-16 ──────────────────── 15 ②　16 ③

남: 우리는 종종 물 부족이 가장 중대한 환경 문제 중 하나라는 말을 듣습니다. 그러나 우리는 필요로 할 때마다 물을 사용할 수 있기 때문에 그것에 대해 거의 깨닫지 못합니다. 하지만 세계의 어떤 사람들에게는 매일 물을 얻는 것이 어렵습니다. 어떤 사람들은 마실 깨끗한 물이 없어서 심지어 죽어가고 있습니다. 그러므로 우리는 물을 아껴 써야 합니다. 이렇게 하기 위한 몇 가지 방법이 있습니다. 첫째, 여러분의 변기 수조에 벽돌이나 플라스틱병을 넣으세요. 이것은 변기의 물 사용량을 20% 줄일 수 있습니다. 둘째, 수도꼭지를 완전히 잠그세요. 물이 똑똑 떨어지는 수도꼭지 하나가 하루에 75ℓ의 물을 낭비할 수 있습니다. 셋째, 양치할 때 컵을 사용하세요. 마지막으로 몸을 씻기 위해 비누를 사용하는 동안 샤워기를 끄세요. 그러고는 헹굴 때 다시 켜세요. 4분 동안 샤워를 하는 데 약 20에서 40갤런의 물이 사용됩니다.

어휘 shortage[ʃɔ́ːrtidʒ] 명부족　critical[krítikəl] 형중대한　hardly[háːrdli] 부거의 …않는　conserve[kənsə́ːrv] 동아끼다, 아껴 쓰다　brick[brik] 명벽돌　toilet tank 변기 수조　usage[júːsidʒ] 명용법; *사용량　tap[tæp] 명수도꼭지　completely[kəmplíːtli] 부완전히　single[síŋgl] 형하나의, 한 개의　dripping[drípiŋ] 형물이 똑똑 떨어지는　brush one's teeth 양치하다　rinse[rins] 동헹구다　gallon[gǽlən] 명(액량 단위) 갤런　[문제] soap[soup] 동비누칠하다

해설 15 화자는 물 사용을 줄이는 방법들을 소개하고 있다.
Q 화자는 주로 무엇에 대해 이야기하고 있는가?
① 물의 중요성
② 물을 절약하는 몇몇 방법들
③ 수질 오염의 결과
④ 물 부족의 원인
⑤ 아프리카에서 필요한 깨끗한 급수시설

16 플라스틱통은 변기 수조에 넣으라고 했다.

　Q 물을 보존하기 위한 방법으로 언급되지 <u>않은</u> 것은 무엇인가?

　　① 변기 수조에 벽돌 넣어라.

　　② 수도꼭지를 완전히 잠궈라.

　　③ 물을 마실 때 플라스틱병을 사용해라.

　　④ 양치할 때 컵을 사용해라.

　　⑤ 몸에 비누칠을 하는 동안 샤워기를 꺼라.

Dictation
본문 pp. 176~181

01 is still plugged in, left your cell phone charger, I'm going to use them, By unplugging them, make it a habit, I'll be more careful

02 I'm busy doing, into the recycling bin, five pieces of paper, throw this paper away, that's a waste, use the other side, leave the paper on my desk, into the bin

03 I'm separating the trash, into the bin for plastic, used to be recycled with plastic, see this mark, made a mistake

04 It doesn't feel like April, like summer came right after winter, the weather changes are caused by pollution, how serious environmental pollution is

05 I'd better stop eating, half of your food, on a diet, order all this food, millions of tons of food, to deal with it, box up these leftovers

06 throwing those clothes away, look fine, are out of fashion, clothes for one season, fashion trends change quickly, that harms the environment, There is a clothing bin, be sent to a charity organization

07 Have you decided what to write about, the paper about the environment, pollution in the sea, pictures of oil spills, cause a lot of damage, deserts are expanding, pollutes the air, whenever it blows

08 paper cups, wooden chopsticks, throw them away, disposable products, are buried, disappear naturally, milk cartons take three months, it takes 20 years, 450 years for plastic bottles, takes the longest time, reduce our use

09 went to the mountains, had cut down, cause animals to lose their homes, lots of chemicals to grow grass, flow into nearby water, look green, can rarely survive, need a strong legal solution

10 watch the documentary, the environment in Antarctica, what is happening, The ice is melting quickly, lots of fish are dying, live on those fish, polar bears in the Arctic

11 common to see hybrid cars, first released in 2009, lots of fuel, releases harmful exhaust, doesn't need fuel, isn't very powerful, speed up, stop for traffic lights

12 a garden on its roof, on the top of the bus, grew plants, Who came up with this idea, won a prize for it, provide new green spaces, about 4,500 buses, absorb CO_2, make the city more beautiful

13 are getting worse, instead of buying a plastic bag, rather than a paper cup, reduce the use of paper towels, use washing bowls, save a lot of water

14 turn off the lights, Are you going to sleep, a global environmental event, about 7,000 cities in 162 countries, for an hour, the purpose of the event, raise awareness about

15-16 water shortages, hardly realize it, hard to get water each day, clean water to drink, conserve water, reduce the toilet's water usage by 20%, waste 75ℓ, while you brush your teeth, turn it back on to rinse

Review Test
본문 p. 182

A 1 ⓕ　2 ⓒ　3 ⓑ　4 ⓓ　5 ⓔ　6 ⓗ　7 ⓐ　8 ⓖ

B 1 ⓑ　2 ⓐ　3 ⓓ

C 1 pollute, release　2 cutting down
　3 raise, awareness about

A
 1 ⓕ　2 ⓒ　3 ⓑ　4 ⓓ　5 ⓔ　6 ⓗ　7 ⓐ　8 ⓖ

1 유출: ⓕ 용기로부터 액체가 빠져나오는 사고

2 사막: ⓒ 식물이나 물이 거의 없는 건조한 땅

3 의식, 인식: ⓑ 상황이나 사실에 대한 지식을 갖는 것

4 비극: ⓓ 사람들을 고통스럽게 하는 나쁜 상황

5 재활용하다: ⓔ 무언가를 다시 사용될 수 있도록 처리하다

6 아끼다, 아껴 쓰다: ⓗ 손실이나 낭비를 막기 위해 무언가를 신중하게 쓰다

7 흡수하다: ⓐ 기체나 열 따위를 안으로 들이다

8 일회용의: ⓖ 한 번 또는 몇 번 사용 후 버려지도록 만들어진

B .... 1 ⓑ 2 ⓐ 3 ⓓ

1 헤어드라이어를 사용한 후 플러그를 뽑았니?

2 이 과자 봉지들을 어떤 분리수거함에 넣어야 해?

3 너는 무엇이 심각한 환경 문제라고 생각하니?

> ⓐ 그건 비닐과 함께 재활용되어야 해.
> ⓑ 오, 또 깜빡했어. 지금 플러그를 뽑을게.
> ⓒ 알루미늄은 분해되는 데 오랜 시간이 걸려.
> ⓓ 요즘 황사가 가장 심각한 문제 중 하나라고 생각해.

실전모의고사 1회

본문 pp. 186~189

01 ⑤	02 ⑤	03 ③	04 ②	05 ②	06 ④	07 ③
08 ①	09 ②	10 ③	11 ④	12 ③	13 ⑤	14 ⑤
15 ①	16 ①	17 ②	18 ②	19 ③	20 ⑤	

01 .... ⑤

여: 우리 아기가 곧 태어날 거예요. 우리 침실을 재배치해야 할까요?

남: 그럴 필요가 있다고 생각해요?

여: 네, 아기의 새 침대를 위한 자리가 필요해요.

남: 아, 그렇네요! 그럼 가구를 좀 옮기자고요.

여: 좋아요. 우선, 옷장은 그대로 둬도 돼요. 그 옆에 우리 침대를 놓을 수 있을 것 같아요. 그리고 우리 아기는 그 침대와 화장대 사이에 그 애의 침대에서 자면 되겠어요.

남: 그럼 TV는요?

여: 그것은 방에 필요 없지 않나요, 그렇죠? 그것은 거실로 옮기자고요.

남: 좋아요. 아기 침대 앞에 의자를 놓자고요.

여: 그거 아주 좋겠어요!

어휘 be born 태어나다 rearrange[rìːəréindʒ] ⑧ 재배열[배치]하다 bedroom[bédrù(ː)m] ⑲ 침실, 방 space [speis] ⑲ 우주; *공간[자리] furniture[fə́ːrnitʃər] ⑲ 가구 closet[klάzit] ⑲ 벽장, 옷장 dressing table 화장대 living room 거실 stool[stuːl] ⑲ (팔걸이, 등받이가 없는) 의자, 스툴

해설 TV는 거실로 옮기기로 했다.

02 .... ⑤

남: 얘, Amy! 여기서 뭐 하고 있니? 너 방콕으로 여행가기로 되어 있었잖아, 아니었니?

여: 응, 그랬지. 하지만 못 갔어.

남: 왜?

여: 너도 알다시피, 시위 중이잖아. 도시 전체가 위험해 보여. 위험을 무릅쓰고 싶지 않았어.

남: 잘했어! 안전이 여행에서 가장 중요한 것 같아.

여: 물론이지! 하지만 여행을 정말 기대하고 있었기 때문에

우울해.

어휘 be supposed *to do* …하기로 되어 있다 go on a trip 여행을 가다 demonstration[dèmənstréiʃən] 뗑시위, 데모 whole[houl] 뎽전체의 seem[si:m] 동…인 것 같다 risk[risk] 동…의 위험을 무릅쓰다 safety[séifti] 뗑안전 absolutely[ǽbsəlù:tli] 붸전적으로; *((표현)) 그럼, 물론이지(강한 동의·허락) down[daun] 뎽우울한 look forward to …을 기대하다

해설 여행 가기로 한 곳이 시위로 인해 위험하기 때문에 여행을 가지 못했으므로, 여자는 실망했을(disappointed) 것이다.
① 신이 난　② 느긋한　③ 걱정하는　④ 불안해하는

03 ─────────────────────────── ③

남: 어디 가니?
여: 병원 가는 길이야.
남: 무슨 일 있니?
여: 딸이 복통이 심해. 서 있지도 못해.
남: 그 말을 들으니 너무 안됐다. 노로바이러스 때문에 많은 사람들이 복통과 열에 시달렸다고 들었어. 그 애가 그 바이러스에 감염됐나 봐.
여: 아마 아닐 거야. 딸이 우유 한 병을 마셨거든.
남: 우유 알레르기 있니?
여: 아니 전혀. 우유가 상했거든. 내가 우유를 테이블 위에 올려 놨어. 치웠어야 했는데.
남: 그렇게 자책하지 마. 그건 실수였어. 그리고 딸은 괜찮을 거야.
여: 그렇게 말해 주니 고마워.
남: 태워다 줄게. 차에 타.

어휘 stomachache[stʌ́məkèik] 뗑위통, 복통 suffer from …으로 고통받다[시달리다] fever[fí:vər] 뗑열 due to … 때문에 infect[infékt] 동감염시키다 probably[prábəbli] 붸아마 allergy[ǽlərdʒi] 뗑알레르기 go bad 상하다, 썩다 leave[li:v] 동떠나다; *두다 put (something) away …을 넣다[치우다] hard[ha:rd] 뎽단단한; *엄한, 가혹한 give (someone) a ride …을 태워 주다 get in (차 따위를) 타다

04 ─────────────────────────── ②

여: 수속해 주세요.
남: 여권 주시겠어요?
여: 여기요.
남: 잠시 기다려 주세요. *(잠시 후에)* 여기 표 있습니다.
여: 어, 뭔가 잘못됐어요. 저는 비지니스석 표를 예약했는

데요.
남: 알겠습니다. 다시 확인해 볼게요. *(잠시 후에)* 착오가 있었던 것 같아요. 가능한 비지니스석이 있는지 확인해 볼게요.
여: 저는 비지니스석만 원해요.
남: 알겠습니다. 잠시만 기다려 주세요. *(잠시 후에)* 기다려 주셔서 감사합니다. 비지니스석은 모두 예약돼서요. 대신, 1등석으로 높여 드릴까요?
여: 그게 좋겠네요.
남: 여기 표 있습니다. 불편을 드려 다시 한 번 사과 드립니다. 즐거운 여행 되세요.

어휘 check in 투숙[탑승] 수속을 밟다, 체크인하다 passport[pǽspɔ:rt] 뗑여권 reserve[rizə́:rv] 동예약하다 book[buk] 동호텔[차편]을 예약하다 instead[instéd] 붸대신에 upgrade[ʌpgréid] 동개선하다: *상위 등급으로 높여 주다 first class 1등석[칸] apologize[əpálədʒàiz] 동사과하다 inconvenience[ìnkənví:njəns] 뗑불편 journey[dʒə́:rni] 뗑여행

해설 탑승 수속을 하는 상황이고 비지니스석과 1등석 등의 표현으로 보아, 공항(airport)에서의 대화임을 알 수 있다.
① 사무실　③ 식당　④ 영화관　⑤ 전자 제품 매장

05 ─────────────────────────── ②

(전화벨이 울린다)
여: 여보세요, 안내 데스크입니다. 어떻게 도와드릴까요?
남: 1102호예요. 수건을 더 요청했는데요. 아직 못 받았어요.
여: 아, 매우 죄송합니다.
남: 이런 문제가 지금이 처음 있는 게 아니에요. 전에는 수건을 요청하러 아래층에 내려가야 했던 적도 있어요.
여: 불편을 드려 죄송합니다. 곧바로 수건 가져다 드릴게요.
남: 모든 객실에 수건이 충분히 있어야 했던 것 같아요. 몇 번이나 더 제가 수건을 요청해야겠어요?

어휘 front desk 프런트, 안내 데스크 downstairs[dàunstɛ́ərz] 붸아래층으로 right away 즉각, 곧바로

해설 안내 데스크에 수건을 요청하며 객실에 수건이 충분하지 않아 반복적으로 요청해야 하는 상황에 항의하고 있다.

06 ─────────────────────────── ④

여: 안녕하세요, 무엇을 도와드릴까요?
남: '지킬 앤 하이드' 표 두 장 주세요.
여: 어떤 좌석으로 원하십니까? 지금은 S석과 R석을 구매

하실 수 있습니다.

남: 얼마죠?

여: S석은 각각 40달러이고 R석은 각각 50달러입니다.

남: R석으로 할게요. 이 뮤지컬을 전에 본 적이 있으면 할인을 받을 수 있다고 들었는데요.

여: 맞습니다, 표를 보여 주시겠습니까?

남: 잠깐만 기다려 주세요. 여기 있어요.

여: 네. 10% 할인받으실 수 있지만 표 한 장에 대해서예요.

남: 네, 알겠습니다.

07 ③

여: 봄이 오고 있어요!

남: 네, 따뜻하고 화창한 날들이라 기뻐요.

여: 쇼핑하러 가요! 봄을 대비하여 새 옷을 좀 사야겠어요.

남: 음….

여: 꽃 무늬가 있는 치마는 어떻게 생각해요?

남: 당신 옷 많잖아요.

여: 글쎄, 그렇지 않은 것 같은데요.

남: 그래요? 당신 옷장이 옷으로 넘쳐나요. 그것들을 먼저 확인하는 게 낫겠어요. 당신이 생각하는 것보다 옷이 더 많은 걸 알게 될 거예요. 그리고 입을 기회가 전혀 없었던 옷도 있다고요.

여: 알았어요, 살펴볼게요.

08 ①

여: 런던은 확실히 멋진 도시야.

남: 내 생각도 그래.

여: 엄청난 궁전이었어!

남: 확실히! 그것을 둘러보는 데 세 시간 정도 걸렸어.

여: 아, 정말? 너무 재미있어서 미처 시간에 신경을 못 쓰고 있었어.

남: 맞아. 서두르자! 우리의 다음 목적지는 빅 벤이야. 그 멋진 시계탑을 볼 생각을 하니 신이 나.

여: 나도. 하지만 우리 일정을 바꿀 수 있을까? 런던 아이를 먼저 보는 게 어때?

남: 하지만 높은 관람차에서 보는 야경이 놀라울 거야. 빅 벤 본 후에 거기는 밤에 가자.

여: 응, 좋아!

09 ②

여: 안녕하세요, 여러분! 주목해 주시겠습니까? 좋은 소식이 있습니다. 오늘 우리 야구팀이 결승전에 갑니다! 우리는 경기장에 가서 경기를 관람할 계획입니다. 모든 학생들은 1시 30분에 경기장에 갈 것입니다. 그건 오늘 오후 수업이 없다는 뜻입니다. 점심 후에 담임 선생님을 따라 운동장으로 오세요. 그럼 통학 버스를 탈 수 있습니다.

10 ③

남: 안녕하세요, 예약하셨나요?

여: 아니요.

남: 지금 테이블이 모두 만석입니다. 대기자 명단에 올려 드릴까요? 몇 분이신가요?

여: 여섯 명이에요. 기다리는 시간이 얼마나 되나요?

남: 20분 후에 이용 가능한 테이블이 있을 거예요.

여: 테이블이 준비되면 전화해 주실래요? 기다리는 동안 쇼핑몰을 둘러보고 싶어서요.

남: 죄송하지만, 저희는 고객들께 테이블에 대해서 말씀드리려고 전화를 드리지는 않아요. 이곳을 떠나셔도 되지만, 시간에 맞춰 돌아오셔야 해요.

여: 알겠어요. 언제 돌아와야 하죠?

남: 7시까지 오세요. 그때 자리에 앉으실 거예요.

어휘 have a reservation 예약을 해 놓다 full[ful] 웹가득
찬, 만원의 waiting list 대기자 명단 give (someone)
a call …에게 전화하다 wait[weit] 몡기다리기; *기다리
는 시간 mall[mɔːl] 몡쇼핑몰 on time 시간에 맞추어,
정각에 be back 돌아오다 seat[siːt] 통앉히다

해설 대기 시간이 20분이고 7시에 자리에 앉을 거라고 했다.

11 ④

(전화벨이 울린다)

남: 여보세요, Happy Cuisine입니다.

여: 안녕하세요. 문의할 게 있어서 전화 드려요.

남: 네. 어떻게 도와드릴까요?

여: 다음 주말에 집에서 파티를 열려고 해요. 파티에서 음
식을 제공해 주실 수 있는지 궁금해서요.

남: 그럼요. 저희는 출장 연회 서비스를 제공해 드립니다.
몇 분이 오실 예정인가요?

여: 20명이요.

남: 네. 어떤 메뉴를 염두에 두고 계신가요?

여: 글쎄요. 아직은 없어요.

남: 그러면 저희 홈페이지의 메뉴를 먼저 확인해 보시길 권해
드려요. 저희 웹사이트는 www.happycuisine.com이
에요. 저희는 여러 가지 다양한 종류의 음식을 제공해
드려요.

여: 좋아요. 홈페이지에 가 보고 나중에 전화 드릴게요.

남: 알겠습니다. 감사합니다.

어휘 have a party 파티를 열다 wonder[wʌ́ndər] 통궁금하
다 serve[səːrv] 통제공하다, 차려 주다 offer[ɔ́(ː)fər]
통내놓다, 제공하다 catering service 출장 연회 서비스
have (something) in mind …을 염두에 두다[생각하다]
recommend[rèkəménd] 통추천하다

해설 집에서 열 파티에 출장 연회 서비스를 제공하는지 물어보고 있
다.

12 ③

남: 모든 승객 여러분, 주목해 주십시오. 전달할 주요 정보
가 있으니 잘 들어주십시오. 현재 파도가 매우 높습니
다. 계속 가려고 애썼지만, 가서는 안 된다고 결정했습
니다. 그래서 출발 지점으로 돌아갈 것입니다. 보트 투
어를 취소하게 되어 죄송합니다. 취소로 인해 보증금
의 50%를 환불받거나 무료로 다른 보트 투어에 참가하
실 수 있습니다. 이제 돌아가는 동안 파도 때문에 배가

심하게 흔들릴 것입니다. 침착하시고 자리에 머물러 주
십시오. 마지막으로, 반드시 구명조끼를 착용해 주십시
오. 비상 시에는, 가이드의 지시를 따르셔야 합니다. 들
어 주셔서 감사합니다.

어휘 passenger[pǽsindʒər] 몡승객 currently[kə́ːrəntli]
본현재, 지금 wave[weiv] 몡파도 depart[dipɑ́ːrt] 통
출발하다 point[pɔint] 몡요점; *지점[장소] cancel
[kǽnsəl] 통취소하다 cancellation[kæ̀nsəléiʃən] 몡취
소 deposit[dipɑ́zit] 몡보증금[착수금] refund
[riːfʌ́nd] 통환불하다 participate in …에 참가[참여]하
다 rock[rɑk] 통흔들리다 badly[bǽdli] 본나쁘게;
*심하게[몹시] calm[kɑːm] 웹침착한 remain[riméin]
통머무르다 life jacket 구명조끼 in case of …이 발생
할 시에는 emergency[imə́ːrdʒənsi] 몡비상 (사태)
guide[gaid] 몡안내인, 가이드 direction[dirékʃən] 몡
방향; *지시, 명령

해설 보증금의 50%를 환불 받는다고 했다.

13 ⑤

(전화벨이 울린다)

여: 여보세요.

남: 여보세요. 어떤 남자가 길에 누워 있어요. 숨을 안 쉬는
것 같아요. 지금 당장 여기로 와 주세요.

여: 알겠습니다. 침착하시고요. 어디 계시나요?

남: 1번가에 한국 중학교 앞이에요.

여: 네, 남자분의 상태에 대해 더 상세하게 설명해 주실 수
있나요?

남: 상처는 없고요. 심장 마비인 것 같아요.

여: 네, 응급 처치 해 보셨나요?

남: 아니요. 어떻게 하는지 몰라요.

여: 곧 구조 팀이 도착할 거예요. 그때까지 전화를 끊지 마
시고 제 지시를 따라 주세요.

남: 네, 그럴게요.

어휘 lie[lai] 통누워 있다 appear[əpíər] 통…인 것 같다
breathe[briːð] 통숨을 쉬다 avenue[ǽvənjùː] 몡거
리, -가 explain[ikspléin] 통설명하다 in detail 상세
하게 condition[kəndíʃən] 몡상태 wound[wuːnd]
몡상처, 부상 heart attack 심장 마비 first aid 응급 처
치 rescue[réskjuː] 몡구조 instruction[instrʌ́kʃən]
몡pl. 설명, 지시

해설 사고 신고를 하자 구조팀을 보내고 응급 처치를 지시하는 상황으
로 보아, 119 접수원과 신고자의 대화임을 알 수 있다.

14 ⑤

(전화벨이 울린다)

남: 여보세요, Quick Delivery입니다. Walter 씨인가
요?

여: 네, 전데요.

남: 소포 배달입니다. 댁 앞에 있는데요. 외출 중이신가요?
아무도 초인종에 답을 하지 않네요.

여: 네? 저 지금 집에 있어요.

남: 그러세요? 주소를 다시 한 번 확인해야겠어요. 129번
가가 맞죠?

여: 아, 아니에요. 140번가로 이사했어요. 새로운 집으로
소포를 배달해 주시겠어요?

남: 네, 하지만 거기 가는 데까지 시간이 꽤 길릴 거예요.

여: 괜찮아요. 감사합니다!

어휘 package[pǽkidʒ] 몡소포 answer the doorbell 현관
초인종에 답하다 address[ǽdres] 몡주소 quite
[kwait] 뷔꽤, 상당히

해설 이전 주소로 배달 온 소포를 새로운 집으로 다시 배달해 달라고
했다.

15 ①

① 여: 피자 포장 주문할게요.
남: 여기서 드실 수 없습니다.

② 여: 서울행 다음 기차가 언제 있나요?
남: 12시 30분에 출발합니다.

③ 여: 이곳이 낯설게 느껴져.
남: 네가 곧 새로운 생활에 익숙해지길 바랄게.

④ 여: 동아리에 가입하려면 무엇을 해야 하나요?
남: 이 서식을 작성해 주셔야 합니다.

⑤ 여: 가장 가까운 지하철역에 가는 길을 알려 주시겠어
요?
남: 두 블록 직진하셔서 왼쪽으로 도세요.

어휘 order[ɔ́:rdər] 통주문하다 strange[streindʒ] 혱이상
한; *낯선 get used to …에 익숙해지다 sign up for
…을 신청[가입]하다 fill out 기입[작성]하다 form
[fɔːrm] 몡유형; *서식

해설 음식을 포장해 달라는 요청에 여기서 먹으면 안 된다는 응답은
어색하다.

16 ①

여: Jackson, 오랜만이야. 무슨 일 있었니?

남: 어, 안녕. 수술하고 회복 중이었어.

여: 수술? 무슨 일이니?

남: 걱정하지 마. 단지 위에 문제가 있었어.

여: 지금은 괜찮니?

남: 응, 수술은 잘 됐고 건강을 유지하려고 노력 중이야.

여: 다행이야.

남: 응, 사실, 건강 검진을 여러 번 받았었는데, 의사가 건
강에 더 신경 쓰라고 항상 주의를 줬었어. 하지만 충고
를 그냥 무시했었어. 그게 후회돼.

여: 그렇지만 너무 늦지는 않았어.

어휘 surgery[sə́:rdʒəri] 몡수술 recover[rikʌ́vər] 통(건강
이) 회복되다 stomach[stʌ́mək] 몡위 go well 잘되다
medical checkup 건강 검진 warn[wɔːrn] 통경고하
다, 주의를 주다 ignore[ignɔ́:r] 통무시하다 regret
[rigrét] 통후회하다 though[ðou] 뷔그렇지만, 하지만

해설 남자는 건강에 더 신경 쓰라는 의사를 충고를 무시했다가 수술을
받게 되었다.

17 ②

여: 안녕하세요. 주간 일기 예보입니다. 이번 주 내내 비가
계속 내리다가 금요일 밤 쯤이면 멈출 것입니다. 토요
일에는 따뜻하고 화창할 것입니다. 기온은 섭씨 15도에
이를 것으로 예상됩니다. 화창한 날씨는 일요일까지 계
속될 것입니다. 하지만, 공기 중에 먼지가 많을 것이므
로, 주말은 야외 활동에 적합하지 않습니다. 그러니 아
이들과 노인들은 외출을 삼가야 합니다. 다음 주 월요
일에는 다시 비가 올 가능성이 있습니다. 월요일 아침
출근길의 심한 교통 체증에 대비하십시오. 감사합니다.

어휘 weather forecast 일기 예보 continue[kəntínju(:)]
통계속되다 reach[riːtʃ] 통…에 이르다 degree
[digríː] 몡(각도·온도계 등의) 도 Celsius[sélsiəs] 혱섭
씨의 outdoor[áutdɔːr] 혱옥외[야외]의 activity
[æktívəti] 몡움직임, 활동 dust[dʌst] 몡먼지
outside[àutsáid] 뷔밖에[으로] be likely to do …할
것 같다, …할 가능성이 있다 prepare for …을 준비[대비]
하다 heavy[hévi] 혱무거운; *많은[심한]

해설 토요일은 따뜻하고 화창하며, 일요일까지 맑을 것이라고 했다.

18 ②

여: David, 뭐 하고 있니?

남: 일하고 있어.

여: 바빠 보이네. 촉박한 거니?

남: 응, 내일 아침에 중요한 회의가 있거든. 그 회의를 위한
발표를 준비하고 있어. 그런데 거의 다했어.

여: 잘 됐네. 나 산책하러 갈 건데. 같이 가지 않을래?

남: 음….

여: 잠시 휴식을 취하고 상쾌해질 수 있을 거야. 널 기다려 줄 수 있어.

남: 좋아. 곧 끝낼게.

어휘 urgent[ɔ́ːrdʒənt] 휑 긴급한, 촉박한   meeting[míːtiŋ] 똉 회의   work on …에 노력을 들이다, 착수하다   presentation[prìːzəntéiʃən] 똉 제출; *발표   take a break 잠시 휴식을 취하다   refresh[rifréʃ] 동 생기를 되찾게[상쾌하게] 하다

해설 일을 끝내가는 남자에게 여자가 산책하러 가자고 제안하며 기다려 주겠다고 했으므로, 제안에 대한 응답이 이어져야 한다.
① 나를 혼자 내버려 둬.
③ 늦어서 미안해.
④ 괜찮아. 아주 잘할 수 있어.
⑤ 너 혼자 기다리는 게 좋을 것 같아.

19 ③

남: 얘, Anne. 여기서 너를 만나다니 놀랍다.

여: 아, 이런! 너를 봐서 정말 기뻐.

남: 그런데, 여기서 무슨 일이니? 너 괜찮니?

여: 사실은, 괜찮지 않아. 내 차가 방금 견인됐어.

남: 안됐구나.

여: 엎친 데 덮친 격으로, 내 지갑이랑 휴대전화를 차에 뒀어. 지금 나한테 아무 것도 없어.

남: 오, 저런! 도와줄게. 뭘 해 줄까?

여: 정말 고마워. 우선 내 차를 되찾아야 할 것 같아.

남: 걱정 마. 거기 태워다 줄게.

어휘 tow[tou] 동 끌다, 견인하다   to make matters worse 설상가상으로, 엎친 데 덮친 격으로   wallet[wɑ́lit] 똉 지갑   get (something) back …을 되찾다

해설 도와주겠다는 남자의 제안에 여자는 견인된 차를 찾아와야 한다고 했으므로, 차를 찾아올 방법에 관한 내용이 이어지는 것이 가장 자연스럽다.
① 괜찮기를 바랄게.
② 네 지갑을 찾을 수 있을 거야.
④ 도로에 차를 세우면 안 돼.
⑤ 휴대전화를 어디에 뒀는지 기억하니?

20 ⑤

남: Robert는 집에서 친구들과 보드 게임을 하고 있다. 그들은 즐거운 시간을 보내고 있다. 그런데 그때 Robert의 친구들 중 한 명인 David가 Sarah에 대해 말하기 시작한다. Sarah는 Robert의 집에 와서 그들과 함께 놀기로 되어 있었다. 하지만 그녀는 나타나지 않았고 전화를 하지 않았다. David는 Sarah가 약속을 지키지 않았다고 불평하고 있다. 다른 친구들도 Sarah에게 실망했다. 이 상황에서 Robert는 친구들에게 뭐라고 말할 수 있을까?

어휘 board game 보드 게임   show up 나타나다   complain[kəmpléin] 동 불평[항의]하다   keep one's promise 약속을 지키다   be disappointed with …에게 실망하다   [문제] in need 어려움에 처한   indeed [indíːd] 부 정말[확실히]

해설 약속을 지키지 않은 Sarah에 대해 불평하고 실망한 친구들에게 할 수 있는 말은 '분명히 Sarah가 여기 오지 못할 이유가 있을 거야.'가 가장 적절하다.
① Sarah가 곧 괜찮아지길 바랄게.
② Sarah와 다른 게임을 하자.
③ 너희들은 Sarah를 더 이상 보지 않는 게 낫겠어.
④ 어려울 때 친구가 진짜 친구야.

Dictation
본문 pp. 190~197

01 be born soon, rearrange our bedroom, we need space, keep the closet, next to it, sleep on his bed, put a stool

02 were supposed to go on a trip, seems dangerous, risk it, I think safety is most important, looking forward to it

03 What's the matter, has a bad stomachache, have suffered from a stomachache, might be infected, went bad, put it away, Don't be so hard, give you a ride

04 have your passport, reserved a ticket, there's been a mistake, give me some time, are booked, upgraded to first class, apologize again for the inconvenience

05 asked for more towels, I've had this problem, Sorry for your inconvenience, How many more times

06 I'd like two tickets, Which seat do you want, $40 each, $50 each, get a discount, show me the ticket, get a 10% discount, only one ticket

07 warm and sunny days, buy some new clothes, with a floral pattern, is flooded with clothes, never had a chance to wear

08 a great palace, look around it, paying attention to the time, next destination, the wonderful clock tower, change our schedule, the night view, after seeing Big Ben

09 have your attention, is going to finals, watch the game, don't have any afternoon classes, take the school bus

10 All the tables are full, in 20 minutes, give me a call, while I'm waiting, come back on time, come back by seven

11 calling to ask, having a party, serve food at the party, How many people will you have, have in mind, check the menu, serve many different kinds of food

12 the waves are very high, back to the departing point, canceling our boat tour, 50% of your deposit, participate in another boat tour, rock badly, stay calm, are wearing a life jacket, follow the guides' directions

13 appear to be breathing, Please calm down, explain in more detail, doesn't have any wounds, be having a heart attack, given first aid, Stay on the phone, follow my instructions

14 have a package delivery, Are you out, answering the doorbell, check your address, to my new house, will take quite some time

15 order a pizza to go, When is the next train, feel strange, get used to, sign up for, fill out this form, Go straight two blocks

16 long time no see, had surgery, had a problem, stay healthy, had a medical checkup, take better care of, ignored his advice

17 The rain will continue, warm and sunny, is expected to reach, not good for outdoor activities, should not go outside, prepare for heavy traffic

18 Is it urgent, working on a presentation, I'm almost done, going for a walk, take a break

19 surprised to meet you, what's going on, left my wallet, I don't have anything with me, get my car back

20 starts to talk about, was supposed to visit, didn't keep her promise, are disappointed with

실전모의고사 2회

본문 pp. 198~201

01 ③	02 ⑤	03 ③	04 ④	05 ②	06 ③	07 ④
08 ⑤	09 ③	10 ①	11 ④	12 ⑤	13 ①	14 ⑤
15 ①	16 ⑤	17 ①	18 ③	19 ③	20 ⑤	

01 ·· ③

여: Sally의 포트럭 파티가 기대돼.

남: 나도. 그때 그녀의 남편을 만날 수 있겠어.

여: 맞아. 그녀의 가족 이야기를 많이 들었어.

남: 그런데, 파티에 어떤 음식을 가져갈 거니?

여: 소고기 스튜를 만들 계획이야.

남: 소고기 스튜? Sally는 채식주의자잖아. 고기를 전혀 안 먹어.

여: 아, 잊었어. 너는 뭘 가져갈 거니?

남: 나는 사과 파이를 만들 거야.

여: 그거 아주 좋겠다. 그러면 나는 뭘 만들지?

남: 샐러드 어때? Sally가 채소를 아주 좋아하잖아.

여: 좋아. 맛있을 테고 내가 만들기 쉬울 거야! 좋은 의견 줘서 고마워!

어휘 potluck[pɑtlʌ́k] 몡포트럭(각자 음식을 조금씩 가져와서 나눠 먹는 식사) stew[stju:] 몡스튜 vegetarian [vèdʒitέ(:)əriən] 몡채식주의자 meat[mi:t] 몡고기

해설 소고기 스튜를 만들 계획이었던 여자에게 남자는 샐러드를 만들 것을 제안했다.

02 ·· ⑤

남: 어떻게 도와드릴까요?

여: 계산하려고요. 5번 펌프예요. 여기 제 신용카드요.

남: 어, 잠시만요! 5번 펌프 옆에 있는 밴이 손님 것인가요?

여: 맞아요.

남: 기름을 잘못 주입하신 것 같아요.

여: 뭐라고요?

남: 연료 탱크를 경유로 채우셨어요, 휘발유가 아니라요.

여: 제가 그랬다니 믿을 수가 없네요! 이제 어떻게 해야 하죠?

남: 탱크에서 휘발유를 다 퍼내야 해요. 정비공을 불러 드

릴게요.

pump[pʌmp] 뗑펌프 통퍼내다; 주입하다 van[væn] 뗑밴, 승합차 gas[gæs] 뗑기체; *휘발유 fill[fil] 통(가득) 채우다 diesel[díːzəl] 뗑디젤, 경유 gasoline [gǽsəlìːn] 뗑휘발유 mechanic[məkǽnik] 뗑기계공

해설 잘못 주유한 기름을 퍼내야 하는 상황이므로, 여자는 당황스러울(embarrassed) 것이다.
① 지루해하는 ② 화난 ③ 신이 난 ④ 만족스러운

03 ──────────────────────── ③

여: 안녕하세요. 짐이 많으신 것 같아요. 도와드릴게요. 몇 층이세요?
남: 아, 아주 친절하세요! 13층이에요.
여: 네. 여기 새로 이사 오셨나요? 저는 12층에 살아요.
남: 네, 어제 여기로 이사 왔어요.
여: 만나서 반가워요. Jessica예요.
남: Daniel이에요. 저도 반가워요. 그런데 말씀드릴 게 있어요. 이해해 주시길 바랄게요.
여: 뭔데요?
남: 저희 집이 수리 중이에요. 사람들이 며칠간 시끄럽게 할 거예요. 죄송해요.
여: 괜찮아요. 아, 내려야겠어요. 또 봬요!

어휘 luggage[lʌ́ɡidʒ] 뗑짐 under repair 수리[보수] 중인 make a noise 시끄럽게 하다 several[sévərəl] 뗑몇몇의 have got to do …해야 한다 get off 내리다

해설 몇 층인지 물어 버튼을 눌러주거나 내려야겠다는 언급 등으로 보아, 엘리베이터 안에서의 대화임을 알 수 있다.

04 ──────────────────────── ④

남: 어디 가니?
여: 병원에 가는 길이야.
남: 너 아프니?
여: 어제 손가락을 베었어. 하지만 여기 근처 병원들이 모두 닫혀 있었어.
남: 어쩌다가 다쳤니?
여: 친구들이 집에 와서 음식을 좀 만들고 있었거든.
남: 더 조심해야지.
여: 알아. 그나저나, 너는 주말 잘 보냈니?
남: 물론이지! 놀이공원에 갔었어.
여: 놀이 기구 많이 탔니?
남: 실은, 많이 못 탔어. 놀이 기구를 안 좋아하거든. 대신, 마술 쇼가 있었어. 환상적이었어. 마술사가 동물들을 사라지게 했어!

어휘 cut[kʌt] 통베다, 자르다 hurt[həːrt] 통다치게 하다 anyway[éniwèi] 뿌어쨌든 absolutely[ǽbsəlùːtli] 뿌전적으로; *((표현)) 그럼, 물론이지 amusement park 놀이공원 ride[raid] 뗑놀이 기구 magician [mədʒíʃən] 뗑마술사, 마법사 disappear[dìsəpíər] 통사라지다

해설 남자는 주말에 놀이공원에 가서 마술 쇼를 봤다고 했다.

05 ──────────────────────── ②

(전화벨이 울린다)
남: 안녕하셨어요, 엄마.
여: 어, 안녕, 우리 아들. 너 괜찮니?
남: 잘 있어요.
여: 안전하다니 정말 다행이다. 뉴스에서 폭설 때문에 미국에서 많은 사람들이 부상을 입었다고 하더구나. 네 걱정을 하고 있었어.
남: 걱정하지 마세요. 미국은 정말 커요. 제가 머무르고 있는 곳은 화창하고 따뜻해요.
여: 다행이구나. 이곳은 몇 주간 비가 오고 있어. 어쨌든, 네 목소리를 들으니 기쁘구나. 전화 좀 더 자주 하렴. 네가 아주 많이 그립구나.
남: 네, 그럴게요. 저도 그리워요. 몸 건강하세요, 엄마. 나중에 전화할게요.
여: 그래, 안녕. 몸조심하렴.

어휘 thank God ((표현)) 정말 다행이다 injure[índʒər] 통부상을 입히다 miss[mis] 통놓치다; *그리워하다 take care ((표현)) 몸 건강해[조심해]

해설 남자가 있는 곳은 화창하고 따뜻하다고 했다.

06 ──────────────────────── ③

여: 연극 시작했니?
남: 너 농담하니? 지금 몇 시인지 아니?
여: 아, 정말 미안해. 지금 2시 30분이지. 연극은 30분 전에 시작했겠구나.
남: 어, 그래. 무슨 일 있었어?
여: 정말 내 긴 이야기를 듣고 싶니?
남: 그래. 시작해.
여: 집을 나섰을 때, 눈이 아주 많이 오기 시작했어.
남: 그런 다음에?
여: 기차를 탔어. 기차는 10분 동안 멈춰 있었어. 그래서 기차에서 내려서 버스를 타려고 했는데, 버스는 나를 30분이나 기다리게 했어.

남: 어떻게 이 모든 나쁜 일들이 하루 만에 네게 일어날 수 있니?

여: 거짓말처럼 들리지, 그렇지? 하지만 사실이야. 폭설 때문에 모든 것이 엉망이었어! 내가 할 수 있는 게 없었어!

어휘 play[plei] 명놀이; *연극 kid[kid] 동농담하다
lie[lai] 명거짓말 mess[mes] 명엉망인 상황 due to
… 때문에

해설 연극에 늦은 여자는 폭설 때문에 어쩔 수 없었다고 변명하고 있다.

07 ·· ④

(전화벨이 울린다)

여: 여보세요. Top 여행사입니다.

남: 여보세요. 예약을 취소하고 싶은데요.

여: 성함을 알려 주시겠습니까?

남: Michael James예요.

여: 네, 항공편과 호텔을 예약하셨네요. 둘 다 취소하기를 원하십니까?

남: 네, 그렇게 해 주세요.

여: 환불 정책을 확인해 보겠습니다. 오, 항공편은 환불 불가 표에 동의하셔서 그에 대해서는 환불받으실 수 없습니다.

남: 제가 그랬나요? 정책을 확인하지 않은 것 같아요. 호텔은요?

여: 호텔에 대해서는 환불받으실 수 있습니다. 하지만 예약 취소에 대한 수수료가 있습니다.

남: 수수료가 얼마인가요?

여: 총 호텔 청구서의 10%를 지불하셔야 합니다.

남: 알겠어요. 호텔 요금을 말씀해 주시겠어요?

여: 하룻밤에 40달러이고, 이틀 밤을 예약하셨네요.

어휘 travel agency 여행사 cancel[kǽnsəl] 동취소하다
flight[flait] 명비행; *항공편 return[ritə́ːrn] 명돌아옴;
*반품, 환불 policy[pɑ́ləsi] 명정책, 방침 agree to
…에 합의하다, 찬성하다 get a refund 환불받다
fee[fiː] 명수수료 total[tóutl] 형총, 전체의 bill[bil]
명청구서 charge[tʃɑːrdʒ] 명요금 per …당[마다]

해설 비행기는 환불을 받을 수 없고 호텔 요금은 하루에 40달러씩 이틀이므로 총 80달러이며, 금액의 10%(8달러)를 취소 수수료로 지불해야 한다.

08 ·· ⑤

여: 여행은 어땠니?

남: 정말 좋았어. 나는 독일에 반했어.

여: 독일에 대해 무엇이 그렇게 특별했니?

남: 독일 사람들의 소박한 생활 방식에 무척 깊은 감명을 받았어. 그들은 일상생활에서 에너지를 절약하려고 노력해. 물건을 재활용하고 재사용해. 음식을 낭비하지 않기 위해 공유하기도 해.

여: 음식을 공유한다고?

남: 응. 그들은 음식을 공유하기 위해 인근에 냉장고를 놓아. 음식을 너무 많이 사서 먹을 수 없을 때, 음식 일부를 인근 냉장고에 넣어. 그러면 이웃들이 냉장고에 있는 음식을 가져갈 수 있어.

여: 정말 멋진 생각이야! 우리도 그렇게 하는 게 어때? 작고 오래된 냉장고가 있거든. 우리 아파트 건물 앞에 그것을 놓을래.

남: 좋아! 옮기는 것 도와줄게.

어휘 fall in love with …에게 반하다, …와 사랑에 빠지다
Germany[dʒə́ːrməni] 명독일 be impressed by …에
감동하다, 깊은 감명을 받다 simple[símpl] 형간단한;
*소박한 lifestyle[láifstail] 명생활 방식 German
[dʒə́ːrmən] 형독일의 save[seiv] 동구하다; *절약하다
daily life 일상 생활 recycle[riːsáikl] 동재활용하다
reuse[riːjúːz] 동재사용하다 share[ʃɛər] 동함께 쓰다,
공유하다 so that …하기 위해서 waste[weist] 동낭비
하다 brilliant[bríljənt] 형훌륭한, 멋진

해설 이웃과 음식을 공유하기 위해 작고 오래된 냉장고를 아파트 건물 앞에 놓기로 했다.

09 ·· ③

남: Mary, 회의 준비 끝냈나요?

여: 거의 다 됐어요. 테이블을 배치하고 있어요.

남: 그래요. 몇 사람이 참석할지 알고 있는 게 확실한가요?

여: 8명이요, 맞죠?

남: 오, Kathy 씨와 Daniel 씨는 다른 중요한 회의가 있어서 못 온다고 들었어요. 여섯 명 테이블만 준비하면 돼요.

여: 그거 언제 들었나요? 몇 분 전에, 그녀가 전화해서 그 회의가 취소됐다며 저희 회의에 올 수 있다고 했어요.

남: Daniel 씨는요?

여: 그에게서는 아무 메시지 못 받았어요.

남: 좋아요, 그럼 그의 테이블은 마련할 필요가 없겠어요.

어휘 set[set] 동(특정한 장소에) 놓다 attend[əténd] 동참석하다

10 ────────────────── ①

남: 안녕하십니까. 아시다시피, 저희 아파트 건물은 곧 페인트를 칠할 예정입니다. 건물 주위의 화단을 돌볼 정원사도 고용해야 합니다. 하지만 유감스럽게도, 저희 아파트는 건물을 관리하는 데 필요한 자금이 충분하지 않습니다. 그래서 관리비를 내지 않은 일부 주민들이 있기에 이 알림을 전합니다. 관리비는 이번 달 말일까지 납부되어야 합니다. 가능한 한 빨리 납부해 주시면 감사하겠습니다. 들어주셔서 감사합니다.

어휘 paint[peint] 동 페인트를 칠하다 employ[implɔ́i] 동 고용하다 gardener[gá:rdnər] 명 원예사, 정원사 flower bed 화단 unfortunately[ʌnfɔ́:rtʃənətli] 부 불행하게도, 유감스럽게도 fund[fʌnd] 명 자금 manage[mǽnidʒ] 동 경영[관리]하다 notice[nóutis] 명 알아챔; *알림, 통지 resident[rézidənt] 명 거주자[주민] due[djuː] 형 돈을 지불해야 하는 appreciate[əprí:ʃièit] 동 감사하다 as soon as possible 가능한 한 빨리

해설 아파트 관리의 재정적 어려움을 말하며 관리비 납부를 촉구하고 있다.

11 ────────────────── ④

여: 안녕하세요. 저는 Linda Johnson의 사진 전시회에 있습니다. 유명 음악 그룹인 Blur의 일원, David Johnson의 아내인 Linda Johnson은 사진작가였습니다. Linda는 일상생활에서 가족의 사진을 찍었습니다. 그녀는 세트에서 사진을 계획하지 않았습니다. 그녀는 주로 가족과의 행복한 순간을 포착했습니다. 그녀의 사진을 통해, 여러분은 그녀의 가족에 대한 사랑을 느낄 수 있습니다. 이 전시관에서는 사진을 찍을 수 있기 때문에, Linda의 사진과 함께 하는 여러분의 경험을 카메라로 담을 수 있습니다. 이 전시회는 내년 4월까지 계속될 것입니다. 그녀의 감동적인 사진을 보고 싶으시다면, 이 기회를 놓치지 마십시오.

어휘 exhibition[èksəbíʃən] 명 전시회 musical[mjú:zikəl] 형 음악의 photographer[fətágrəfər] 명 사진작가 set[set] 명 한 조; *무대 장치, 세트 mainly[méinli] 부 주로 capture[kǽptʃər] 동 포획하다; *정확히 포착하다, 담아내다 gallery[gǽləri] 명 미술관, 갤러리 feel like doing …하고 싶다 touching[tʌ́tʃiŋ] 형 감동적인 chance[tʃæns] 명 기회

해설 전시관에서 사진을 찍을 수 있기 때문에, 관람 경험을 카메라로 담을 수 있다고 했다.

12 ────────────────── ⑤

(전화벨이 울린다)

여: 여보세요. White 씨입니까?

남: 맞아요.

여: Happy Price 쇼핑몰입니다. 고객님의 주문과 관련해서 말씀드리려고 전화 드렸습니다. 털 부츠를 주문하셨는데, 맞죠?

남: 네.

여: 고객님 사이즈가 품절되었습니다.

남: 제가 주문할 때는 재고가 있었는데요.

여: 죄송하지만, 저희 주문 시스템에 착오가 있었나 봅니다.

남: 아, 이런. 언제 재입고되나요?

여: 확실하지 않습니다. 환불받으시거나 다른 신발을 주문하시길 추천해 드립니다.

남: 알겠어요. 그러면 환불해 주세요.

어휘 order[ɔ́:rdər] 명 순서; *주문 동 명령하다; *주문하다 fur[fəːr] 명 털 sold out 다 팔린[매진된, 품절의] in stock 비축되어, 재고로 restock[ri:sták] 동 다시 채우다[보충하다]

해설 여자는 남자가 주문한 부츠가 품절되어 환불이나 주문 변경을 권유하고 있다.

13 ────────────────── ①

여: 뭘 도와드릴까요?

남: 계좌를 개설하고 싶어요.

여: 네, 이 양식을 작성해 주세요.

남: (잠시 후에) 다 됐어요.

여: 신분증 주십시오.

남: 여기요.

여: 지금 예금하기를 원하세요?

남: 네. 여기 20달러예요. 그리고 인터넷 뱅킹을 이용하려면 어떻게 해야 하나요?

여: 여기에 서명하시고 ID와 비밀번호를 만드시기만 하면 됩니다. 스마트폰 뱅킹을 이용하고 싶으시면, 애플리케이션을 다운로드하셔서 ID와 비밀번호로 로그인하세요.

어휘 open an account 계좌를 개설하다 ID card 신분증 make a deposit 예금하다 Internet banking 인터넷 뱅킹 sign[sain] 동 사인하다, 서명하다 PIN 명 개인 식

별 번호, 비밀번호 download[dáunlòud] 동다운로드하다, 내려받다 application[æ̀pləkéiʃən] 명애플리케이션, 응용 프로그램

해설 계좌를 개설하고 예금하는 상황으로, 은행원과 손님의 대화임을 알 수 있다.

14 ⑤
남: 이 나무는 고무나무야. 네 거야.
여: 오, 고마워! 우리 집 공기를 상쾌하게 해 주겠네. 이것을 어디에 놓아야 할까?
남: 햇빛이 많이 필요해. 발코니에 놓는 게 좋아.
여: 좋아. 거기 그것을 놓을 자리를 만들 수 있어.
남: 강한 직사광선을 피하는 것 잊지 마. 한여름에는 그것을 그늘로 옮겨.
여: 알겠어. 그런데 나무를 키워 본 적이 없어. 나무가 죽을까 봐 겁나.
남: 이 나무는 키우기 꽤 쉬워.
여: 얼마나 자주 물을 줘야 하니?
남: 일주일에 한 번 물을 줘야 해. 따뜻한 온도와 습도가 필요해.
여: 알겠어. 하지만 그것을 돌보는 것이 나한테는 쉬울 것 같지 않아.

어휘 rubber tree 고무나무 had better *do* …하는 편이 낫다[좋다] room[ru(ː)m] 명방; *자리[공간] avoid[əvɔ́id] 동피하다 direct[dirékt] 형직접적인 shade[ʃeid] 명그늘 in the middle of …의 도중에, 중간 무렵에 grow[grou] 동자라다; *재배하다 water[wɔ́ːtər] 동물을 주다 once[wʌns] 부한 번 humidity[hjuːmídəti] 명습도

해설 따뜻한 온도와 습도가 필요하다고 했다.

15 ①
남: 네 결혼이 몇 일 안 남았어. 어떻게 되어가고 있니?
여: 모든 것이 좋아. 준비하느라 바쁘지만 요즘 행복해.
남: 무엇이든 필요하면 나한테 마음 놓고 요청해도 돼.
여: 그렇게 말하다니 정말 친절하구나! 그럼 내 웨딩카를 장식해 줄 수 있니? 네가 장식에 뛰어나다는 것을 알아.
남: 물론, 할 수 있어! 원하면 웨딩카를 운전해 줄 수도 있어!
여: 아주 고마워, 하지만 그건 괜찮아. 남동생이 운전할 거야.

어휘 a few 약간의[여러, 몇] wedding[wédiŋ] 명결혼(식) prepare for …을 준비하다 feel free *to do* 마음대로[거리낌없이] …하다 decorate[dékərèit] 동장식하다,

꾸미다

16 ⑤
여: 다음 분이요.
남: 성인 1명과 아이 2명이요.
여: 아, 죄송하지만, 아드님은 들어오실 수 없습니다.
남: 왜요? 초등학교 학생인데요.
여: 110센티미터 이하 어린이는 이 롤러코스터를 탈 수 없습니다. 아드님은 그보다 약간 작습니다.
남: 아, 알겠어요.
여: 따님은 충분히 탈 수 있는 키입니다. 따님 표 드릴까요?
남: 아니요, 괜찮아요. 아들을 혼자 두고 갈 수는 없죠. 다른 놀이 기구를 타는 게 낫겠어요.

어휘 let (someone) in …을 들어오게 하다 elementary school 초등학교 ride on …을 타다 roller coaster 롤러코스터 leave[liːv] 동떠나다: *두고 가다[오다]

해설 키가 작아서 롤러코스터를 탈 수 없는 아들을 혼자 둘 수 없어서 롤러코스터를 타지 않겠다고 했다.

17 ①
① 남: 여행은 어땠니?
  여: 비행기를 탔어.
② 남: 네 애완동물은 어떻게 생겼니?
  여: 작고 갈색 얼룩이 있어.
③ 남: 주문하실 준비 되셨나요?
  여: 치킨 샌드위치 하나와 오렌지 주스 하나 할게요.
④ 남: 며칠 묵으실 건가요?
  여: 3박 4일이요.
⑤ 남: 이 스웨터를 환불받고 싶어요.
  여: 영수증 갖고 계신가요?

어휘 pet[pet] 명애완동물 spot[spɑt] 명점; *얼룩 sweater[swétər] 명스웨터 receipt[risíːt] 명영수증

해설 여행이 어땠는지 물었으므로, 여행에 대한 소감을 말하는 응답이 이어져야 한다.

18 ③
여: 어제 뭐 했니?
남: 방과 후에 'Top Singers'라는 TV 쇼를 봤어.
여: 노래 경연대회잖아, 맞지?
남: 맞아. 참가자들이 음반 계약을 따기 위해 노력하는 것을 보는 게 정말 좋아.
여: 그걸 왜 좋아하니? 너무 경쟁적이지 않니?
남: 아니 전혀. 경쟁이 그들이 열심히 연습해서 더 나은 가

수가 되게 해. 그것이 큰 차이를 만들어.

여: 차이?

남: 프로그램 초반에는 그들은 그렇게 잘하지 않아. 하지만 프로그램이 계속되면서 그들은 훌륭한 가수로 변하지. 그것은 그들이 열심히 연습했기 때문일 거야.

여: 네가 그들의 힘든 노력으로부터 중요한 교훈을 배운 것 같구나.

남: 맞아.

어휘 participant[pɑːrtísəpənt] 명참가자 record[rékərd] 명음반 deal[diːl] 명거래 competitive[kəmpétətiv] 형경쟁적인 competition[kàmpətíʃən] 명경쟁 difference[dífərəns] 명차이 beginning[bigíniŋ] 명초(반), 시작 go on 계속되다 turn into …이 되다, …으로 변하다 practice[préktis] 동연습하다 seem[siːm] 동…인 것 같다 lesson[lésn] 명수업; *교훈 exactly [igzéktli] 부정확히; *((표현)) 맞아[바로 그거야] [문제] fall[fɔːl] 명떨어짐, 멸망 drown[draun] 동익사하다

해설 오디션 참가자들이 열심히 노력해서 훌륭한 가수가 되는 데서 얻을 수 있는 교훈은 '연습이 완벽을 만든다.'이다.
① 자만은 추락을 가져온다.
② 늦더라도 안하는 것보다 낫다.
④ 말보다 행동이 중요하다.
⑤ 물에 빠진 사람은 지푸라기라도 잡는다.

19 ──────────────────── ③

남: 체크아웃하고 싶어요.

여: 네, 이곳에 머무신 것은 어떠셨나요?

남: 아주 좋았어요.

여: 그 말을 들으니 기쁩니다. 잠시 기다려 주십시오. 객실을 확인하겠습니다. (잠시 후에) 물 2병 드셨네요, 맞나요?

남: 네.

여: 그 부분을 지불하셔야 합니다. 5달러입니다.

남: 여기요.

여: 감사합니다. 저희를 다시 방문해 주시길 바랍니다.

남: 저도 그러면 좋겠어요. 그런데 잠시 제 여행 가방을 맡아 주실 수 있나요? 비행 전까지 몇 시간이 남아서요.

여: 물론이죠. 언제 돌아오실 건가요?

어휘 check out 나가다[체크아웃하다] suitcase[sjúːtkèis] 명여행 가방

해설 체크아웃 하면서 여행 가방을 맡아달라고 부탁했으므로, 부탁에 대한 응답이 이어져야 한다.

① 저희 서비스에 만족하셨습니까?
② 공항으로 갈 택시를 불러드릴 수 있습니다.
④ 여행 가방을 더 상세하게 설명해 주시겠습니까?
⑤ 비행기를 놓치지 않으려면 들고 다니시는 게 낫습니다.

20 ──────────────────── ⑤

여: 주문하시겠습니까?

남: tall 사이즈 카페라떼 주세요.

여: tall 사이즈 카페라떼 맞나요? 차가운 거 아니면 따뜻한 거, 어떤 걸로 드릴까요?

남: 따뜻한 거 주세요.

여: 위에 휘핑크림 드릴까요?

남: 아니요. 그것은 지방이 너무 많아요. 다이어트 중이거든요.

여: 네. 주문 다시 한 번 확인하겠습니다. 휘핑크림 없이 tall 사이즈 따뜻한 카페라떼 주문하셨습니다, 맞죠?

남: 네.

여: 가져가실 건가요?

남: 네. 그리고 시럽 좀 넣어 주세요.

여: 저쪽에 있습니다. 기호에 맞게 넣으시면 됩니다.

어휘 take an order 주문을 받다 iced[aist] 형차게 식힌, 얼음을 넣은 whipped cream 휘핑크림, 거품 크림 fatty[fǽti] 형지방이 많은 be on a diet 다이어트[식이요법] 중이다 to go 가지고 갈 [문제] prefer A to B B보다 A를 선호하다 according to …에 따라 taste[teist] 명맛; *취향, 기호

해설 커피를 주문하며 시럽을 넣어달라고 말했으므로, 시럽 이용에 대한 안내가 이어지는 것이 가장 적절하다.
① 저는 차가운 커피보다 따뜻한 커피가 더 좋아요.
② 다양한 토핑이 있어요.
③ 크기를 업그레이드하고 싶으세요?
④ 설탕을 너무 많이 먹지 않는 게 좋아요.

Dictation 본문 pp. 202~209

01 looking forward to, heard a lot, make beef stew, never eats meat, make apple pie, How about salad, easy for me to make

02 I'd like to pay, pumped the wrong gas, filled your tank, out of the tank, call a mechanic

03 a lot of luggage, 13th floor, Are you new here, I moved here yesterday, I hope you'll understand, under repair, make some noise

04 going to the hospital, cut my finger, all the hospitals near here, be more careful, went to an amusement park, go on many rides, there was a magic show

05 you're safe, have been injured, worried about you, The place where I'm staying, It has been rainy, I miss you, Take care

06 Did the play start, begun 30 minutes ago, What happened, to listen to my long story, began to snow, took a train, tried to take the bus, sounds like a lie, due to the heavy snow

07 cancel my reservation, May I have your name, to cancel both, agreed to a no refund ticket, get a refund, check the policy, there is a fee, the total hotel bill, per night

08 fell in love with, by the simple lifestyle, save energy, recycle and reuse things, share food, put a refrigerator, put some of the food, take the food, What a brilliant idea, a small old refrigerator

09 preparing for the meeting, setting the table, how many people are attending, have another important meeting, set the table, the meeting was canceled, haven't gotten any message

10 be painted, employ gardeners, doesn't have enough funds, sending this notice, due on the last day, pay their fees

11 at a photo exhibition, took pictures of her family, captured her happy moments, feel her love for family, capture your experience, will last, feel like seeing, miss this chance

12 ordered fur boots, has been sold out, had them in stock, must have been a mistake, be restocked, order other shoes, I'd like a refund

13 open an account, fill out this form, Give me your ID card, make a deposit, have to sign here, download the application

14 needs a lot of sunlight, make room for it, avoid strong direct sunlight, grow this tree, water it once a week, warm temperatures and humidity

15 I'm busy preparing for it, feel free to ask me, decorate my wedding car, are good at decorating

16 let your son in, aren't allowed to ride on, a little shorter than that, tall enough to ride, leave my son alone, try another ride

17 took an airplane, look like, has brown spots, ready to order, Four days and three nights, have a receipt

18 watched the TV show, win a record deal, to become better singers, makes a big difference, turn into great singers, practiced hard, from their hard work

19 how was your stay, check your room, pay for them, you visit us again, keep my suitcase, have several hours left

20 take your order, whipped cream on it, on a diet, check your order again, to go, put some syrup

실전모의고사 3회

본문 pp. 210~213

01 ⑤	02 ②	03 ②	04 ②	05 ④	06 ③	07 ①
08 ①	09 ④	10 ③	11 ④	12 ④	13 ④	14 ⑤
15 ④	16 ⑤	17 ②	18 ③	19 ②	20 ③	

01 ⑤

남: 이 경기 정말 흥미진진하다! 어느 팀이 이길지 짐작조 차 못하겠어.

여: 맞아! 하지만 내가 좋아하는 선수를 볼 수가 없어.

남: 선수들이 정말 빨라, 그렇지?

여: 실은, 시력이 나쁜데 안경을 안 가져왔어. 잘 안 보여.

남: 저런. 어떤 선수가 네가 좋아하는 선수니? 그가 하고 있 는 경기 진행에 대해 말해 줄게.

여: 그는 아주 잘생겼어. 나에게는 최고의 선수야.

남: Kate, 어서. 그를 상세하게 묘사해 줘.

여: 어, 알았어, 알았어! 그는 구릿빛 피부와 곱슬거리는 금 발 머리를 하고 있어.

남: 또 다른 것은?

여: 유니폼에 7번이라고 쓰여 있어. 보이니?

남: 응, 찾았어. 골문 쪽으로 달리고 있어.

여: 오, 정말? 그가 득점하면 좋겠어. 그건 경기에서 그의 두 번째 골이 될 거야.

어휘 guess[ges] ⑧추측하다 poor[puər] ⑲가난한; *형편없 는 eyesight[áisàit] ⑲시력 play[plei] ⑲놀이; *경기 진행 number one 최고의 describe[diskráib] ⑧말 하다, 묘사하다 in detail 상세하게 bronze[brɑnz] ⑲ 구릿빛의 skin[skin] ⑲피부 blonde[blɑnd] ⑲금발인 else[els] ⑨또[그 밖의] 다른 toward[tɔːrd] ⑳…쪽으로 goal[goul] ⑲골문; 골 make a goal 득점하다

해설 구릿빛 피부에 금발 머리이고, 7번 유니폼을 입고 있다고 했다.

02 ②

여: 실례합니다. Gonzalez 씨이시죠?

남: 네, 맞아요. 제가 아는 분이신가요?

여: 저는 Big A Market의 계산원이에요. 거의 백 미터를 쫓아 왔어요.

남: 제 계산서에 문제가 있나요? 왜 저를 쫓아오시죠?

여: 계산대에 지갑을 두고 가셨어요.

남: 아, 정말요? 어디 볼게요…. 아, 맞네요. 지갑이 없어 요! 왜 뒤에서 부르지 않으셨어요? 그렇게 열심히 뛸 필 요가 없었는데요.

여: 제가 부르는 것을 못 들으셨어요. 이어폰으로 뭔가를 듣고 계셨던 것 같아요.

남: 아, 네. 조깅하면서 음악을 듣고 있었어요. 저를 위해 이것을 가져다주시다니 정말 친절하세요!

여: 천만에요. 그런데 정말 빨리 뛰시네요! 제가 따라잡기 쉽지 않았어요!

어휘 cashier[kæʃíər] ⑲계산원 run after …을 뒤쫓다 bill[bil] ⑲계산서, 청구서 wallet[wálit] ⑲지갑 checkout counter 계산대 call after …을 뒤에서 부르 다 jog[dʒɑg] ⑧조깅하다 catch up with …을 따라잡 다

해설 남자가 놓고 간 지갑을 찾아 주기 위해 여자가 뒤쫓아 왔으므로, 남자는 고마워할(grateful) 것이다.
① 화난 ③ 후회하는 ④ 희망에 찬 ⑤ 걱정하는

03 ②

여: 실례지만, 한 가지 항의할 수밖에 없겠어요.

남: 무엇 때문에 불편하십니까?

여: 뒤에 있는 남자아이가 계속해서 큰 소리로 떠들고 제 좌석을 발로 차고 있어요. 운동장에서 축구하는 시늉을 하고 있어요. 영화를 전혀 즐길 수가 없어요.

남: 불편을 드린 점 사과 드립니다. 아이의 어머니께 말씀 드리겠습니다.

여: 네, 감사합니다.

남: 필요하신 다른 것은 없으십니까?

여: 없어요. 아, 언제 식사할 수 있나요?

남: 약 1시간 후에 점심을 제공해드릴 것입니다. 원하시면 그 전에 간식을 드실 수 있습니다.

여: 아니에요, 괜찮아요.

어휘 can't help but *do* …할 수밖에 없다 complain [kəmpléin] ⑧불평[항의]하다 uncomfortable [ʌnkʌ́mftəbl] ⑲불편한 make a noise 떠들다, 소란을 피우다 kick[kik] ⑧(발로) 차다 pretend *to do* …인 체하다 meal[miːl] ⑲식사 snack[snæk] ⑲간단한 식 사, 간식

해설 뒷자리 남자아이의 소란에 항의하고 식사 제공 시간을 묻는 것으 로 보아 비행기(airplane)에서의 대화임을 알 수 있다.
① 식당 ③ 운동장 ④ 식료품점 ⑤ 영화관

04 ──────────────── ②

여: Wyatt, 오디션은 어땠어?

남: 오디션에 합격 못했어. 내 자신에게 정말 실망했어.

여: 아, 저런! 너 정말 열심히 연습했잖아.

남: 응, 그랬지. 하지만 충분히 연습하지 않았나 봐. 재능 있는 사람들이 정말 많았어. 그들에 비하면 내 공연은 형편없었어.

여: 나는 네 음악적인 재능을 믿어.

남: 그렇지만 왜? 나는 피아노 연주를 잘 못해. 음악에 대한 지식이 많지 않아. 그리고 노래는 훌륭하지 않고.

여: 너 자신을 과소평가하지 마. 나는 네 독특하고 아주 멋진 목소리가 정말 좋아. 누구도 너처럼 소리 내지 않아.

어휘 be disappointed with …에게 실망하다 talent [tǽlənt] 몡 재능 performance[pərfɔ́:rməns] 몡 공연 compared to …와 비교하여 believe in …(의 존재·인격)을 믿다 knowledge[nάlidʒ] 몡 지식 don't sell yourself short ((표현)) 자신을 과소평가하지 마라 unique[juːníːk] 혱 독특한

해설 오디션에 합격하지 못해 실망한 남자에게 여자는 독특하고 멋진 목소리를 지녔다며 격려하고 있다.

05 ──────────────── ④

여: 휴가는 어땠니?

남: 바쁘게 보냈더니, 지금 피곤해.

여: 뭐 했는데?

남: 초등학교 앞에서 건널목 안전 도우미로 자원봉사했어.

여: 건널목 안전 도우미?

남: 응. 많은 사람들이 차를 너무 빨리 몰아서, 학교 근처 도로가 위험하거든. 어린 학생들이 안전하게 길 건너는 것을 도왔어.

여: 정말 좋은 일을 했구나. 힘들지 않니?

남: 응, 조금 힘들었어. 정말 추웠거든. 더 따뜻한 재킷을 입었어야 했어.

어휘 day off 휴일, (근무·일을) 쉬는 날 volunteer [vὰləntíər] 통 자원봉사하다 crossing guard 건널목 안전 도우미 elementary school 초등학교 cross[krɔ(ː)s] 통 건너다 safely[séifli] 뷔 안전하게 should have done …했어야 했다

해설 남자는 학교 근처에서 건널목 안전 도우미로 자원봉사했다고 했다.

06 ──────────────── ③

(전화벨이 울린다)

남: 여보세요, Seafood Paradise입니다.

여: 예약하고 싶은데요.

남: 며칠로 예약을 원하십니까?

여: 다음 주 일요일이요. 가능한가요?

남: 물론이죠. 몇 분이십니까?

여: 저희는 4명이에요. 남편, 딸, 아들, 그리고 저까지요.

남: 알겠습니다, 예약해 드렸습니다. 정말 감사합니다. 그 때 뵙겠습니다.

여: 아, 잠시만요! 뷔페 가격에 대해 정보 좀 주세요.

남: 평일에는, 성인은 20달러, 6세 이하는 10달러입니다. 주말에는, 성인은 25달러, 6세 이하는 15달러입니다.

여: 알겠습니다.

남: 자녀분들이 6세 이하 어린이입니까?

여: 네, 맞아요.

남: 네, 그러면 자녀분들은 할인된 가격으로 뷔페를 이용하실 수 있습니다.

여: 좋아요!

어휘 book[buk] 통 예약하다 information[ìnfərméiʃən] 몡 정보 buffet[bəféi] 몡 뷔페 weekday[wíːkdèi] 몡 평일 discounted[diskáuntid] 혱 할인된

해설 일요일(주말) 성인 2명과 6세 이하 어린이 2명의 뷔페 금액은 80달러이다.

07 ──────────────── ①

여: 이제 우리 뭘 해야 하지?

남: 코끼리 트레킹 어때? 코스가 여기서 멀지 않아.

여: 음, 다리가 휴식을 취할 시간을 주고 싶어.

남: 그러면 수상 시장을 둘러볼 수 있어. 걸을 필요가 없거든. 그냥 배에 앉아서 특별한 시장을 즐길 수 있어. 괜찮을 것 같지 않니?

여: 응. 하지만 나는 정말 쉬운 것을 하고 싶어.

남: 그래, 알겠어. 너 마사지 받고 싶니? 태국이 마사지로 유명하잖아.

여: 마사지를 받고 싶지만, 지금 당장은 그러고 싶지 않아.

남: 네가 뭘 원하는지 전혀 모르겠어. 그냥 말해.

여: 나 아주 피곤해. 호텔에 가서 낮잠을 자고 싶어.

남: 알겠어. 그렇게 하자, 그럼.

어휘 trekking[trékiŋ] 몡 트레킹 course[kɔːrs] 몡 코스, 항로 relax[rilǽks] 통 휴식을 취하다 floating market 수상 시장 massage[məsάːʒ] 몡 마사지, 안마 Thailand [táilænd] 몡 타이, 태국 be famous for …으로 유명하다 feel like …하고 싶다 take a nap 낮잠을 자다

08 ①

여: Quick Telecom에 전화 주셔서 고맙습니다. 저희 고객이 되어 주셔서 고맙게 생각하며, 여러분이 저희 회사와 가장 가치 있는 관계를 맺을 수 있기를 원합니다. 저희가 제공하는 여러 다양한 서비스에 관한 정보를 원하시면, 1번을 눌러 주십시오. 청구서를 받길 원하시면, 2번을 눌러 주십시오. 회원 가입이나 해지를 원하시면, 3번을 눌러 주십시오. 상담원과 통화를 원하시면, 0번을 눌러 주십시오. 이 정보를 반복하시려면, 4번을 눌러 주십시오.

어휘 glad[glæd] 형기쁜; *고마운 make sure 확실히 하다 rewarding[riwɔ́ːrdiŋ] 형보람 있는, 가치 있는 relationship[riléiʃənʃìp] 명관계 company[kʌ́mpəni] 명회사 offer[ɔ́(ː)fər] 동제안하다; *제공하다 press[pres] 동누르다 sign up for …을 신청[가입]하다 membership[mémbərʃìp] 명회원 operator[ápərèitər] 명전화 교환원, 상담원 repeat[ripíːt] 동반복하다

09 ④

남: 신사숙녀 여러분, 여러분의 기장 Lauren입니다. 비행기는 고도 4,500 피트를 유지하며 태평양 상공을 비행 중입니다. 저희는 현재 악천후를 겪고 있습니다. 비행기가 심하게 흔들릴 수 있습니다. 침착하시고 자리에 머물러 주십시오. 안전벨트 표시가 꺼질 때까지 안전벨트를 단단히 매시길 강경히 권고합니다. 구명조끼의 위치를 상기해 주십시오. 구명조끼는 좌석 아래에 있습니다. 비상시에는, 선실에 있는 승무원과의 협조 요청 드립니다. 고맙습니다.

어휘 captain[kǽptin] 명선장, 기장 Pacific Ocean 태평양 hold[hould] 동잡고 있다; *유지하다 altitude[ǽltitjùːd] 명고도 ft (길이의 단위) 피트 (= foot, feet) seat belt 안전벨트, 안전띠 fasten[fǽsn] 동매다[채우다] tightly[táitli] 부단단히, 꽉 sign[sain] 명표시 remind[rimáind] 동상기시키다, 다시 한 번 알려 주다 be located 위치해 있다 request[rikwést] 동요청하다 crew[kruː] 명승무원 cabin[kǽbin] 명(배·항공기의) 선실

해설 기장이 기상 악화에 대해 설명하며 주의 사항을 말하고 있다.

10 ③

여: 안녕하세요. 저희 극장에 오신 것을 환영합니다.

남: 어디로 가야 하죠?

여: 1층부터 3층까지 공연을 보실 수 있습니다.

남: 네. 그런데, 화장실이 어디죠?

여: 남자 화장실은 2층에 있습니다.

남: 아, 감사합니다.

여: 실례합니다. 표 좀 보여 주시겠습니까?

남: 아, 여기요.

여: 고객님 좌석은 3층입니다. 저쪽에 엘리베이터를 타십시오.

어휘 restroom[réstrùm] 명화장실 men's room 남성용 공중 화장실 over there 저쪽에

11 ④

남: 엄마, 뭐 하고 계세요?

여: 어, Max. 점심으로 먹을 타코를 만들려고 해.

남: 타코요? 제가 아주 좋아하는 거네요. 도와드릴게요. 먼저 뭘 해야 할까요?

여: 먼저 재료를 확인하고 슈퍼마켓에 가야 해.

남: 좋아요. 아보카도 있나요? 저는 아보카도가 정말 좋아요. 타코에는 확실히 그게 들어가야 해요.

여: 냉장고에 조금 있어. 어제 샐러드를 만들고 남은 거야.

남: 좋아요. 음, 그럼 양배추, 토마토, 완두콩, 고기가 필요해요.

여: 그래. 닭고기와 소고기 중에 어느 게 더 좋니?

남: 틀림없이 소고기죠!

여: 알겠어. 그리고 너 완두콩에 알레르기가 있으니까 그것들을 먹으면 안 돼.

남: 이런! 큰 문제가 될 뻔했어요. 그것들은 생략해도 되겠어요.

여: 그래. 양배추가 조금 부족하구나.

남: 다른 것들은 준비됐나요?

여: 응. 양배추를 조금 사기만 하면 돼. 식료품점에 갈 준비하렴, Max. 점심까지 시간이 많지 않아!

어휘 taco[táːkou] 명타코 ingredient[ingríːdiənt] 명재료, 성분 avocado[æ̀vəkáːdou] 명아보카도 definitely[définətli] 부확실히, 분명히 leave over …을 남겨두다 cabbage[kǽbidʒ] 명양배추 pea[piː] 명완두콩 allergic[əlɔ́ːrdʒik] 형알레르기가 있는 skip[skip] 동깡충깡충 뛰다; *건너뛰다, 생략하다 short of …이 부족한

해설 남자가 완두콩에 알레르기가 있어서 넣지 않기로 했다.

12 ────────────────────────────── ④

여: 뭘 도와드릴까요?

남: 진료를 받고 싶어요.

여: 어디가 아프세요?

남: 심각한 허리 통증이 있어요.

여: 알겠습니다. 진료 전에, 기본적인 정보가 필요해요. 성함과 나이를 알려 주시겠어요?

남: Jamie Park입니다. 50세예요.

여: 수술하신 적이 있나요?

남: 아니요.

여: 약을 정기적으로 복용하고 계시나요?

남: 네. 당뇨병 때문에 약을 먹고 있어요.

여: 약에 알레르기가 있으세요?

남: 네. 아스피린에 알레르기가 있어요.

여: 네. 저를 따라오셔서 잠시 기다려 주세요. 환자분 앞에 5명이 있어요.

어휘 ache[eik] ⑧아프다 severe[sivíər] ⑱극심한, 심각한 pain[pein] ⑲아픔, 통증 treatment[trí:tmənt] ⑲진료 basic[béisik] ⑱기본적인 surgery[sə́:rdʒəri] ⑲수술 medicine[médsn] ⑲약 regularly[régjələrli] ⑤정기[규칙]적으로 diabetes[dàiəbí:ti:z] ⑲당뇨병 aspirin[ǽspərin] ⑲아스피린 follow[fálou] ⑧따라가다[오다]

해설 당뇨병 때문에 약을 정기적으로 복용하고 있다고 했다.

```
                 검진
  ① 이름: Jamie Park
  ② 나이: 50세
  ③ 수술: 예 □ / 아니오 ✔
  ④ 정기적으로 약 복용: 예 □ / 아니오 ✔
  ⑤ 약물 알레르기: 예 ✔ / 아니오 □  (아스피린)
```

13 ────────────────────────────── ④

남: 안녕하세요, Millan 선생님.

여: 안녕, Nick.

남: 제 진로에 대해 말씀드리고 싶어요.

여: 무슨 일이니? 너는 의대생이 되고 싶어 한다고 생각했는데.

남: 음… 그것은 사실이 아니에요. 실은, 그것은 저희 부모님의 꿈이에요, 제 꿈이 아니라요.

여: 아, 유감이구나. 몰랐어.

남: 괜찮아요. 부모님은 제가 의과 대학에 가길 원하세요. 하지만 저는 정말 디자이너가 되고 싶어요.

여: 걱정스럽겠구나, Nick.

남: 네. 부모님께 어떻게 말씀드려야 할지 모르겠어요.

여: 아, 이런. 내가 부모님께 말씀드리길 원하니?

남: 음… 모르겠어요.

여: 그러면 그냥 네 꿈에 대해 부모님께 말씀드리는 게 어떻겠니? 이렇게 해 본 적 있니?

남: 아니요, 하지만 해 볼게요. 감사합니다, Millan 선생님.

어휘 career[kəríər] ⑲직업; *진로 medical[médikəl] ⑱의학[의료]의 simply[símpli] ⑤그냥, 간단히

해설 진로에 대해 이야기하며 부모님께 자신의 꿈을 말씀드리라고 조언하는 것으로 보아, 상담교사와 학생 사이의 대화임을 알 수 있다.

14 ────────────────────────────── ⑤

남: 애가 왜 울죠? 뭘 해야 할지 모르겠어요.

여: 나도요. 무슨 문제지? 배고픈 건가요?

남: 그럴리가요! 겨우 30분 전에 우유를 먹었잖아요.

여: 이미 체온은 확인했어요. 열은 없어요.

남: 졸린 건가요? 침대에 눕히는 게 어떨까요?

여: 잠들라고 아기에게 노래를 흥얼거리고 있지만, 자려고 하지 않아요. 졸린 것 같지 않아요.

남: 그러면 문제가 뭐죠?

여: 아, 기저귀 확인했나요?

남: 네, 한 시간 전에 기저귀를 갈았어요.

여: 혹시 모르니 다시 확인해야겠어요. *(잠시 후에)* 아, 갈아야겠네요. 목욕물을 데워 줄래요? 새 기저귀를 입히기 전에 씻겨야 할 것 같아요.

어휘 no way ((표현)) 절대로[결코] 아니다 half an hour 반 시간, 30분 temperature[témpərətʃər] ⑲기온; *체온 fever[fí:vər] ⑲열 hum[hʌm] ⑧노래를 흥얼거리다 diaper[dáiəpər] ⑲기저귀 change[tʃeindʒ] ⑧바꾸다; *기저귀를 갈다 heat the bath 목욕물을 데우다

해설 아기를 씻기기 위해 목욕물을 데워 달라고 했다.

15 ────────────────────────────── ④

남: 안녕하세요, 주목해 주시겠습니까? 규칙을 어기는 야영객들이 있어, 이 야영지에서의 몇 가지 규칙을 상기시켜 드리려고 합니다. 우선, 잔디를 망치거나 화재를 일으킬 수 있기 때문에 모닥불은 허용되지 않습니다. 둘째, 전기 난방기를 사용하지 마십시오. 전력을 많이 소모하기 때문에, 정전되어서 저희 모두 불편해질 것입니다. 셋째, 쓰레기를 분리하는 것을 잊지 마십시오. 쓰레

기통은 샤워실 앞에 있습니다. 또한, 밤에는 너무 시끄럽게 하지 마십시오. 마지막으로, 퇴실 시간은 오후 2시입니다. 다음 야영객들이 도착하기 전에 떠나 주시길 바랍니다. 여러분들 모두 이 규칙들을 잊지 마시고 즐거운 야영 되기를 바랍니다. 감사합니다.

어휘 camper[kǽmpər] 몡 야영[캠핑]객 break the rule 규칙을 어기다 camping site 캠프장, 야영지 first of all 우선, 다른 무엇보다 먼저 campfire[kǽmpfàiər] 몡 캠프파이어, 모닥불 ruin[rú(:)in] 동 망치다 lawn[lɔːn] 몡 잔디 cause[kɔːz] 동 야기하다, 초래하다 electric [iléktrik] 혱 전기의 heater[híːtər] 몡 난방기, 히터 electricity[ilektrísəti] 몡 전기, 전력 power[páuər] 몡 힘; *전기 go out 불이 꺼지다[나가다] inconvenience [ìnkənvíːnjəns] 동 불편하게 하다 separate[sépəreit] 동 분리하다 checkout[tʃékaut] 몡 체크아웃, 퇴숙[퇴실]

16 ⑤
① 여: 제 컴퓨터를 수리하실 수 있나요?
　남: 해 볼게요. 어디 봅시다.
② 여: 도와주셔서 감사해요.
　남: 천만에요.
③ 여: 너는 얼마나 자주 운동하니?
　남: 거의 매일.
④ 여: 파티에 뭐 입고 가고 싶니?
　남: 검은색 정장을 입고 싶어.
⑤ 여: 병원에 가는 길 좀 알려 주시겠어요?
　남: 아무것도 안 보여요.

어휘 fix[fiks] 동 고정시키다; *수리하다 suit[sjuːt] 몡 정장

해설 병원에 가는 길을 물었으므로, 길을 설명하는 대답이 이어져야 한다.

17 ②
여: Chris, 오늘 어때?
남: 지금 기분이 별로 좋지 않아.
여: 무슨 일이야?
남: 악몽을 꿨어. 식은땀을 흘리며 깼어.
여: 지금은 괜찮아? 꿈에 대해 더 얘기해 줘.
남: 시험에 떨어졌어. 너무 슬퍼서 온종일 울었어. 꿈이 실제처럼 느껴졌어.
여: 너 시험에 대해 무척 걱정하고 있는 것 같아. 불안해하지 마. 분명 넌 잘할 거야.
남: 고마워.
여: 꿈은 그냥 잊어버려.

남: 알겠어, 고마워.

어휘 cold sweat 식은땀 fail[feil] 동 실패하다; *시험에 떨어지다 all day long 온종일 be worried about …에 대해 걱정하다 anxious[ǽŋkʃəs] 혱 불안해하는

해설 남자는 시험에 떨어지는 나쁜 꿈을 꿨다고 했다.

18 ③
여: 이제 최신 일기 예보입니다. 내일은 화창한 날일 것으로 예상하고 있습니다. 앞으로 3일 동안 화창한 날씨가 계속될 것입니다. 하지만, 내일 아침 출근하실 때 안전 운전에 주의하셔야 합니다. 짙은 안개 때문에 잘 보이지 않을 수 있습니다. 이로 인해 도로가 젖어, 차가 미끄러질 가능성이 있습니다. 자동차 사고를 예방하기 위해, 과속하지 마시고 앞차와의 안전거리를 유지하셔야 합니다. 이 짙은 안개는 오후 쯤에 걷힐 것으로 예상됩니다. 감사합니다.

어휘 latest[léitist] 혱 최근[최신]의 thick[θik] 혱 두꺼운; *짙은 fog[fɔ(:)g] 몡 안개 wet[wet] 혱 젖은 be likely to do …할 것 같다, …할 가능성이 있다 slide[slaid] 동 미끄러지다 distance[dístəns] 몡 거리 ahead of … 앞에 in order to do …하기 위하여 prevent[privént] 동 막다, 예방하다 accident [ǽksidənt] 몡 사고 disappear[dìsəpíər] 동 사라지다

해설 내일 아침에는 안개가 짙을 거라고 했다.

19 ②
여: 네 스테이크는 어때?
남: 너무 오래 익혀서 아주 질겨.
여: 그래? 내 리소토는 정말 짜. 더 이상 못 먹겠어.
남: 그렇게 형편없어?
여: 응. 이 식당 음식이 전에는 훌륭했는데. 아마 요리사가 바뀌었나 봐.
남: 사실, 음식이 유일한 문제는 아니야. 그 무례한 직원들을 참을 수가 없어. 직원들이 내 요청을 여러 번 놓쳤는데, 사과하지 않았어. 그들은 예의가 없어.
여: 관리자가 이에 대해 알아야 할 것 같아.
남: 맞아. 내가 관리자를 부를게.

어휘 overcook[òuvərkúk] 동 너무 오래 익히다 tough[tʌf] 혱 힘든; *질긴 risotto[risɔ́ːtou] 몡 리소토 chef[ʃef] 몡 요리사 stand[stænd] 동 서다; *참다, 견디다 rude[ruːd] 혱 무례한 manner[mǽnər] 몡 pl. 예의 manager[mǽnidʒər] 몡 경영자[운영자/관리자]

ask for (somebody) (누군가를 만나기 위해) …을 찾다, 부르다

식당의 문제점을 관리자가 알아야 한다는 여자의 말에 이어지는 응답으로 그에 대한 의견을 말하는 내용이 가장 적절하다.
① 이곳에 다시 오고 싶어.
③ 이 음식을 먹고 싶지 않아.
④ 다음에 너는 스테이크를 주문해야 한다고 생각해.
⑤ 이 식당에서 저녁을 먹었어야 했어.

20 ③

남: 내일 영화 보러 가자.

여: 좋아! 생각해 둔 영화 있니?

남: 아니 특별히 없어. 먼저 인터넷으로 재미있는 영화를 찾을 수 있어.

여: 그래, 내가 찾을게.

남: (잠시 후에) 그렇게 타자를 치다가는 키보드를 부수겠어. 무슨 일이니?

여: 인터넷이 너무 느려.

남: 아마 폭우 때문일 거야. 그렇게 세게 타자 치는 것은 좋지 않아.

여: 아, 참을 수가 없어.

남: 네가 인내심을 더 가져야 할 것 같아.

어휘 search for …을 찾다 type[taip] ⑧타자 치다
hard[hɑːrd] ⑨열심히; *세게 deal with (문제 등을) 처리하다 [문제] technician[tekníʃn] ⑨기술자, 기사

인터넷이 느려서 참지 못하고 키보드를 세게 치는 여자에게 할 말로 인내심을 가지라는 내용이 가장 적절하다.
① 내일 다시 해 봐도 돼.
② 전력 케이블 확인했니?
④ 새 키보드를 사는 게 어때?
⑤ 기술자가 올 때까지 기다리는 게 낫겠어.

Dictation 본문 pp. 214~221

01 can't see my favorite player, have poor eyesight, tell you about the play, describe him in detail, curly blonde hair, running toward the goal, makes a goal

02 running after you, left your wallet, call after me, didn't hear me calling you, with your earphones, How kind of you, catch up with you

03 can't help but complain, making you uncomfortable, making a loud noise, pretending to play soccer, apologize for the inconvenience, have a meal, be serving lunch

04 didn't pass the audition, You practiced so hard, many talented people, believe in your musical talent, knowledge of music, Don't sell yourself short

05 How was your day off, had a busy day, volunteered as a crossing guard, cross the road safely, Wasn't it difficult, a warmer jacket

06 make a reservation, would you like to book, Is it available, There are four of us, information about buffet prices, On weekdays, $25 for adults, under six, at a discounted price

07 not far from here, some time to relax, look around the floating markets, sound nice, want a massage, don't feel like it, take a nap

08 the most rewarding relationship, about the many different services, receive your bill, sign up for, speak to the operator

09 The plane is flying over, having bad weather, shake badly, stay calm, keep your seat belt fastened, the location of the life jackets, request your cooperation

10 see the performance, on the second floor, show me your ticket, on the third floor, Take the elevator

11 They're my favorite, check the ingredients, They're left over, Which do you like better, allergic to peas, been a big problem, short of cabbage, Get ready

12 see a doctor, Where do you ache, severe back pain, need your basic information, Have you ever had surgery, taking any medicine regularly, allergic to any medicine

13 talk about my career, wanted to be a medical student, it's my parents' dream, go to medical school, must be worried, how to tell, what about simply telling

14 half an hour ago, doesn't have a fever, putting him to bed, he won't sleep, check his diaper, an hour ago, heat the bath

15 are breaking the rules, campfires are not allowed, uses a lot of electricity, separate your garbage, before the next campers arrive, keep these rules

16 fix my computer, Let me see, for your help, How often do you exercise, wear a black suit, show me the way

17 don't feel very good, had a bad dream, I failed my exam, felt real, Don't be anxious, forget your dream

18 the latest weather forecast, continue to be sunny, go to work, because of thick fog, keep a safe distance, is expected to disappear

19 overcooked and too tough, can't eat anymore, the chefs have changed, can't stand the rude staff, missed my request, the manager should know

20 go see a movie, in mind, look for some interesting movies, search for them, You're going to break, type so hard, deal with this

Credits

memo

memo

memo

즐겁게 충전되는 영어 자신감

Junior
LISTENING
TUTOR

기본